Renato Russo

O FILHO DA REVOLUÇÃO

CARLOS MARCELO

AGIR

27 3 79

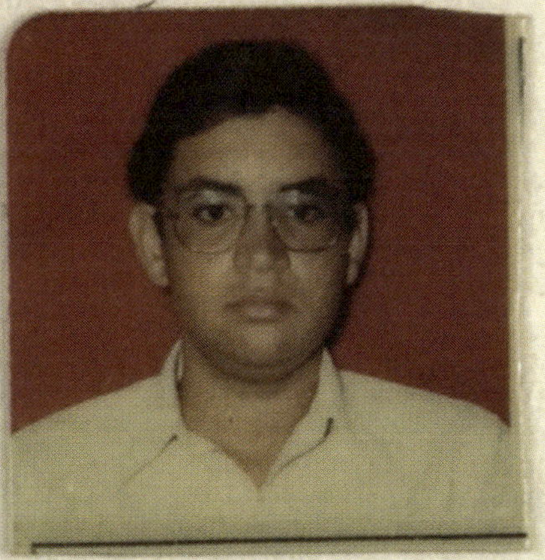

Renato Russo

O FILHO DA REVOLUÇÃO

1960 - 1996

DIREÇÃO DE ARTE E DESIGN
[Retina 78]

ASSISTENTE DE DESIGN
Maria de Fatima Fernandes

COPIDESQUE
Jorge Amaral

REVISÃO
Rebeca Bolite

PESQUISA
Fernanda Passarelli
Klecius Henrique Ribeiro
Tiago Bruno de Faria

REVISÃO TÉCNICA
Luís Reznik

PRODUÇÃO EDITORIAL
Juliana Romeiro

A citação reproduzida na contracapa é um trecho do artigo "Rockeiros colonizados, mas atentos, conscientes", assinado por Renato Russo e publicado no Jornal de Brasília no dia 22 de abril de 1983.

Dados Internacionais de Catalogação na Publicação
[Câmara Brasileira do Livro, SP, Brasil]

M263R

Marcelo, Carlos, 1970-
Renato Russo : o filho da revolução / Carlos Marcelo. - Rio de Janeiro : Agir, 2009.

ISBN 978-85-220-0907-7

1. Russo, Renato, 1960-1996. 2. Músicos - Brasil - Biografia. I. Título.

09-1090. CDD: 927.8164
CDU: 929:78.067.26

Este livro foi composto em em Adobe Garamond e impresso pela Ediouro Gráfica sobre papel offset 120g para a Agir em maio de 2009.

AGIR EDITORA LTDA. – Uma empresa Ediouro Publicações S.A.
Rua Nova Jerusalém, 345 – CEP 21042-235 – Bonsucesso – Rio de Janeiro – RJ
Tel.: (21) 3882-8200 fax: (21) 3882-8212/8313

Para Carlos e Carmem, os primeiros
fornecedores de livros e lembranças.

E para Tarcila, João Henrique, Maria Alice e Maria Isabel,
que me fazem enxergar o tempo e o amor.

PRÓLOGO

Brasília, junho de 1988

Renato submerge.

Deixa o corpo escorregar na banheira. Quilos de sal grosso foram adicionados à água quente. Enfim, um momento de paz.

Trancado no banheiro do apartamento onde morou por doze anos, ele não ouve o telefone tocar na sala. A irmã, Carmem Teresa, corre para atender. Uma voz masculina grita do outro lado da linha:

— A gente vai jogar uma bomba aí! Fala para o Renato Russo que ele vai morrer!

Assustada, Carmem desliga e deixa o aparelho fora do gancho. Não adianta muito. Poucos minutos depois, o interfone toca na cozinha. Mais uma voz de homem, que também não se identifica:

— O Renato Russo tá aí, né? Aquele filho-da-puta...

Ela não deixa o agressor finalizar a frase. Desliga e vai para a sala conversar com Ana Paula, que preparou a água do banho, e Cynthia, outra amiga do irmão. Carmem volta à cozinha e fala com o porteiro pelo interfone:

— Pelo amor de Deus, não deixa ninguém subir!

O irmão sai do banho. Está pálido, cabisbaixo. E, mais preocupante, monossilábico: jamais foi de usar poucas palavras.

— Júnior, você quer comer alguma coisa?

LEGIÃO
Ñ VOLTEM
MAIS.

— Não, eu vou deitar. Não quero falar com ninguém.

Não se refugia no antigo quarto: há três anos, desde que ele foi morar na casa da avó no Rio de Janeiro, o cômodo virou uma saleta onde a mãe faz trabalhos manuais. Renato vai para a suíte dos pais, deita na cama de casal. Pega um lençol e cobre o corpo, inclusive a cabeça. Dona Carminha e Seu Renato estão no Rio, no apartamento da Tijuca. Ligam para Brasília e falam com Carmem Teresa. Ainda não sabem dos detalhes, mas já sabem o que importa.

A gente vai se divertir? Legal!!! Que país é este? Quem quer manter a ordem? Quem quer criar desordem? Quem é que usa drogas aqui? Capital brasileira do consumo de drogas, hein... E você quer ficar maluco, sem dinheiro e acha que tá tudo bem... Tá todo mundo se matando aqui na frente, ó! Solta ele! Tu leva o microfone na cabeça, não tem que dar porrada, não! Ê cidade babaca... It's been a hard day's night. Oh, a storm is threatening my very life today, If I don't get some shelter, oh yeah I'm gonna fade away. I think I'm drowning, this sea is killing me... Da próxima vez, a gente vai acender as luzes e vai embora! Aqui tem segurança o suficiente para dar porrada em todo mundo, entendeu? Quem foi o babaca que tacou? Qual é, não vai atingir a maioridade, não? Vai ficar sempre nessa merda? É, a gente já está com a vida feita, trabalhou e conseguiu. Vai ficar tacando bombinha em Legião Urbana, meu irmão? Stop! Somos tão jovens, tão jovens... Tem certas coisas que não adianta fazer absolutamente nada. Se o barco está afundando, vamos afundar todos juntos. Eu sinto muito.

Os pais querem que o filho volte o mais rápido possível para o Rio de Janeiro. Um dos companheiros de banda foi embora cedinho, pegou o primeiro vôo de domingo. Renato permanece. Tem medo de ser interpelado, xingado, ou mesmo agredido, no caminho até o aeroporto. As horas passam e a tensão aumenta. Emissoras de rádio incitam os fãs a queimar discos (e são atendidas), o posto de gasolina em frente ao prédio da família Manfredini é pichado com a frase "Legião, não voltem mais", as ameaças anônimas pelo telefone continuam, pessoas estranhas rondam a superquadra. Por enquanto, não há alternativa: em Brasília, o único lugar seguro para Renato Manfredini Júnior é dentro da própria casa.

Já estou ficando [...]
o tédio aqui é desastroso
estou ficando mesmo
a fim de me mandar
estou com idéias na cabeça
muito a fim de inventar

Moro em Brasília
Moro em Brasília
Moro em Brasília
Moro em Brasília

Tudo numerado
é legal mas enche o saco
Nunca acontece nada
a cidade estagnada
Tédio com um T
bem grande prá você

Até a repressão
aqui é fato consumado
Aqui não tem ação
é tudo estático, parado
Mas eu só quero ver
Algo tem que acontecer

Ninguém sai da sua toca
O que se ouve é só fofoca
O presidente mora aqui
Mas tanto faz e daí?
Não dá nem prá se divertir
Só dá PM aqui.

Mas vou pegar um
E começar uma
Fazer a maior
Um Woodstock

Essa cidade é

— Eu quero saber — eu disse para o meu pai.
— Pode ser perigoso — ele respondeu.
E desliguei a televisão como se pronto para ouvir. Ele disse não.
Ainda é cedo. E eu já tinha perdido a capacidade de chorar.

Alguma coisa urgentemente, João Gilberto Noll

UM

Brasília, março de 1973

— Carmem Teresa, esse vai ser o meu quarto!

O grito encerra qualquer eventual possibilidade de negociação fraterna: o segundo dos quatro quartos do novo apartamento da família Manfredini já tem dono. Renato Manfredini Júnior chegou primeiro. Um ano e dez meses mais nova que o irmão, Carmem respira fundo e acata a decisão. Não é a primeira nem será a última vez. Afinal, durante boa parte da infância no Rio de Janeiro, bastavam alguns minutos de observação para se constatar quem era o dono da brincadeira. E pelo menos continuaria a ter o próprio quarto como na casa da rua Maraú, na Ilha do Governador. A viagem Rio–Brasília, velha capital–nova capital, tinha sido cansativa, quase dois dias inteiros dentro do carro. O pernoite, já em Minas Gerais, bem desgastante: hotel horroroso, quase não deu para dormir. A recompensa veio no fim da tarde, a poucos minutos do destino final, quando o Corcel verde dos Manfredini entrou na parte sul do Plano Piloto e virou apenas um ponto móvel na imensidão do Eixo Rodoviário, avenida gigante com seis pistas asfaltadas, mais a faixa exclusiva para a comitiva do Presidente da República. Ao se deparar com o sol se escondendo por trás daqueles prédios baixos e do horizonte infinito, sem morros ou arranha-céus para obstruir a visão, Maria do Carmo virou-se para o banco de trás:

— Olha, Júnior, aqui é a Asa Sul!

A mãe não escondia o deslumbramento com a cidade, ainda mais quando emoldurada pela explosão de cor do crepúsculo vermelho do Planalto Central. Para muitos cariocas, por sinal, aquele era o único espetáculo atraente de uma cidade marcada pela monótona onipresença do branco e cinza. Diziam que, confrontada com a

centenária exuberância do Rio de Janeiro, Brasília parecia uma menina de 13 anos: feições definidas logo ao nascer, corpo em fase de crescimento, temperamento indefinido. Para quem vê de longe, com distanciamento e sem afeto, apenas uma pré-adolescente desengonçada, sem personalidade e sem-graça.

Decididamente não era o que achava a pernambucana Maria do Carmo Manfredini, conhecida entre os amigos pelo apelido de Carminha. Ainda em 1957, ao saber que o presidente Juscelino Kubitschek ordenara o início da construção no centro do país da nova capital do Brasil, ficara exultante. Enamorou-se pelo desafio de começar a vida com o marido em outra cidade. E se encantou com a idéia, tingida em tons místicos, de contribuir para o surgimento de uma nova civilização. "Formar uma família num lugar diferente assim vai ser muito bom", pensou. Queria engravidar. E mais: queria que o filho fosse o primeiro bebê nascido na capital. O primeiro cidadão brasiliense.

• • •

Apenas o primeiro desejo de Carminha foi atendido. E não de imediato. Doze anos mais velho e primo em segundo grau da esposa, Renato Manfredini não queria ter filhos. Já a mulher, mistura de sangue italiano e nordestino nas veias, instinto maternal à flor da pele, sonhava com a casa cheia de crianças. A resistência do marido acabou no dia que a mulher chegou perto dele e avisou:

— Nós vamos fazer nosso filho hoje.

E assim foi feito. Nove meses depois daquela noite de junho de 1959, no dia 27 de março, Renato Manfredini Júnior nasceu às quatro da manhã na Clínica Santa Lúcia, bairro do Humaitá. Tendo como padrinhos os avós maternos José Mariano e Leontine Manfredini de Oliveira, o primogênito da família Manfredini foi batizado na Igreja dos Capuchinhos, a mesma na qual os pais tinham se casado três anos antes.

Bebê tranqüilo, quase não chorava nem era de muitas aprontações. Deu os primeiros passos no Alto da Boa Vista, onde a família costumava passear nos fins de semana — foi lá também, quando ele confundiu vacas com árvores, que os pais descobriram a necessidade de o filho usar óculos. O nascimento de Carmem Teresa, em 1962, não arrefeceu o grude de mãe e filho: se ela ia ao banheiro, ele ficava na porta. Nas tardes de domingo, Júnior permanecia quietinho quando o pai ligava a vitrola para escutar discos de música clássica ou de standards da música norte-americana, trazidos dos Estados Unidos. Pai bancário, mãe dona-de-casa, casal de filhos, casa própria, cachorro, praia (muito) de vez em quando... eis os Manfredini, típica família de classe média carioca, no início dos anos 60.

Mas Carminha não estava inteiramente satisfeita. A vontade de mudar para Brasília aumentara em 1962, quando o casal passou um fim de semana no apartamento do primo

Admar, na Asa Sul. Ao final do passeio pelo recém-nascido Plano Piloto, Carminha virou-se para o marido e sintetizou seu entusiasmo da mesma forma imperativa que seria utilizada pelo filho mais velho ao escolher o próprio quarto, onze anos depois:

— Renato, quero criar as crianças aqui!

O economista curitibano bem que tentou acatar de imediato o pedido da esposa. Técnico de destaque, Renato Manfredini trabalhava de segunda a sábado como assessor da presidência do Banco do Brasil, na rua Primeiro de Março, centro do Rio. Quando ouviu falar da nova capital pelos discursos de Juscelino Kubitschek, achou que, por conta da qualificação, teria chances de ser transferido logo na inauguração. Não deu certo. Em 1969, ao voltar do período de dois anos de estudos nos Estados Unidos, tentou novamente. Dessa vez, a transferência estava praticamente certa; faltava apenas a assinatura do presidente do banco, mera formalidade. Feliz da vida, a esposa embalou os móveis e preparou a mudança.

— Carminha, a gente não vai mais...

— Mas por que, Renato?

— Porque o cargo que eu ia ocupar foi preenchido pelo afilhado de um político.

Somente em 1972, uma década depois do encantamento inicial da esposa, a transferência foi concretizada. Antes da mudança, Manfredini, como era conhecido no banco, fez curso de especialização na Inglaterra. A mulher se juntou a ele na parte final da temporada, com direito a uma esticada por outros países da Grã-Bretanha, depois Itália. Por dois meses, os meninos ficaram sob os cuidados dos avós maternos. Os avós paternos, Alberto e Castorina Denebedito Manfredini, morreram antes de eles nascerem. Na volta da Europa, muitos presentes: da Escócia, uma gaita de foles para o primogênito e uma saia *kilt* para Carmem Teresa. Júnior também ganhou um moderníssimo carro acionado por controle remoto; Carmem, um boneco da moda, o barbudo Falcon, que o irmão logo pegou para brincar. Mas nem deu tempo de aproveitar os novos brinquedos nas ruas da Ilha do Governador. Logo veio o aviso dos pais:

— Agora, vamos terminar de arrumar as coisas e nos mudar para Brasília.

• • •

Em 1958, o país era pura euforia. Campeão mundial de futebol pela primeira vez, com a conquista da Copa da Suécia, o Brasil atravessava uma onda de otimismo impulsionada pelo governo de Juscelino Kubitschek, iniciado em janeiro de 1956. Ex-governador de Minas Gerais, JK prometeu realizar, nos cinco anos de mandato, o equivalente a cinqüenta anos de administração. Tinha pressa. Decidira construir a toque de caixa, em menos de três anos, a nova capital do país. A obra faraônica no centro do território brasileiro era fundamental para cumprir o item-síntese de seu Programa de Metas: alavancar o desenvolvimento econômico com a interiorização do país. Nas palavras de JK, transformar a solidão do Planalto Central em "cérebro das altas decisões nacionais".

Em outubro de 1956, Juscelino levou sua comitiva (entre eles o arquiteto Oscar Niemeyer, previamente definido como o responsável pelo traço dos palácios e monumentos da nova sede do poder) para conhecer, no interior de Goiás, próximo à cidade histórica de Planaltina, o local demarcado para sediar a capital. O avião Douglas da FAB aterrissou em pista aberta na Fazenda do Gama, no meio do mato, por Bernardo Sayão. Cercado pela vegetação rasteira e árvores retorcidas, sem sinal de vida humana por perto, o general Henrique Lott virou-se para o presidente e o interpelou:

— O senhor vai mesmo construir uma cidade aqui?

— Não só vou construí-la, general, mas vou transmitir a faixa presidencial ao meu sucessor já instalado aqui.

O projeto da capital foi escolhido menos de um ano depois, em 16 de março de 1957, por uma comissão de seis arquitetos. Nascido em Toulon (França), filho de baiano e amazonense, o urbanista Lucio Costa estava entre os 26 participantes da concorrência. A descrição de seu projeto causou perplexidade ao começar com um pedido de desculpas. Afirmava que não pretendia competir: "Apenas me desvencilho de uma solução possível, que não foi procurada mas surgiu, por assim dizer, já pronta." E, em 17 páginas datilografadas e ilustradas com desenhos em tinta nanquim, apresentou as diretrizes da nova cidade, idéia que "nasceu do gesto primário de quem assinala um lugar ou dele toma posse: dois eixos cruzando-se em ângulo reto, ou seja, o próprio sinal da cruz". Eis, nas palavras do urbanista, a concepção de Brasília, "capital aérea-rodoviária, cidade-parque, sonho arquissecular do patriarca" — referência à utilização do nome sugerido por José Bonifácio de Andrada ao propor, em 1823, a transferência da capital para a comarca mineira de Paracatu do Príncipe. "Mas esta é a maior contribuição urbanística do século XX!", espantou-se Sir William Holford, presidente da comissão julgadora.

O que encantou o arquiteto inglês foi o fato de Lucio Costa ter ido além do que deve formalmente constar em um projeto urbanístico. Sim, havia a descrição pormenorizada da divisão da cidade, a criação de uma esplanada para o poder, tudo conforme a encomenda. Mas havia mais: Costa elogiava a própria solução que imaginara por ser,

"mesmo monumental, também cômoda, eficiente, acolhedora e íntima. E ao mesmo tempo derramada e concisa, bucólica e urbana, lírica e funcional". Essa nova organização espacial, vaticinou, criaria "uma cidade planejada para o trabalho ordenado e eficiente, mas ao mesmo tempo cidade viva e aprazível, própria ao devaneio e à especulação intelectual, capaz de tornar-se com o tempo, além de centro do governo e administração, um foco de cultura dos mais lúcidos e sensíveis do país". Como definiu o poeta Carlos Drummond de Andrade, que trabalhava ao lado de Lucio Costa no Rio e, por isso, pôde ler o projeto original: "Peguei da folha e tive entre os dedos nada menos do que a cidade de Brasília, inexistente e completa, como um germe contém e resume a vida de um homem, uma árvore, uma civilização [...]. Era um rabisco e pulsava."
Operários vindos de diversas partes do país, especialmente das regiões Nordeste e Centro-Oeste, trabalharam ininterruptamente para fazer o rabisco pulsar no prazo fixado por JK. Muito calor de dia, muito frio de noite; a variação brusca de temperatura, aliada à baixa umidade do ar, acentuava o desconforto. Centenas de trabalhadores tombaram ao longo da jornada — por causa de doenças, excesso de fadiga ou acidentes de trabalho. Muitos tiveram morte instantânea ao despencar das estruturas dos prédios dos ministérios e do Congresso Nacional. Igualmente instantânea era a remoção dos corpos, para não assustar os sobreviventes e comprometer o ritmo frenético da construção. As baixas não desestimulavam Juscelino, que inspecionava pessoalmente as obras e reafirmava a cada operário a necessidade de cumprir o prazo que fixara:

— Como é, meu velho, vai me dar essa obra na data marcada?

— É claro, presidente!

Juscelino queria ir além da realização administrativa. Queria entregar ao Brasil uma obra de arte — e embalada para presente. Com ajuda de Niemeyer, amigo de Tom Jobim e Vinicius de Moraes desde a elaboração dos cenários de *Orfeu da Conceição*, convenceu ambos a deixar Ipanema por uns tempos. Ficariam hospedados na residência presidencial provisória, o Catetinho. O objetivo era buscar, *in loco*, a inspiração para compor uma sinfonia a ser executada pela primeira vez na inauguração da capital, nos moldes do espetáculo *Som e luz*, apresentado periodicamente nos jardins de Versalhes, na França. Vinicius se entusiasmou com a idéia:

— Eu acredito em Oscar, acredito em Brasília e sou fã de JK. Como não aceitar convite tão honroso?

O método de trabalho da dupla no Catetinho revelou-se pouco ortodoxo: enquanto bebericava uísque à procura das palavras encomendadas, Vinicius observava do alpendre "a silhueta quase sobrenatural da cidade na linha extrema do horizonte, recortada contra auroras e poentes de indizível beleza". Tom Jobim, caçador de sons, preferia se aventurar no mato cerrado para escutar os piados das perdizes, jaós e outros pássaros. Foram dez dias de sossego. O *dolce far niente* no Catetinho deu certo. Nasceu "Brasília, sinfonia da Alvorada", peça dividida em cinco movimentos: *O planalto deserto*, *O homem*, *A chegada dos candangos*, *O trabalho e a construção* e *O coral*. Mas não chegou a ser executada na inauguração: faltou dinheiro para pagar a orquestra.

• • •

Graças ao esforço de milhares de trabalhadores anônimos, JK conseguiu o que tanto almejou. Em 21 de abril de 1960, uma quinta-feira, apresentou oficialmente ao mundo a sua menina dos olhos. No discurso de inauguração, no Palácio do Planalto, o presidente lembrou que a decisão de construir a capital veio "da certeza de que era chegado o momento de estabelecer o equilíbrio do país, promover o seu progresso harmônico, prevenir o perigo de uma excessiva desigualdade no desenvolvimento das diversas regiões brasileiras, forçando o ritmo de nossa interiorização".

Diante de chefes de Estado, Juscelino deu por cumprido "o dever mais ousado, o mais dramático dever". Identificou a esperança como a maior companheira de viagem: "Ela amparou-nos a todos, a mim e a essa esplêndida legião". E, depois de saudar "o milagre de Brasília", confiou aos brasileiros a seguinte missão: "Explicai a vossos filhos o que está sendo feito agora. É sobretudo para eles que se ergue esta cidade-síntese, prenúncio de uma revolução fecunda em prosperidade. Eles é que nos hão de julgar amanhã." Revolução prenunciada, Juscelino Kubitschek de Oliveira declarou inaugurada a nova capital dos Estados Unidos do Brasil.

Orgulhoso, o presidente fizera questão de convidar personalidades brasileiras e internacionais para conhecer a obra grandiosa. O astronauta soviético Yuri Gagarin afirmou se sentir "em um outro planeta". Fidel Castro, em sobrevôo de helicóptero acompanhado de JK, se entusiasmou:

— É uma felicidade ser jovem nesse país, presidente.

Autor de *Admirável mundo novo*, o inglês Aldous Huxley percorreu a cidade e comentou com o sociólogo pernambucano Gilberto Freyre a sua estranheza com o fato de cientistas sociais não terem sido ouvidos durante a construção da capital. "Uma cidade nova é um problema de vida e portanto de antropologia, de sociologia e de biologia. De modo algum, um problema apenas de arquitetura." O autor de *Casa-grande & senzala* concordou e recomendou ao visitante: "Me parece interessantíssimo, para um estrangeiro empenhado em conhecer o Brasil, um contato com a Amazônia. Como Manaus — que tem encantos que talvez faltem a Brasília, pois já foi uma ação do tempo sobre o que foi outrora pura aventura: ação do tempo que falta ainda a Brasília, é claro, tão virgem de qualquer tempo que não seja o biológico." O sociólogo arriscou um palpite:

— Talvez esteja a se reproduzir em Brasília um conjunto teatral ou cenográfico de edifícios sem raízes biológicas nem articulações sociológicas.

O escritor André Malraux, à época ministro da Cultura da França, esteve na cidade também em 1959 e foi bem mais generoso. Caprichou nos superlativos. Olhou o monumental canteiro de obras e conseguiu enxergar "a primeira das capitais de uma nova civilização, uma cidade feita unicamente pela vontade humana". Malraux também cunhou o epíteto "a capital da esperança", expressão que agradou tanto a Juscelino que acabou incluída no discurso de inauguração.

Menos de um ano depois da visita do escritor francês, foi a vez de Jean-Paul Sartre e Simone de Beauvoir. Ciceroneados por outro casal de escritores, Jorge Amado e Zélia Gattai, os franceses cumpriram na capital uma das etapas de extensa turnê pelo país. Provocado por um grupo de intelectuais cariocas a escrever um livro sobre a viagem, o filósofo respondeu:

— Façam uma revolução e verei.

A autora de *O segundo sexo*, assim como o compatriota Malraux, tinha ficado impressionada em sua passagem por Brasília. Mal impressionada. Em seus diários, Beauvoir criticou a "loucura de erguer uma cidade tão artificial em meio a um deserto". Revelou que guardara a impressão de ter presenciado "o nascer de um monstro cujos corações e pulmões funcionavam artificialmente, graças a processos de um custo mirabolante", considerou a obra como "a mais demente lucubração que o cérebro humano jamais concebeu" e sentenciou, de forma inapelável:

— Esta cidade jamais terá alma, coração, carne ou sangue.

• • •

Alma, coração, carne e sangue não nascem no traço do arquiteto nem no plano do urbanista. Tampouco por meio de decreto presidencial. A vida dos primeiros cem mil habitantes da cidade era sinônimo de adaptação: ao clima, ao concreto, aos imensos espaços vazios, à ausência... primeiras cobaias na experiência engendrada por Lucio Costa e Oscar Niemeyer. Mestre de ambos, o suíço Le Corbusier esteve na cidade em 1962 e elogiou "a aliança de três figuras: a do arquiteto, a do urbanista e a do governante, sem as quais as coisas não acontecem". No mesmo ano, a escritora Clarice Lispector, após visitar a cidade, deu suas impressões sobre a obra de Costa e Niemeyer: "Eu sei o que os dois quiseram: a lentidão e o silêncio, que são também a minha idéia que faço de eternidade. Os dois criaram o retrato de uma cidade eterna." A escritora ficou fortemente impressionada com o que sentiu na capital: "Há alguma coisa aqui que me dá medo. Quando eu descobrir o que me assusta, saberei também o que amo aqui." Após afirmar que a cidade parecia uma prisão ao ar livre ("Em Brasília não há por onde entrar nem por onde sair"), Lispector acenou com a certeza do retorno:

— Sei que voltarei.

Enquanto isso, a euforia do final dos anos 50 dava lugar à apreensão quanto aos rumos do país e do mundo. A guerra fria, confronto velado entre Estados Unidos e União Soviética, respingava em todos os continentes. Em julho de 1961, o filósofo inglês Bertrand Russell expressa pessimismo em relação ao futuro da humanidade diante dos últimos acontecimentos protagonizados pelas duas superpotências mundiais.

— Estou escrevendo num momento sombrio e é impossível saber se a raça humana durará o bastante para que seja publicado o que ora escrevo, ou se publicado, para que seja lido.

O homem tem futuro? é lançado no Brasil pela editora Civilização Brasileira em 1962. O texto da contracapa conclama: "Se você não quer viver eternamente no angustioso clima da Guerra Fria, se você quer abrir os jornais da manhã e não ter estragado todo o seu dia, se você entende que o Brasil — e você dentro dele — deve lutar pela paz mundial, leia este pequeno-grande livro e comece a agir agora mesmo!"
Nascido em 1872, Bertrand Russell já tinha se consagrado como um dos mais influentes pensadores do mundo ocidental quando lançou o livro. Causara revolta pelos elogios públicos à atitude conciliatória do governo de Nikita Kruschev, em contraposição à estratégia militarista de John Kennedy no episódio da frustrada invasão dos EUA à Cuba. Na obra, ele explica a atração do homem pelos conflitos bélicos, lembrando que muitos se queixam da monotonia em um mundo sem guerras: "Muita gente vive vidas sumamente desinteressantes e circunscritas, e que, dentre elas, algumas acham que podiam pelo menos fazer algo importante e encontrar alívio ao seu tédio se, no decurso de uma guerra, fossem transportadas para países distantes e tivessem oportunidade de ver maneiras de vida diferentes das que estão acostumadas a viver em seu país." Defende que os governos financiem viagens com direito a "tudo que os jovens irrequietos pudessem desejar": aventuras capazes de exigir disciplina, cooperação, responsabilidade de seus participantes. Jovens irrequietos de todo o

mundo, como James Paul McCartney, nascido em Liverpool em 1942, se encantam com as idéias de Russell. Ao sonhar com a transição do período de medo coletivo ao da garantia da liberdade individual, o filósofo lança a pergunta:

— Que seria da arte e da literatura em tal mundo?

O próprio Russell arrisca a resposta:

— Num mundo de educação mais aventurosa, a nossa poesia e a nossa arte poderiam alargar-se, abrangendo novos mundos, que seriam descritos em novos poemas épicos.

• • •

Enquanto a "ameaça vermelha" da expansão do comunismo assombra as repúblicas ocidentais, Brasília sedia pela primeira vez a cerimônia de posse de um presidente. Sucessor de Juscelino, Jânio Quadros fora eleito em outubro de 1960 com 5,6 milhões de votos, entre eles o de Renato Manfredini. Carminha não votou, mas aprovou a opção do marido:

— Jânio é um homem muito firme. E sabe português como poucos!

Jânio da Silva Quadros é empossado no Palácio do Planalto em janeiro de 1961. Nos sete meses no poder, toma decisões que desagradam aos Estados Unidos, como a adoção de uma política externa independente, desatrelada da maior potência ocidental, e a concessão da Grã-Ordem do Cruzeiro do Sul, a mais alta condecoração do governo brasileiro, ao guerrilheiro Che Guevara. Em nome da decência e dos bons costumes, proíbe o uso de biquíni nos concursos de miss e o uso de lança-perfume nos bailes de carnaval.
Nomeia Ferreira Gullar para a Fundação Cultural, e o poeta, ao assumir cargo administrativo, se vê confrontado com os problemas sociais brasileiros. Mesmo breve, a experiência transforma o escritor maranhense: vanguardista na chegada, poeta participante na despedida. Gullar volta para o Rio e se engaja nos movimentos populares de cultura.
Jânio Quadros causa perplexidade ao renunciar à presidência no dia 25 de agosto de 1961. Atribui a decisão às "forças terríveis" que desejavam apeá-lo do Planalto. Em viagem na China, o vice-presidente, João Goulart, não assume de imediato: os ministros militares não o consideravam confiável por conta de sua suposta simpatia pelo socialismo. A solução para o impasse só veio depois que foi aprovada no Congresso, a toque de caixa, emenda que instituía o regime parlamentarista no Brasil e, automaticamente, reduzia os poderes do presidente da República. O senador mineiro Tancredo Neves é eleito primeiro-ministro.

Em janeiro de 1963, um plebiscito devolve a Goulart os plenos poderes executivos. Entre outras decisões, o presidente reata relações diplomáticas com a União Soviética e procura reduzir a participação de empresas estrangeiras na economia brasileira. Não tem muito tempo para admirar as colunas de mármore do Palácio do Alvorada, residência oficial do presidente da República, considerada a obra-prima de Oscar Niemeyer. Os quinze meses de Jango no poder são de crescente tensão. Em 13 de março de 1964, diante de 150 mil pessoas na Central do Brasil, anuncia reformas profundas, desagradando empresários e latifundiários. Menos de uma semana depois, ocorre em São Paulo a Marcha da Família com Deus Pela Liberdade, apoiada por grande parte da imprensa. Objetivo: alertar a população para o risco do comunismo ser implantado no Brasil durante o mandato de Goulart. A Revolução Redentora está a caminho.

Na madrugada de 31 de março para 1º de abril de 1964, cinco dias depois da festa de quatro anos de Renato Manfredini Júnior no Rio de Janeiro e vinte e um dias antes da festa de quatro anos de Brasília, a democracia brasileira é golpeada. Os militares depõem João Goulart. E escolhem um deles para ocupar o Planalto a partir do dia 15 de abril. "A posse do general Humberto Castelo Branco na Presidência da República, hoje à tarde, é a quinta cerimônia desse tipo que se realiza em Brasília em seus quatro anos incompletos de existência como Capital do País", observa o jornalista Carlos Castello Branco. Tanques de guerra invadem o Eixo Monumental: passam ao lado da Torre de TV, seguem pelo Eixo Rodoviário até o aeroporto para sufocar um dos raros focos de rebelião. "A nova capital foi também, nesse período, palco de uma revolução frustrada, a dos sargentos, e cenário de numerosas crises políticas, além de ter sido nestes dias atingida pelas ações militares de coroamento da Revolução vitoriosa", descreve o colunista do *Jornal do Brasil*, antes de arrematar:

— Poucas capitais do mundo apresentarão, em tão pouco tempo, saldo tão dramático de experiências políticas.

• • •

Carminha Manfredini vê os tanques nas ruas e as passeatas no centro do Rio, mas não se dá conta de que o Brasil atravessa delicado momento político. Sem grande interesse na política, sua militância social era exercida dentro de casa: abominava, por exemplo, a idéia de deixar os filhos sob cuidados de babás, como faziam boa parte das mulheres que trabalhavam fora. Abdicou do magistério para ficar próxima das crianças. Não se arrependeu. Aluno da escola Formiguinha Gida (nome de um dos personagens do programa infantil *Gladys e seus bichinhos*, da TV Tupi), Júnior não dá trabalho no primeiro contato com a vida escolar. As professoras destacam não só a facilidade do garoto para escrever, mas também a imaginação desabrida e a facilidade de fazer amigos dentro de sala de aula. Era um menino querido.

Enquanto isso, no planalto, a capital começa a sentir o golpe. A primeira pancada mira o cérebro. Atinge a Universidade de Brasília. Localizado na Asa Norte, a menos de 5 quilômetros da Praça dos Três Poderes, o campus da UnB era território da inovação já a partir da própria disposição espacial: todos os cursos, agrupados em institutos centrais e faculdades, ficavam no mesmo terreno, condição essencial para alcançar o objetivo maior traçado pelo antropólogo Darcy Ribeiro a partir de discussões com o educador Anísio Teixeira.

Ministro da Educação e primeiro reitor da UnB, Darcy apostou na formação diferenciada para uma nova geração de cientistas e técnicos "capazes de investigar os problemas brasileiros, com o propósito de buscar soluções adequadas e originais". Em depoimento à revista *Senhor*, em janeiro de 1962, explicou o que pretendia com o inovador modelo organizacional:

Professores e alunos viverão numa comunidade efetivamente universitária. O contato permanente entre alunos e mestres dos vários institutos e faculdades permitirá constituir-se um lastro de experiência cultural básica para todos os que passem pela universidade. Mestres inteiramente devotados ao ensino e à pesquisa, convivendo com seus alunos no campus comum, comporão o ambiente próprio à transmissão de experiência, não apenas no caráter técnico do ensinamento de lições formais e de adestramento profissional, mas no sentido mais profundo de infundir atitudes e valores, e, através deles, plasmar mentalidades mais abertas, mais generosas e mais lúcidas.

Professores de perfil progressista, alunos concentrados em um só lugar, idéias fervilhando, vocação natural para a integração, múltiplas funções... Foco potencial de rebeldia. Área estrategicamente concebida para, segundo Darcy, "garantir à Brasília a capacidade de interagir com os principais centros culturais do país e dar à população local uma perspectiva cultural que a libertará do grave risco de fazer-se medíocre e provinciana, no cenário urbanístico e arquitetônico mais moderno do mundo", a universidade é invadida pela primeira vez em abril de 1964.

Tropas do Exército e da Polícia Militar entram no campus à procura de material subversivo. Além de livros de Marx e Lênin, recolhem obras consideradas apologia ao comunismo — as que tinham capas vermelhas. Apreendem a bandeira do Japão, achando que se tratava do pavilhão da China. Invadem a gráfica do Instituto de Artes à procura de publicações impressas com tintas doadas pela República Democrática Alemã. Têm, contudo, dificuldade em identificar a origem da subversão:

— Essas tintas vieram da Alemanha federal ou da comunista?

A invasão provoca revolta entre os professores. Meses depois, eles se reúnem e formam uma comissão para negociar com o presidente Castelo Branco, no Palácio do Planalto, o fim da hostilidade. Enquanto explica a proposta diferenciada da universidade, um dos docentes é interrompido pelo presidente da República:

— Entendi, entendi. O senhor está me dizendo que a formação de um jovem na UnB é como a formação de um cadete na Aman [Academia Militar de Agulhas Negras]...

A conversa se mostra infrutífera. A cobrança dos militares em cima da UnB é cada vez maior. Castelo Branco, ao perceber que a universidade ainda emite sinais de resistência, comunica ao reitor Zeferino Vaz.

— O senhor ainda tem muito o que fazer por lá.

E cobra a lista dos insurgentes. Após a demissão de 16 professores, outros 223 se demitem, em solidariedade aos colegas — o equivalente a 80% do corpo docente. Entre eles, nomes que ajudaram a construir a universidade desde o início e outros oriundos do primeiro time do pensamento e da arte brasileira, como Alcides da Rocha Miranda, Luis Humberto, Décio Pignatari, Nelson Pereira dos Santos, Rogério Duprat, Athos Bulcão e Paulo Emílio Sales Gomes. Dois anos antes, Sales Gomes tinha sintetizado em uma frase o seu entusiasmo com o projeto da capital:

— É incrível como chegou rápido o momento em que ser brasileiro não é mais possível sem a ótica de Brasília.

As sucessivas intervenções do governo federal, na base da caneta e do cassetete, minam a idéia de uma universidade moderna, capaz de renovar o ensino superior do país e contagiá-lo com a visão utópica surgida na capital. Seis anos depois da inauguração, a UnB sangra a céu aberto.

Por outro lado, a consolidação da proposta arrojada da universidade continua a atrair profissionais de outros estados. O curso de biblioteconomia, por exemplo, tinha sido criado em 1962 e, três anos depois, sofrido demissões em massa. Um dos profissionais da área, Antônio Agenor Briquet de Lemos, ao ser convidado, não hesita, apesar do protesto dos amigos:

— Você vai para Brasília logo agora?! Você é louco, Briquet! Não faça isso!

Não muda de idéia. Sabia que o clima político era tenso, mas pesa na decisão a possibilidade de encurtar consideravelmente a distância casa-trabalho e passar mais tempo com a família. Naquela época, Briquet trabalhava no Centro do Rio e morava no Jardim Sulacap, zona oeste: uma hora e trinta minutos consumidos diariamente dentro de três ônibus. Quase não via as crianças durante a semana: ao sair, eles estavam no colégio; quando voltava, já estavam dormindo. Em Brasília, seria bem diferente, calculou. Poderia almoçar em casa, dividir as refeições com a mulher, Lúcia, e os três filhos: Felipe, Flávio e a caçula, Helena. Mas o valor do aluguel no Plano Piloto não cabia no orçamento de um professor universitário. Menos de um mês depois da chegada, lamentava a dificuldade de moradia quando um colega lembrou:

— Ainda se existisse algum apartamento vago na Colina...

— Colina? O que é Colina?

— Você não sabe, Briquet? Olha ali!

E apontou para o conjunto de quatro edifícios projetados pelo arquiteto João Filgueiras Lima, o "Lelé", destinados exclusivamente aos funcionários e professores da UnB. Barro e mato cercavam os prédios, construídos acima do edifício central da universidade e isolados das superquadras da Asa Norte. Não havia lojas próximas: apenas um barraco de madeira onde os moradores se abasteciam de pão e leite. Compras maiores, só no mercado da SAB (Sociedade de Abastecimento de Brasília), a pouco mais de um quilômetro.
Dois fatores compensavam as dificuldades de infra-estrutura: o valor do aluguel era um décimo do cobrado pela locação de um imóvel com a mesma área na Asa Sul. E os prédios da Colina ficavam a poucas dezenas de metros do campus, dava para ir a pé até o trabalho. Briquet, até então hospedado no Brasília Palace Hotel, não teve dúvidas. Alugou um apartamento de dois quartos no bloco B. E, assim, em maio de 1968, a família Briquet de Lemos deixou o Jardim Sulacap e chegou à Asa Norte. Como tinham alertado os amigos cariocas, Brasília já estava envolta em névoa de intranqüilidade.

• • •

Briquet chegou com a família quando a nova capital brasileira, que já sentira a mudança de rumo com a chegada dos militares ao poder, acabara de passar por momentos de turbulência. Tudo porque o mundo ferveu em maio de 1968 — mas o Brasil atingira a ebulição dois meses antes. Em 28 de março, no centro do Rio de Janeiro, a polícia militar atacou estudantes que protestavam contra a qualidade da comida do restaurante Calabouço. Um dos policiais deu um tiro no peito do secundarista Edson Luís, 17 anos, que morreu antes de chegar ao hospital. Os jornais noticiaram a morte com estardalhaço: "Assassinato", estampou o *Correio da Manhã*. O colunista Heron Domingues, apresentador do *Repórter Esso*, recomendou aos pais: "Os jovens precisam ser alertados sobre os perigos das agitações políticas. Mantenham seus filhos menores fora de reuniões suspeitas e não permitam sua participação em aglomerados nas ruas." Conselho inócuo: o cortejo fúnebre reuniu 50 mil pessoas, munidas de faixas como "Bala mata fome" e "Os velhos no poder, os jovens no caixão".

Os jovens no Planalto também se insurgiram ao saber da morte de Edson Luís. Na manhã do dia 29, mais de três mil estudantes e secundaristas se reuniram no auditório Dois Candangos, na UnB. Hastearam a bandeira brasileira a meio-mastro e anunciaram a suspensão das aulas. Decidiram dar o nome de Edson Luís à praça em frente ao prédio da Faculdade de Educação. E picharam a placa indicativa da entrada da universidade, que recebeu adendo ("Território livre") e frase de protesto: "Ditadura mata estudante".

Os boatos de que os estudantes iriam enfrentar os militares se multiplicaram. Na 110 Sul, as crianças que moravam nos blocos exclusivos da Aeronáutica foram orientadas a subir e permanecer nos apartamentos. Filhos de oficiais graduados, a maioria deles ligada à Presidência da República, poderiam ser alvo de alguma represália — falava-se até em seqüestro. Da janela, os garotos observavam a chegada de tropas que cercavam os prédios para garantir a segurança.

À noite, o protesto virou confronto. Aos gritos de "assassinos" e "abaixo a ditadura", os estudantes invadiram a avenida W3 Sul, a mais movimentada da cidade. Em uma das faixas, a conexão direta com o episódio do Calabouço:

— Sou muito jovem, não me matem pelo amor de Deus.

Foram reprimidos com jatos d'água e bombas de gás lacrimogêneo. Reforçados por populares, os estudantes deram o troco: com pontapés, conseguiram virar uma viatura da polícia. Os policiais partiram para cima, agredindo também políticos que estavam na linha de frente da manifestação, como os deputados Hermano Alves, Mario Covas e Bernardo Cabral. Os políticos interpelaram o comandante das tropas, Alzir Nunes Gay, sobre o uso excessivo da força. A resposta do coronel Gay é lacônica.

— Sou militar, obedeço ordens.

Na Praça 21 de Abril, na 708 Sul, manifestantes incendiaram dois palanques de madeira. As labaredas rasgaram a escuridão e o cheiro de fumaça invadiu as casas da Asa Sul. Era março de 1968 e Brasília ardia.

Os protestos se espalharam pelo país. Em comício em Apucarana (PR), o ex-governador da Guanabara Carlos Lacerda alertou: "Se não dermos orientação ao povo agora, esta juventude se desespera e vai às ruas enfrentando as metralhadoras, porque nos escondemos atrás das nossas consciências. Os moços hoje só podem existir com a condição de não falar. E se falar, são assassinados." Um dos apoiadores do golpe de 1964, Lacerda agora liderava a Frente Ampla, movimento suprapartidário integrado também pelos ex-presidentes João Goulart e Juscelino Kubitschek, para defender a redemocratização do país.

No ano anterior, dois jovens baianos tinham participado ativamente da formação da Frente Única da Música Popular, com nome inspirado no movimento político. Idealizada para produzir e apresentar quatro programas especiais na TV Record, a Frente incluía Elis Regina, Wilson Simonal e Geraldo Vandré. E foi no especial comandado por Gilberto Gil que Caetano apresentou em público pela primeira vez "Alegria, alegria", uma estranha marchinha, intitulada a partir de um bordão utilizado pelo apresentador Chacrinha. A letra do jovem que caminha contra o vento "sem lenço nem documento" é a primeira da música brasileira a citar o mais popular refrigerante da época: "Eu tomo uma coca-cola, ela pensa em casamento, uma canção me consola, eu vou...". Tomado pelo entusiasmo, Caetano avisa a Gil:

— Nós vamos deflagrar a revolução.

Com "Alegria, alegria", Caetano ensaia o lançamento de um novo movimento musical: o tropicalismo. Logo na faixa de abertura do disco *Tropicália ou panis et circenses*, resolve apresentar a crônica do Brasil daqueles tempos, justapondo imagens e idéias "da aventura frustrante e reluzente de ser brasileiro". E o coração dispara quando tem a idéia de evocar "a capital-monumento, o sonho mágico transformado em experimento moderno — e, quase desde o princípio, o centro do poder abominável dos ditadores militares". Decide que, para sintetizar essa idéia, nada mais perfeito do que destacar Brasília como "o centro da canção-monumento aberrante".

Sobre a cabeça os aviões, sob os meus pés os caminhões
Aponta contra os chapadões meu nariz
Eu organizo o movimento
Eu oriento o carnaval
Eu inauguro o monumento no planalto central do país....

No fim de setembro de 1968, em São Paulo, o III Festival Internacional da Canção representa o batismo de fogo da revolução de Caetano. A platéia, ruidosa, vaia e xinga o cantor baiano quando ele, vestido de forma espalhafatosa (roupa de plástico verde e preta, peito coberto de colares feitos de fios elétricos com tomadas nas pontas) e acompanhado pelos Mutantes, tenta interpretar "É proibido proibir". Furioso com a recepção hostil, Caetano converte raiva em energia. E troca a música pelo sermão:

Mas é isso a juventude que diz que quer tomar o poder? Vocês não estão entendendo nada, nada, absolutamente nada! [...] Vocês estão por fora! Mas que juventude é essa, que juventude é essa? Vocês jamais conterão ninguém! Vocês são iguais sabe a quem? Àqueles [referindo-se aos militares] que foram ao Roda Viva *e espancaram aqueles atores! [...] Eu e o Gil já abrimos o caminho, o que é que vocês querem? [...] Gilberto Gil está comigo pra nós acabarmos com o festival e com toda a imbecilidade que reina no Brasil! Acabar com isso tudo de uma vez! [...] Nós, eu e ele, tivemos coragem de entrar em todas as estruturas e sair de todas, e vocês? E vocês? Se vocês forem em política como são em estética, estamos fritos!*

Ainda furioso, Caetano deixa o palco. Para sair do teatro, precisa de proteção policial. Decide retirar a música da competição, que estava na última noite da fase nacional e seis composições seriam selecionadas para a finalíssima no Maracanãzinho. Nelson Rodrigues, ao comentar o episódio em crônica, ironiza: "A vaia selvagem com que o receberam já me deu uma certa náusea de ser brasileiro. Ele era um certo momento da consciência brasileira. E vimos como a implacável lucidez acuou e bateu a jovem obtusidade."

A lucidez, contudo, estava em desvantagem no Brasil de 1968. Parlamentares da Arena, o partido do governo, demonstram preocupação com a inabilidade dos militares para conter "as demonstrações de rebeldia da mocidade". Sob o manto do anonimato, contam aos jornalistas que faltava vivência política aos "executores da nova ordem". Em vez de persuasão, opressão.

• • •

Às dez da manhã de 29 de agosto, a UnB é novamente invadida. Sob alegação da necessidade de cumprir mandado de prisão contra sete estudantes que tinham participado dos protestos de março, tropas da polícia militar e agentes do Dops (Departamento de Ordem Política e Social) entram no campus. Arrombam portas a pontapés; quebram equipamentos de laboratórios. Acham um dos procurados: Honestino Guimarães, presidente da Federação dos Estudantes da Universidade de Brasília (FEUB). Arrastado para dentro de camburão à base de socos e pontapés, o franzino Honestino grita:

— Quebraram meu braço!

Indiferente aos gritos do líder estudantil, um dos militares comemora, eufórico:

— Hoje é nosso dia! Hoje é nosso dia!

Professores e alunos são retirados das salas de aula e levados, em fila, para a quadra de basquete do campus. Lá, com as mãos na cabeça e sob a mira de metralhadoras, os detidos passam por triagem. Parlamentares também são agredidos. Ao proteger o filho, o deputado Santili Sobrinho leva um golpe de cassetete.

— Eu sou deputado!

— Por isso mesmo, vai apanhar também...

Histórias de agressão aos estudantes se espalham pela cidade. Na mais recorrente delas, uma estudante grávida teria perdido o filho após ser golpeada com um cassetete equipado com dispositivo capaz de disparar choques nas vítimas: aborto causado pela intensidade da descarga elétrica.

Um dos professores que assistiram a tudo, Briquet chega à Colina e narra para a mulher as cenas de violência ocorridas no campus. Assustado com o relato do pai, Flávio exclama:

— Mãe, quando eu crescer, eu não quero ser estudante! Deve ser uma coisa muito ruim, a polícia bate, eles vão presos...

No dia seguinte, a reação. Universitários e secundaristas decidem fazer passeata no final da tarde, com concentração em dois pontos, a Praça 21 de Abril e a SQS 303. Entre as recomendações, a orientação para evitar apedrejamento de ônibus: os passageiros dos coletivos deveriam ser abordados e conscientizados do ato em andamento. Mais de mil estudantes avançam pela contramão da avenida W3 e paralisam o trânsito. Policiais à paisana reagem com cassetetes e bombas de gás. Os estudantes correm para dentro das quadras residenciais e, entre árvores e pilotis, se dispersam. Na avenida, fica apenas o cheiro de fumaça.

A invasão da UnB ecoa no Congresso. O líder do MDB na Câmara, Mario Covas, alerta: "A responsabilidade pelos acontecimentos não pode ser debitada a autoridades subalternas, mas a todo o governo, sem exceções, pois o sistema de repressão age em seu nome, em defesa de seus objetivos antidemocráticos. Pela invasão da universidade, pela agressão a estudantes, professores e congressistas e pelos danos causados ao patrimônio público só responde o governo, que é a própria encarnação da arbitrariedade. É o regime, implantado contra a consciência democrática nacional e que se ampara na força, o único responsável pelas brutalidades praticadas no país desde 1964."

Outros parlamentares elevam o tom da crítica. Eleito pelo Estado da Guanabara, o deputado Márcio Moreira Alves sobe à tribuna e conclama a população, "após os acontecimentos de Brasília", a se unir pela democracia e boicotar a parada de 7 de setembro: "As cúpulas militaristas procuram explorar o sentimento de patriotismo do povo e pedirão aos colégios que desfilem junto com os algozes dos estudantes. Seria necessário que cada pai, cada mãe se compenetrasse de que a presença de seus filhos nesse desfile é um auxílio aos carrascos que os espancam e os metralham nas ruas."

A escalada de tensão permanece em suspenso por alguns dias, no início de novembro, para a chegada de Sua Majestade, Rainha Elizabeth II, e a comitiva real britânica: Príncipe Phillip, Lord Chalfort, Lady Rose Baring, Sir Martin Charteries, Lady Fairfax of Cameron... Na 308 Sul, três mil brasilienses se acotovelam para ver a rainha de perto. No jardim-de-infância da quadra considerada modelo do projeto urbanístico de Lucio Costa, ela recebe rosas de 23 crianças vestidas com a indumentária da guarda real do Palácio de Buckingham, confeccionada com papel crepom vermelho. Ao visitar a Torre de TV, mais mimos para a rainha: o prefeito do Distrito Federal a presenteia com duas onças. Empalhadas? Não, vivíssimas. Uma preta, Alzira; e uma pintada, Marquês do Guará.

A rainha seria novamente surpreendida poucas horas depois. Em jantar de gala oferecido pelo governo brasileiro no Itamaraty, o presidente Costa e Silva, entusiasmado com a presença de Elizabeth II e com o uísque servido no banquete, quebra o protocolo. Após encerrar seu discurso, pede a palavra novamente e brada, antes de brindar:

— *God save the queen! God save the queen! God save the queen!*

O avião da Royal Air Force com a comitiva britânica deixa Brasília no mesmo dia em que chega à Câmara dos Deputados o pedido de licença para processar Márcio Moreira Alves. O discurso ácido do parlamentar carioca irritara os militares, que queriam da Câmara autorização para processar o deputado no Supremo Tribunal Federal. Com 216 votos contra e 141 a favor, o plenário rejeita o pedido. Ao tomar conhecimento do placar, a caminho do Palácio das Laranjeiras, no Rio, um enfurecido Costa e Silva avisa ao chefe da Casa Militar, general Jayme Portella:

— Fiz tudo para que atendessem aos apelos para desagravar as Forças Armadas. Agora vão ver.

O presidente se isola no gabinete, no segundo andar da sede oficial da presidência no Rio. Não quer receber ninguém, nem os ministros mais próximos nem os generais, eriçadíssimos com o resultado da votação do Congresso. Escuta música clássica, faz palavras cruzadas, assiste a um faroeste na TV; passa a noite em claro. Quando amanheceu a sexta-feira, 13 de dezembro de 1968, Costa e Silva já tinha tomado sua decisão. Poucas horas mais tarde, após reunião do Conselho de Segurança Nacional, é decretado o Ato Institucional nº 5.

Justificativa oficial: preservar os ideais da Revolução de Março de 1964. "O processo revolucionário em desenvolvimento não pode ser detido", diz a introdução. "No entanto, atos nitidamente subversivos, oriundos dos mais distintos setores políticos e culturais, comprovam que os instrumentos jurídicos que a Revolução vitoriosa outorgou à Nação para seu desenvolvimento e bem-estar de seu povo estão servindo de meios para combatê-la e destruí-la", prossegue.

O AI-5 deforma a simetria entre os poderes. Entre os 12 artigos, o ato concede ao presidente da República autoridade para subjugar o Poder Legislativo e decretar o recesso do Congresso Nacional — como foi feito de imediato, por meio do Ato Complementar nº 38. O presidente também poderia cassar direitos políticos por um período de dez anos, decretar estado de sítio, suspender o direito de *habeas corpus* para acusados de crimes políticos, cercear o direito de ir e vir com a proibição de freqüentar determinados lugares.

O ministro da Justiça, Gama e Silva, detalha os motivos da decisão. Depois de lembrar os "indiscutíveis benefícios morais e materiais" obtidos pelo Brasil com a Revolução de 1964, o ministro lembra que "forças adversas iniciaram movimentos de agitação, de subversão, comprometendo a ordem política e social, gerando intranqüilidade". Nos últimos meses, ainda segundo Gama e Silva, a agitação aumentou e a "guerra revolucionária" chegara ao Congresso Nacional, daí a necessidade imperiosa de esvaziar a sede do Poder Legislativo.

O presidente do Congresso, Pedro Aleixo, ao tomar conhecimento do ato, limita-se a constatar: "Saímos de um estado de direito para entrar na área do estado de fato". Dirige preces a Deus "para que tudo se resolva a contento e o país permaneça íntegro e se possa transformar na grande poderosa nação que todos seus filhos almejam" e finaliza:

— Agora sob um novo regime, declaro que a nossa missão está encerrada.

Na mesma edição dos jornais de Brasília com a íntegra do AI-5, o sofisticado Iate Clube anuncia a abertura da sede "para o povo em geral" naquela noite. Motivo: a apresentação única do cantor paraibano Geraldo Vandré no show *Pra não dizer que não falei das flores*, título da música-símbolo dos protestos dos estudantes ao longo do ano. Interpretada no Festival Internacional da Canção em setembro, diante de um Maracanãzinho lotado, a música ficou em segundo lugar. Perdeu para a delicada "Sabiá", de Tom Jobim e Chico Buarque. A vencedora recebeu vaias da platéia que, sem tempo para delicadeza, caíra de amores pelos versos inflamados de Vandré.

Caminhando e cantando e seguindo a canção
Somos todos iguais, braços dados ou não
Nas escolas, nas ruas, campos e construções...

Vem, vamos embora, que esperar não é saber
Quem sabe faz a hora não espera acontecer.

Geraldo Vandré estava com seu grupo, o Quarteto Livre, na cidade goiana de Anápolis, a 160 quilômetros do Distrito Federal, quando o golpe explodiu. Comenta com um dos músicos, Geraldo Azevedo, que tinha recebido uma ligação o advertindo para não ir a Brasília: o Exército procurava por ele na casa de parentes no Rio e sua casa em São Paulo tinha sido invadida. É preciso permanecer longe da capital. A bordo de dois Impalas, seguem em direção ao Rio de Janeiro. No caminho, Vandré manda parar e sai do carro. Evoca o exemplo do ídolo Che Guevara e fala para os músicos:

— Acho que vou ficar aqui, no mato. Vou fazer uma guerrilha, vou procurar o povo.

Os integrantes do Quarteto Livre se desesperam: "Vou dar umas porradas nesse cara", avisa Naná Vasconcelos. Vandré é convencido a voltar para o carro e seguir viagem. Já no Rio, consegue se esconder no apartamento de Aracy Carvalho, viúva do escritor Guimarães Rosa, e no sítio de sua namorada, a socialite Marisa Urban. Recebe a visita de Geraldo Azevedo e os dois finalizam música, "Canção da despedida", que cita "um rei mal coroado que não queria o amor em seu reinado pois, sabia, não ia ser amado" em alusão ao "rei Arthur", o marechal Arthur da Costa e Silva. No refrão, vêm a constatação e a promessa:

— *Já vou embora, mas sei que vou voltar/ Amor não chora/ Se eu volto é pra ficar...*

O cantor ultrapassa a fronteira e chega ao Uruguai.
Brasília não assiste ao show de Geraldo Vandré. Em dezembro de 1968, o silêncio vence a música.

• • •

Os Manfredini passaram ao largo do furacão de protestos que varreu Rio, Brasília, São Paulo e outras capitais brasileiras em 1968. Estavam no meio da temporada de dois anos da bolsa de estudos obtida pelo chefe da família em Nova York. Moravam em um apartamento de dois quartos no distrito do Queens. Júnior foi matriculado em escola pública. Impressionou a professora quando, instado a listar os livros que já tinha lido, relacionou mais de trinta títulos. A direção da escola chamou a mãe do aluno brasileiro:

— Creio que está havendo uma confusão: seu filho tem dificuldades de compreender a tarefa. Não são os livros que ele gostaria de ler, mas o que ele já leu.

— Não, ele entendeu direito. Ele já leu todos esses livros.

— ???

Enquanto o marido se debruçava nos estudos, a esposa tentava se enturmar. Por acaso, conheceu uma família de brasileiros muito simpáticos, parentes de Laudo Natel, governador nomeado pelos militares para o estado de São Paulo. Logo firmaram amizade. Carminha levava os filhos para explorar Manhattan: musicais na Broadway, patinação no Rockfeller Center, cinema na Times Square. Depois de sessão de *Yellow Submarine*, a animação lisérgica protagonizada pelos Beatles, a reação das crianças não poderia ter sido mais diferente:

— Júnior, isso é horrível! Não tem história, e esses monstros são assustadores!

— Carmem Teresa, é muito bacana! E é só um desenho! De-se-nho!

Os dois demonstravam maior sintonia nas expedições ao ar livre. No verão, se refrescavam com deliciosos banhos de esguicho nos parques públicos; a menina de biquíni, o menino de calção vermelho. No inverno, devidamente agasalhados com casacos e gorros, os irmãos brincavam no tapete branco deixado pelas fortes nevascas. Encantados com o espetáculo, chegavam a devorar os flocos de neve. Tiveram um Natal cinematográfico em 1968: visita à Casa do Papai Noel, Bing Crosby na vitrola, passeio no trenó comprado pelos pais.

Os Estados Unidos atravessavam período de eclosão dos protestos sociais — e não apenas pelas manifestações contra a participação do país na Guerra do Vietnã. Nova York foi o estopim de alguns desses focos de rebeldia. Em junho de 1969, homossexuais que freqüentavam o bar Stonewall, em Manhattan, partiram para o confronto com policiais após a prisão abusiva de clientes do estabelecimento. A cada coronhada recebida, revidavam com garrafas e gritavam: "Gay power! Gay power!" O conflito se prolongou por cinco dias no Greenwich Village e se tornou marco do início da militância homossexual, até então timidamente esboçada dentro das universidades de Cambridge e Cornell.

Apesar da grande repercussão, os conflitos em Manhattan não chegavam a afetar a rotina dos moradores do subúrbio nova-iorquino. Com imagens coloridas, novidade da época, os Manfredini acompanharam pela televisão fatos importantes como a chegada do homem à Lua. Quando conseguia uma folga dos estudos, o pai preferia levar os filhos para programas mais amenos, como o tradicional parque de diversões de Long Island. Ou para a prática do hobby predileto da família: acampar.

• • •

Do Brasil, chegavam notícias esparsas. A preocupação maior era com o tio-avô, Júlio Manfredini, 86 anos, comunista histórico que morava em Curitiba e defendia publicamente, com convicção e sem proselitismo, as idéias de Lênin, Engels, Marx. Um dos netos, Luiz Alberto, logo abraçou o ideário de Júlio. Quando criança, observava a euforia do pai, Javert, e do avô ao acompanhar pelo *Repórter Esso* os feitos soviéticos na corrida espacial — o lançamento do satélite Sputnik, o primeiro vôo orbital com Yuri Gagarin. Cheio de entusiasmo, o pai comentava com o filho:

— Na União Soviética, os membros do partido são as pessoas mais respeitáveis da sociedade!

Em 1966, Luiz Alberto Manfredini tinha 16 anos e um desejo imenso: encontrar uma forma de transformar o mundo, "do ponto de vista estratégico", a partir da discussão de seu papel na sociedade. Não gostava de rock, achava que o gênero era somente a importação de um estilo musical norte-americano. Entrou para a Ação Popular (AP). Estudante do Colégio Militar, participou da diretoria da Sociedade Literária Riachuelo, grêmio estudantil onde funcionava uma célula da AP. Todo sábado eles faziam reuniões na Biblioteca Pública de Curitiba. Criaram um jornal que, por conta de entrevista com o cantor Geraldo Vandré e outras matérias tidas como "subversivas", foi censurado pela direção. Em junho de 1967, saiu da instituição militar. Em 1968, Luiz Alberto passou a estudar no Colégio Hildebrando de Araújo, na capital paranaense. Um dia, o diretor da escola, Stalin Passos, o chamou e avisou:

— Um pessoal do Exército está procurando por você.

Luiz Alberto nem voltou no colégio. Tinha de desaparecer. Não estava sozinho. Milhares de jovens brasileiros, liderados por ex-militares (como o capitão Carlos Lamarca) ou dissidentes comunistas (Carlos Marighella), abandonaram as famílias e saíram de casa após a decretação do AI-5. Muitos partiram para a luta armada em organizações como Ação Libertadora Nacional (ALN) e Vanguarda Popular Revolucionária (VPR). A Ação Popular, por sua vez, não acreditava no confronto imediato fuzil contra fuzil. Seguia o modelo chinês de Mao Tsé-tung e priorizava o trabalho de conscientização do proletariado e dos camponeses: os militantes deveriam esquecer de suas formações profissionais e procurar trabalho em fábricas do subúrbio ou no campo. Luiz Alberto, por exemplo, se mudou para o interior do Paraná. Tentou virar camponês. Não deu certo: logo foi reconhecido. Sumiu novamente. Foi parar na Bahia.

Para enfrentar os "subversivos", os militares editaram os Atos Institucionais nºs 13 e 14, que facultavam ao Estado o direito de banir do Brasil as "pessoas perigosas para a segurança nacional" e permitiam à Justiça abrir processo e aplicar pena de morte nos casos de "guerra externa, psicológica, adversa, revolucionária ou subversiva". Sob o pretexto de obter informações, a tortura passou a ser praticada de forma indiscriminada nos quartéis e delegacias. O país pós-AI-5 virou uma nação silenciada: imprensa censurada, parlamento esvaziado, líderes políticos cassados. Brasil do "ame-o ou deixe-o". Caetano Veloso foi preso no mesmo mês da decretação do AI-5. Quando os agentes da Polícia Federal o detiveram nas primeiras horas da manhã do dia 29 de dezembro em seu apartamento na Avenida São Luís, no centro de São Paulo, um deles avisou:

— É melhor você levar sua escova de dentes.

Logo depois, a PF prende também Gilberto Gil. Os dois são levados para quartel da Polícia do Exército, na rua Barão de Mesquita. Passam o réveillon de 1969 na cadeia. Lá Caetano encontra outros presos, como Ênio Silveira, dono da editora Civilização Brasileira (a mesma dos livros de Bertrand Russell), que lhe empresta *O estrangeiro*, de Camus. Depois, é transferido para um outro quartel, em vila militar no subúrbio de Deodoro, zona norte do Rio. Na cela ao lado, Gil divide espaço com Paulo Francis, Ferreira Gullar e outros intelectuais. Caetano vai parar na barbearia do quartel e perde a cabeleireira "selvagemente grande" cultivada por quase dois anos. Após dois meses na cadeia, são transferidos para Salvador e lá permanecem confinados por mais quatro meses. Proibidos de se apresentar em público e de dar entrevistas, tomam o caminho do exílio. Ao embarcar para Londres, um dos policiais afirma para Caetano:

— Não volte nunca mais. E, se pensar em voltar, venha se entregar logo que chegue para nos poupar trabalho.

Outros cantores também deixam o país. Geraldo Vandré está no Chile, onde é submetido a tratamento psiquiátrico. Passa também pela Argélia, Iugoslávia, Alemanha, Grécia e França, até retornar ao Chile. Chico Buarque desembarca em Roma, onde compõe um samba-constatação: "Hoje você é quem manda, falou tá falado, não tem discussão, não. A minha gente hoje anda falando de lado e olhando pro chão...". Depois de vender 100 mil cópias, "Apesar de você" foi censurada e os discos, apreendidos.
"O movimento cultural destes anos é uma espécie de floração tardia, o fruto de dois decênios de democratização, que veio amadurecer agora, em plena ditadura, quando as suas condições sociais já não existem, contemporâneo dos primeiros ensaios de luta armada no país", teoriza o professor da Universidade de São Paulo (USP) Roberto Schwarz, ao refletir sobre o momento de "crise aguda" da intelectualidade brasileira. "À direita, cumpre a tarefa inglória de lhe cortar a cabeça: os seus melhores cantores e músicos estiveram presos e estão no exílio, os cineastas brasileiros filmam na Europa ou na África, professores e cientistas vão embora, quando não vão para a cadeia. Mas, também à esquerda, a sua situação é complicada, pois se é

próprio do movimento cultural contestar o poder, não tem como tomá-lo. De que serve a hegemonia ideológica se não se traduz em força física imediata?", inquire Schwarz. "A cultura é aliada natural da revolução, mas esta não será feita para ela e muito menos para os intelectuais", argumenta, antes de constatar, em tom de desalento:

— A cultura tornou-se um abcesso no interior das classes dominantes.

"O AI-5 paralisou tudo: Cinema novo, teatro, música, tropicalismo", reconhece o cineasta Glauber Rocha, em entrevista ao jornalista Zuenir Ventura. "A arte, sendo uma experiência primeira de liberdade, para que se realize plenamente exige liberdade maior, que é política e social. Sem arte não existe a idéia de nação: a livre manifestação criadora, isto é, a perfeita educação é necessária à própria vida social", complementa o crítico de artes plásticas Frederico de Moraes, também ouvido pelo jornalista carioca para a reportagem "O vazio cultural", publicado na revista *Visão*, em julho de 1971.

Zuenir relata a descrença e o pessimismo de intelectuais brasileiros com o futuro da nação. Eles chegam à conclusão de que, depois da contagiante exuberância criativa dos primeiros anos da década de 1960, os anos 1970 começavam sob o signo da opressão oficial — e da perplexidade de quem poderia confrontá-la. "O quadro atual oferece uma perspectiva sombria", constata o repórter, relacionando os itens responsáveis pela tibieza criativa: o desaparecimento da temática polêmica e da controvérsia na cultura, o êxodo de artistas, o expurgo nas universidades, a queda de vendas dos jornais, livros e revistas, a mediocrização da televisão, a consolidação da hegemonia de uma cultura de massa que visa o consumo fácil. "Sem germes e sem herança, sem promessas e sem caminhos, sem busca e sem questionamento crítico, sem o fermento da inquietação e sem a livre disposição criadora, o que será da cultura brasileira na década de 1970?", questiona o jornalista.

Quando o texto de Zuenir foi publicado, a casa da rua Maraú já tinha recebido de volta seus antigos moradores, com direito a flores e foguetório. Não houve problemas na readaptação da família de Renato ao Brasil, até porque a situação financeira era bastante confortável. Além do fato de Renato Manfredini ganhar um bom salário no Banco do Brasil, o país vivia euforia econômica por conta da combinação de diversos indicadores positivos: elevação das exportações, expansão da indústria, explosão na venda de carros e aparelhos de televisão, construção civil a todo vapor. O inédito ciclo de crescimento levara o Brasil a ocupar o posto de primeira economia do hemisfério sul, décima do mundo. Surgia o Milagre Brasileiro, orgulho do regime militar.

Estudante do Olavo Bilac, Júnior se destaca no colégio do Jardim Guanabara, especialmente em redação e língua portuguesa. Sempre voltava para casa com notas al-

ROBIN HOOD DAY CAMP
1968
SUPER JUNIOR BOYS
Robin Hood
DAY CAMP

tas. Seguia o modelo do bom estudante impresso no boletim: obediente ("Torna-se a alegria do lar"), estudioso ("Faz da escola sua oficina de trabalho") e dócil ("Transforma a escola no segundo lar"). Gosta de cantar o Hino da Bandeira.

Salve lindo pendão da esperança, salve símbolo augusto da paz...

— Nossa, como esse hino é lindo!

Com o ótimo desempenho na escola, sobra tempo para se esbaldar nas brincadeiras com os primos e vizinhos. Foi um fim de infância glorioso: horas e horas de diversão e invenção. Do alto da rua Maraú (na verdade, uma ladeira, sem saída) até embaixo, na rua Tambaú, descia de carrinho de rolimã ou em pranchas de fórmica. Às vezes ia para a Praia da Freguesia curtir a areia e se atirar nas ondas fraquinhas com a irmã e os primos Mariane, Hércole e Zé Eduardo: este último, conhecido pelo apelido de Zeido, cabelos loiros e olhos verdes, fascinava Renato, um ano mais velho. Mas o que ele realmente gostava de fazer era passar os domingos na cobiçada piscina do vizinho, o Tio Ivan. Enquanto esperava o almoço, servido somente depois das três da tarde, nadava e brincava de redemoinho com as outras crianças: deitados, todos fingiam se afogar. Júnior submergia na piscina funda, de ladrilhos. A cada mergulho, voltava com a idéia de uma nova brincadeira. Às vezes, inspirada em seriados da TV:

— Maremoto, capitão!

— Submergir para dez mil pés! Marinheiro Kowalski, fechar a escotilha!

Viagem ao fundo do mar, *Perdidos no espaço*, *Túnel do tempo*... As crianças não perdiam um episódio das séries de TV norte-americanas. Muitas vezes, Renato abaixava o volume da televisão e brincava de dublar os atores, mesmo sem conhecer previamente as cenas que interpretaria. A irmã entrava no espírito e o acompanhava nas sessões de improviso.

— Carmem Teresa, vou fazer o Steve, o Larry, o Doug e o senhor Henderson!

— Tá bom, eu fico com as vozes da Peggy, da Elizabeth e da senhora Hurtington!

Carmem Teresa reparava, contudo, que o irmão se divertia ainda mais quando criava as próprias brincadeiras. Invariavelmente, eram histórias envolvendo personagens de civilizações extintas: romanos, vikings, gregos. Carmem logo percebeu também uma peculiaridade daquelas superproduções imaginárias: além de roteirista, Renato Manfredini

Júnior era sempre o diretor e ator principal. Irmã, primos e vizinhos ficavam com os papéis coadjuvantes.

• • •

Aos fins de semana, um dos passeios preferidos de Júnior e Carmem Teresa consistia na ida ao Cine Mississipi, o único cinema da Ilha do Governador, no bairro do Cacuia. Bem próximo ao cemitério, vizinho ao Colégio Olavo Bilac, o Mississipi exibia filmes para toda a família. Muitas vezes, era o avô, José Mariano, quem levava as crianças para assistir às fitas, preferencialmente aventuras ou comédias. Deram gostosas gargalhadas com *Essa pequena é uma parada*, de Peter Bogdanovich, estrelada por uma das atrizes preferidas do neto: Barbra Streisand.
A diversão começava no apagar das luzes, com o recolhimento das cortinas. Mesmo quando o filme não agradava a todos (como o documentário *Let it Be*, mais um filme dos Beatles a dividir os irmãos: ele adorou, ela detestou), o passeio já valia por aquele hipnótico ritual do descerrar das imensas cortinas brancas, adornadas por cavalos marinhos azuis.
A família também ia com freqüência ao centro e à zona sul do Rio. Na Sears de Botafogo, uma peculiaridade da loja encantava Renato:

— Hmmm, esse carpete tem cheiro de Estados Unidos! Adoro esse cheiro!

Enquanto isso, o primo Luiz Alberto era procurado em todo o território nacional por conta de uma ofensiva contra a Ação Popular e a prisão de seus militantes. O próprio Luiz Alberto já tinha sido preso duas vezes; quatro dias no Rio de Janeiro e uma semana em São Paulo. Se fosse pego de novo, o tempo de cárcere seria ampliado, talvez indefinidamente. Militava clandestinamente na Bahia, queria rever a família no Paraná. Precisava, porém, de pouso seguro antes de seguir viagem propositalmente alongada (Rio-Itajubá-Campinas-Bauru-Londrina-Curitiba) para despistar eventuais perseguidores. Hospedava-se em apartamento da família Manfredini no terceiro andar de um pequeno prédio na rua Visconde de Cairu, na Tijuca. Os primos que o acolhiam comentavam entre si:

— O Luiz Alberto pode ficar aqui. O que acontecer com ele, acontece com a gente.

Algum tempo depois, da mesma forma silenciosa que aparecia, o primo vermelho sumia novamente pelo Brasil. Primo de Luiz e de Renato, Admar Manfredini também morava no Rio. Estava entrando no carro quando foi detido por policiais. Queriam o paradeiro de Luiz. Admar disse que não sabia. Teve que acompanhar os policiais até o DOI (Destacamento de Operações Internas). A família, aflita, chegou a publicar nota nos jornais do Rio, comunicando o desaparecimento. Dois dias e duas noites depois, Admar voltou para casa. Tinha as mãos inchadas e vermelhas, como se atingidas seguidas vezes por uma palmatória. Não contou o que aconteceu durante as 48 horas de detenção.

Outros, muitos outros, tiveram destino pior. Deputado federal cassado em 1964, o engenheiro Rubem Paiva estava em casa no Leblon com os filhos quando recebeu a visita de seis homens armados. Marcelo, 11 anos, viu o pai ser levado por militares da Aeronáutica. Seguiram para quartel próximo ao Aeroporto do Galeão, e Rubem foi submetido a interrogatório. Queriam saber detalhes de seu envolvimento com os brasileiros que saíram ilegalmente do país. Rubem nada revelou. Foi encaminhado, então, para o DOI da rua Barão de Mesquita. Desapareceu. A mulher, Eunice, também foi presa e liberada alguns dias depois. Não conseguiu notícias do marido. Foi a Brasília protestar na Comissão de Direitos Humanos. Não obteve respostas. Dois anos depois, desistiu de manter a cama de casal dentro do quarto.

Exilado em Santiago, ao saber do desaparecimento do amigo Rubem Paiva, Almino Affonso tomou um susto. Nas cartas, Paiva tinha garantido que estava tudo bem, que ele poderia voltar para o Brasil. Affonso falou para a esposa desempacotar os livros, os discos de Chico e Caetano, enfim, toda a mudança:

— Lygia, a gente não vai mais voltar...

Também com o mandato parlamentar cassado em 1964, o ex-ministro de João Goulart tinha escapado por pouco da prisão: junto com Paiva, conseguiu se refugiar na embaixada da Iugoslávia. Lá permanecem por meses, à espera de salvo-conduto para deixar o país. Menos de um ano depois, Affonso migra para o Chile onde aumentou a colônia de exilados brasileiros, entre eles o líder estudantil José Serra e o sociólogo Fernando Henrique Cardoso. O educador Paulo Freire, criador de inovador método didático conhecido como Pedagogia do Oprimido, morava ao lado em casa geminada, no bairro de Las Condes, subúrbio de Santiago. Os filhos de Freire dividiam o quintal com os filhos de Affonso: Ruy, Gláucia, Fábio e Sérgio. Os quatro não tinham tanto espaço como nos tempos em que moraram na capital. Na sala do apartamento da Asa Sul, os meninos andavam de patins. Quando desciam para brincar, pegavam o kart de madeira e saíam em alta velocidade pela superquadra. Em Brasília, apreciavam o espaço, a amplidão, a liberdade.

• • •

Como o irmão tinha sido mais rápido ao escolher o primeiro quarto do apartamento, logo ao chegar a Brasília, e o aposento contíguo à sala fora previamente definido pelos pais como sala íntima para leitura e televisão, coube a Carmem Teresa, por exclusão, o quarto em frente ao dos pais. O piano ficou ao lado da porta de entrada do apartamento; os livros, em estantes montadas no corredor, o carrinho de bebidas, também na sala. Delimitados e mobiliados os espaços internos, chegara a hora de Júnior explorar o que havia do lado de fora do apartamento 202. A começar pelo que estava logo abaixo da janela do seu quarto.

— Uh-duhhh!!

Ai de quem falasse alguma bobagem no meio daquele bando de crianças sentadas com as pernas cruzadas, que formavam uma roda a cada fim de tarde, embaixo do bloco. O novo vizinho não perdoava. Em tom de censura irônica, exclamava:

— Uh-duhhh!!

A exclamação depreciativa pegou. E logo todo mundo passou a repetir o bordão de Renato:

— Uh-duhhh!! Uh-duhhh!! Uh-duhhh!!

Turma grande, capaz de congregar crianças do mesmo bloco e de prédios vizinhos. Alguns já adolescentes — caso de Cláudia Valença, que tinha chegado com os pais em 1972, vindos também do Rio de Janeiro. Criada em Copacabana, Cláudia tinha 13 anos e vivia batendo perna no Leblon. Teve que trocar a areia da praia pela poeira do cerrado. Odiou.

Também pudera. Treze anos depois da inauguração, Brasília tinha 221 mil habitantes, mas ainda estava muito longe de realizar o desejo de Lucio Costa ("cidade viva e aprazível") ou o de Darcy Ribeiro ("centro cultural autônomo"). Guardava maiores semelhanças com as primeiras impressões de Vinicius de Moraes, descritas em crônica datada de 1961, quando notou que a capital tinha sido erguida "nas antigas solidões do Planalto Central de Goiás, em extensões apascentadas pela vetustez da terra e pela proximidade do infinito, numa paisagem de oxigênio, silêncio e saudade das origens".

Brasília pretendia ser uma metrópole, mas ainda padecia de complexo de inferioridade. Os jornais publicavam diariamente, com destaque, a relação dos hóspedes de hotéis como Nacional, Torre Palace e Diplomat. Informavam também os horários dos vôos diários para 14 capitais brasileiras e, uma vez por semana, para quatro cidades estrangeiras (Miami, Los Angeles, Cidade do Panamá e Caracas). De ônibus, todo dia, havia cinco saídas para as grandes capitais, como o Rio. De trem, dava para ir até Anápolis, Goiânia, São Paulo e Belo Horizonte. Para os infelizes com o novo endereço, mais do que um serviço, o que os jornais ofereciam era a esperança de fuga.

Cláudia Valença não via nada de aprazível na paisagem monótona, artificialmente formada por prédios fincados na terra vermelha. Assim foram construídos os edifícios das zonas residenciais do Plano Piloto, "uma seqüência contínua de grandes quadras dispostas, em ordem dupla ou singela, de ambos os lados da faixa rodoviária, e emolduradas por uma larga cinta densamente arborizada", como receitou Lucio Costa ao conceituar as superquadras.
Para aumentar a estranheza dos recém-chegados de diversas partes do Brasil, os logradouros públicos brasilienses não foram batizados com nomes próprios, mas como itens descritivos: Setor de Diversões Sul, Setor Bancário Norte, Comércio Local Sul, Setor Hospitalar Norte, nada muito diferente disso. Ipanema, Pinheiros, Caxangá, Aldeota, Bonfim, Liberdade? Tudo ficara para trás. SCLS, SHIS, SCS, EPTG, SGAN, SHIGS... Vogais esmagadas pelas consoantes; império das siglas. Por isso, se cumpriam com eficiência a função de ordenamento determinada pelo urbanista, os códigos brasilienses representavam desafio adicional para os recém-chegados: quem logo não os decifrasse, poderia ser desprezado pela esfinge de concreto.

• • •

Velhos ou jovens, pobres ou ricos, a dificuldade de adaptação atingia tantos moradores da capital que o problema foi parar no divã. Por que, afinal de contas, os moradores de Brasília sentiam tanta solidão? "A arquitetura e o horizonte sempre iguais levam à introspecção; com os estímulos externos sempre iguais, as respostas também tendem a sê-lo", arriscou a doutora Gladys Novaes, em entrevista ao *Correio Braziliense*, em abril de 1973. Para o psiquiatra Luciano Wagner Guimarães Lyrio, também ouvido pelo maior jornal da cidade, viver em função da introspecção pode criar distúrbios comportamentais e gerar personalidades esquizóides. Daí, enfatizou, a necessidade de experiências em grupo. "Brasília oferece muito pouco em termos de agrupamentos humanos. O que se tem para fazer aqui, na maioria das vezes, é ir ao cinema, um local bastante frio e impessoal, onde não existe participação". Para Lyrio, havia apenas dois pontos de convergência do brasiliense em 1973: a novela das oito e a loteria esportiva.
Só que a dificuldade de viver experiências coletivas não acometia a todos os jovens brasilienses. Muitos que chegaram com os pais na década de 60, bem-nascidos, demonstravam plena adaptação. Com vinte e poucos anos, apareciam com freqüência nas colunas sociais a partir do que diziam e faziam em points como o Centro Comercial Gilberto Salomão, no Lago Sul, região mais nobre da capital. "Luiz Estevão circula no Giba em Mercedes Sport", "Fernando Collor desfila novo amor no Rio (dizem que o negócio agora é sério)", "David Avellar e Roseana Sarney estão juntos", "Paulo Octávio reata namoro com Lucia Rebello Sarahyba", "Marise Ouro-Preto está de volta ao Brasil"... Mas aquela não era a turma de Cláudia Valença. E ela queria voltar para o Rio.

Cláudia conheceu Renato um ano depois da chegada em Brasília. Foi quando o pai, o bancário Luiz Reginaldo Lima, recebeu autorização do Banco do Brasil para sair do Bloco C e ocupar o apartamento 503 do bloco B da SQS 303. A superquadra, inaugurada em 1972, destinada exclusivamente para os funcionários do BB, ainda estava em construção. Não havia iluminação pública nem jardins, somente muito barro. Dos 11 blocos, como são chamados em Brasília os edifícios residenciais, nove eram de três quartos. Os mais amplos apartamentos da quadra estavam no bloco B: 150 metros quadrados, mais duas vagas em um dos grandes atrativos do prédio, a garagem subterrânea (nos primeiros blocos construídos na capital, erguidos na área central da Asa Sul e inaugurados pelo presidente Juscelino Kubitschek, os moradores tinham que estacionar os carros no térreo). Seguindo o modelo determinado pelo urbanista, todos tinham seis andares.

Além de vizinhos de bloco, os irmãos Manfredini e Valença de Lima estudavam na mesma escola, o Colégio Marista. No início, a adolescente achou Renato introspectivo; ar distante, cara séria e aborrecida. Chegou a comentar com os irmãos:

— O que vai ser do Renato quando ele crescer? Ele é tão tímido!

Mas a garota carioca percebeu também que, quando o novo vizinho se sentia à vontade, a timidez desaparecia. Dava lugar a um menino bem-humorado, contador de piadas e de histórias, capaz até de se autodepreciar e debochar da própria aparência. E, por conta da argúcia, bem parecido com o irmão mais novo de Cláudia.

Extrovertido e boa-praça, Luiz Gustavo Valença de Lima ajuda Júnior a se enturmar com os outros garotos da quadra. Também leva Renato para colaborar no *Diário de Brasília.* A redação do jornal ficava em lugar bem movimentado da W3 Sul, quase ao lado da oficina Camber (onde trabalhava como mecânico um adolescente chamado Nelson Piquet, filho do ex-ministro da Saúde de João Goulart, Estácio Souto Maior). E era bem pertinho dos prédios da superquadra, bastava atravessar a rua. As crianças podiam ir a pé e sem companhia de adultos. Junto com outro garoto do bloco, Ricardo Schmidt, do apartamento 103, Luiz Gustavo e Renato escreviam pequenas reportagens e artigos para o suplemento infantil. O trabalho tinha supervisão de jornalista profissional e era levado a sério: toda semana, os "foquinhas" recebiam pautas e os prazos para entrega dos textos. Havia também um prêmio para o melhor trabalho do mês.

Gustavo também adorava música pop. Desenhava croquis de palco, simulando a localização de seus ídolos durante os shows. Ele gostava de cantar em inglês e de imitar suas cantoras preferidas, Dionne Warwick e Tina Turner (para esta última, chegou a enviar carta com declaração de amor, não retribuída).

Quando descobriram que partilhavam o gosto pela música, Gustavo e Renato, às vezes Cláudia também, passaram a se encontrar aos sábados no apartamento dos Manfredini. Do alto de seus 14 anos, Renato discorria sobre a história do rock e exemplificava com a audição de seus discos, boa parte deles importados, trazidos de Nova York e comprados na loja carioca Modern Sound.

— A gente vai ouvir agora uma banda progressiva italiana, o Premiata Forneria Marconi.

— Mas eles cantam em inglês?

— Nesse disco, *Photos of Ghosts*, sim, porque foi produzido pelo Pete Sinfield, que já tinha trabalhado com King Crimson e Roxy Music. Quem apresentou eles foi o Greg Lake, do Emerson Lake & Palmer. O Sinfield se entusiasmou tanto que escreveu em inglês as versões do original italiano, *Per um amico*. Sabe a música do comercial de desodorante, da menina loura andando na floresta? É *Dolcissima Maria*, do PFM!

E Renato despejava mais informações sobre as bandas, além de traduzir as letras para Cláudia e Gustavo, decifrando o significado dos versos e contextualizando a trajetória dos grupos. Em companhia dos amigos e da irmã, ocasionalmente dos primos, as tardes na Asa Sul passavam devagar, no andamento determinado pelas longas e sinuosas faixas dos discos de Yes, Mike Oldfield, Emerson, Lake & Palmer — a sua banda predileta.

— A voz do Greg Lake é linda, Carmem Teresa. Você não acha?

Carmem Teresa até achava. O que ela não engolia era a idolatria do irmão por Bob Dylan. Renato se perguntava como Robert Allen Zimmerman, mesmo nascido quase 20 anos antes em outro país, podia descrever exatamente o que ele sentia. Queria saber tudo sobre Dylan, morria de curiosidade em relação ao ídolo. Se conhecesse alguns fatos da vida do cantor, acreditava que poderia encontrar pistas daquela afinidade de sentimentos. "Por que as letras dele me dizem tanto?"
Quando gostava de um artista, consumia até o fim. Ouviu muito "Construção", de Chico Buarque. Encantou-se com o uso de proparoxítonas — plástico, tráfego, última — e guardou uma convicção: "Se algum dia eu escrever alguma coisa, vai ser algo assim". Também escutou o LP *Clube da Esquina*, que surpreendera o Brasil ao liqüidificar Beatles e progressivo, mineirice e latinidade; sabores de chocolate, vidro e corte, cavaleiros marginais e homens sórdidos. E povoado por versos capazes de incitar múltiplas leituras, como "Sei um segredo, você tem medo, só pensa agora em voltar.../ Você ainda pensa e é melhor do que nada/ Tudo que você consegue ser, ou nada" ("Tudo que você podia ser") ou "O que vocês diriam dessa coisa que não dá mais pé? O que vocês fariam pra sair dessa maré? O que era sonho vira terra, quem vai ser o primeiro a me responder? Sair dessa cidade ter a vida onde ela é..." ("Saídas

e bandeiras nº 1"). Assinado por Milton Nascimento e Lô Borges, o álbum incluía ainda Beto Guedes, Fernando Brant, Wagner Tiso, Tavito, Ronaldo Bastos, Márcio Borges, Toninho Horta... *Clube da Esquina* era, antes de tudo, um disco de turma. Renato também escutou *Atom Heart Mother*, do Pink Floyd, até furar o vinil. Depois, encontrou outra utilidade para os discos da banda progressiva inglesa. Viraram trilha sonora para uma de suas invenções: o Teatrinho do Terror. Dentro do quarto, ele ordenava aos primos:

— Agora vocês vão sentar e ouvir!

Eles obedeciam. Renato, então, apagava a luz e contava histórias arrepiantes, incrementadas pela manipulação de lençóis brancos amarrados em cabos de vassoura. Assim, amplificava os sustos em momentos estratégicos. Os gritos apavorados da platéia só não soavam tão altos quanto as gargalhadas do dono do espetáculo.
Muitas vezes, nem era necessária a companhia de parentes para embarcar em outras histórias. Como a da ascensão e queda de Ziggy Stardust, personagem criado por David Bowie, então no auge da androginia, para o disco que lançara em 1972. Ou para mergulhar no tímido desespero de cantores como Nick Drake, morto dois anos depois do lançamento do álbum *Pink Moon*, considerado sua obra-prima. Drake ganhou como epitáfio gravado na lápide a reprodução de um de seus versos:

And now we rise/ and we are everywhere
(E agora nós crescemos/ e estamos em toda parte)

Outra voz constantemente ouvida na Asa Sul era a do californiano Gram Parsons. Ex-Byrds e Flying Burrito Brothers Band, amigo de Keith Richards, Parsons gravara um disco solo pungente, *GP*, com músicas de sonoridade country e letras tingidas de melancolia como "A song for you":

I love you every day/ And now I'm leaving and I can see the sorrow in your eyes...
(Eu te amo todo dia/ Agora estou partindo e posso ver a tristeza nos seus olhos...)

O inglês Nick Drake e o norte-americano Gram Parsons tinham muito em comum: feições angelicais, vozes melodiosas, compositores talentosos, espíritos atormentados. Utilizavam a música para expressar desesperança, inadequação, solidão. Estavam mortos antes dos 30 anos. Para Renato Manfredini Júnior, 14, aquilo era fascinante.

• • •

Renato decidiu passar da teoria à prática. Queria tocar violão. Uma vez por semana, tinha aulas particulares com um jovem instrutor. João Augusto recebia os alunos no próprio apartamento, no bloco F da quadra 302 Sul, parcialmente destinada aos funcionários do Banco Central. Vinte e poucos anos, cabeludo, boa-pinta, o professor particular tinha uma vasta coleção de discos importados. O novo aluno se encantou com a combinação de ingredientes sedutores. Primeira aula: "Angie", dos Rolling Stones. Três acordes; fácil, fácil. Em poucas semanas, já tocava com desenvoltura.

Renato queria mais. Queria fazer música. Arrumou, então, gravador e microfone. Resolveu arriscar uma gravação e convidou o amigo de bloco. Renato tocava e cantava, Gustavo só cantava. A versão candanga de Simon & Garfunkel não durou muito. Renato implicou com o inglês do parceiro:

— Tem que melhorar a pronúncia, Gustavo. Essa palavra, island, se fala *ai-lend*, não é *ais-lend*. Assim fica difícil!

O domínio do inglês era questão de honra para os Manfredini. O filho mais velho fazia curso de línguas desde que a mãe, a caminho de casa e ainda no Rio de Janeiro, percebera que ele começara a perder a fluência adquirida na temporada norte-americana. Carminha deu meia-volta no carro, entrou na filial da Cultura Inglesa da Ilha do Governador, no bairro de Cocotá, e comunicou:

— Quero matricular meus dois filhos.

Carmem Teresa ainda não podia freqüentar a Cultura, mas Júnior deu sorte: 9 anos era a idade mínima e ele pôde ser matriculado. E, decidida a mudança do Rio, a transferência para a filial brasiliense da escola foi logo providenciada. Três vezes por semana, subia os dois lances de escada do Edifício Antônio Venâncio, no Setor Comercial Sul. Antes e depois das aulas, se dedicava a explorar o acervo da biblioteca. Devorava livros, revistas e jornais com a mesma voracidade. Submergia no aprendizado do idioma na escola que tinha como slogan "conhecer Paul McCartney por inteiro é cultura", complementado pela recomendação: "As pessoas à sua volta vão continuar sabendo quem é o Paul. Mas você vai conhecê-lo intimamente."

Beatlemaníaco, Renato não precisava das aulas na Cultura para conhecer McCartney intimamente. Tinha escrito texto ficcional em que utilizava como personagens "todas as pessoas solitárias" descritas pelo baixista em "Eleanor Rigby". Convivia com Paul, John, George e Ringo desde os 5 anos, quando pediu aos pais um disco e ganhou um compacto com quatro faixas, entre elas "Twist and Shout". O anúncio do fim da banda, em 1971, não o abalou. Amava Beatles, Dylan e Beach Boys.

Amava a língua inglesa. Amava o rock. E, especialmente, amava o rock cantado em língua inglesa.

Mas, com a entressafra da MPB, quem fazia sucesso nas rádios brasileiras em 1973 era o rock cantado em português do Secos & Molhados. O primeiro disco, além de manifestos ("Sangue latino") e bem-humoradas provocações ("O vira"), incluía a adaptação de "Rosa de Hiroshima", poema de Vinicius de Moraes, e os versos contestatórios de "Primavera nos dentes": "Quem tem consciência para ter coragem/ Quem tem a força de saber que existe/ E no centro da própria engrenagem/ Inventa a contra-mola que resiste." O mentor do grupo, João Ricardo, assinava as letras. Na linha de frente, como definiam os jornais da época, estava "um vocalista muito louco: batom vermelho, turbante colorido, brincos e um imenso xale enrolado pelo corpo, ele consegue deixar todo mundo elétrico nos shows. Todos saem vidrados nas músicas, nos versos, na voz, na impressionante coreografia, na maquiagem estranha de Ney Matogrosso", o nome artístico de Ney Souza Pereira, ex-funcionário do Distrital, o maior hospital de Brasília.

• • •

Filho de um oficial do Exército e nascido na cidade de Bela Vista (próxima à fronteira com o Paraguai), o matogrossense Ney decidira servir a Aeronáutica para sair de casa. Tinha morado em Campo Grande, numa vila militar encravada na floresta: adorava tirar a roupa e, inteiramente nu, correr para dentro do mato. Mudou-se para Brasília em 1961 e foi parar na 104 Sul. Gostava de ir a pé para o trabalho no Setor Hospitalar. Reparava na força das chuvas, que provocava inundações de lama vermelha no hall do seu prédio, e nos redemoinhos de poeira, que surgiam do nada, a qualquer hora, em qualquer lugar. Para quem morou no meio do mato, estranhou a mudança para uma cidade inteiramente setorizada:

— Em Brasília cada um aperta o seu parafuso.

Ney trabalhou em três seções do Hospital Distrital; primeiro na anatomia patológica, depois na cardiologia, finalmente na pediatria. Brincava com as crianças portadoras de doenças graves como câncer e Mal de Chagas, conseguia uma Kombi e as levava para passear no Jardim Zoológico. Estimulava os meninos a fazer teatro e trabalhos com cerâmica e artesanato. Logo causou estranheza no centro de saúde: aquilo não era tarefa de homem. Cabeludo, figurino hippie, introvertido, Ney começava a enfrentar o preconceito.

Para desgosto do pai militar, frontalmente contrário à idéia de ter um filho artista, logo a veia performática de Ney começou a saltar. Na Brasília de 1963, o ambiente favorecia a descoberta: via meninos de 10, 12 anos freqüentando concertos internacionais, entrava de graça em festivais de cinema europeu, presenciava debates acirrados de intelectuais na universidade. Um dia, tomava sorvete no Setor Hoteleiro Sul quando viu Caetano Veloso, cabelos longos e cacheados, saindo do Hotel Nacional. O baiano vestia rosa da cabeça aos pés, cor que homens sérios não usavam nem no cós da meia. Ney achou Caetano lindo, corajoso, provocador: revolucionário.

— Se eu for artista, quero ser assim.

Sozinho na cidade, envolto na contínua sensação de desgarramento que curtia depois de sair da casa dos pais, o jovem de 20 anos deu o seu grito de independência. Vendia artesanato embaixo da Torre de TV, assistia às aulas na UnB sem ter prestado vestibular, andava a W3 inteira. Depois das dez da noite, a avenida era território livre. Um dia, estava caminhando por lá quando ouviu um toque de buzina. Sentado na janela ao lado do motorista, um desconhecido arriou as calças e pôs o traseiro para fora do carro.

— Essa cidade é muito louca!

Para superar a timidez que o impedia até de conversar com desconhecidos, Ney decidiu fazer teatro na Escola Brasiliense de Artes Cênicas (EBAC). Ingressou em um grupo que preparou a montagem de *A invasão*, texto de Dias Gomes. Não pôde subir ao palco: a peça foi censurada. Frustrado, tentou a música e fez teste para o coral de sessenta vozes do Colégio Elefante Branco. Achava a própria voz muito esquisita, tinha receio de ser rejeitado. Mas o regente do coral, maestro Levino de Alcântara, dissipou o medo.

— Sua voz é rara, pouca gente possui. É um dom, não um defeito.

Encorajado, Ney foi em frente. Integrou um grupo com quatro vocalistas para fazer apresentações na UnB e no programa *Dimensão*, da TV Brasília. Em um festival, quando começou a interpretar "Só tinha de ser com você", de Tom Jobim e Aloysio de Oliveira, foi interrompido por um grito vindo da platéia:

— Bicha! Bicha! Bicha!

Ney mandou a banda que o acompanhava parar de tocar. Fixou o olhar no agressor até ele se intimidar e calar a boca. Era tímido, mas, quando provocado, podia ser muito tinhoso. Foi em frente. Estreou na boate Cave de Roi, na 412 Sul, onde interpretava Chico Buarque, Edu Lobo e Caetano para um público que incluía senadores e outros figurões da República. Já mais seguro, arriscava provocações à recém-nascida ditadura. Entre uma música e outra, gritava:

— Liberdade!

O público respondia de volta.

— Liberdade!

Ney ganhou confiança no palco. E fora dele. Longe da pressão familiar, dono do próprio nariz, experimentou relações que, até então, eram apenas imaginadas e assumiu a própria sexualidade. Decidiu se dedicar exclusivamente ao que mais queria fazer na vida: cantar. A partir de 1966, tirou licença do emprego e passou a ir com freqüência ao Rio e São Paulo até ser convidado por João Ricardo a ser o vocalista do Secos & Molhados. Em 1972, depois dos primeiros ensaios, voltou a Brasília para pedir demissão em definitivo do hospital. Os colegas o criticaram:

— Você está louco! Vai abrir mão de um emprego seguro, da aposentadoria!

— Loucos são vocês, que vão ficar batendo ponto a vida inteira sem nenhum prazer!

A metamorfose de Ney Souza Pereira estava encerrada.

• • •

Além da descoberta da voz e do sexo, Ney Matogrosso passou por outra experiência marcante na capital. Durante festa em um apartamento de funcionários do Itamaraty, aceitou um cigarro de maconha. Quando provara a droga pela primeira vez, no quartel, tinha odiado. Mas dessa vez foi diferente. Ney se sentiu estranho. Perdeu o controle do próprio corpo: quis levantar a mão, ela não obedeceu. Tentou andar, não conseguiu. Ficou assustado, parecia uma viagem de ácido. Os amigos que o acompanhavam disseram para ele não ter medo. Aumentaram o som. A música ajudou no entorpecimento e, enfim, relaxou. Gostou daquela sensação. Ao ir embora, passou pela W3 e viu na loja Bibabô uma onça empalhada. Podia jurar que o animal estava vivo e ficou fitando, olho no olho, o bicho. O amigo Vicente Pereira interrompeu o transe e o levou de volta para casa.

Maconha tinha trânsito livre entre os jovens moradores do Plano Piloto. No exterior, a preocupação maior era com a cocaína — o aumento do consumo assustava países da Europa. Nos primeiros dez meses de 1973, foram apreendidos 16 gramas da droga na França, em poder de 11 viciados. A agência de notícias *France Presse* entrevistou especialistas, que alertavam para o risco de dependência rápida. "A primeira dose produz náuseas; a segunda produz uma sensação de euforia. O viciado se vê obrigado imediatamente a tomar ou injetar três doses cotidianas, de um a cinco gramas cada", explica a reportagem, destacando o efeito mais grave da droga: a psicose pela desintegração da personalidade.

Em Brasília, porém, a cocaína não chega com tanta freqüência. É o vapor da *cannabis* que se espalha pelas quadras. E o consumo se mostra tão intenso que o *Correio Braziliense* descreve em minúcias o consumo entre os jovens do Plano Piloto. A matéria "Os cabeludos sem amanhã", publicada em março de 1973, faz parte da série *A onda firme da geração pop*.

O jovem pop anda à procura da autenticidade. Quase sempre é atraído por viciado antigo, que o orienta rumo à patota. Ao achar-se no meio dos demais, vem o oferecimento:

— Está a fim de puxar?

Para fumar maconha, o jovem não precisa fazer muito esforço. Entre os escolares, é fácil demais. O primeiro passa o baseado para o outro, que o leva à boca, aspirando-o fortemente, em três ou quatro arrancos. O esforço intermitente produz um som peculiar, ao qual se acostumam os maconheiros. Há entre os viciados uma espécie de solidariedade, que dificulta a admissão de estranhos. O elemento novo só é recebido quando tem apresentação de um dos membros da turma. Caso contrário, leva gelo ou tem o desprazer de ver a debandada ao aproximar-se.

Quase toda superquadra tem banca de revista, quadra de esportes, playground... e o cantinho da maconha. Na 206 Sul, o campo de futebol é conhecido como o "Maconhão". Na 303 Sul, o fumacê fica perto do parque infantil. Praticamente não há repressão: a polícia teme flagrar filhos de autoridades da República. Eles não só escapariam da prisão como causariam sérios problemas aos responsáveis pela detenção. Uma vez, um policial ignorou a lei não-escrita e abordou um adolescente que estava fumando um baseado embaixo do bloco. Este nem se mexeu; apenas tirou do bolso a carteira de identidade diferenciada, exclusiva dos filhos de militares, e mostrou:

— Dá uma olhada. Sabe com quem você tá mexendo?

O policial devolveu a carteira e bateu em retirada.

• • •

Tinha a turma da maconha, mas a maior parte dos garotos da 303 Sul preferia mesmo era correr atrás da bola, nas peladas, com golzinhos improvisados entre os blocos K e H, no estacionamento do bloco A, ou na quadra de futebol de salão próxima das lojas do comércio local. A turma tinha sorte, não era perseguida pelos "graminhas", temidos funcionários do Departamento de Parques e Jardins do governo local que, para impedir as crianças de jogar futebol nos gramados por eles mantidos, apreendiam e furavam as bolas. Em Brasília, até os jardineiros tinham poder de polícia.

Quando cansavam do futebol, os meninos da 303 armavam expedições. Pegavam as armas de brinquedo, como o cobiçado rifle automático super-tiro da Estrela, e se dedicavam à caça aos ratos. Literalmente falando: ratazanas gigantescas circulavam livremente entre os blocos, e a molecada mais corajosa saía no encalço, armada com espingardas de chumbo.

Além de ratos, berlinetas, monaretas e mobiletes cortavam a quadra. Renato Manfredini Júnior, porém, não pertencia à turma da bola, dos tiros nem das rodas. Bem que tentou se aventurar em cima de patins, mas o resultado não poderia ter sido mais desastrado. Quando deslizava em alta velocidade na calçada em frente ao bloco, perdeu o equilíbrio e se estatelou no chão. E no chão permaneceu por alguns minutos, rindo e chorando ao mesmo tempo. A reação nervosa foi tão atípica que dona Carminha, ao ouvir a gritaria, correu para a janela a tempo de ver aquela cena. Levou o filho para o hospital e veio a constatação: fratura no pulso da mão esquerda. Júnior aprendera a lição. Em Brasília, andar sobre rodas não era tarefa para principiantes.

Preferia, aos domingos, mergulhar na piscina da AABB, às margens do Lago Paranoá, ou na sede campestre do Clube do Congresso, no final do Lago Norte. Muitas vezes, almoçavam no próprio clube. Na volta, passavam pelo aeroporto, onde encorpava a coleção de revistas importadas com exemplares recentes da *Mad*.

O pai também o levava com regularidade para concertos de música erudita no Teatro Nacional. Os dois estavam juntos nas apresentações de orquestras internacionais, até certo ponto freqüentes por conta da proximidade com as embaixadas. Também uma grande apreciadora de música erudita, a diretora da Cultura Inglesa, Edith Jacques, comentava com o marido ao avistar o aluno:

— Olha ali o Renato! O pai sempre o traz para apreciar a Grande Música...

Edith notava que, de forma discreta e silenciosa, Renato Manfredini assumira a responsabilidade de garantir a Renato Manfredini Júnior um conhecimento que ia muito além do que era cobrado pelos professores. Enciclopédias, livros de referência, clássicos da literatura universal, tudo estava à mão do filho. Nos moldes da Inglaterra vitoriana, o pai agia como tutor. Quando tinha alguma dúvida na Cultura, por exemplo, o estudante avisava:

DAISY HAWKINS

Looking through the stained-glass window
Waiting for the rain to come
While she makes the bishop's tea
Lonely mother without a son
Daisy hears the bishop's call
In quiet steps goes to the door
The bishop's smile reveals the sadness
Her son has died in war
She pours the tea into the cup
Hoping the old man will say more
About her son, about his death,
January 1st, 1944.
"At last a word", thinks to herself
When the bishop sighs in awe
In disbelief he picks up the cup
That has fallen to the floor
"Not a broken piece", he says
And lonely Daisy Hawkins cries
"About my son not a word you have said"
The tears run from her light-blue eyes
The bishop answers, "What can I say?
He was your son not mine.
I didn't even know his age."
"Eighteen." "Too young to die."
"Is that all you say about my son?"
Asks Daisy as she drinks her tea
"I ask again, what can I say?
He was unknown to me."
The bishop bites his chocolate biscuit
And once again expresses his sorrow
"Today is January 6th, my dear.
Seventh day prayers will be tomorrow."
Time is up, he must go now.
In quiet steps goes to the door
While Daisy Hawkins stares into space
Remembering her son's fate in war
The bishop stands out in the garden
He bids farewell and is soon gone
Daisy stands beside the fireplace
And suddenly remembers a nursery-rhyme song
She looks again through the stained-glass window
Her son has gone,
The rain has come
"Tomorrow shall be another day", she thinks
And feels the first rays of the after-rain sun.

Fevereiro 16, 1976.
R.M.J.R.

la-de-dee
ho-de-hum
hocuspocus
this, my friend is a piece of ___
FILL AT YOUR OWN RISK

— Peraí que vou ligar para o meu pai.

E interrompia o trabalho de Manfredini no Banco do Brasil para obter a resposta. Depois, voltava para a sala de aula e repassava aos colegas a informação obtida com o pai. Este, por sua vez, se desdobrava para agradar o filho. Atendeu ao pedido de levá-lo ao primeiro show de rock: Rita Lee, no ginásio do Marista absurdamente lotado. E o fez sem reclamar. Já sabia que, para o primogênito, a música era companheira de quarto, sala, tarde, noite, sábados e domingos. Música pop, música erudita, mais música estrangeira do que música brasileira. Música sempre.

• • •

Em casa, para irritação da irmã, Renato não sossega com a televisão. Gosta de novela — acompanhou *Gabriela* e também ficou impressionado com a morte do protagonista Carlão (Francisco Cuoco) no último capítulo de *Pecado capital*, ao som de Paulinho da Viola: "Dinheiro na mão é vendaval, é vendaval, na vida de um sonhador..."

— Carmem Teresa, essa cena foi impressionante, não?

Gira o seletor em busca dos seriados e desenhos favoritos. O Canal 6 passa *Daktari* e *Durango Kid*, além de desenhos como *Scooby Doo*, *Os Flintstones*, *Pernalonga* e *Pantera Cor-de-rosa*. *O mundo colorido do Carequinha*, *Aventuras de Gulliver* e *Batman* são as atrações no Canal 8. E, no Canal 10, dá para ver *Daniel Boone*, *Viagem ao fundo do mar*, *Tarzan*, *Rin-tin-tin*.
Um dia, Renato é capturado pela cena de um filme exibido na TV. Sob chuva de papel picado e intenso assédio de populares, um jovem loiro e sorridente desfila em carro aberto. Em off, o narrador informa:

— O nome desse jovem é Steven Shorter. Ele está recebendo a maior saudação já concedida para o retorno de um cidadão de Birmingham. Mas Steven não é o presidente do seu país, não é político. Ele é um cantor pop.

A câmera foca a saudação de Steven aos fãs: braço direito erguido e estendido, idêntica à saudação nazista. A adoração incondicional. Steven manda cantar, eles cantam. Steven manda-os brigarem entre si: os jovens obedecem. Um pedido, uma ordem. O que os fãs não sabem é que o ídolo segue à risca as orientações de integrantes do governo e de grandes corporações. A popularidade do cantor-fantoche é utilizada pelos donos do poder para manipular corações e mentes adolescentes naquela Grã-Bretanha de um futuro não muito distante.

— *We must conform! We must conform!*

Privilege, rodado em 1967, tem direção do inglês Peter Watkins. Na fita anterior, *The War Game*, Watkins causara perplexidade em seu país ao imaginar as conseqüências da explosão de uma bomba atômica na Inglaterra durante a terceira guerra mundial. A exibição pública foi proibida e a circulação ficou restrita aos cineclubes ingleses. Os estúdios Universal o convidaram, então, a filmar o roteiro de *Privilege*, a princípio apenas mais uma produção juvenil. Mas o cineasta reescreveu o script para realçar o aspecto que lhe pareceu mais atraente: o paralelo entre a música pop e o fascismo. O filme não chegou ao circuito comercial brasileiro, caiu direto na televisão, "reino do profundo silêncio coletivo", na definição de Watkins. Renato se impressiona com a fita inglesa. Liga para a emissora local e pede a reprise. O pedido é atendido. Renato assiste à reprise. Insaciável, liga de novo. Solicita outra exibição. Novamente, consegue o que quer.

• • •

"O Brasil merece o nosso amor", diz a faixa estendida perto do palanque reservado às autoridades para o Desfile de 7 de setembro. A mesma frase estampa os balões com o emblema do Exército, distribuídos durante a "parada de integração nacional" em comemoração à Independência do Brasil. Sete mil homens fardados marcham diante do presidente Emílio Garrastazu Médici, que, em fim de mandato, assiste ao seu último desfile como comandante das tropas militares. O sucessor havia sido definido por Médici após reunião no Planalto com colegas fardados e auxiliares próximos:

— Se houvesse algum problema grave na área militar, seria o general Adalberto Pereira dos Santos. Se não houvesse mais nada de subversão e o país estivesse suficientemente tranqüilo para o governo de um civil, poderia ser o Leitão de Abreu. Diante dessas duas circunstâncias, acho que, para administrar o país e seu desenvolvimento, o melhor nome mesmo é o Ernesto.

Dito e feito. Filho de imigrantes alemães, o general Ernesto Geisel, à época à frente da presidência da Petrobrás, seria o próximo presidente da República. "Castelo-Costa-Médici-Geisel: continuidade revolucionária", sintetiza a faixa afixada no plenário durante convenção da Arena, o partido governista, dona da maioria no Congresso. Geisel procura os principais ministros de Médici — Delfim Netto, João Paulo Reis Velloso, Jarbas Passarinho, Mário Andreazza — para conhecer os problemas de cada pasta e assegurar a continuidade dos projetos. Ao mesmo tempo, inicia conversas com o general Golbery do Couto e Silva sobre tema ainda espinhoso entre os oficiais.

— Temos que conversar. Vamos planejar como e quando iremos marchar para a abertura.

Não seria fácil executar aquele planejamento esboçado por Geisel e Golbery. Afinal, sob a égide do AI-5, os quatro anos de governo Médici tinham sido de ostensiva opressão. Aumentaram as perseguições políticas aos militantes de esquerda, agora oficialmente clandestinos, com a elevação acentuada dos casos de perseguição, tortura e morte praticadas pela polícia e Forças Armadas. Enquanto isso, o presidente fazia questão de impulsionar o sentimento nacionalista no cidadão brasileiro, sintetizado em música da dupla Dom & Ravel:

Eu te amo, meu Brasil, eu te amo
Meu coração é verde, amarelo, branco, azul, anil
Eu te amo, meu Brasil, eu te amo
Ninguém segura a juventude do Brasil!

Gravada pela banda Os Incríveis e apresentada pela primeira vez no programa de TV de Hebe Camargo, a música é justificada pelos compositores como uma reação ao Hino Nacional, considerado "muito pessimista, fala que o Brasil vai ficar deitado e o Brasil está de pé". O Mundial de Futebol de 1970 facilitou a missão de Médici. O país inteiro entrara em frenesi. Nas escolas, até as tarefas em sala de aula tinham o futebol como tema. Na redação "A Copa do Mundo", Renato descreveu a primeira partida disputada em solo mexicano.

O Estádio Azteca estava cheio. Mais de dez mil pessoas estavam atentas, esperando a abertura da Copa do Mundo no México. E também esperavam o jogo México versus *Rússia. O jogo deu zero a zero pois ambos países tinham defesa linda mas ataque fraco [...].*

Em outra redação, comentou a vitória do Brasil, "o maior país da América do Sul", em cima do Uruguai, "o menor país":

O jogo de hoje foi sensacional. Em Uruguay, haverá tristeza pois os jogadores voltarão para este país porque perderam do Brasil por três a um.

A nação inteira acompanhou a competição até explodir de alegria na decisão, após a goleada do Brasil em cima da Itália, no dia 21 de junho. Muita gente nem esperou o apito final do alemão Rudolf Grockner para iniciar a festa. Quando Carlos Alberto Torres marcou o quarto gol brasileiro, aos 41 minutos do segundo tempo, a rua Maraú começou a encher. A vizinhança largou a TV, saiu de casa e comemo-

OPA

BRASIL

1 Félix
4 Carlos Alberto
2 Brito
3 Piazza
16 Everaldo
5 Clodoaldo
8 Gérson
11 Rivelino
7 Jairzinho
9 Tostão

icz

il x Urugua

"Uruguay x Brasil"

Uruguay é o menor país da America do Sul. Brasil é o maior.

Em Uruguay, haverá tristeza, pois os jogadores voltarão para êste país porqu perderam do Brasil p trêz á um.

O jôgo de hoje, foi sensacional. Pelé, no nonagéssimo-quarto minuto, (um minuto para acabar o jôgo), fêz um gôl e por um triz não faz outro.

rou como se fosse carnaval: os adultos se abraçavam, soltavam rojões, cantavam, choravam. A festa contagiou até as crianças que não se ligavam muito em futebol, como o filho mais velho de Carminha. Torcedor discreto do Fluminense, Renato gostava mesmo era de ver o camisa 11, Rivelino, em ação. Também descendente de italianos, cabelos fartos e bigode cerrado, o meia corintiano se tornou o seu jogador preferido.

A recepção aos tricampeões resultou na maior concentração popular já ocorrida em Brasília. Médici fez questão de receber os jogadores no Palácio do Planalto; o trajeto do aeroporto até a Praça dos Três Poderes foi, pela primeira vez, inteiramente tomado pelo povo. Embalado pelo momento econômico favorável, o governo abriu o cofre e iniciou a construção de estrada para unir as regiões Norte e Nordeste. Com extensão de 5.400 quilômetros, mesma distância entre Lisboa e Moscou, a Transamazônica virou símbolo do Brasil Grande. Estava para Médici como Brasília para JK.

• • •

Quatro dias depois de Brasília assistir ao desfile militar no Dia da Independência, outra capital sul-americana também acompanhou a demonstração de poderio das Forças Armadas de seu país. Em Santiago, contudo, não foi mera exibição. Do telhado de sua casa, o adolescente brasileiro Sérgio Affonso observou o vôo rasante de aviões da Força Aérea chilena. Alguns minutos depois, viu também o surgimento de uma imensa coluna de fumaça proveniente do Palácio de La Moneda. Após o bombardeio comandado pelo general Augusto Pinochet veio o anúncio da morte do presidente Salvador Allende. Era 11 de setembro de 1973 e a vizinhança, quase toda de classe média alta, comemorou como se fosse Copa do Mundo, estendendo bandeiras do lado de fora de suas casas.

O Chile, que tinha iniciado com Allende uma transição para o socialismo, interrompida com o ataque a La Moneda, já não podia mais ser considerado um lugar seguro para os exilados brasileiros. Além do risco iminente de prisão, os novos donos do poder tinham ordenado a apreensão e destruição de qualquer publicação de orientação marxista. Implantaram a censura prévia à imprensa, decretaram toque de recolher e prenderam, apenas na primeira semana, cinco mil pessoas no Estádio Nacional, que ficariam sob custódia "até serem suficientemente interrogados". Todos os ministros de Allende foram confinados num quartel.

Ex-ministro do presidente deposto João Goulart, Almino Affonso assistiu àquele filme no Brasil em 1964. Teria de ir embora. E rápido. Antes, porém, precisaria se livrar do próprio passado. De noite, com extrema discrição, reúne a família para queimar montes e montes de papéis. Somem até com as cinzas. No dia seguinte,

Sérgio e os irmãos carregam as mochilas com parte da papelada do pai. Seguem de bicicleta até um rio próximo, onde se livram de documentos potencialmente comprometedores.
Em comunicado oficial, a recém-instalada Junta Militar, presidida por Pinochet, justifica o ataque e a deposição de Allende pela "gravíssima crise econômica, social e moral" do país e pela "incapacidade do governo para adotar medidas que permitam deter o processo e desenvolvimento do caos". E anuncia a possibilidade da volta dos civis ao poder, "assim que o país seja devolvido à plena normalidade". Três dias depois do golpe, o Brasil explicita formalmente o desejo de "manter as melhores relações" com o novo governo chileno e, logo depois, se torna um dos primeiros países a reconhecer a autoridade da Junta Militar comandada pelo general Augusto Pinochet.

• • •

O general Emílio Garrastazu Médici, na última mensagem de fim de ano como presidente da República, ressalta o crescimento do país. Destaca o Produto Interno Bruto de 11,04%, as reservas internacionais no valor de US$ 6,3 bilhões e o controle das pressões inflacionárias. Do ponto de vista político, observa que "a decisão histórica de 1964 continua a encontrar no consenso popular o título de sua incontável legitimidade", referindo-se às vitórias da Arena, o partido do governo, nos estados e municípios.
Em 16 de janeiro, com 400 dos 497 votos possíveis de Colégio Eleitoral formado para eleger o sucessor de Médici, o general Ernesto Geisel é proclamado presidente da República para o período de 15 de março de 1974 a 15 de março de 1979. O anticandidato, o oposicionista Ulysses Guimarães, que tinha na chapa o jornalista Barbosa Lima Sobrinho, recebe 76 votos.
Em pronunciamento, Geisel garante a continuidade da diretriz norteadora da Revolução de 1964. Afirma ignorar o risco de seu governo ser prejudicado por "reduzidas minorias de descrentes ou apáticos, derrotistas, subversivos ou corruptos" e promete "exemplar e pronta contenção de qualquer veleidade subversiva ou de qualquer ato de corrupção que venha ao conhecimento do governo", a fim de resguardar "o ambiente de tranqüilidade, estabilidade social e ordem pública, indispensável à marcha ascensional do país".

— Estabilidade e ordem representam o penhor essencial do progresso e bem-estar de todo o povo.

Na mesma data da eleição do novo presidente, os militares fazem festa informal dentro do Planalto. Comemoram o aniversário do general João Baptista Figueiredo, chefe do gabinete militar da Presidência da República. Pela quinta vez consecutiva,

Figueiredo festeja mais um ano de vida entre os companheiros de trabalho da Presidência da República. Clara demonstração de união da tropa.

Ainda em dezembro, Brasília caprichou à espera da chegada não de Ernesto Geisel, mas de Papai Noel. As luzes de Natal se espalharam pelas quadras da Asa Sul. Na SQS 203, uma estrela de Belém; na SQS 104, bem próximo ao eixo, uma árvore ricamente iluminada. Outra árvore em formato de pinheiro toma conta da fachada do Hospital Distrital. Tantas luzes não chegam a ofuscar o fato de que a cidade, logo após o início das férias escolares, passava por progressivo esvaziamento até a completa modorra de janeiro.

As opções de lazer se reduziam drasticamente. Os shows, que já não eram muitos, rareavam de vez; Jorge Ben no Jantar dos Engenheiros, nada mais. Roberto Carlos? Só na matinê do Cine Atlântida, em busca do diamante cor-de-rosa. Wilson Simonal? Também só na tela, em documentário de Domingos de Oliveira, no Cine Espacial. Nada para fazer, nada para se divertir. Nem pelo telefone dava para matar a saudade. Linha telefônica particular, ainda um privilégio; as filas no posto da Telebrasília na W3 Sul se multiplicavam em dezembro. Recém-implantado, o DDD (Discagem Direta à Distância) prometia facilitar a vida, mas completar uma ligação continuava sendo um desafio a ser vencido somente à noite e nos fins de semana. Por isso, tantos adolescentes regressavam ao estado de origem para passar os festejos com os familiares e por lá permaneciam até o carnaval — e os irmãos Manfredini não eram exceção. Voltavam para a Ilha do Governador, agora como hóspedes na casa dos avós. Passavam os quentes dias de janeiro na praia, na rua ou na piscina, sempre em companhia dos primos mais próximos.

• • •

O ano de 1974, segundo a astrologia, seria regido por Saturno: previsão de período de individualidades fechadas e interiorizadas; 365 dias de grande silêncio. Os anéis de Saturno, segundo os astrólogos, representam a limitação imposta às ações do homem, "até que ele haja atingido a disciplina interior capaz de elevá-lo aos pináculos da compreensão espiritual". Sobre o corpo, advertiam para a necessidade de especial cuidado com dentes, ossos e toda a região das pernas. Para o espírito, também previam problemas: os músicos, por exemplo, ficarão desesperados, cheios de uma vida interior imensa e lentamente destruidora. Aos arianos, um conselho: "procurem ser mais independentes e concentrarem-se em si mesmos, aproveitando o conforto do lar. Se você quiser aprimorar sua personalidade, procure a introspecção e a solidão, que o levarão ao autoconhecimento."

A previsão astrológica de momentos de desespero para os músicos brasileiros se confirmou no início do ano logo para o mais badalado deles: Chico Buarque de Hollanda. Mas nem foi preciso traçar o mapa astral daquele geminiano, nascido em

19 de junho de 1944, para cravar o prognóstico pessimista. Afinal, mesmo depois da volta de Caetano e Gil do exílio em Londres, Chico Buarque se afirmara — antes mesmo de completar 30 anos — como o grande nome da Música Popular Brasileira. E, desde que Geraldo Vandré abandonara o posto de protesto ("desejo integrar-me à nova realidade brasileira e quero agora só fazer canções de amor e paz", declarou publicamente, condição imposta pelos militares para poder retornar ao Brasil), Chico passou a ser o maior alvo.

Por conter metáforas sobre o delicado momento político do país, cada nova letra de Chico ganhava leitura atenta dos técnicos da Divisão de Censura de Diversões Públicas do Departamento de Polícia Federal do Ministério da Justiça. Cidadãos brasileiros encarregados de julgar, restringir e eventualmente proibir as expressões artísticas de outros cidadãos brasileiros. Censores.

O trabalho dos técnicos da Divisão de Censura obedecia rígida metodologia. Elaboravam pareceres de acordo com a avaliação específica de itens como "linguagem", "tema", "gênero", "mensagem" e "enredo". "Flor da idade", canção composta por Chico para o filme *Vai trabalhar, vagabundo*, foi submetida a censura pela primeira vez em setembro de 1973. Por conter mensagem "negativa, atentatória a moral e bons costumes", a música ganhou liberação para o filme ("aprovação com impropriedade para menores de 18 anos"), mas não para a trilha sonora: "(a divisão de censura) fatalmente, perderia o controle." A interdição se deu, essencialmente, pela última parte da letra, quando Chico, após narrar de forma elíptica a iniciação sexual de um jovem ("a primeira festa, a primeira fresta, o primeiro amor"), parafraseia "Quadrilha", um dos poemas mais famosos de Drummond, e escreve:

Carlos amava Dora que amava Pedro que amava Beto que amava Juca que amava Lea que amava Lia...
Carlos amava Dora que amava Rita que amava Dito que amava Rita que amava Dito que amava Rita que amava...
Carlos amava Dora que amava tanto que amava Pedro que amava a filha que amava Carlos que amava Dora que amava toda a quadrilha.

Após identificar a mensagem como "descritiva, de amadurecimento sexual", os censores Joel Ferraz e Antonio Ferreira chegam ao veredicto: "É um canto ao desabrochar sexual normal de jovem normal. A segunda parte nomeia os vários casos de amor. À primeira vista, esta 2ª parte apresenta uma série de amores que vai até ao homossexualismo, incesto, uma verdadeira cadeia de amores que nos dá uma idéia de que a música descreve em resumo as tramas e enredo do filme. Como trilha sonora de um filme que contará em cenas o dito em versos, não vemos porque não liberar, pois ao ser examinado o filme, tanto as cenas como a trilha sonora serão cortadas. Se apenas para gravação para ser cantada pelo povo, sugerimos que seja modificada sua 2ª parte quando apresenta conotação de homossexualismo e incesto". E, para que não pairem dúvidas sobre os trechos que provocaram o veto, Ferraz e Ferreira sublinham os versos "Pedro que amava Beto que amava Juca", "Lea que amava Lia" e "Pedro que amava a filha".

Chico utiliza pseudônimos para tentar driblar seus marcadores. Em maio de 1974, deu certo. O mesmo despacho que libera "Jorge Maravilha" (dos versos "Você não gosta de mim, mas sua filha gosta..."), composição da "dupla" Júlio da Silveira-Adelaide Cruz (Julinho da Adelaide) e gravada pelo cantor Chico Buarque, veta a música-tema do filme *Vai trabalhar vagabundo* ("crítica ao funcionalismo público") e, novamente, "Flor da idade", assinadas com o nome verdadeiro do compositor. Ou seja, para a censura, Chico é livre para cantar; não para compor.

"Flor da idade" somente ganha alforria em abril de 1975, quando é adicionada ao processo uma carta de Buarque ao seu advogado, no qual justifica a composição. "Parafraseando o poeta, troquei os nomes dos personagens sem me preocupar com a formação de casais menino/menina, pois não se tratava de namoro, mas de uma cena de confraternização geral. Jamais imaginei que se pudesse encontrar referências a homossexualismo ou incesto naqueles versos." Com fina ironia, Chico conta que procurou no dicionário Caldas Aulete o verbete "amar" e, entre as 14 linhas, não há qualquer acepção a sexo, mas como "sentir amor ou ternura por, ter afeição, dedicação, querer bem a: amar os filhos. Amar a pátria". E arremata:

— Como eu amo particularmente esta canção, amaria que você tentasse mais uma vez a sua liberação.

Chico Buarque estava sempre na mira. Outras duas músicas dele, "O velho" e "Ano novo", gravadas pelo conjunto vocal MPB-4, recebem a classificação de Não-Liberação porque, "na atual conjuntura, são contrárias aos interesses nacionais", opina a censora Jacira França. "As duas canções podem ser exploradas malevolamente por elementos nocivos ao regime no momento em que se processa a substituição do Alto Dignitário do país", complementa José do Carmo Andrade. "As mensagens nelas trazidas se dirigirão a um único propósito: o de desmerecer o realizado pela administração que ora se encerra e o de esvaziar os propósitos daquela que lhe sucede", endossa Maria Luiza Cavalcante, citando os versos capazes de desmerecer simultaneamente os governos Médici e Geisel: "O velho vai-se embora sem bagagem/ Não sabe pra que veio/ Foi passeio, foi passagem" ("O velho") e "Há muito tempo essa minha gente vai vivendo a muque/ É o mesmo batente, é o mesmo batuque/ Já ficou descrente é sempre o mesmo batuque". Pouco pesou na opinião dos três o fato de "Ano novo" ter sido originalmente gravada por Chico em 1967, e "O velho", no ano seguinte. Não poderiam, portanto, ter sido criadas para atazanar Médici. Na verdade, não importava muito o que era, mas o que parecia ser.

Os constantes embates com os censores irritam Chico. "É muito chato: as pessoas te pararem na rua e perguntarem pela censura, não pelo meu trabalho" conta à jornalista Ana Maria Bahiana, em 1974, para o semanário *Opinião*. Mesmo negando a ausência de inspiração por conta do fato ("seria um álibi muito perigoso"), confessa a dificuldade para compor: "No momento, considero-me um ex-compositor. Realmente não me sinto com música nenhuma na cabeça, nenhuma idéia", afirmou. Anuncia que, em vez de músicas, tentaria escrever um livro, por achar que teria "uma liberdade muito maior". "E vai vender tanto quanto um disco. Porque senão vira circuito fechado, gravar para ser curtido pelas pessoas que já sabem o que é. Aí você não está fazendo um disco, está dando um abraço nas pessoas: é muito bacana, mas não adianta nada", critica. Ironia: a entrevista também não passa pela censura. As folhas riscadas com lápis crayon vermelho mostram que a imprensa continuava sob controle do Ministério da Justiça.

Na reportagem impedida de chegar às bancas, Chico também confessa a relutância para subir ao palco:

— Nos shows, você é conduzido a um troço que gera uma carga emocional diária, e eu não tenho estrutura para suportar. Eu me expunha emocionalmente demais, e não só como artista, aí é que está o negócio.

Os censores também ficavam atentos ao que acontecia em cima dos palcos. Caso dos shows do Secos & Molhados em Brasília, em março de 1974. Foram anunciadas duas apresentações da banda, então no auge da popularidade com 200 mil cópias vendidas do disco de estréia, no recém-inaugurado Ginásio de Esportes. Apesar da advertência da imprensa ("Os andróginos estão invadindo Brasília!"), ambas tiveram lotação esgotada — 20 mil pessoas em cada noite. Na tarde da estréia, o grupo fez uma apresentação completa diante dos censores. E os técnicos da Divisão da Polícia Federal levaram amigos e familiares para assistir, de graça, ao grupo mais popular do Brasil. Furioso, Ney Matogrosso engoliu em seco, mas cumpriu a determinação. Cantou todo o repertório — mas imóvel, sem mexer um músculo. Guardou para os fãs o gestual provocativo, realçado pelas penas de pavão, pó de purpurina, calça branca de cetim, as miçangas e tudo o mais que o tinham consagrado como o responsável, mesmo inadvertidamente, pelo abrasileiramento de um gênero musical em alta na música pop britânica: o glitter rock. Roqueiros purpurinados, paramentados dos pés à cabeça, prontos tanto para subir ao palco quanto em um carro alegórico.

Enquanto os Estados Unidos atravessavam nova onda soul, com o domínio nas paradas da *Billboard* de cantores como Roberta Flack e Al Green, a Inglaterra vivia a era das lantejoulas. Na reportagem "Dos Beatles aos glam artists", o jornalista Geoffrey Webb descreve a ascensão desse grupo de artistas glamorosos, cintilando em trajes espalhafatosos e com o rosto carregado de maquiagem. "Elton John e David Bowie são dois dos astros atuais desse período, artistas excepcionais que estão escrevendo soberbas canções que os manterão como astros mesmo quando o cenário 'rutilante' tiver desaparecido", aposta o repórter. O jornalista informa também que 15% dos discos produzidos na Inglaterra eram exportados para o resto do mundo por conta do sucesso não só de Bowie e Elton John, mas de bandas como The Who, Cream, Slade, Middle of the Road e New Seekers que já brigavam pelo topo das paradas com nomes consagrados como Tom Jones, Cliff Richards e Engelbert Humperdinck. Para o jornalista, não havia dúvidas: uma nova geração estava a caminho.

E Renato sabia disso. Tinha acesso regularmente na Cultura Inglesa aos semanários *New Musical Express* e *Melody Maker*, especializados em música pop. Ao contrário do Marista, onde era mais um na sala de aula, considerava a Cultura como extensão da própria casa: chegava horas antes do início das aulas para conversar com os colegas, professores e funcionários. Nas noites de sexta, ficavam até serem praticamente expulsos pela diretora, Edith Jacques. Quando soube que uma das colegas de sala, Denise Hamú, tinha morado por um ano em Londres, metralhou a garota de perguntas. Queria saber tudo sobre os hábitos dos ingleses: como eles se comportavam no metrô, nos ônibus de dois andares, o que vestiam, o que comiam, como se divertiam. Sorvia as informações com avidez.

— Sabe o que eu vi lá em Londres, Renato? Um show do Jethro Tull!

— Não me mata de inveja!

Bob Dylan, John Lennon e Brian Wilson continuavam no topo de seu panteão particular, mas Renato estava profundamente envolvido pelo rock progressivo. Não só ele; a quadra inteira. Em outra prumada do bloco B, o mineiro Renato Vasconcellos já tocava teclado e violão era fã de Yes e Gentle Giant. Tinha chegado a Brasília em 1974 e, desenturmado, queria montar uma banda. Sabia que o Edmir, do bloco D, tocava guitarra — era até conhecido como Jimi, em referência a Jimi Hendrix. Lembrou de Silvinho e Ricardinho, dos blocos K e H. Assim surgiu o Elo Sagrado, o primeiro grupo de rock da 303 Sul. Os ensaios rolavam no apartamento de Vasconcellos e eles chegaram a tocar na AABB e no colégio Pré-Universitário. No tema de abertura, já diziam ao que vieram:

Quatro peças do passado se uniram e se sagraram! E formaram um elo sagrado!

O progressivo estava no auge no Brasil de 1974. Sintomaticamente, o ano intitula uma das sinfonias instrumentais de *Criaturas da noite*, disco que elevou ainda mais a popularidade do grupo O Terço. Reforçada pela inclusão do tecladista mineiro Flávio

Alterosas, nome artístico de Flávio Venturini, a banda carioca liderada pelo guitarrista Sérgio Hinds sacudia os ginásios logo na primeira canção dos shows.

Hey amigo/ Cante a canção comigo/ É nada, é quase, é tudo
Hey amigo/ Cante a canção comigo/ Nesse rock/ Estamos todos juntos

Sucesso de público, as bandas brasileiras recebiam restrições da imprensa especializada pela repetição do modelo em voga no primeiro mundo. Na expressão do jornalista carioca Tárik de Souza, não havia propriamente criação naqueles grupos, mas substituição de importações. Indiferente à crítica, porém, o rock progressivo conquistava cada vez mais adeptos no país. Até as propagandas da Campanha da Fraternidade e da Força Aérea Brasileira tinham Jethro Tull e Rick Wakeman na trilha sonora. Lançado em 1974, *The lamb lies down on Broadway*, álbum duplo do Genesis, logo é incorporado ao repertório das matinês musicais de Renato. Mais do que uma frase de efeito, o refrão do hit "Carpet Crawlers" sintetiza a possibilidade coletiva de escape:

We got to get in to get out/ We got to get in to get out

Com letras e interpretação de Peter Gabriel, o álbum duplo conceitual do Genesis narra a saga de Rael, jovem porto-riquenho que se veste de couro e, após deparar com um cordeiro estirado no chão da Broadway, tem a vida definitivamente alterada. Enlevado, Renato acompanhava a história do delinqüente ("punk", em inglês) que, aos 17 anos, já tinha passado por um reformatório e dizia não ter medo da dor nem se importava em ferir outras pessoas. Lembrava os filmes de James Dean e Marlon Brando. Cinema e música, as maiores referências.

• • •

Muitas vezes Renato ia a pé para uma das oito salas de cinema, instaladas no Setor de Diversões Sul. Já no Cine Karim, viu pela primeira vez o documentário *Monterey Pop*, com performances de Otis Redding, The Who e Jimi Hendrix. Um dia chamou o amigo Gustavo para ir até a maior sala da cidade, o Cine Atlântida. Queriam ver *O exorcista*, considerado o filme mais aterrorizante dos últimos tempos, expressamente proibido para menores de 18 anos. Franzinos, os garotos imberbes sabiam que seriam barrados na entrada. Não tiveram dúvidas. Subornaram o porteiro e conseguiram entrar. Sentaram na primeira fila. Não tiraram o olho da tela. Voltaram conversando sobre as cenas mais fortes de possessão da menina Regan pelo demônio. No dia seguinte, Renato confessou a Gustavo:

— Não consegui dormir, fiquei a noite inteira acordado.

Nas idas ao cinema ou ao curso de inglês, Renato Manfredini Júnior tentava apreender os segredos de Brasília. Mistérios que ainda causavam espanto tanto para os moradores quanto para os visitantes. "Parece incrível que Brasília, ao completar seu 14º aniversário como sede do governo da República, ainda esteja sujeita a periódicas crises de falta de confiança para cumprir os altos desígnios de seus construtores", observou o jornalista Tão Gomes Pinto em reportagem de capa da revista *Veja*, publicada em abril de 1974. Três meses depois, ao cumprir a promessa feita em 1962 e regressar à cidade, Clarice Lispector registrou no *Jornal do Brasil* a angústia de 48 horas transcorridas no Planalto: "Brasília é o mistério classificado em arquivos de aço. E eu, quem sou eu? Como me classificaram? Deram-me um número? Sinto-me numerificada e toda apertada."

Brasília é um futuro que aconteceu no passado. É o fracasso do sucesso mais espetacular do mundo. Brasília é uma estrela espatifada. Estou abismada.

Após afirmar ter voltado para o Rio de Janeiro "irremediavelmente impregnada por Brasília", Lispector confessou: "Prefiro o entrelaçamento carioca." Talvez porque as ruas da capital carecessem da capacidade de sintetizar a "expansão de todos os sentimentos da cidade", na célebre definição de João do Rio (1881-1921). Não tinham nascido "como o homem, do soluço, do espasmo" e por isso jamais poderiam ser consideradas "a mais igualitária, a mais socialista, a mais niveladora das obras humanas", como definiu o cronista em sucessão de textos publicados entre 1904 e 1907, pouco depois de a cidade fluminense se tornar a capital federal. Pelo contrário: as quadras brasilienses, apesar de parecidas no traçado, tinham ocupação estratificada de acordo com a atividade profissional dos moradores. Algumas exclusivas para parlamentares, outras para militares graduados, outras ainda para funcionários públicos — e os filhos dos ocupantes reproduziam fielmente, muitas vezes de forma violenta, a rígida hierarquia habitacional.
Renato sabia, por exemplo, que deveria tomar cuidado ao adentrar quadras vizinhas. Magro e baixinho, podia ser considerado vítima em potencial das constantes brigas entre jovens, muitas surgidas sem motivo aparente, quase sempre quadra-contra-quadra. Delimitação de território. A turma da 303 Sul, por exemplo, saiu várias vezes no braço com o pessoal da 305. A briga mais séria ocorreu depois que uma menina da quadra do Banco do Brasil foi abordada pela turma rival. Um cara da 303 partiu para cima dos invasores, que fugiram. Depois, montados em motos, garellis e mobiletes, voltaram com porretes e pedaços de pau. As duas turmas se juraram; o clima de tensão permaneceu por meses a fio. Muitas peladas na 303 acabaram após o alerta:

— Lá vem os caras da 305!

Todo mundo saía correndo, cada um para sua portaria, até cessar o perigo.

Além da violência latente, o sentimento de impunidade estava impregnado no cotidiano do Plano Piloto. Na entrada do Marista e de outros colégios como La Salle e Dom Bosco, uma procissão de carros oficiais se formava diariamente para levar e trazer os filhos de políticos e autoridades do governo. Dodge, Opala, Aero Willys, Galaxie... Carrões facilmente identificados pelas letras iniciais da placa (OF) e imunidade garantida por decreto:

— Os carros destinados aos serviços das altas autoridades da República são considerados de representação, identificados por chapas especiais, e isentos da fiscalização de uso.

Em Brasília, se todos eram igualmente imigrantes, uns podiam ser bem mais iguais que os outros. Estavam protegidos pela lei e pela função exercida. Até os motoristas viravam autoridade. Um deles, ao ser flagrado por uma equipe de jornalistas com o Dodge chapa-branca parado em frente ao colégio La Salle, ameaçou.

— Fotografou, apanhou.

Os filhos das autoridades da República tinham as costas quentes não por produtividade, mas por hereditariedade. A sensação de tratamento diferenciado ficou ainda mais aguçada após um crime brutal. Cinco dias depois do desfile de 7 de setembro de 1973, a menina Ana Lídia Braga foi raptada na porta de seu colégio, Madre Carmem Salles, na Asa Norte. Camisa branca de tergal, jardineira xadrez e saiote, Ana Lídia tinha 7 anos: sofreu estupro antes de ser assassinada. Seu corpo foi encontrado em vala aberta no cerrado, perto da UnB. Logo correu na cidade a suspeita de que colegas do irmão mais velho da garota participaram do crime. Entre eles, filhos de proeminentes autoridades da República. E, por isso, prevaleceria a impunidade. Por meses, nos lares das famílias brasilienses e nos corredores das escolas, não se falou de outra coisa.

Na turma de Renato, no primeiro ano do segundo grau no Marista, havia filhos de diversos profissionais liberais: advogados, médicos, engenheiros civis, bancários... Reunidos, não atingiam o número da soma dos filhos de militares com os descendentes diretos da classe majoritária, identificada nos fichários pela secretaria da escola apenas pelas iniciais F.P.: Funcionário Público. Boa parte dos filhos de FPs eram cariocas, mineiros e nordestinos de diferentes origens: Fortaleza e Crato (CE), Salvador (BA), Recife e Olinda (PE). Havia também dois gaúchos, um paranaense, um boliviano, um panamenho. Nenhum brasiliense. No total, sessenta alunos.

Na sala de aula do Marista, alguns colegas do 1º C sentavam bem próximos. Caso de Renato e Maria Inês Serra, garota da quadra, que estava na mesma sala do vizinho desde o ano anterior. Os pais também se conheciam do Banco do Brasil e, às vezes, dividiam o transporte das crianças: um dia eles iam na Rural dos Manfredini, outro, no DKV dos Serra. Ao chegar, Renato e Inês juntavam as carteiras. Facilitava a troca de bilhetes. Renato era muito irônico em relação aos colegas e aos professores. Impassível, enquanto fingia prestar atenção, escrevia comentários curtos ou desenhava caricaturas nos cadernos e os passava para a amiga. Humor à flor da pele — para desespero de Inês, que tentava segurar o riso. Gostava de presenteá-la com bombons acompanhados de bilhetinhos, com lembranças de datas marcantes no mundo de um adolescente recém-chegado aos 15 anos:

— Hoje faz trinta dias que a gente se tornou amigo!

Outras vezes, porém, passava os cinqüenta minutos de aulas das disciplinas que considerava entediantes — matemática, física, química — atracado com o caderno de anotações, escrevendo poemas e textos longos, confessionais. Criou o hábito de, mesmo em sala, pegar emprestado o caderno de Inês para copiar posteriormente a matéria: não queria interromper o fluxo das próprias idéias. Observava a preparação da amiga para competições de atletismo, mas ele dispensava o suor. Gaiato, dizia que seu lugar ficava na arquibancada:

— Vou fazer uma bandeira para torcer por você, Inês...

Menos de dois anos após a mudança, os Manfredini já estavam perfeitamente adaptados à Brasília. Os meninos não tinham problemas na escola. O pai, bem posicionado na hierarquia do Banco do Brasil. A mãe preenchia o tempo com atividades sociais. Participava da organização de eventos como a Festa dos Estados e estava satisfeita com uma conquista. Tinha sido aprovada para o curso de letras em uma faculdade particular, o Ceub (Centro de Ensino Unificado de Brasília). A notícia deixou Renato exultante. Fez questão de contar para os colegas do Marista:

— Minha mãe passou no vestibular!

Nos fins de semana, os quatro iam com freqüência ao sítio que tinham comprado perto de Luziânia (GO), nos arredores do Distrito Federal. Um dia, ao perceber a dificuldade do filho para dar conta das subidas e descidas do terreno íngreme, a mãe ficou intrigada:

— Meu Deus, o que é que esse guri tem?

Decide levá-lo ao médico. Marca uma consulta no Hospital das Forças Armadas. Quando vê Renato se aproximando, o médico dá o diagnóstico antes mesmo de examinar o paciente:

— Dona Carminha, seu filho precisa ser operado. Ele tem epifisiólise.

1º ao quadrado → 2 vezes o primeiro pelo segundo → 2º ao quadrado = quadrado do 3º

21
12,5
33,5

40

QUÍMICA ORGÂNICA

3/77

$2s^2 2p^2$

um orbital → 2 os orbitais p → 6

$1 + 2 = 3$

$1^2 + 2.(2.1) + 2^2 = 3^2$

ncia - a capacidade um átomo em combinar com um outr
mero de eletrons desemparelhados dentro de um orbital

$s^2 2p^2$

(dois eletrons desemparelhados)

ão: sempre no mesmo nível

$2s^2 2p^2$

estado normal

estado excitado

híbrido: sp^3 (espacial) 109° 28'

tetraédrico

$2s^2 (2p^0)$

$_5B$ $1s^2 2s^2 2p^1$

híbrido: sp^2

120°

Meto-me dentro de mim mesmo e acho aí um mundo!

Os sofrimentos do jovem Werther, J.W. Goethe (1763-1852)

Liege & Lief
Fairport Convention
PRICE $5.57
TIME FADES AWAY
THE DOORS
ROOMS $2.50
THE BEST OF CHESS
ROCK'N'ROLL
CHUCK BERRY
BO DIDDLEY
JACKIE BRENSTON & HIS DELTA KINGS
BOBBY CHARLES
DALE HAWKINS
THE MOONGLOWS
CLARENCE "FROGMAN" HENRY
THE FLAMINGOS
THE TUNE WEAVERS
THE STUDENTS
THE MONOTONES
LEE ANDREWS & THE HEARTS
HARVEY & THE MOONGLOWS
THE SENSATIONS
JOHNNIE & JOE
TOMMY TUCKER
DAVE "BABY" CORTEZ
JAYNETTS
ORIGINAL MOTION PICTURE SOUNDTRACK
THEY WON'T STAY DEAD!
NIGHT OF THE LIVING DEAD
They keep coming back in a bloodthirsty lust for HUMAN FLESH!...
Pits the dead against the living in a struggle for survival!
BRUCE SPRINGSTEEN: THE WILD, THE INNOCENT & THE E STREET SHUFFLE
THE NICE PRICE
Original Soundtrack Recording
FRANCO ZEFFIRELLI
ROMEO & JULIET
Leonard Whiting
Olivia Hussey

BEACH BOYS TODAY!
GOOD TO MY BABY · DANCE, DANCE, DANCE · WHEN I GROW UP
HELP ME, RONDA · I'M SO YOUNG · DO YOU WANNA DANCE?
plus three more great new songs written by Brian Wilson
Blue Moves
The MODERN LOVERS
20 GREAT
TEEN BALLADS
JIVE FIVE
TEEN QUEENS
EVERLY BROTHERS
SAM COOKE
FRANKIE AVALON
DION & THE BELMONTS
THE PASSIONS
PLUS MANY MORE
CASCADE
of the 50's and 60's
The Sunshine Company
MUSIC FROM THE ACADEMY AWARD WINNING SOUNDTRACK
BARRY LYNDON
STANLEY KUBRICK
RYAN O'NEAL MARISA BERENSON
METAMORPHOSI
The Rolling Stones
16 Músicas inéditas
BEAU BRUMMELS 66
elvis costello and the attractions armed forces
YES
time and a word

DOIS

Os livros de expedições estavam em voga na Europa do século XVIII quando o escritor Xavier de Maistre resolveu, à sua maneira, contribuir para o filão. Ex-soldado, com vivência de prisão após ficar detido por quase dois meses em fortaleza na região italiana do Piemonte, Maistre optou por narrar intensa jornada inteiramente transcorrida na "região deliciosa que encerra todos os bens e todas as riquezas do mundo": o quarto de dormir. Em *Viagem ao redor do meu quarto*, a aventura começa na cama, "o móvel prazeroso no qual esquecemos, durante metade da vida, as tristezas da outra metade":

Uma cama nos vê nascer e nos vê morrer; é o teatro variável no qual o gênero humano desempenha, alternadamente, dramas interessantes, farsas risíveis e tragédias espantosas. É um berço guarnecido de flores; é o trono do amor; é um sepulcro.

O narrador da história de Xavier de Maistre conta que as paredes de seu quarto são cobertas por estampas e quadros que o embelezam singularmente: "Desejava de coração fazê-los examinar pelo leitor uns após outros, para o divertir e para o distrair ao longo do caminho que devemos percorrer até chegar à minha escrivaninha." E também enumera os recursos necessários — "um bom fogo, livros, penas" — para fazer passar o tempo, ou melhor, "as horas que deslizam por cima de nós e caem em silêncio na eternidade".

Ao longo da narrativa da viagem, o aventureiro saúda a amizade ("Feliz de quem encontra um amigo, cujo coração e cujo espírito se harmonizam com os seus"), descreve a juventude como o "período quando o coração se inflama com todos os fogos do sentimento" e, já perto do fim dos 42 dias de incursão ao mais íntimo dos aposentos, constata a descoberta de um mundo imaginário, "rico país", na própria biblioteca:

Como se eu já não tivesse sofrimentos de sobra, participo voluntariamente nos de mil pessoas imaginárias, e sinto-os com tanta intensidade como os meus próprios.

A jornada de Renato Manfredini Júnior dentro do próprio quarto começa dois séculos depois da empreendida por Xavier de Maistre. Mais exatamente, no dia 6 de outubro de 1975, após a constatação que sofria de epifisiólise. Também conhecida como Enfermidade de Perthes e mais freqüente no sexo masculino, a doença costuma se manifestar no início da puberdade. Com o desgaste da cartilagem, o fêmur se solta. A claudicação é o sintoma mais perceptível. O tratamento tem duração estimada entre 12 e 18 meses e inclui a proibição para atividades físicas que possam causar impacto no quadril.
No mesmo hospital em que havia recebido o diagnóstico da doença, Renato é internado. Sofre intervenção cirúrgica — considerada a única possibilidade de tratamento da enfermidade. Sai da mesa de operações com três pinos de platina na perna direita. Ao voltar para o quarto, ainda no Hospital das Forças Armadas, começa a se queixar de dores fortes. Não consegue mexer as pernas. Recebe dose forte de analgésicos. Adormece. Ao acordar, mais dores. O sofrimento é atribuído ao trauma pós-operatório. Após a alta, continua a sentir um terrível incômodo na perna direita. A mãe liga para o médico, pergunta se é normal tanta dor.

— Fique tranqüila. Não dói tanto, não. Seu filho é muito mimado.

Exilado no próprio quarto, Renato passa dias e noites na cama. Movimentos mínimos, dores intensas. O corpo é uma ferida aberta. Chora, se desespera, grita: ao menos a garganta não o trai. Na madrugada, o alívio nunca chega. E o horóscopo ainda ordena aos nativos do signo de Áries:

— Cultive pensamentos positivos.

A mobília do quarto passa por mudanças. A cama é empurrada para perto da parede. Agora, tudo está à mão: o aparelho de som três-em-um, o rádio para escutar a BBC, o violão novo, os cadernos de anotações, parte do acervo da biblioteca dos pais: clássicos de Dostoiévski, Shakespeare, Somerset Maugham, John Steinbeck, Eugene O'Neill. E mais: *Obra poética,* de um dos seus autores prediletos, Fernando Pessoa. O mesmo que discorrera sobre os diferentes tipos de dor em 1914, um ano antes de criar os heterônimos Alberto Caeiro, Álvaro de Campos e Ricardo Reis, no *Livro do desassossego*. "Os males da inteligência, infelizmente, doem menos que os do sentimento, e os do sentimento, infelizmente, menos que os do corpo [...]. Uma mão fria aperta-me a garganta e não me deixa respirar a vida. Tudo morre em mim, mesmo o saber que posso sonhar!" E definira da seguinte maneira a essência de viver: "A experiência directa é o subterfúgio, ou o esconderijo, daqueles que são desprovidos de imaginação [...]. Imaginar é tudo, desde que não tenda para agir. Tudo quanto não é a minha alma é para mim, por mais que eu queira que o não seja, não mais que cenário e decoração."

Deitado, Renato dedilha febrilmente o violão. Preso à cama, as horas só passam mais depressa quando escuta música, lê, escreve. São dias de sofrimento, dias de compulsão. Dias de imaginação. Com caneta esferográfica azul e algumas folhas de papel, realiza o sonho de ter sua própria banda de rock. Assim, num quarto frio de um apartamento da capital do Brasil, nasce a 42nd Street Band.

Em letras miúdas e pequenas correções anotadas a caneta vermelha, a trajetória da banda imaginária é narrada em inglês impecável — e espantoso volume de informações. Tudo começa com o encontro de músicos fictícios com duas figuras emblemáticas do rock da primeira metade dos anos 70, Jeff Beck e Mick Taylor. Segundo a cronologia traçada por Renato, em setembro de 1974, após jam session dos dois guitarristas com músicos do porte de Ry Cooder e Bill Wyman, Beck comunica a Taylor o seu desejo de montar uma banda de blues. Este gosta da idéia e chama alguns amigos. Entre eles, um jovem baixista inglês: Eric Russell.

Na intrincada árvore genealógica da banda, este é apenas o capítulo inicial de história fragmentada no tempo (idas-e-vindas entre as décadas de 60 e 80) e espaço (EUA, Grã-Bretanha), projetos paralelos, shows pelo mundo e discografia repleta de preciosidades. Sob a etiqueta "Early Recordings" (Gravações de início de carreira), por exemplo, Renato informa que os primeiros registros de Russell ("item exclusivamente de curiosidade") datam de 1969 — quando o baixista se juntou aos irmãos Mark e Nicholas Beauvy para fazer covers de Jefferson Airplane e Beach Boys na garagem de sua casa, em Los Angeles. Também revela que as melhores faixas dessa primeira banda de Russell, chamada Music Box, foram reunidas pela gravadora Sunflower Experimental no disco duplo *The Music Box — The Hawaii Tapes.* E elabora uma descrição crítica do álbum, lançado em 1985:

The group sounds surprisingly good and the tapes were well recorded. Twelve acoustic numbers and three self-penned ones. Includes long (18mins.) jam on "Today". Tapes cover 42 hours and 20 minutes of songs, small talk, rehearsals and discussions.
(O grupo soa surpreendentemente bem e as fitas foram bem gravadas. Doze faixas acústicas e três de autoria própria. Inclui uma jam longa [18 minutos] em "Today". As fitas têm 42 horas e 20 minutos de músicas, conversas, ensaios e discussões.)

Ou seja: na trajetória traçada por seu criador, a 42nd Street Band tinha sido tão bem-sucedida que, mesmo na década seguinte à dissolução, ainda haveria número grande de fãs ávidos atrás de gravações piratas e outras raridades de Russell e seus amigos.

Renato descreve ainda as divergências de gostos musicais entre os integrantes do grupo, opondo Russell ("fã de baladas country-folk") a Taylor e Beck ("gostam muito de blues, soul, rock e jazz"), compara as composições da 42nd Street a Bad

Company, Linda Ronstadt e Elton John. Revela a exigência da banda para assinar contrato com uma gravadora: total liberdade de criação e porcentagem de 8% de cada disco vendido para os integrantes do grupo. E imagina uma entrevista em formato pergunta-resposta com Eric Russell, que assim justifica a decisão de lançar um disco-solo:

— Naquela época eu estava me sentindo muito travado, sentia que os caras não iam gostar das minhas músicas, elas meio que fugiam do que a banda estava fazendo. Eu tinha essas músicas embaixo do meu travesseiro, coisas country-folk, baladas longas com letras longas. Nada muito comercial.

Na entrevista, Renato-Russell também elogia o guitarrista Nicholas Beauvy ("ele consegue ser comercial e artístico ao mesmo tempo"), critica Jeff Beck ("ele é muito egoísta, achou que podia nos tratar como marionetes") e revela as conseqüências das brigas com Beck para definição do repertório do disco *Morning Blues*:

— Ele reclamou de todas as músicas que tínhamos para o disco. Ele não queria que "Wild Mountain" fosse incluída porque era uma faixa country-folk. Tivemos que rearranjar "Cocaine" para que soasse como blues. Ele não queria que "Wooden Nickle" fosse incluída, só a versão blues. Não quis "Mary Ann" e "Country Boy" pelas mesmas razões. E "Jesse James" também. Então eu fiquei muito deprimido, travado. Comecei a tomar drogas pesadas.

• • •

Morfina. Na veia. As dores lancinantes de Renato só são vencidas pelas aplicações da droga feitas por um enfermeiro. O alívio é imediato e, menos de dez minutos depois, ele consegue dormir.
Renato se recolhe. A rotina estudantil tinha sido bruscamente interrompida pela epifisiólise. Não podia mais freqüentar as aulas do Marista. Por conta do impecável histórico escolar, a direção do colégio permite que ele continue cursando o 1º ano, já no segundo semestre. Colegas da quadra se revezam para levar e trazer as tarefas. Um deles, o carioca Sérgio Antônio Seiffert, do bloco D, percebe logo ao entrar no quarto do colega o especial interesse de Renato pela música pop: revistas, discos, fotografias de bandas por toda parte. O anfitrião comenta:

— Sérgio, você já reparou como a sonoridade da língua inglesa no rock é expressiva? Home, car... As palavras são mais curtas, ficam mais fáceis de encaixar, é bem diferente do português.

Inês Serra também ajuda bastante. Leva quase que diariamente para Renato as atividades repassadas pelos professores — inclusive as provas.

— Lá vem a minha carrasca!

— Ê, Renato, você tá muito branco, hein?

— O que você quer que eu faça? Que eu saia correndo para tomar sol?

E os dois caíam na gargalhada. Inês faz companhia; engata conversas. Católica de ir à missa toda semana na Igreja São Camilo, tenta puxar papo sobre religião; a mãe de Renato tem esperança que ela consiga levar Júnior a um encontro religioso e aproximá-lo da igreja. Renato, de forma bem-humorada, corta o assunto:

— Pára com esse papo, Inês! Você tá parecendo a Dona Carminha...

As divergências religiosas não impedem os dois adolescentes de passar horas conversando. Deitado na cama, Renato partilha com Inês a inquietação sobre o lugar que lhes foi reservado no espaço artificial brasiliense.

— Renato, nossos pais trabalham no mesmo banco, freqüentam a mesma igreja, a gente mora na mesma quadra, estuda na mesma escola, vai ao mesmo clube... Isso não é esquisito, não?

— Claro! Inês, você tem que perceber uma coisa. Não dá para falar lá fora, mas eles botaram a gente nos mesmos apartamentos quadradinhos, bem iguaizinhos, para ver se a gente fica bem quietinho...

Ele também mostra indignação em relação à situação política do país. Diz que gostaria de viver em uma democracia de verdade.

— Democracia sem liberdade de expressão não existe!

Mesmo com o início da distensão política, a censura prévia às obras de arte atinge jornalistas, dramaturgos, músicos, cineastas, escritores. Tornam-se freqüentes as romarias de artistas até Brasília para negociar pessoalmente com os censores as condições para liberação de suas obras. Era na base da conversa, quase sempre constituída de diálogos surrealistas, que ocorriam as tentativas de abrandamento da pena máxima: o carimbo "Vetado".

Ao mesmo tempo que a censura continua a vigorar, o governo resolve traçar as diretrizes da produção artística do país a partir da criação de uma Política Nacional de Cultura. O Estado assume o papel social de guardião da "tradição e memória da cultura nacional" e alerta para a necessidade de precaução "diante de certos males, como o culto à novidade". "Característica de país em desenvolvimento, devido à comunicação de massa e à imitação dos povos desenvolvidos, a qualidade é freqüentemente desvirtuada pela vontade de inovar; o que, por sua vez, também leva a um excesso de produção."
Além de autorizar o direcionamento da produção cultural com a explícita rejeição ao novo, o governo Geisel tinha outras preocupações na ordem do dia. Ainda mais depois da morte, no dia 25 de outubro em São Paulo, do jornalista Vladimir Herzog em uma cela do Exército — fora preso para "prestar esclarecimentos" sobre as supostas atividades como militante do Partido Comunista. Causa da morte de Herzog: suicídio por enforcamento, segundo nota oficial divulgada pelo Comando do II Exército. "As atitudes do senhor Herzog desde a sua chegada não faziam supor o gesto extremo por ele tomado. E as prisões efetuadas não visam a atingir classes, mas tão-somente salvaguardar a ordem constituída e a segurança nacional", justifica o documento.
A história oficial causa indignação na sociedade civil. Provoca estranheza até no presidente, que percebe a resistência dos colegas de farda em instaurar o inquérito e se pergunta: "Se as coisas foram limpas, se o enforcamento foi espontâneo, qual o inconveniente de que se apure?" Mas Geisel não se preocupa em averiguar se o resultado corresponde fielmente à verdade.

— O presidente da República não pode passar dias, ou semanas, com um probleminha desses. É um probleminha em relação ao conjunto de problemas que ele tem.

O probleminha de Geisel ganha dimensão maior após concorrido culto ecumênico na Igreja da Sé, em São Paulo. A morte de Vladimir Herzog é questionada por entidades estrangeiras como a Anistia Internacional. Em reunião reservada no Planalto, o presidente comenta:

— Pegaram uma pessoa relativamente sem importância e a transformaram num herói. Nós não queremos dar heróis para a esquerda, queremos fazer a democracia.

• • •

Se, com Inês Serra, o Brasil freqüenta assiduamente a lista de temas debatidos por Renato, com outro amigo, Luiz Gustavo, as conversas são mais amenas — e mais freqüentes. Gustavo aparece quase toda tarde. De cara, percebe que o amigo tinha mirrado: rosto encovado, braços brancos e finos, pernas atrofiadas. Para não deprimi-lo, guarda a impressão para si. Passam o tempo ouvindo música, jogando gamão e xadrez, folheando as coleções das revistas *Time*, *Mad* e *National Geographic*. Contam piadas, inventam histórias, entremeadas pelo lanche servido pela dona da casa: biscoito de chocolate, pão de forno. O amigo só vai embora no início da noite. Para felicidade de Carminha Manfredini, que, na despedida, sempre pedia:

— Volta amanhã, Gustavo. O Júnior gosta muito de você.

E, durante o período mais difícil da recuperação do amigo, Luiz Gustavo voltou no dia seguinte.
Aquelas horas no final da tarde representam exceção na dolorosa rotina de Renato. Continua recluso. Não pode ir nem ao cinema. Perde as estréias dos filmes-catástrofe *Terremoto* ("apresentado no surpreendente sistema multidimensional surround, não se assustem", avisa o cartaz) e *Inferno na torre*, *Mamma Roma* de Pasolini no Cine Nacional, a mostra de jovens diretores alemães no auditório da Escola-Parque, a inauguração do Cine Karim Márcia com o drama *Uma janela para o céu* e os dizeres chamativos do cartaz:

— Você tem um coração? Este é o filme que lhe convém. O verdadeiro amor é lindo!

Também deixa de curtir a nova onda das festinhas: o rock dos anos 50, redescoberto a partir do sucesso de *Loucuras de verão* (American Graffiti). A trilha sonora do filme de George Lucas vira febre da juventude: Bill Haley, Fats Domino, Chuck Berry, Beach Boys. E Brasília, a mais de mil quilômetros do mar, também experimenta surto de surfe, com o culto aos cabelos parafinados e camisas Hang Ten, desfilados na lanchonete Chaplin, na galeria do Cine Karim, na Asa Sul. Também não pôde acompanhar os colegas do Marista e assistir no ginásio da escola aos shows de Os Mutantes (sem Rita Lee, apenas com Sérgio Dias da formação original) e de Ney Matogrosso, agora em carreira solo. Apontado como a nova estrela da música brasileira, Ney justifica sua saída da banda ao chegar à cidade: "A transação com Secos & Molhados pintou porque tinha que pintar. Só que eu sempre fiz muito mais do que eles queriam que eu fizesse. Sempre quis lutar pelo meu. Antes que eu me esqueça, estamos em 1975 e tenho 33 anos", lembra Ney, que também reflete sobre sua experiência brasiliense.

— Quem não conheceu Brasília antes de 1964 não sabe o gosto dela. Naquela época, pintou o relâmpago da possibilidade: eu tive a sorte de pegar. Por isso apareceu muita gente louca em Brasília. Hoje só tem gente televisada.

A crítica de Ney Matogrosso mira alvo poderoso. Em menos de duas décadas, a televisão tinha se consolidado no Brasil como a principal forma de divulgação utilizada pelas gravadoras e pelos cantores. Alguns deles repetem o bem-sucedido modelo da Jovem Guarda nos anos 60 e se tornam apresentadores de programas semanais. Caso de Benito di Paula, no *Brasil Som 75 — MPB de Exportação,* e de Silvio Brito, "o cantor do som jovem", na TV Tupi. Outros, menos afeitos aos holofotes dos estúdios, preferem ir aonde o público está. É o caso da maior sensação daquele ano, o cantor mineiro Milton Nascimento.

Após o sucesso em 1972 de *Clube da Esquina* e de lançar dois discos de uma só vez, *Minas* e *Geraes*, Milton está no topo. Seus shows são classificados pela imprensa como experiências emocionais arrebatadoras, "verdadeiros woodstocks caboclos, reunindo multidões mais do que híbridas", descreve Ana Maria Bahiana em junho de 1975, no *Opinião*. Poucos meses depois, o cantor revelaria à mesma jornalista o que sentia diante de um público tão fiel, tão disposto a tudo.

— É uma responsabilidade enorme. Você percebe aquela gente ali, seca, querendo ouvir mais, cada vez mais, querendo ouvir não sei bem o quê, e você percebe que eles vão fazer qualquer coisa que você disser.

• • •

Na garagem do prédio, Renato Manfredini posiciona a cadeira de rodas dentro da Rural Wyllis e depois acomoda o filho. Tenta fazer a operação de forma discreta. Sabe que Júnior odeia ser visto pelos vizinhos naquela situação. Mas não há como evitá-la. Como o filho ainda se queixa de fortes dores, a família descarta a recomendação de intervenção cirúrgica na outra perna e decide ouvir outra opinião médica. Procuram um dos maiores especialistas da cidade, Aloysio Campos da Paz. O ortopedista pede radiografia da perna do adolescente e, ao examinar o raio-x, deixa escapar um grito:

— Meu Deus! Esse menino precisa ser operado amanhã!

Campos da Paz tinha acabado de observar que dois dos três pinos colocados na cirurgia, em vez de contribuir para a cura da epifisiólise, comprometiam a saúde e a sanidade de seu novo paciente. Um pino estava solto no corpo, sem função; outro atravessara o nervo ciático, daí a razão de tanta dor. No dia seguinte à consulta no HFA, Renato Manfredini Júnior é submetido à segunda cirurgia em menos de três meses. Dessa vez, porém, ao sair do centro cirúrgico, a reação é bem diferente:

— Mãe, não dói! A dor passou, pai!

Era o dia 18 de dezembro de 1975. Faltavam sete dias para o Natal.
A recuperação da cirurgia exige total imobilização. Renato permanece imóvel na cama. Escreve, lê, toca violão, ouve discos. De vez em quando, usa a cadeira de rodas para ir até a sala e fazer as refeições. Quando consegue novamente ficar em pé por conta própria, surpreende-se com a própria estatura:

— Mãe, eu cresci!

Os centímetros a mais são comemorados efusivamente, já chegara a 1,75m. Por muito tempo, Renato carregava o incômodo de ser mais baixo do que os garotos de sua idade. Na sala da Cultura Inglesa, o tipo franzino e intelectual, sempre com a resposta na ponta da língua, despertava antipatia de muitos colegas, ainda mais com a atenção diferenciada que recebia dos professores e da direção. O pirralho incomodava os marmanjos.
Renato se ergue. Com 16 anos, não é mais criança. O corpo passara por transformação; se ainda não era necessário se barbear diariamente, os braços e pernas foram tomados por grande quantidade de pêlos, mais do que a maioria dos outros garotos de sua idade.
Brasília também tinha crescido. No final de 1975, são 895 mil habitantes. A previsão é de superar a marca de um milhão em 1977 — destes, 265 mil apenas no Plano Piloto. Mais gente, mais necessidades. Com 440 metros de extensão, a segunda ponte do Lago Sul ganha o nome do presidente Costa e Silva. Não só o governo investe na cidade. Ao lado da Rodoviária, em frente ao único shopping (Conjunto Nacional) e colado ao prédio onde fica o Cine Atlântida, é inaugurado um centro comercial moderno ("quatro escadas rolantes, elevadores eletrônicos"), batizado com a sigla da empresa responsável pela obra: Companhia de Construção, Indústria e Comércio (Conic). Mas ainda falta muito. Falta, por exemplo, construir viaduto na W3 para unir os lados Sul e Norte da avenida. Falta instalar postes em muitas quadras da Asa Norte, entre elas a Colina, na UnB. Falta finalizar o Teatro Nacional, projeto de Niemeyer inspirado nas pirâmides astecas. Quinze anos depois da inauguração, Brasília ainda está inacabada. Há muito o que fazer. E há também o que se consertar. Prédios construídos há menos de 15 anos na Asa Sul já apresentam sérios problemas estruturais. Na 202 Sul, funcionários da Caixa Econômica que ocupam os blocos I e H são retirados às pressas e transferidos para um hotel. Há risco de desabamento. O concreto rachou.

• • •

— Não é possível que esses jovens vivam desorientados, que eles não tenham conhecimento dos problemas políticos do país.

Ao discursar para estudantes no Paraná, o presidente Ernesto Geisel dá um puxão de orelhas na apatia da juventude brasileira. Lembra que há pelo menos um milhão de jovens credenciados a se tornarem eleitores e enfatiza a necessidade de conscientizar esses moços para integrá-los à política por meio dos partidos regularmente organizados. Após retornar do México, insiste no assunto com o presidente da Arena, Francelino Pereira, que retruca:

— Não é tarefa fácil, presidente. Nós estamos em um regime de exceção, e os jovens querem a democracia imediata.

Francelino tinha sido escolhido por Geisel para suceder Petrônio Portela na presidência da Arena, o maior partido do Brasil. Entre outras tarefas, deveria disseminar a certeza que o processo eleitoral seria cumprido à risca: eleição de prefeitos e vereadores em 1976, escolha de deputados, senadores e governadores dois anos depois. Percorre o país com essa missão. Em dezembro de 1975, chega a São Paulo para participar do I Encontro de Vereadores e Chefes Partidários da Área Metropolitana da cidade. Identifica pessimismo e desconfiança nos pronunciamentos dos políticos locais no plenário da Câmara Municipal paulistana. Galerias lotadas, faixas por todos os lados, comentários generalizados sobre a "imprudência" da decisão de se promover eleições nas cidades. Francelino ouve calado os sucessivos pronunciamentos e, quando chega a sua vez de subir à tribuna, resolve falar de improviso. E faz veemente defesa do presidente da República:

— Que país é este? Que Constituição é esta? Que lei é esta? Que país é este que, tendo à frente dos seus destinos um cidadão da dimensão do presidente Ernesto Geisel, comprometido com o retorno da democracia e que, mesmo assim, ainda duvida da realização desse idealismo, ainda duvida que o processo eleitoral seja realizado?

O rompante do presidente da Arena, em momento de ascensão do oposicionista MDB, ganha destaque nos jornais locais. O desabafo é publicado na reportagem "As dúvidas foram desfeitas", da *Veja*. Na edição que destaca na capa um especial sobre a classe média brasileira, Francelino também rechaça a idéia de que os dois únicos partidos políticos do país estão condenados à extinção. "A Arena é um partido irreversível e aos que se detêm em especulações repito que o país não esgotou ainda a experiência bipartidária."

Mesmo com o apoio irrestrito de políticos próximos do poder como Francelino Pereira, Ernesto Geisel ainda tem um longo caminho para restabelecer a democracia de forma "lenta, gradual e segura" como deseja. Enfrenta fortes resistências dentro

da caserna. Passa por momentos difíceis, agravados com a crise mundial de fornecimento do petróleo. Para reduzir a dependência da Organização dos Países Exportadores de Petróleo (OPEP), os jornais divulgam a solução brasileira: "Mandioca: Nossa arma para enfrentar a Opep", com a extração do álcool anídrico do tubérculo e posterior adição à gasolina. Já se fala em racionamento.
Geisel autoriza o retorno ao Brasil do antropólogo Darcy Ribeiro para se submeter a tratamento de câncer no pulmão, mas o proíbe de ir a Brasília e visitar a universidade que criou. Geisel também não permite que Juscelino Kubitschek, ainda com os direitos políticos cassados, circule livremente pela capital. As visitas do ex-presidente se dão de forma clandestina e ficam restritas ao círculo próximo de amigos. "Me sinto exilado no meu próprio país", escreve o ex-presidente em seu diário. Isolado em sua fazenda em Luziânia, Juscelino é um homem amargurado, pálida sombra do espírito empreendedor e esfuziante que tinha comandado a construção da capital.
Em agosto de 1976, depois de jantar na casa de amigos, JK sobe até a cobertura do hotel Eron. Quer ver Brasília do alto. Ao observar a cidade iluminada, deixa escapar a exclamação:

— Mas que cidade linda! Vejam!

Chama os amigos para a contemplação. De repente, a euforia se converte em tristeza. Afirma para um deles, Vera Brant:

— Estou com a sensação de que Brasília não é mais minha.

No dia seguinte, em conversa com um primo, Carlos Murilo, constata:

— Sou um homem realizado. Brasília aí está. É uma obra que ficará para sempre. Mas sou realista, meu tempo aqui na terra está acabando. A única coisa que eu queria agora era morrer. Não tenho temperamento para esperar as coisas. Meu último desejo, realmente, seria ver o Brasil retornar à realidade democrática. Mas isso vai demorar muito e eu quero ir embora.

Juscelino não presencia o retorno da democracia ao Brasil. Poucos dias depois da última visita a Brasília, morre em acidente automobilístico na Via Dutra. Ao saber da notícia, Geisel se reúne com os ministros da Justiça, Armando Falcão, e do Exército, Sylvio Frota:

— Tanto pedi a Deus que esse homem não morresse no meu governo!

Depois de enfrentar a resistência de Frota ("Sou contra qualquer homenagem do governo a esse homem. Era um contra-revolucionário") e do chefe do gabinete Militar, Hugo Abreu ("Inimigo é inimigo"), Ernesto Geisel decide decretar luto oficial por três dias — mas sem honras militares nem ponto facultativo. O enterro seria na cidade que Juscelino construiu. Recebido por 30 mil pessoas no aeroporto, o caixão é levado para a missa de corpo presente, na Catedral. O cortejo segue pela W3 Sul, inteiramente tomada: parecia que a cidade inteira tinha descido dos blocos para se despedir. E pedia a alteração do nome da avenida, gritando: "*W3 vai mudar/ Avenida JK!*" Da superquadra dos Manfredini, os pais de Renato ouvem a passagem do cortejo. A multidão entoa a canção popular "Peixe vivo", a favorita de JK, com os versos ligeiramente modificados:

Como pode o Juscelino viver fora de Brasília
Como poderei viver sem a tua companhia?

Após quatro horas de cortejo, o caixão chega ao cemitério Campo da Esperança, no final da Asa Sul. Saudado pelos gritos de populares ("Viva JK!", "Viva a democracia!"), o corpo de Juscelino Kubitschek de Oliveira é enterrado em túmulo desenhado por Niemeyer, feito com mármore que sobrou da catedral.

• • •

Renato inicia tratamento nas Pioneiras Sociais, o mais avançado hospital da cidade para pessoas com dificuldade de locomoção. Faz sessões regulares de fisioterapia. Mas a epifisiólise deixara seqüelas. Quem o observasse com atenção perceberia que mancava. Alguns da quadra notam o problema, mas resistem à tentação de impingir apelidos jocosos: o próprio Renato já tinha sido por algum tempo o Papo-de-Cotia, por conta de uma perceptível camada de pele embaixo do pescoço. Ainda que, quando reunida, aquela turma não poupasse ninguém. Dono de raciocínio rápido e cortante, Luiz Gustavo era o mais temido. E também o mais popular: com desenvoltura, circulava entre quadras e entre turmas. Certo dia, contou a Renato que um colega do Colégio Dom Bosco tinha acabado de ganhar uma guitarra Gibson. Os olhos do amigo brilharam.

— Uma Gibson?! Como ele conseguiu?

— O pai dele é piloto do Geisel e acabou de voltar dos Estados Unidos.

— Por favor, me apresenta a ele. Eu preciso ver essa Gibson. Onde ele mora?

— Na 104.

— Vamos lá agora!

E foi assim que, numa tarde brasiliense como outra qualquer, Renato Manfredini Júnior foi parar no apartamento de Herbert Lemos de Souza Vianna.

Nascido em João Pessoa (PB) em maio de 1961, Herbert Vianna tinha chegado em Brasília pela primeira vez em 1963. Residira em duas quadras da Asa Sul: na 414 e na 110, esta última no apartamento de três quartos reservados a oficiais graduados da Aeronáutica. Caso do pai, o piloto Hermano Vianna, responsável pela segurança do espaço aéreo do presidente da República. Os dois irmãos de Herbert, Hermano e Helder, o acompanhavam nas brincadeiras no parquinho da 111 Sul, quadra da Marinha; para chegar lá, contudo, era necessário atravessar o barro vermelho e a vegetação cerrada. Muito mato.

Muito medo. Num dia de 1968, os irmãos Vianna se assustam ao serem orientados a não descer para brincar embaixo do bloco. O serviço de informação militar tinha recebido relatos que os secundaristas brasilienses, ensandecidos com a morte do estudante Edson Luís no Rio de Janeiro, queriam vingança e estavam dispostos a tudo. E eles, filhos de um oficial graduado, poderiam ser alvo de seqüestro. Ordem do dia: crianças, para dentro. Tropas da Aeronáutica são mobilizadas para proteção dos moradores dos blocos residenciais. O prédio é cercado, à espera dos estudantes.

O inimigo nunca chegou.

A família Vianna deixa Brasília em 1968. Retorna para a 110 Sul em 1972. Lá, um vizinho, Romeu, se torna o primeiro professor de violão de Herbert — é sucedido por Alcione, que ensina harmonias mais complexas, inclusive de bossa-nova, ao pré-adolescente. O garoto começara cedo: ganhou o primeiro violão, um Giannini preto com a frente esverdeada, aos 5 anos.

Mudam-se para apartamento de quatro quartos na 104 Sul, quadra destinada a diplomatas e militares. Aficcionado por música pop, o filho mais velho, Hermano, gosta da localização estratégica do novo endereço: não depende mais de carona para comprar *Melody Maker* na revistaria da 303 Sul e os fascículos mensais da série *Rock: a história e a glória*. Agora também pode ir a pé até o Conjunto Nacional e ampliar a coleção de discos devidamente partilhada com os irmãos. No fim de semana, grudam os olhos na TV para ouvir e ver (nessa ordem) no início da tarde o *Sábado Som*, apresentado por Nelson Motta, rara chance de conferir performances ao vivo de Led Zeppelin, Yes, Deep Purple, Pink Floyd. Programa obrigatório.

Pelo fato de o pai ser piloto da presidência da República e estar bem próximo do poder, os irmãos Vianna têm rotina um pouco diferente de outras crianças brasileiras da mesma idade. Quando surgia a necessidade de ir ao dentista, por exemplo, o pai avisava.

— Vou te levar no Palácio do Planalto.

A assistência odontológica dos familiares dos funcionários da presidência funcionava no anexo do palácio, a menos de 500m da sala de despachos de Ernesto Geisel. Inevitável proximidade com o poder: certa vez, a família Vianna foi convidada para um grande churrasco na Granja do Torto. Em animada roda, conversavam o presidente e alguns de seus auxiliares mais próximos, como os ministros Golbery do Couto e Silva e Hugo Abreu. Entediados naquele ambiente de adultos, alguns adolescentes levados pelos pais resolveram se distrair por conta própria. Os oficiais acendiam o fogo do churrasco, eles acendiam os cigarros de maconha.

Herbert gostava de andar de skate com os outros garotos da quadra, entre eles um amigo de seu irmão mais novo, Helder: o cabeludo Felipe de Nóbrega Ribeiro, o Bi, filho do diplomata-chefe do cerimonial da presidência. Desciam a ladeira da quadra, mas gostavam mesmo era de enfrentar a inclinação do clube da Base Aérea: a Grande Ladeira. Brincavam de corrida de elevador, taco, jogar bola. Até que um dia Herbert viu uma guitarra elétrica de perto pela primeira vez. Foi na loja Pioneira da Borracha, na W3 Sul. De tanto admirar o instrumento, seu pai acabou comprando-o.

Guitarristas da cidade adquiriam status quase lendário entre os garotos. Caso de Eduardo Watson, que impressionou Herbert pela velocidade, técnica e criatividade. O irmão de Hermano e Helder parou de descer com tanta freqüência. Queria mais tempo para tocar. Acordava às cinco da manhã, já pegava a guitarra. Depois ia para o Dom Bosco. Ao voltar do colégio, tardes inteiras dentro do quarto. Em sua companhia, apenas os guitarristas Jimmy Page, Eric Clapton, Steve Howe, Jon Akerman, John Mclaughlin, Larry Coryell — também tinha enveredado pelo jazz rock. Tenta alcançá-los na técnica, sabe que apenas um será impossível de superar: Jimi Hendrix. Debaixo do bloco, os outros garotos da quadra escutavam os acordes que emanavam do sexto andar. De forma obsessiva, Herbert procurava aperfeiçoar a própria técnica. Deu certo. Aos 15 anos, o filho do piloto Hermano Vianna já era um virtuose da guitarra.

Quando Renato e Luiz Gustavo entram no apartamento de Herbert, a sala já está ocupada pela dupla Mick Jagger e Keith Richards. Hermano escuta "Hey Negrita", faixa do disco *Black and Blue*, dos Rolling Stones. Os visitantes seguem para o quarto. Luiz Gustavo apresenta Renato a Herbert. Os dois trocam poucas palavras. Herbert empunha a Gibson LG5 preta, executa o riff potente criado por Richards para "Hey Negrita". Renato se impressiona. Novamente sem muita conversa, deixa o apartamento dos Vianna.

• • •

Grandes nomes chegam à cidade. O ginásio de esportes recebe o encontro dos Doces Bárbaros: Gil, Caetano, Bethânia e Gal, na primeira aparição pública de Gil depois

da prisão por porte de maconha em Florianópolis. O mesmo Gil se une a Rita Lee pelo projeto Refestança e percorre oito capitais brasileiras com discurso na ponta da língua. "O que a gente quer mesmo é derrubar essas barreiras absurdas", afirma ao *Jornal da Música*. "Rita Lee não é da aristocracia do rock brasileiro e eu não sou da aristocracia da MPB. Podemos fazer qualquer trabalho, seguimos nossos impulsos. Queremos é deixar o caminho aberto para nossos filhos. Tentamos resolver os problemas do tempo, deixar para nossos filhos os problemas do tempo deles. Não queremos deixar problemas de herança."
Renato volta a sair de casa. Assiste à estréia de *Irmão sol, irmã lua*, de Franco Zefirelli, com músicas de Donovan, "um filme que exalta o eterno encanto da primitiva inocência". Ainda usa as muletas, inclusive para ir à escola. Alguns colegas o encaram como se fosse um alienígena; sabem da história dos pinos, o apelidam de *O homem de seis milhões de dólares*. Odeia aqueles olhares. Desabafa para os mais próximos:

— Já sou feio, tenho o rosto cheio de espinhas e ainda ando de muletas... Quem vai olhar para mim?!

A turma do Marista tem que preparar apresentação relacionada à música. De imediato, Renato avisa:

— O tema do meu grupo vai ser a história do rock.

Rigoroso na hora de selecionar os colegas de grupo, ele convida Maria Inês Serra e mais dois ou três felizardos que se mostraram dispostos a executar a tarefa como ele planejaria. Tinha gostado de trabalhar com Inês em uma pesquisa sobre cantigas de roda — o esforço alheio representava fator decisivo para a escolha. Deixa claro (a ponto de despertar antipatia e criar fama de chato) que não carregaria ninguém nas costas. Apesar dos pedidos de colegas como Geddel Quadros Vieira Lima para entrar no seu grupo pela garantia de notas altas na avaliação final. Filho do político baiano Afrísio Vieira Lima, o gordinho Geddel era um dos palhaços da turma. Chegava no colégio dirigindo um Opala verde, o que despertava a atenção das meninas e a inveja dos meninos — que davam o troco chamando-o de "Suíno". Tinha sempre uma piada na ponta da língua; as matérias, nem sempre.

— Eu vou ser político!

O jeitão expansivo garantia popularidade entre os colegas, mas não unanimidade. "Ele é in-su-por-tá-vel!", justifica Renato para Maria Inês, dividindo as sílabas de forma enfática, ao sentenciar a proibição da entrada de Geddel em seu grupo.

A preparação do trabalho consome semanas. A pesquisa, concentrada no acervo guardado por Renato em seu quarto, inclui o detalhamento de aspectos controversos da biografia de ídolos do rock. Ao estudar a trágica trajetória de Janis Joplin e Jimi Hendrix, Renato comenta com Inês:

— Como é que pode alguém se drogar para fazer música?

As tardes de pesquisa, porém, não resultam apenas em fonte de inquietação sobre os destinos erráticos das estrelas do rock. Na parte mais divertida da preparação do trabalho, Inês observa o amigo escolher um disco, colocá-lo na vitrola e iniciar o show particular. Renato canta junto, faz solos imaginários de guitarra, dedilha violão, imita os artistas que se revezam no toca-discos. Reproduz o falsete de Elton John. "*And I think it's gonna be a long, long time...*", dubla "Rocket Man", do cantor e pianista inglês. Também capricha no tom grave da voz para imitar Elvis Presley — sem êxito. A amiga achou que estava escutando Jerry Adriani.
Mesmo sem a parte da dublagem, estrategicamente esquecida na 303 Sul, Renato e Inês recebem nota máxima pelo trabalho. Mais: são convidados a bisar a apresentação, dessa vez no auditório do Marista, diante de alunos de outras turmas do segundo grau. Além da explanação verbal, proporcionam aos colegas uma experiência audiovisual. Coladas em cartolinas, fotografias de ídolos do rock (selecionadas do acervo particular do líder do grupo) são exibidas enquanto o auditório é sacudido por trechos de clássicos do gênero, cuidadosamente pinçados e gravados em fitas cassete. Para aumentar a dramaticidade, Renato faz questão de resumir em frases de efeito, pronunciadas em tom incisivo, os pontos-chave das idéias defendidas no trabalho. Terminada a apresentação, começa o debate. Uma das colegas critica o rock e defende a MPB como porta-voz dos anseios da juventude brasileira. Diante do auditório lotado, Renato rebate:

— O rock é um movimento musical que revolucionou a música popular porque é o único gênero feito por jovens e para os jovens. Por isso, se tornou sinônimo de rebeldia!

Aplausos dos colegas e dos professores. Graças à convicção e ao conhecimento de rock, Renato passa com louvor no primeiro teste de popularidade diante de uma audiência imprevisível. Nada mau para um aluno até então notado nos corredores apenas pelas espinhas e muletas. Com ajuda de Inês, Elvis, Janis e Hendrix, Renato não era apenas mais um entre as centenas de alunos do segundo grau do Marista. Tinha deixado de ser invisível.

• • •

— Vamos acabar o mais rápido possível para dar tempo de ver o *Sábado Som*!

Ana Cristina Ferreira, Paula Valle, Marcos Gentil e Renato Manfredini têm pressa. Querem terminar logo as tarefas passadas em sala de aula. Os quatro colegas do Maristão correm para o apartamento mais próximo, o da mineira Paula, na 115 Sul, e chegam a tempo de ver trechos de um show do Queen.

Cristina tinha acabado de chegar do Rio, Paula, de Belo Horizonte. As duas estudam na sala de Renato, uma das duas turmas do terceiro ano do segundo grau do Marista. Magro, pálido, Renato começara a fumar cigarros Saint Moritz, conhecidos pelo apelido Paulo César Caju, craque do Botafogo que tinha ido jogar na França: negro, fino, metido a francês. A figura diferente chama atenção da carioca recém-chegada. Os dois sentavam nas primeiras filas do lado direito da sala (perto das janelas); ele na fila da frente, ela logo atrás. A convivência e as afinidades os aproximaram.

Prestativo com alguns colegas, Renato só não demonstra tanto interesse nas aulas das matérias menos convidativas. Química inorgânica, por exemplo. Geralmente fica emburrado. Nas experiências no laboratório, até que se interessa em entender as diferenças entre os tempos de fusão e de ebulição. Mas também tem que aprender a fazer misturas, separação, destilação, decantação. Estudar reações químicas, caráter ácido e básico dos elementos, formação de sais, pontos de viragem. E, pior, no terceiro ano, o ensino de físico-química inclui a revisão de todo o conteúdo das duas séries anteriores, mais conhecimento aprofundado de matemática e física. Detesta tudo aquilo e não esconde do professor Paulo César o seu aborrecimento. Conseqüência: troca as aulas aborrecidas pelas músicas gravadas nas fitas cassete do carro de Gentil, estacionado nos fundos do colégio.

Marcos Sílvio, professor de redação, tinha mais sorte. Já havia reparado nas áreas de interesse daquele aluno quando ensinou literatura brasileira no primeiro ano do segundo grau. No início do semestre, os professores de português pediram para os alunos entregarem uma lista com os livros que haviam lido. Renato relacionou vinte. O professor perguntou, então, em voz alta, na sala:

— Quem é o Manfredini?

Renato ergueu a mão:

— Eu pedi a relação dos livros que você leu, não os da biblioteca do seu pai...

Risadas generalizadas na turma.

Renato contou, então, que começara a ler os clássicos aos 9 anos de idade: Camões, Homero, Shakespeare. Questionado pelo professor sobre o motivo da precocidade, respondeu de forma singela:

— Meu pai tem uma boa biblioteca...

Além de utilizar a biblioteca do colégio e da Cultura Inglesa, Renato pega livros emprestados com freqüência no Instituto Nacional do Livro, na W3 Sul. Encara a leitura como prazer, não obrigação. Gosta de Machado de Assis, Eça de Queiroz, Fernando Pessoa. Suas redações ganham as maiores notas. Ao receber o tema, Renato não se atém à fórmula introdução-desenvolvimento-conclusão; inclui informações obtidas com a leitura cotidiana de jornais e revistas, às vezes entremeadas por citações de livros. Marcos Sílvio comenta o alto rendimento do aluno com os outros colegas, Raul Duarte e Marcos Martins. Este último, responsável pela coordenação do ensino de português, já tinha notado o desempenho daquele aluno desde o primeiro ano, quando Renato respondia ao desafio de elaborar dissertações e interpretar passagens de livros como *O Guarani*, de José de Alencar, e *Raízes do Brasil*, de Sérgio Buarque de Holanda. Acossado pelo surgimento de escolas com visão empresarial do ensino e métodos objetivos de avaliação, o Marista insiste em fazer os alunos utilizarem o raciocínio e o poder de argumentação na hora de verificar o aprendizado do conteúdo. Com essa proposta, Renato se dá bem. Tira boas notas e se destaca na hora de apresentar trabalhos como o que preparou com a colega Letícia Borges sobre *I-Juca-Pirama*, de Gonçalves Dias.
Marcos Sílvio percebe que as redações de Renato, mesmo as focadas em temas como desigualdade econômica, continham o que chamava de "tom lírico". Resolve chamá-lo para conversar após o fim da aula:

— Manfredini, você tem uma faceta poética nos seus textos. Você escreve poesia?

Sem demonstrar muito entusiasmo, Renato tenta se esquivar, mas confirma.

— Você não quer me mostrar?

A resposta só vem semanas depois, quando Marcos recebe uma folha com um poema longo, de narrativa fragmentada, sem métrica nem rimas, no estilo da literatura beat norte-americana. O professor lê com atenção. Ao devolver para o aluno, aconselha:

— Gostei, mas tem que dar uma podada, Manfredini. Esse poema está muito longo.

Renato jamais voltou a mostrar seus poemas para Marcos Sílvio.

Há, no terceiro ano do Marista, um clima permanente de competição velada por conta do vestibular — o índice de aprovação dos alunos do colégio era alto, um dos maiores do Distrito Federal. No primeiro ano do colégio, o jornal interno enfatizou o resultado obtido pelos alunos: "Inscrevemos 99 candidatos e passaram 66 — isso sem cursinhos!" O terceiro ano tinha aulas seis vezes por semana: de segunda a sábado de manhã, provas no sábado à tarde. Mas o grupo formado por Renato Manfredini, Ana Cristina e Marcos Gentil nem sempre estava em sala de aula. Ainda mais quando se juntava a eles outra grande amiga, a chinesa Ma Chia Hsien, conhecida como Susie. Cabelos longos, olhos negros, a garota de Formosa morava no alto de uma loja em entrequadra comercial. Susie adorava The Mamas & The Papas, falava inglês, sorria sempre. Renato se encanta.

Já Marcos convivia com Renato desde a sétima série. Filho de funcionária graduada do Ministério da Educação, Marcos Gentil trocou as ladeiras cariocas do bairro de Santa Teresa pela área retilínea da SQS 109 em 1973. Morava em frente ao clube Unidade Vizinhança, mas não ia tomar sol nem praticar esportes. Ficava em casa ouvindo Deep Purple, Focus, Genesis. No Marista, o cabeludo Gentil fazia parte da turma dos roqueiros. Portanto, da turma de Renato.

Desde a oitava série, quando já arriscava acordes com a sua guitarra, Marcos Gentil pensara em montar uma banda. Encorajou o amigo a aprender a tocar teclado, mas a idéia não foi adiante. Só depois que Renato se recuperou da epifisiólise e comprou um baixo é que eles voltam a tramar música. Emprestam discos ("Marcos, tem que devolver direitinho, com o plástico dobrado do jeito que saiu daqui..."), gravam fitas, vasculham prateleiras das lojas atrás de LPs.

Renato sonha.

— Marcos, se a gente ficar bem famoso, um dia a gente se reencontra em Brasília, cada um na sua limusine, ali no estacionamento do ginásio de esportes. Vou mandar o motorista abaixar os vidros e eu vou te perguntar: quanto é que você ganhou hoje?

Marcos Gentil também colecionava discos. Ao voltar da Discodil do Conjunto Nacional, em vez de seguir para a SQS 109, fazia uma parada obrigatória na SQS 303 para ouvir com Renato os discos recém-comprados. E, no Natal, após a distribuição de presentes, corriam para o telefone:

— Sabe o que eu ganhei, Renato?

— Você tem que vir aqui para ouvir, Marcos! É muito bom, muito bom! Não dá para você vir agora? Então, ouve um pedacinho aí...

A dupla faz descobertas em conjunto. Conseguem comprar maconha de um colega do segundo ano e correm para o quarto de Renato. Ao som de Beach Boys, fumam erva pela primeira vez. Tiram os óculos de grau e se examinam:

— Olha o meu olho, vê se não tá muito vermelho!

— Olha o meu também!

O exame visual desperta irresistível vontade de rir. De rir, não; de gargalhar. De repente, estão rindo tão alto que Carminha entra no quarto e pergunta:

— Meninos, o que é tão engraçado que faz vocês rirem tanto?

Renato não consegue responder à mãe. Continua rindo. Mas é profundamente a sério que os amigos discutem filosofia, impulsionados pela leitura dos volumes semanais da coleção *Os Pensadores* e de três volumes sobre o tema, organizados em perspectiva histórica pelo inglês Bertrand Russell.

Aos 17 anos, tentam compreender o sentido da vida — tarefa facilitada após algumas doses de cachaça Coquinho ou vinho Chapinha. Uma vez, beberam a noite inteira e, já de madrugada, no caminho de volta para casa, resolveram parar para observar as estrelas. No meio da W3, sentaram no asfalto e lá permaneceram por longos minutos, sem carros para ameaçá-los, de olho no céu.

A bordo do Opala bege seis cilindros de Marcos, os quatro estudantes se lançam na cidade. As incursões noturnas se expandem. Um dia foram jantar no restaurante panorâmico do Eron Brasília Hotel, mas, ao deparar com as portas fechadas, mudaram de idéia. Desceram no bar e bolaram um plano para levar bebida: engatinhando, para não serem vistos pelos funcionários, surrupiaram diversas garrafas de uísque. Marcos parou o carro na porta, uma das meninas distraiu o recepcionista, e os outros conseguiram sair sem serem notados. Deixaram o hotel reabastecidos para virar a noite na Prainha, às margens do lago.

Entre quatro paredes, os quatro amigos descobrem sensações, dão risadas, compartilham experiências que não repartem com os outros colegas do Marista. E guardam os detalhes daquele período de intensa intimidade. Também se abrem para confissões: a pelo menos um deles, Renato revela sentir atração sexual também por homens. E se mostra confuso com a origem do seu desejo.

Também brincam de fazer música. Marcos e Renato levam amplificador, guitarra e baixo para o apartamento de Ana Cristina, na 106 Norte. Tocam Rolling Stones, Crosby, Stills, Nash & Young e Emerson Lake & Palmer. Aprontam uma zoeira danada na sala, a ponto de o pai da garota fechar a porta de acesso aos quartos para isolar o barulho produzido pela dupla. As visitas também são retribuídas. Ana Cristina ia com freqüência ao apartamento de Renato e ficava admirada com o acervo fonográfico do amigo.

— Essa é a maior coleção de discos que eu já vi!

Havia muitos discos repetidos — ele comprava dois, três exemplares idênticos para presentear ou para qualquer eventualidade. Como os arranhões decorrentes do excesso de uso. Para recuperá-los, Renato pegava uma caneta Bic e preenchia os sulcos com a pressão da tinta. Dizia que, daquela forma, era novamente possível ouvir o disco sem que ele pulasse nas faixas riscadas. E funcionava. Um dia, o anfitrião tirou um dos álbuns da estante, colocou para rodar e informou à amiga:

— Esse disco é de um cara dos Estados Unidos, um desses desconhecidos que tocam na rua para ganhar uns trocados. Aí alguém teve pena e resolveu gravar um disco com ele.

Pisciana, Ana Cristina acredita piamente na história contada pelo amigo. Nem sequer desconfia que tinha acabado de ouvir um dos primeiros discos de Bob Dylan.

• • •

Inflação em alta, denúncias, estudantes de volta às ruas. No quarto ano do governo Geisel, a "distensão lenta, segura e gradual" concebida por Golbery do Couto e Silva sofre seguidos abalos. O presidente tinha fechado o Congresso Nacional e decretado uma série de medidas no chamado Pacote de Abril, incluindo a ampliação do mandato presidencial para seis anos e a criação de eleição indireta para um terço do Senado. "Tempos difíceis", define a revista *Veja* em 25 de maio de 1977. "Desde que o governo editou seu pacote de reformas políticas em abril, o país passou a viver, de forma mais acentuada que em qualquer outra época recente, tempos de incerteza e antagonismo — um surdo, ecumênico mal-estar, um generalizado desencanto com as excelências das instituições políticas atuais", explica a revista, ao justificar a reportagem de capa para seus leitores.

No fim de maio, após a suspensão de 16 alunos por participarem de manifestações que exigiam anistia dos presos políticos, os estudantes da Universidade de Brasília anunciam greve. Poucos dias depois, o campus é cercado pela Polícia Militar. Tropas intimidam professores e funcionários. A crise leva tensão à Esplanada. Sai do MEC e passa a ser monitorada pelo gabinete militar da presidência da República. Logo surge a comparação com a escalada de fatos até o AI-5, em 1968. A crise se arrasta, os estudantes ocupam a universidade. Fazem assembléias e mais assembléias, dormem nas salas de aula, promovem shows (Clementina de Jesus, Nelson Cavaquinho), debates

(Plínio Marcos, Ignácio de Loyola Brandão), exibem filmes proibidos (*Iracema — Uma transa amazônica*, do ex-aluno Jorge Bodanzky), cantam músicas de Geraldo Vandré, Victor Jara, Violeta Parra, Mercedes Sosa. Sonham com a união latino-americana. Acordam com os camburões do lado de fora do Minhocão, o prédio central da universidade.

Com carta branca do Planalto, o reitor, o capitão-de-mar-e-guerra José Carlos Azevedo, impõe trinta dias de recesso. Instala comissão de inquérito e determina punição para 64 estudantes — trinta deles são expulsos. A UnB reabre — agora com policiais dentro do campus. A freqüência dos alunos passa a ser verificada diretamente pela reitoria. A UnB está novamente sob controle. Não só em Brasília os estudantes tinham voltado a agitar com faixas como "Pelas liberdades democráticas" e o grito-síntese "Abaixo a ditadura". Rio de Janeiro, Belo Horizonte, Salvador e Porto Alegre também enfrentam convulsões urbanas. A maior delas ocorreu na Pontifícia Universidade Católica, em São Paulo. A universidade é invadida e, após bombas de gás lacrimogêneo, 1.700 estudantes são detidos. O medo dos militares era que os estudantes conseguissem o apoio de outros grupos sociais. Mas muita gente já estava mobilizada por conta própria. Em setembro de 1977, em entrevista à revista *IstoÉ*, o presidente do Sindicato dos Metalúrgicos de São Bernardo de Campo, Luiz Inácio da Silva, o "Lula", expõe as diferenças entre os dois focos de insurgência: "O estudante mantém o idealismo por quatro anos, depois passa a explorar a classe operária. Os estudantes estão de parabéns pelo que estão fazendo, seu papel na sociedade é este mesmo, mas não aceito a idéia de tentar envolver a classe operária." Mesmo na música, os manifestantes (que tinham consagrado novamente "Pra dizer que não falei de flores" como canção-tema dos protestos) já marchavam para longe da unanimidade. Como Rita Lee deixou claro também em setembro, em entrevista no *Jornal da Música*: "Estudantes, acho uma gente muito triste, muito pra baixo, as mudanças que eles querem fazer querem de um modo antigo. Não é mais assim que se fazem mudanças."

• • •

God save the queen!

Fê Lemos ouve uma, duas, três, repetidas vezes o compacto dos Sex Pistols que tinha comprado em Leicester, cidade a duas horas de Londres. Então aquilo era o punk rock?

God save the queen!
She ain't no human being
There is no future...

Fê curte a letra, ataque frontal à monarquia britânica. Mas acha o punk muito arrastado, exasperadamente lento: *Melody Maker* e *New Musical Express* falavam de um rock vibrante, taquicárdico, explosivo. Comenta com a irmã, Helena:

— Que diferente, é superestranho!

Ainda intrigado, Fê demora algumas semanas para matar a charada. Os compactos na Inglaterra deveriam ser escutados na velocidade de 45 rotações por minuto, não nas 33 rotações como estava posicionado no toca-discos da família brasileira. Quando muda a chave, faz-se a luz: a batida acelera e o punk ganha a forma imaginada a partir das descrições dos jornais.

A família Briquet de Lemos estava na Inglaterra desde dezembro de 1976 — nevava no dia em que chegaram a Londres. Moravam em Cropston, vila próxima de Loughborough, onde o pai fazia mestrado em biblioteconomia desde setembro. E ficava próxima também de Leicester, onde Fê assistiu a The Clash, Undertones, Iggy Pop... Era um show quase toda semana — em Brasília, em três anos tinha visto Rita Lee, Secos & Molhados, Casa das Máquinas e Som Imaginário. Na escola, foi o primeiro a usar a camiseta com o nome da banda do compacto que comprara: Sex Pistols. Também passou a usar calça jeans totalmente rasgada, cheia de remendos. O estudante brasileiro apresentava aos colegas ingleses a indumentária punk. E queria mais. Pediu ao pai para fazer um curso de bateria. Foi atendido.

Na infância, Flávio e Helena tiveram aulas de piano e depois sossegaram. Além de explorar a discoteca dos pais (Modern Jazz Quartet, Beatles, Stones, Iron Butterfly, Pink Floyd), Fê nunca parava de batucar: nos pratos, nos copos, até na cabeça da irmã. O batuque se intensificou quando conheceu Rodolfo Cardoso de Oliveira, de um grupo da Colina chamado Monjolo, o primeiro baterista que Fê viu tocar. Ao saber que Rodolfo tinha adquirido uma segunda bateria, Fê vendeu a bicicleta Monark Monareta e comprou a Caramuru, a primeira bateria do vizinho. Lá do apartamento 33, o filho mais velho de Briquet atormentava a Colina inteira: aumentava o volume e tentava acompanhar os bateristas das bandas que escutava.

Os irmãos Lemos cresceram em intenso convívio com André e Bernardo Mueller, filhos de casal de professores da UnB que estavam lá desde 1971. Os quatro inventavam brincadeiras, exploravam os descampados próximos aos edifícios residenciais. Na imaginação das crianças, o matagal da frente virava um labirinto, por conta das moitas que dificultavam a passagem. Construíam carrinhos de rolimã, preparavam bombas de pólvora. Como uma dupla de cientistas, Fê e Flávio juntavam produtos químicos para criar substâncias. Também brincavam de *Perdidos no espaço*: peças de madeira, num passe de mágica, se transformavam nos comandos da nave da Família Robinson do seriado. Já André e Bernardo também curtiam ficção científica, histórias protagonizadas por monstros, fantasmas, assombrações. Uma vez transformaram o quarto em casa-fantasma, com armadilhas e lanternas imitando morcegos que caíam em cima dos desavisados.

Na transição para a adolescência, os irmãos Lemos e Mueller passaram a prestar maior atenção nas jams que rolavam embaixo do bloco, promovidas por uma turma mais velha de moradores. Brincavam de montar uma banda de rock. Fê tocaria bateria, André ficaria no baixo:

— Somente quatro cordas, vamos nessa!

Adoravam Led Zeppelin, divergiam apenas na hora de escolher as faixas favoritas dos discos da banda de Robert Plant e Jimmy Page. Na contramão da unanimidade, André provocava:

— "Tangerine" é uma balada muito melhor do que "Stairway to Heaven"...

Quem estivesse por perto naquelas tardes ociosas brasilienses acabava absorvendo as lições aprendidas por Fê, Flávio, André e Bernardo. Caso de Helena, a irmã mais nova dos Lemos: com 9 anos, virou roqueira.

A diferença de idade dos irmãos de Helena é insignificante: Felipe nasceu em junho de 1962, Flávio em outubro de 1963. No apartamento da Colina, dividiam o mesmo quarto, onde ficava a bateria. Enquanto Fê se arriscava nas baquetas, Flávio se aventurava cerrado adentro. No meio do mato havia um telescópio, instalado pelo Departamento de Física da UnB. Ficava horas por lá, de olho nas estrelas e anotando as descobertas em caderninho. Quando soube que iriam passar temporada na Inglaterra, Flávio comprou uma batelada de fitas TDK para levar na bagagem os sons de que mais gostava. Entre eles, *Volume 4*, do Black Sabbath, e *Acabou chorare*, dos Novos Baianos. Nem precisou recorrer muito aos cassetes. A discoteca logo foi enriquecida com aquisição de LPs de Dr. Feelgood, MC-5 e The Stooges, mais compactos dos Pistols, Clash, Damned. O discurso contestatório e niilista das bandas punks contagia os irmãos Lemos. Xingar a rainha da Inglaterra numa música? Se fosse no Brasil, seriam censurados, poderiam até ser presos. Nunca tinham ouvido ninguém cantar daquele jeito sobre aqueles temas — e ainda vestidos daquela forma. Num passeio em Londres, deram de cara com punks na King's Road. O queixo caiu.

As novidades roqueiras se multiplicavam a cada semana, intermediadas pelo DJ John Peel. "Acabei de tocar três bandas novas, que não são famosas, mas foram lançadas por selos independentes e estão fazendo muito boa música, isso que é importante", dizia o radialista da BBC. Fê gravava os programas em fitas cassete e mandava para o amigo André Mueller. Antes, os garotos da Colina colecionavam selos. Agora, colecionavam novidades. Continuavam em sintonia. Por meio de cartas, combinavam

o futuro. Na Inglaterra, Fê fizera aulas de bateria; no Brasil, André começara a tocar baixo. Decidiram que, na volta de Fê a Brasília, montariam uma banda de rock.
No Rio de Janeiro, para prestar exame e ingressar no Colégio Militar, Herbert Vianna tem a mesma idéia de Fê Lemos. Ao reencontrar Bi Ribeiro, então prestes a viajar para a Europa, o antigo vizinho da 104 Sul faz um pedido:

— Vê se traz um baixo para a gente tocar, cara. Aqui não tem nada para fazer, eu não conheço ninguém.

Durante temporada de três meses na Europa em companhia de outros filhos de diplomata que moravam na 104 Sul, Bi Ribeiro lembra da sugestão do amigo e, na Inglaterra, compra um baixo Precision, fabricado no Japão. Ninguém da turma da 104 tinha algo remotamente parecido. Herbert e Bi se reencontram no Rio. Começam a tocar juntos. Como sala de ensaios, utilizam a garagem da casa da rua Souza Lima em Copacabana. A casa da avó de Bi, Ondina Ribeiro.

• • •

— Afinal, para onde vai o rock?

Em julho de 1977, uma reportagem do *Caderno 2* do *Correio Braziliense* questionava, a partir do lançamento de discos de Pink Floyd (*Animals*), Jackson Browne (*The Pretender*) e Paul McCartney (o álbum triplo *Wings over America*), os rumos do gênero musical. A resposta veio em página inteira do mesmo caderno, duas semanas depois, sob o título *Punk: A nova geração já nasce sem futuro*.

"Cabelos cortados à navalha, terninhos à moda beatle, geralmente amarfanhados e tocando um rock simplista e agressivo: eles são os punks."

O texto, assinado por Pedro Redig de Campos, informava aos leitores da capital que a moda punk tinha se espalhado por toda a Inglaterra e Estados Unidos, por meio de discos, lojas de roupas, revistas "e uma onda de violência juvenil que em tudo contrasta com a geração paz e amor que marcou a década passada". A reportagem dava o surgimento da tendência como fato consumado e registrava a existência de uma elite formada pelos grupos mais populares, entre eles The Clash, The Jam, Ultravox, Razors, Damned e Stranglers.
"O movimento punk tem o mérito de desmistificar e reparar os sonhos bem intencionados de uma realidade atual que nada tem de florida", contextualiza a matéria, estabelecendo o contraponto com o movimento hippie. "Com a penetração cada vez maior de grupos da chamada new wave, o público encontrou uma linguagem musical que soa familiar, mesmo abordando somente temas amargos como o da

solidão, da violência, da anarquia, da falta de qualquer perspectiva", continuava o texto, citando trecho de letra de "Anarchy in the UK" para mostrar que os jovens britânicos se insurgiam contra a falta de oportunidades em uma nação decadente, outrora império mundial, mas que fazia questão de manter a pompa. "A doença punk está condenada a atingir uma faixa de idade que varia entre os 14 e os 20 anos. Vestidos quase sempre nas cores preto, cinza, branco e vermelho, estão cobertos por uma parafernália sem fim de zíperes, alfinetes, correntes até mesmo no pescoço, medalhas e paninhos com o símbolo do nazismo e objetos para-militares."

Renato lê com atenção aquela e outras reportagens sobre o punk nos semanários musicais que chegavam à biblioteca da Cultura Inglesa. Fica sabendo que os Pistols planejam vir ao Brasil para divulgar o disco *Never Mind the Bollocks*: "Joãozinho Podre e sua gangue atacarão no Rio", anuncia o jornal, descrevendo também uma das diversões prediletas dos integrantes da banda: disparar cusparadas em repórteres e no público. Mais ou menos como tinha preconizado o roqueiro baiano Raul Seixas, ao deixar claro, ainda em 1975, que não via a música como arte. "Música é apenas a vomitada de cada pessoa, uma cusparada. É a expressão de cada um." Dois anos depois, Sid Vicious e companhia concretizam a metáfora de Raul e atestam: rock também é uma questão de saliva.

Para estranheza da família, Renato começa a mudar a forma de se vestir. Calça de tergal, camisa social de seda, peças de um guarda-roupa "espetacular", na definição da mãe, ficaram esquecidas no armário. Agora, ele só quer saber de calça jeans, camiseta branca ou camisas de manga comprida lisas, sem estampas. Carminha constata:

— Meu filho, como você mudou...

Renato também incorpora coturnos, botas exclusivas dos militares e adotadas pelos punks ingleses. De tamanho desproporcional às pernas finas do adolescente, o calçado tamanho 41 rende apelido pouco lisonjeiro entre a turma do bloco.

— Lá vem o Frankenstein.

Até pelo som que passara a escutar, estava mais distante dos vizinhos da quadra. Impulsionados pelo sucesso do filme *Os embalos de sábado à noite* e pela onipresença do ABBA nas rádios com "Dancing Queen", a maioria tinha embarcado na onda da discoteca e batia ponto em boates como New Express e Sunshine, no Gilberto Salomão. Outros continuavam na onda do rock progressivo e saudavam o surgimento na cidade do supergrupo Telasis, que unia integrantes de duas bandas (Tellah e Oásis) para fazer um som definido pelo baterista Denis Torres como "uma locomotiva a quilômetros por hora, saindo de uma estação e indo para outra, com muita velocidade, para fazer um som que vem de dentro da gente".

A locomotiva de Renato segue em outra direção. Comunga da ojeriza roqueira à moda da discoteca, classificada como "virulenta despigmentação chatíssima e esclerosada da gostosa soul-music crioula" pelo jornalista José Emilio Rondeau no *Jornal da Música*. Sempre quis ter uma banda para ser igual aos Beatles, mas penara um ano para tirar "Blackbird" no violão. E o progressivo exigia muito mais do que ele sabia tocar. Com o punk, tudo mudou.

— Ah, para fazer três acordes, até eu!

Agora Renato podia entrar no jogo.

• • •

Ainda faltam oito meses para 1978, mas Renato fica sabendo pelo *New Musical Express (NME)*, que o ano já tem dono: "1977 é o ano do Clash", sentencia o jornalista Tony Parsons, no início de abril. Ao destacar a habilidade da banda em compor canções do imaginário urbano contemporâneo que refletem sobre a vida de qualquer garoto britânico que cresceu nos anos 70, Parsons enumera as quatro virtudes do grupo: precisão, honestidade, percepção e raiva genuína. E, para exemplificar, cita na reportagem um trecho da letra inconformista de "1977", lado B do single "White Riot":

In 1977 you're on the never-never/ You think it can't go on forever/ But the papers say it's better/ I don't care/ Coz I'm not all there/ No Elvis, Beatles or the Rolling Stones/ In 1977 (Em 1977 você não tem para onde ir/ Você acha que as coisas não podem continuar para sempre/ Mas os jornais dizem que é melhor/ Eu não ligo/ Porque não estou pensando direito/ Sem Elvis, Beatles ou os Rolling Stones/ Em 1977)

O Clash é notícia na Inglaterra não só pelo que canta, mas pelo que representa. No metrô, descreve o jornalista, os trabalhadores encaram os integrantes da banda com "uma síntese de choque cultural que mistura ódio, medo e desconfiança". Não é para menos: Mick Jones, Paul Simonon e Joe Strummer exibem nas jaquetas frases incômodas como "Hate and War" (Ódio e guerra), contrafação do Paz e Amor dos anos 60. Estão prontos para a briga — e não apenas no campo das idéias. Durante encontro com o jornalista do NME, Strummer lamentou não ter uma faca para usar durante uma briga em que tinha se metido algum tempo antes. Atitude.
Algum tempo depois, o guitarrista causa polêmica em show ao usar camiseta com o emblema da organização terrorista alemã Exército Vermelho — Rote Armee Fraktion (RAF). Strummer quer chamar atenção para a existência do grupo, mais conhecido pelo nome Baader-Meinhof. Não era necessário. Fundada em 1970 na Alemanha

Ocidental, a facção em pouco tempo atemorizou o seu país, despertando ódio, medo e também admiração. Com raízes no movimento estudantil, os insurgentes passaram para a luta armada em 1967, depois que um deles foi baleado e morto durante protesto. Decidiram que violência deveria ser enfrentada com violência. Explodiram bombas, tocaram fogo em grandes lojas ("em protesto contra a sociedade de consumo"), assaltaram bancos. O nome popular surgiu a partir da junção dos sobrenomes de alguns dos fundadores, o estudante Andreas Baader, e da jornalista que o ajudou a escapar da prisão, Ulrike Meinhof. O governo espalhou cartazes com as fotografias dos foragidos e ofereceu recompensa de 10 mil marcos pela captura. A procura se tornou tão frenética que os jovens, com medo de serem confundidos com terroristas, pregaram nos carros o adesivo "Eu não pertenço ao Baader-Meinhof". Presos em 1972, os dois ficaram isolados em penitenciárias de segurança máxima. Quatro anos depois, no Dia das Mães, Ulrike foi encontrada morta em sua cela. Em 1977, Andreas e mais três integrantes do grupo recebem a sentença de prisão perpétua. Em 18 de outubro de 1977, após o seqüestro frustrado de Boeing da Lufthansa para libertação dos prisioneiros, Baader também é encontrado morto, com ferimento de bala na cabeça. Assim como na morte de Meinhof, as autoridades alemãs indicam suicídio como *causa mortis*. Não explicam, porém, como o terrorista conseguiu, dentro da cela, uma pistola de uso exclusivo das Forças Armadas da Alemanha.
Andreas Baader morreu aos 34 anos. Atitude.

• • •

— Não dá para pegar o que se usa e se faz nos Estados Unidos ou na Inglaterra e transplantar integralmente para o Brasil.

A idéia de restabelecer eleições e outros princípios inerentes à democracia nos moldes das nações do primeiro mundo, defendida por parlamentares oposicionistas, não seduz Ernesto Geisel. O presidente brasileiro acredita que, antes de adotar medidas de tal magnitude, seria necessário verificar o estágio de civilização dos cidadãos. E, como considera o país "muito atrasado" e o povo "inculto", tem uma irremovível certeza: o melhor para o Brasil é a democracia relativa.
Geisel enfrenta dupla pressão em outubro de 1977: da oposição e dos colegas de farda. Mesmo após a demissão de seu líder, o ministro do Exército Sylvio Frota, os setores militares mais conservadores não sossegaram com a progressiva transferência de poder. E os oposicionistas pressionavam pelo restabelecimento imediato de eleições diretas para todos os cargos, inclusive o de presidente da República. Para Geisel, ainda não era o momento. Queria o comprometimento de seu sucessor com a continuidade da

normalização do país. Mas não enxergava nenhum civil com "adequada identificação" com as Forças Armadas para assegurar as medidas decorrentes da abertura, como a anistia. Convida, então, o general João Baptista Figueiredo para ir à Granja do Torto, onde passava o fim de semana. Figueiredo conhecia o poder por dentro: comandava o Serviço Nacional de Informações (SNI), tinha sido chefe da Casa Militar de Médici. Era o nome ideal. Convite verbalizado — e imediatamente rechaçado.

— Não quero ser presidente.

— Figueiredo, vá pensar e me dê uma resposta porque tem que ser você. Eu não tenho outra solução.

Depois de pensar, Figueiredo muda de idéia. Geisel fica satisfeito. E avisa aos amigos que se aproxima o dia mais feliz de sua vida: o dia em que deixaria a presidência da República.

• • •

O ano letivo do Marista chega ao fim. É hora de enfrentar o vestibular. Renato sonhava com um curso que estimulasse a expressão artística, com possibilidade concreta de obter o que desejava: dinheiro, fama, sucesso por meio do manejo da palavra. Sonhava ser escritor. Mas entrevistas como a de João Antônio, de *Malagueta, Perus e Bacanaço* (segundo o autor, "o livro da minha juventude, marcado pela pureza de minha personalidade aos 20 anos"), atravancam o estímulo:

— O escritor brasileiro está mais longe da profissionalização do que da Lua, de Marte ou de Mercúrio.

Renato também queria ser cineasta: a cada transmissão do Oscar pela TV, se imaginava na cerimônia, recebendo as estatuetas de melhor direção e melhor roteiro. O pai, porém, logo o alertou:

— Para fazer cinema no Brasil tem que ter dinheiro, meu filho.

Tentaria, então, ser jornalista. Cursaria comunicação social. É um dos 6 mil candidatos que, em janeiro de 1978, lutam por uma vaga na Universidade de Brasília. Ao sair das provas de português e inglês, é abordado pelo jornalista José Bernardes, do *Correio Braziliense*. E o vestibulando Renato Manfredini, 17 anos, "um candidato muito tranqüilo",

aparece nas páginas do jornal no dia seguinte. Dos 12 estudantes entrevistados para a matéria, ocupa o maior espaço na reportagem sobre a penúltima batalha "da guerra do vestibular". Enquanto alguns se atêm a depoimentos lacônicos ("foi beleza", "chutei muito", "inglês estava meio puxado"), Renato faz avaliação detalhada de cada prova. "Em português o pessoal 'caprichou' na parte de acentuação gráfica, ortografia e separação de sílabas", opina. "Já em literatura, eu me surpreendi porque caiu uma só questão sobre a obra de José de Alencar, quando a gente esperava que caísse mais", ressalta, lembrando do fato de 1978 ser o ano do centenário de morte do escritor. Sobre a prova de inglês, considera que, devido ao grande número de expressões idiomáticas, a tradução exigida para o texto de Voltaire "se tornou um pouco difícil". E dá o seu veredito.

— Foram fáceis as provas de hoje, sabe? Eu estava bem preparado.

O vestibulando Manfredini, porém, não estava tão bem preparado como imaginara. A lista dos aprovados é divulgada em 20 de janeiro, cinco dias antes do previsto. Há apenas dois Renatos na relação de 360 nomes aprovados para os cursos de Humanidades: Renato de Vasconcellos, para ciências sociais, e Renato Mineiro Drummond, comunicação social. Por ironia, Júnior perdera a vaga desejada para um homônimo que tinha o mesmo sobrenome de um de seus poetas brasileiros preferidos.
Ainda na lista dos aprovados, estão os amigos Marcos Gentil, Ana Cristina Ferreira Pinto e Ma Chia Hsien. Um dos melhores alunos do colégio, Renato não se conforma com o resultado. Desabafa com Gentil:

— Não é possível! Não acredito que você passou e eu não passei!

Perde a chance de conviver com os estudantes da UnB, que ele já observara dos tempos que ia estudar na biblioteca da universidade com os amigos do Marista. Ficara com má impressão: modelo barba-óculos-bolsa de couro, os alunos da UnB ouviam Fagner e Milton Nascimento, discutiam as idéias de Marx, defendiam os direitos das minorias. Rejeitavam a disco music e o rock, considerados música de colonizados. E rejeitavam os que não pensavam como eles. Para Renato, os politizados estudantes da revolucionária universidade eram, na verdade, um bando de fascistas.
A frustração com a reprovação na UnB não aumenta porque, no dia seguinte à divulgação da lista, começam as provas do Ceub, na Asa Norte. Com a desistência dos inscritos que tinham passado na UnB, a concorrência para a faculdade particular diminui bastante. Restam 3.800 candidatos para 1.060 vagas. A prova de língua portuguesa e comunicação, com interpretação de texto de Clarice Lispector, tinha sido fácil, fácil. E a de idioma moderno, para quem tinha o domínio de inglês, igual-

mente sem problemas. Por isso, não chega a ser grande surpresa a lista dos cinqüenta aprovados para o curso noturno:

Ademar Hermínio da Silva, Alisson Francisco da Costa, Cássia Portugal Barroso, Clara Monteiro de Castro Pinto, Divina Maria Rodrigues... Gilberto Freire de Santana, Juarez Pires da Silva, Paulo Roberto Luchtemberg... Regina Coeli Machado de Mattos, Rejane Laitano de Oliveira, Renato Galvão de Amorim Júnior, Renato Manfredini Júnior...

Recém-aprovado no vestibular do Ceub, Renato mal teve tempo de comemorar. A cabeça estava voltada para os ensaios de seu grupo. Faltavam poucas semanas para subir ao palco pela primeira vez. E, antes disso, ainda teria compromisso com a família real britânica.

• • •

Os colegas da Cultura Inglesa consideravam Renato Manfredini Júnior um cara estranho, arredio. *Weird.* Vivia colado à Edith Jacques, ganhara fama de queridinho da diretora. E de esnobe: intimidava os colegas com menor domínio do idioma, sempre respondia antes de todo mundo. Os olhares atravessados aumentaram quando foi escolhido pela direção para representar os alunos brasilienses da Cultura na recepção ao príncipe Charles em fevereiro de 1978 — o herdeiro da Coroa Britânica, antes de arriscar desajeitados passos de samba no Rio de Janeiro e se encantar pela mulata Pinah, passou por Brasília e inaugurou a nova sede do curso de idiomas, na 708/908 Sul.

Ao ser alvo de provocações por conta da proximidade com os professores e com a direção, devolvia na mesma moeda, só que envenenada por tiradas irônicas. Sabia ser sutilmente cruel com quem o oprimia. Mas Renato também se sentia intimidado entre os colegas. Invejava os "muito ricos ou muito lindos" — não era uma coisa nem outra, longe disso. Até que resolve sair da trincheira.

Decide tentar uma vaga no recém-formado grupo de teatro da instituição. O grupo tinha iniciado os ensaios da peça *The Real Inspector Hound*, sob direção de um dos professores, o escocês Iain Bruce. Um dos integrantes, Humberto Adami Santos Júnior, o Piolho, faria o papel-título. Renato já tinha convidado o colega a fazer um som: ele tocaria baixo, mas Piolho teria que comprar uma guitarra. Estudante de direito, Humberto não topou o convite. Mas, ao desistir do espetáculo, abriu a chance para Renato entrar no grupo, convidado pela produtora do espetáculo, Isabel Magalhães.

Após a surpresa inicial, o queridinho da diretora é acolhido. A estréia do espetáculo estava marcada para o dia 18 de março no Teatro Galpãozinho, na 508 Sul, ponto de

Lançam Livro Coletivo
BARES
CANDOMBLÉ
PRÊMIO
Exclusivo para qu
curtir Paul McCar
por inte
TAGUATINGA -BRAZLÂNDIA
CORREIO BRAZILIE
Tempo perd
recursos embarga passo
CORREIO BRAZILIENSE - SEGUNDO CADERNO
PUNK:
a nova geração
já nasce sem futuro

REVIST

CORREIO BRAZILIENSE

12 - Brasília, domingo, 17 de janeiro de 1982

o poeta é homem
& caminha
a cidade
(uma pista de suicidios)
BSB
começa aqui
& (no poema)
agora

nesta cidade sim serpente astronave não
dormem clarrisses laraene cristinas
dormir desfaz
este lugar que reconheço
(e é cilada
em que me encontro
(embora não me e
enlouquecente cabiabaia
enca/lac

BSB/DF - UMA PISTA DE SUICÍ

Severino Francisco

E a poesia brasileira? Vai mal, graças ao Diabo! Entra ano, sai ano, Drummond, João Cabral, Gullar lançam livros que nada acrescentam, quando não desmerecem a produção anterior. Competência artesanal, memórias, baú de ossos, alguns bons versos, alguns bons poemas (tragicamente melhores do que a maioria dos produzidos pelos jovens poetas ou candidatos A). Nada de novo.

Que mais? Os poetas marginais. Poesia/marginal é, basicamente, um fenômeno nascido na (e da) classe média carioca como substituto da existência social cancelada na barra/pesada/política dos anos 70. Exceções à parte (raríssimas) - re- sempre pobre como linguagem - recuperou a fala coloquial para a poesia, mas até hoje não soube o que fazer com ela. Crises de síntese. Não há saída, poesia é um fenômeno de linguagem - ou pelo menos é um fenômeno que desemboca fatalmente na linguagem. Tudo passa fatalmente pela linguagem. E a linguagem é qua-li-ta-ti-va. Pode cortar como a lâmina iluminada de uma faca, e ser oca como um morando ou o discurso de um

negar simplesmente através da oposição. Ao querer negar a experiência de 22 mediante um retorno pseudoclassicizante, a geração de 45 andou em passo de caranguejo. A poesia marginal fez o mesmo. É preciso buscar a terceira margem do rio...

A poesia calibre/22 fez um mapeamento temático da realidade brasileira, ", sensibilizando-a na linguagem, através do coloquial - que nunca tinha vez na parafernália verbal, na retórica das "escolas" anteriores. Osvald/Mário/Drumond/Murilo/Cassiano desmistificaram esta postura beletrista, limparam o terreiro, inovando - seja a nível estético (linguagem) seja a nível temático (conhecimento). Os poestas marginais continuaram (e continuam) dando pontapé no cadáver. No mesmo cadáver.

Ao querer retratar a realidade esquizofrênica/cotidiana/urbana "em bruto", só sonseguiram reproduzir a ideologia, sem iluminar nenhum aspecto de suas existências, além da xerox da própria cecias. Em suma: a intenção era tirar o retrato/polaroid da vida, mas

sentido.

Como observa agudamente o poeta Antônio Risério, os poetas marginais/garotões bronzeados dos saraus literários/happenings do Rio de Janeiro - matriz principal do "fenômeno" - apenas substituíram o operário de virtudes "teleológicas" do discurso "poético" populista pela figura mitificada do malandro/marginal/trombadinha. "Tudo muito otário - sentencia Risério".

A poesia/marginal já chega mais-que-diluída em Brasília, no final dos anos 70, produzindo algumas sacações (a publicidade é cheia de sacações/achados), muita diárreia poética. E mais nada. Nenhum prazer, nenhum desespero, nenhum delírio, nenhuma utopia, nenhuma dor - organizadas na estrutura da linguagem. Sempre o discurso sobre o discurso das intenções: sobre a poesia, sobre o desespero, sobre a marginalidade, sobre a malandragem, sobre o prazer. O discurso sobre, o discurso das intenções - o mesmo dos generais que falam no povo, dos políticos populistas, dos últimos livros de Jorge Amado, das empresas turísticas que exploram o candom-

social/político/existencial/cósmica/cultural/poética. A esquizofrenia nacional entre discurso e existência, - programada nesta Casa Grande Senzala de computadores, - começa a se expressar como crise nas relações afetivas elementares. Gente que viveu cinco/dez anos juntos descobre que não se conhece um ao outro. Uma loucura! O que isto tem a ver com poesia? Tudo, tudo! A esquizofrenia (cisão) entre discurso e existência só será rompida pela afetividade, por gestos cotidianos/políticos/afetivos que envolvem o corpo inteiro!

Não existe linguagem revolucionária sem forma revolucionária - diz Maiakovski e assinam embaixo os concretistas. Certo, certíssimo. Mas também não existe linguagem revolucionária sem uma relação transformadora com a vida e sem condições objetivas para que isto aconteça, dosada por circunstâncias históricas ou inventadas nelas. Como diz um amigo de língua viperina: não se pode fazer cultura como quem sente no vaso sanitário e fala: bom, agora vou evacuar!... É o que faz a Funda Cultural ao acusar de mediocr mediocridade que ela mesma produz, direta ou indiretamente.

ICA ESTEREOFÔNIC

us elementos.

discos.

m triângulo

elhor se ouvir o som.

encontro da juventude cabeça da cidade. O garoto tímido se solta e logo deixa de ser encarado com reservas. Renato desponta ao longo daquelas semanas de fevereiro como um cara espirituoso, irônico, sempre com um comentário arguto sobre o texto e sobre a montagem. Quem chegava mais perto, porém, percebia que a sua auto-estima era baixa. Às colegas mais próximas, como Denise Hamú, dizia que se achava feio. Também não falava sobre namoradas nem musas; para Denise, o amigo era assexuado.

— Denise, eu tenho um segredo.

— Que é?

— Quero te mostrar umas coisas.

Pega um caderno e o entrega. Denise folheia as páginas, todas escritas em inglês. Começa a conhecer a história da 42nd Street Band, o grupo de Eric Russell. O caderno continha letras do repertório da banda, as datas da turnê, as notícias publicadas sobre o grupo, o perfil dos integrantes, o signo de cada um. Denise se impressiona:

— Nossa, Renato, é incrível! Mas eu não conheço essa banda...

— Claro, ela não existe. É minha. Essa banda eu inventei.

A perplexidade de Denise aumenta quando Renato mostra outros sete cadernos sobre a 42nd Street Band.

— Denise, será que as pessoas vão achar que eu sou doido?

A amiga desconversa e o encoraja:

— Mas, Renato, você quer montar uma banda de rock?

— Quero, claro!

• • •

The Real Inspector Hound, escrita em 1962, tem apenas um ato. O autor, Tom Stoppard, utiliza o recurso da metalinguagem para satirizar simultaneamente a empáfia da aristocracia britânica, as reviravoltas das tramas policiais no estilo quem-matou? de

Agatha Christie e o próprio teatro. Não era um texto fácil, pelo contrário: recheado de trocadilhos e diálogos espirituosos, continha praticamente três peças em uma, devido aos jogos cênicos criados pelo dramaturgo, consagrado após o sucesso do humor absurdo e beckettiano de *Rosencrantz & Guildenstern estão mortos*. "Duas dimensões que, de repente, se fundem: os críticos são envolvidos na trama da peça, confundidos com dois dos personagens", explica o programa do espetáculo. "Isso mostra que as observações pretensiosas e palavras superficiais dos críticos, que demonstram a ânsia de auto-exibição, são tão fúteis como a peça que criticam."
Depois de dois meses de ensaio, eles estão prontos para estrear. Casa lotada de parentes, colegas e desavisados (o jornal tinha publicado uma foto do espetáculo) para ver um grupo amador brasiliense encarnar Mrs. Drudge, Simon Gascoyne, Birdboot, Felicity Cunningham, Lady Cynthia Muldoon. Renato, no personagem mencionado no título da peça, é o último a entrar em cena. Todo paramentado, mais britânico impossível: cabelo gomalinado, repartido de lado, traje black-tie, galochas, capa de chuva, um lampião na mão direita. O inspetor chega à procura dos suspeitos de um crime e tenta tranqüilizar os ocupantes da casa de campo onde transcorre a ação da peça.

— *I'm inspector Hound! You're in safe hands, now!*

A performance de Renato é aplaudida de pé, bem como de todo o elenco: Adelmar Miranda, Isabel Magalhães, Sandra Mello, Cláudio Motta, Marília Lobão, Denise Hamú, Elder Filho, Martin Davidson e Iain Bruce. Uma semana depois das duas apresentações, parte do grupo vai a festa de aniversário de Sandra, na 105 Sul. Renato leva de presente um círculo de cortiça trabalhado com pirógrafo, no qual tinha escrito mensagem em nome dos colegas, mencionando o papel da colega no espetáculo:

Happy birthday, Mrs. Drudge! With love from The Cultura Theatre Group.

Renato Vasconcellos, do bloco B da 303 Sul, responsável pela sonoplastia e iluminação do espetáculo, comanda roda de violão. Seu xará e vizinho não tocou. Naquela festa, de barba feita e costeletas, camisa social listrada de manga comprida abotoada até o pescoço e calça social bege, a uma semana de completar 18 anos, Renato Manfredini Júnior parecia querer passar desapercebido. Conseguiu.
A experiência no palco tinha sido tão boa que a turma já planeja nova montagem para o segundo semestre. Renato convida os colegas da Cultura e alguns amigos do Marista para festa temática em seu apartamento. Enfrenta resistência dos pais, mas consegue dobrá-los. Avisou aos convidados que a festa teria os anos 60 como tema e, portanto, todos teriam que se vestir a caráter. Prepara cuidadosamente a trilha

sonora: Beatles, Stones, Beach Boys. E capricha no próprio figurino: calça jeans toda pintada à mão, camisa flower power, cabelos revoltos, tênis colorido. Logo ao chegar, Sandra Mello brinca:

— Renato, mas isso é anos 60?

— Sandra, é hippie, é 1969, é San Francisco. E 1969 é anos 60, não?

Feliz, ele conta a amiga que comprara um baixo. A festa é um sucesso. O anfitrião comemora o êxito da empreitada. Estava cada vez mais sociável.

• • •

Renato se desdobra. Quase não pára mais em casa. Além da Cultura Inglesa, começa a cursar jornalismo no Ceub. Chama atenção na faculdade já pela forma de se vestir: calça jeans rasgada, cheia de alfinetes e correntes penduradas. Confronta alguns professores com guerrinhas psicológicas, retrucando as falas dos mestres. Às vezes, o faz com tanta veemência que se perde no próprio raciocínio. Dentro e fora de sala, exibe para os colegas uma capacidade inesgotável de criar polêmicas. Depois das aulas, já na mesa do bar Chorão, defende seus pontos de vista de forma apaixonada. Entre uma e outra cerveja, passeia por temas sociais, históricos e políticos com idêntica desenvoltura. Pontua as diferenças culturais entre o Brasil e a Europa, muitas vezes depreciando de forma ácida a formação da sociedade brasileira. Quase sempre recorre à Inglaterra para estabelecer o contraponto com o seu país, o que rende comentário irônico de um dos colegas de turma.

— Se você falar de Londres mais uma vez, vai aparecer um fog em cima da tua cabeça!

Quando perde o interesse pela discussão, simplesmente desiste de continuar conversando: levanta-se e vai embora, deixa o oponente falando sozinho na mesa do bar. Os colegas inicialmente estranham o estratagema nada sutil, depois se acostumam com os repentinos sumiços. Mas, de um modo geral, ele se dava bem com os colegas; quase todos trabalhavam durante o dia, não tinham a vida ganha como os "filhinhos de papai" que cursavam a UnB. Por isso, eram pragmáticos, pés-no-chão, origens diversificadas. Tão variadas que incluíam um informante do Serviço Nacional de Informações (SNI), teoricamente deslocado para a sala de aula do Ceub com o objetivo de identificar o potencial subversivo dos estudantes e repassar ao governo os nomes dos mais atuantes.

O agente infiltrado no curso de jornalismo, contudo, mal conseguia acompanhar as aulas, de tão despreparado. Dizia trabalhar no Palácio do Planalto, mas todos sabiam que ele pertencia ao SNI, o órgão que já tinha fichado milhares de brasileiros, entre eles, Caetano Veloso, Chico Buarque, Ney Matogrosso e o primo de Renato, Luiz Alberto Manfredini. Inofensivo, o informante estabeleceu pacto de boa vizinhança: não dedurava ninguém e o pessoal o ajudava com os deveres. "Vamos cuidar dele direitinho para não mandarem outro mais esperto", ironizavam os alunos.

Assim como nos tempos do Marista, Renato se aproxima com maior intensidade das meninas da turma do Ceub. A exemplo de Clara Monteiro, com quem voltava para casa de ônibus — eles pegavam a mesma linha, Grande Circular, que contornava o Plano Piloto. Filha de diplomatas, Clara morava num pensionato na Asa Sul. Enquanto o ônibus seguia pela W3, iam conversando — em inglês. Ao saber que Clara viajava com freqüência ao Rio, encomendou alguns discos que só podiam ser encontrados em lojas cariocas como Billboard, Gramophone ou Modern Sound. Ela topou, Renato entregou uma lista e também o dinheiro para a compra. Entre os itens da relação estava *Never Mind the Bollocks*, o álbum de estréia dos Pistols. Após 22 horas dentro do ônibus, com os LPs no colo, Clara entregou a encomenda. Fica decepcionada, contudo, ao saber que Renato já tinha os discos:

— Mas é importante, Clara, porque esses são importados e eu só tinha as edições nacionais...

Ao repassar os discos, a colega do Ceub aproveitou para fazer uma limpeza na aparelhagem de som de Renato, idêntica à sua: amplificador Spectrum, caixas Polyvox, toca-discos Garrard. Comentaram a qualidade da reprodução dos agudos e do loudness.

Ela reparou no quarto, onde entrara pela primeira vez: pôsteres de bandas, livros, discos dos Beatles e de Hendrix espalhados... uma bagunça organizada.

Já perfeitamente à vontade entre os colegas do Ceub, Renato convence parte da turma a acompanhá-lo ao cinema. Quer rever, dessa vez acompanhado, filme a que já tinha assistido cinco vezes: *O enigma de Kaspar Hauser*, sétimo longa-metragem do diretor alemão Werner Herzog. O filme traça a trajetória de Kaspar Hauser, personagem obscuro e misterioso do século XIX, que viveu até os 16 anos dentro de quarto escuro, sem contato com o mundo exterior. Cinco anos depois da libertação, é assassinado em circunstâncias misteriosas. Herzog, considerado um dos renovadores do cinema alemão ao lado de Wim Wenders e Rainer Werner Fassbinder, sempre demonstrara especial interesse em filmar a trajetória de personagens de exceção. Já tinha sido assim com Aguirre e Stroszek. Na trilha, o "Adágio" de

The Real Inspector Hound

Tom Stoppard

apresentada por alunos e profes
sores da Cultura Inglesa.

teatro galpãozinho
18-19 março, 1978
21 horas

Albinoni e trechos de *A flauta mágica*, de Mozart. A crítica local rotulou a fita como "apenas uma crônica sobre a solidão humana". Mas Renato, fascinado pela trajetória sombria de Kaspar Hauser, prefere guardar uma das frases da abertura do filme: "Esse grito terrível que cerca todos nós é o que as pessoas costumam chamar de silêncio."

O cinema representa exceção nas saídas da turma do Ceub. Toda sexta-feira, após a aula de estatística, eles gostavam mesmo era de aportar no Chorão e trocar idéias na mesa do bar. Quando cansavam das discussões, se aventuravam no subterrâneo, onde havia um minúsculo palco e a chance de os fregueses soltarem a voz, acompanhados por músicos da casa. Uma noite, depois de os colegas arriscarem baladas nordestinas como "Dia branco" e "Mucuripe", Renato dá mais um gole no chope e toma o microfone.

De noite eu rondo a cidade, a te procurar sem encontrar...

Os colegas não o perdoam, com vaias e brincadeiras. Renato, imperturbável, continua. Voz empostada e grave, bem diferente do timbre juvenil de sua fala, capricha na dramaticidade ao seguir na interpretação de "Ronda", clássico da fossa, assinado por Paulo Vanzolini:

Ah, se eu tivesse quem bem me quisesse, esse alguém me diria
Desiste dessa busca inútil, eu não desistia...

A brincadeira se repetiu outras noites, e, antes de ser iniciada, quem tinha assistido à primeira sessão de karaokê já avisava aos outros colegas.

— Não deixem o Renato cantar. Ele desafina muito!

• • •

Já de volta ao Brasil e à Colina, Felipe e Flávio Lemos são matriculados na Cultura Inglesa. Os pais não querem que eles percam a fluência no idioma, recém-adquirida na temporada na Inglaterra. E os filhos não querem perder o fluxo do rock. Os papéis tinham se invertido: era Fê agora quem aguardava as cartas de André Mueller para saber das últimas novidades da Inglaterra — o amigo tinha se mudado para Sheffield, acompanhando os pais, e já narrara o impacto de ver os Buzzcocks, com abertura do Joy Division. A idéia de formar uma banda ganha musculatura.

Flávio manteve o hábito de ler o *Melody Maker,* agora na biblioteca da Cultura. Um dia, ao procurar o semanário, não o encontra na prateleira. Estranha a ausência, achava que só ele lia o jornal. Olha para as mesas e vê que o jornal desejado está nas mãos de um cara franzino, de óculos, absorto na leitura. Alguns dias depois, o mesmo nerd conversa com o irmão. Aproximou-se dos dois que trocam informações sobre punk rock. Fê o apresenta ao amigo:

— Flávio, esse é o Renato. Renato, esse é meu irmão, Flávio.

Além de oferecer vinho barato, a Adega logo se tornou um dos bares preferidos de Renato por ser bem perto de casa, ele não dependia de ônibus ou de carona para voltar. Bastava caminhar em linha reta por menos de dois quilômetros e já estava embaixo do bloco. Por isso, volta e meia batia ponto naquele boteco. Não se sabe se foi por efeito do garrafão de vinho que acabara de entornar, mas naquele fim de noite, quando olhou em direção ao Eixinho, teve a certeza de ter avistado Sid Vicious. Ou melhor, uma versão corporificada do ídolo que só conhecia das fotos dos jornais e revistas. Mas, ainda que punk da cabeça aos pés, era um Vicious diferente: loiro, quase dois metros de altura, olhos azuis. Estava encostado num carro, conversando em inglês com uma garota. Imediatamente atraído, Renato se aproxima dele e pergunta:

— Hey man, do you like Sex Pistols?

— Sex Pistols?! Jóia!

— Pôxa, cara, eu toco baixo.

— Eu toco guitarra!

— Jóia! Vamos fazer uma banda?

acordar sozinho (a me lembrar de um sonho bom)
o aquecedor já estar ligado
não ter que arrumar a cama.
a mesa já estar posta.
poder ler qualquer livro e ouvir discos em
de estudar.
Não ter de sair de casa de manhã a não ser
eu queira
Todos estarem de bom humor (eu inclusive)
Notícias interessantes no jornal · Filmes interessante
Almoço gostoso (sobremesa idem)
Não ter que sair correndo de casa e me atrasa
Uma aula de datilografia não cansativa.
Um dia de sol.
Encontrar no caminho algum conhecido.
Ir à banca de revistas e ver as novidade
(que num dia bom são muitas).
Não ter gasto toda a minha semanada
(ter muito dinheiro de sobra)
Não ter que atender à porta ou ao telefone
se for assim, que seja para mim.
Conseguir carona para a Cultura.
Não ter esquecido de fazer o dever-de-ca
Não ter que sair voando de lá para não che
atrasado no CEUB.
Não ter que fazer o que no momento
tenho vontade.
ver algo interessante na TV à noite.
ou então algum amigo inesperadamente
me visitar com 'notícias' interessantes.
Não desarrumar muito o quarto.
Quando Todos com quem me encontro estão de ót
humor.

Era fácil ver mortes e revoluções nos cinemas, nas fotografias e nos livros de história. Agora, José, você vê tudo isso ao seu lado. E a morte é verdadeira, o sangue é mesmo, a revolução caminha. Você está nela, queira ou não [...]. Pense que, daqui para a frente, os ferimentos vão doer e as pessoas vão sofrer por sua causa, assim como você vai sofrer por eles.

Zero, Ignácio de Loyola Brandão

WALITA
Produtos Honest
CANTINA CAIPIRA

ABORTO
ELÉTRICO
Æ

TRÊS

"Curiosa década, estes anos 1970. Depois da fermentação crescente dos 1960, entramos nela num clima de expectativa: e agora? E depois? E ficamos tão encharcados dessa ansiedade, que nem vimos a década passar. Digam-me, qual é o som dos anos 1970, quais suas características? Só agora, no limiar dos 1980, é que surgem tais indagações. O que ficamos fazendo durante os anos 1970? Esperando, esperando o trem que já vem, que já vem, que já vem. E resmungando que nos 1960 (ou 1950, 1940) era melhor", analisa a jornalista Ana Maria Bahiana.
Em artigo-desabafo publicado em junho de 1978 no jornal *O Globo*, Bahiana questiona também as fracas vendagens dos grandes nomes da MPB. "Por que a música mais pensada, informada, com doses maiores de criatividade, elaboração e ousadia, encontra uma parcela tão pequena de consumidores neste país?" A jornalista destaca a força do gênero musical responsável pela expansão dos mercados americano e inglês: o rock. E traça um paralelo entre o tipo de inquietação que o rock cristaliza no exterior e a necessidade do surgimento de posturas semelhantes no Brasil: "Que se multipliquem as platéias e se facilitem os contatos entre quem está falando deste tempo e quem quer ouvir."
Bahiana lança a provocação: "Será que nós, seres ouvintes, e pensantes, em pleno 1978, ainda precisamos de ídolos? E, de um modo geral, será de todo interessante a figura do 'ídolo'? O artista levado a tal pódio máximo dificilmente aí ficará para levar seus seguidores ao pensamento, à crítica, à consciência: o papel do ídolo é fazer sonhar, fazer dormir ou, num certo tipo de ídolo contemporâneo, representar os anseios de libertação que sua platéia tem, mas não ousa realizar. Ele diz o que eu deveria dizer, portanto, é como se eu estivesse dito. Precisamos disso?"
Um dos poucos ídolos brasileiros capazes de dizer nas letras o que o seu público sentia no dia-a-dia, o pernambucano Luiz Gonzaga passa pelo Distrito Federal em dezembro de 1978 para cantar na cidade-satélite do Novo Gama. E passa raiva ao chegar. Antes do show, um fiscal o interpela e exige batelada de documentos: carteiras de identidade e da Ordem dos Músicos, comprovante de pagamento de Imposto

Sindical, certificado de liberação da Censura Federal, número do ISS. "Todas as vezes que venho a Brasília encontro sempre os mesmos problemas para cantar", reclama o Rei do Baião, lembrando de sua longa relação com a cidade: assistira à inauguração da capital em 1960. Gonzagão aproveita para criticar a invasão da música estrangeira no país, com a febre da disco music ("Vixe! Isso é uma praga!") e o crescimento do rock.

— O baião é música de homem trabalhador. O rock é coisa de quem não trabalha.

Renato se divide. Além das aulas no Ceub e das descobertas na biblioteca da Cultura Inglesa, tem novo compromisso com o palco. O grupo de teatro da Cultura prepara a segunda montagem. *An Inspector Calls* se passa na Grã-Bretanha do início do século XX. Assinada por J.B. Priestley, a peça tinha sido encenada pela primeira vez em Londres, um ano depois do fim da Segunda Guerra Mundial, com Alec Guinness no elenco. Assim como *The Real Inspector Hound*, portanto, não se trata de espetáculo destinado a atores principiantes. Renato fica com o personagem descrito apenas como *The Strong Silent Man*; nada mais oposto ao seu intérprete, franzino e sempre disposto a falar pelos cotovelos. Demonstra grande aflição durante os ensaios — não consegue achar o tom, não sabe como ser convincente no palco a ponto de fazer o público acreditar que ele era, sim, um homem forte e calado. Queixa-se aos colegas:

— O personagem não baixou ainda, não sei o que fazer! Não baixou, gente, não baixou!

A angústia segue mesmo após o ensaio final, já com cenário e figurino. "Não vai baixar", repetia, inconsolável, para Sandra Mello. Durante a estréia, porém, Sandra nota ao contracenar que Renato estava diferente, seguro, dono da cena. Irradiava um brilho novo em sua segunda aparição no palco diante de uma platéia, no dia 16 de dezembro de 1978. O elenco inteiro percebeu que o personagem tinha baixado na hora exata.

A peça, encenada em apenas dois dias de dezembro, ganha aplausos vigorosos. A comemoração do grupo de teatro da Cultura Inglesa acontece num forró próximo a posto de gasolina, na Vila Planalto, acampamento dos primeiros trabalhadores a chegar à capital. Se a primeira comemoração tinha rolado com Beatles e Beach Boys na vitrola, dessa vez a trilha sonora inclui Luiz Gonzaga e outros forrozeiros nordestinos. Renato, o garoto que vivia com a cabeça em Londres, nunca foi tão cercado de ritmos brasileiros como naquela noite.

• • •

As noites na Cultura Inglesa andam agitadas também no lado externo da nova sede. Ainda em dezembro, há uma tentativa de depredação do prédio por parte dos participantes dos pegas que ocorrem semanalmente naquela área deserta da Asa Sul. Numa noite de sábado, entre a Cultura e o colégio Caseb, mais de mil jovens se reúnem só para assistir aos duelos de Opalas, Brasílias, Galaxies e outros carros envenenados — alguns roubados. Baixa a polícia: Operação Anti-Playboys. Revoltado com a interrupção do espetáculo, o público parte para a depredação. Se os vigias da Cultura não agem rápido, o prédio inaugurado pelo príncipe Charles teria sido destruído. Dezenas de "boyzinhos desocupados, sob efeito de tóxicos, filhos de gente-bem", na definição de um agente policial, vão parar na delegacia. Nem esquentam o chão da cela: os pais os liberam na manhã seguinte.

Aquela tinha sido apenas mais uma estripulia inconseqüente dos filhos do poder. Outra diversão proibida é assistir em sessões clandestinas a filmes censurados. O proibidíssimo drama erótico *O último tango em Paris*, de Bernardo Bertolucci, ganha exibição privê no Itamaraty — e muita gente sai de lá boquiaberta com as cenas do *ménage à trois* entre o astro Marlon Brando, a iniciante Maria Schneider e um tablete de manteiga. Interditado ou liberado, o cinema segue como uma das principais fontes de distração do jovem brasiliense. *Embalos de sábado à noite* no Bristol, *Grease* no Drive-In: dose dupla de John Travolta nas telas. E, fora delas, a constatação: aos 18 anos, a cidade ainda procura alma, mas ganha corpo.

"Nunca Brasília esteve tão movimentada", festejam os jornais, enumerando as razões do inédito agito daquele ano. A realização simultânea da 18ª edição do Festival de Brasília do Cinema Brasileiro e da primeira edição do Festival do Horror (com direito a Zé do Caixão, capa e unhas gigantescas, rogando pragas no Congresso Nacional), Cartola, Paulinho da Viola e Moreira da Silva na volta do Projeto Pixinguinha, Orlando Silva atraindo 25 mil pessoas para ouvir "Carinhoso", palco montado em gramado da 311 Sul para um cantor que morava pertinho dali, Oswaldo Montenegro, se apresentar no Projeto Cabeças, "um lance bem maneiro". No teatro, idêntica sintonia de público e realizadores. A montagem de *Os Saltimbancos* com o Grupo Pitu completa cem apresentações, *Eles não usam black-tie* pela Companhia Grutta é assistido — e aprovado — pelo próprio autor, Gianfrancesco Guarnieri. Dez anos depois de tomar as ruas para protestar contra a ditadura, Brasília novamente desce do bloco — dessa vez, à procura de expressão não apenas pela contestação, mas também pela diversão.

Reportagem do jornal nanico *Lampião da Esquina* cita a noite da Capital Federal como uma das mais agitadas do país, ao lado das de Porto Alegre e do Rio de Janeiro. Com a proposta de combate à discriminação dos homossexuais, o *Lampião* faz sucesso nos bares da Asa Sul. O ex-professor da UnB Jean-Claude Bernardet, o jornalista policial

Aguinaldo Silva, o artista plástico Darcy Penteado e o escritor João Silvério Trevisan fazem parte do conselho editorial. "Corremos o risco de comercializar a bicha. Isso só será evitado se desmistificarmos a questão homossexual, mostrando que ela tem origens muito concretas e que não está isolada do contexto social. Para não se tornar mais uma válvula de escape nem permitir a perpetuação do gueto", defende Trevisan, lembrando que "um lampião isolado ilumina mais que seu próprio fosso".

Após 15 anos, ausente desde a renúncia de Jânio Quadros, o poeta Ferreira Gullar volta à capital. Autografa a peça *Um rubi no umbigo* e procura antologia de poemas que seriam gravados em disco, desaparecida nos escaninhos da censura. Feliz ao localizar o livro, Gullar relembra a peregrinação do exílio pela França, Itália, Chile ("cheguei em maio de 73, a situação já era terrível, vi que ia dar zebra; depois do desfecho violento em 11 de setembro, invadiram meu apartamento, reviraram tudo: bastava ser brasileiro para estar sob suspeita"), Peru e Argentina ("reconheço que eu não andava com muita sorte, cheguei no dia que morreu Perón"), onde escreveu "Poema sujo", considerado o ponto alto de sua carreira: "Nenhum poema me deu tanto prazer em escrever. Nenhum", conta ao jornalista Ruy Fabiano. Ao fazer um balanço do Brasil pós-64 ("todo mundo aprendeu muita coisa, até os intelectuais"), Gullar volta a apregoar a assimilação crítica do que vem do exterior, com a incorporação apenas do que coincidir com a experiência brasileira. "Ninguém está isolado, ninguém vive em Marte, no espaço metafísico. Vive-se no espaço histórico, social, e é essa experiência que, transformada, torna possível a inovação, a criação de novas formas", defende.

Já o mineiro Roberto Drummond, ao lançar o romance *O dia em que Ernest Hemingway morreu crucificado*, faz questão de avisar que o próximo livro, *Sangue de coca-cola,* será escrito em linguagem antiburguesa: "Quero mostrar o Brasil ocupado pelas multinacionais, quero carnavalizar e inquietar, quero tentar uma narrativa pop, mas em carne viva", conta ao repórter Celso Araújo. Diz que o Brasil, desde 1964, "vive como um sonâmbulo. Parece que está tendo um pesadelo, mas não: o pesadelo é real, concreto, de olhos abertos". "Não tenho qualquer simpatia por ele, jamais teria meu voto em eleição direta, mas Figueiredo é um excelente personagem."

Faltava pouco para Figueiredo, o "excelente personagem", entrar em cena. Ao discursar em almoço de fim de ano com os colegas mais graduados das Forças Armadas, no Clube da Aeronáutica, Ernesto Geisel comunica o "término de um ciclo histórico" e enfatiza o fato de "assumir um risco calculado" ao decidir pela extinção dos instrumentos de exceção fornecidos pelo AI-5. Em retrospecto, classifica o golpe contra João Goulart de "necessária operação de saneamento da vida nacional, tão conturbada e corrompida antes de 1964". Critica os que procuram subverter o regime e perturbar a ordem: "Comunistas, criptocomunistas, inocentes úteis, radicais inconseqüentes e desordeiros sem bandeira nem fé aliar-se-ão sempre na vil tarefa de solapar e procurar destruir as instituições democráticas."

No Rio de Janeiro para início da montagem de *A idade da terra*, parcialmente filmado em Brasília, Glauber Rocha é instado a opinar sobre o iminente fim do AI-5 e se entusiasma:

— 1979 é o ano zero da cultura brasileira, vamos começar tudo de novo.

O cineasta propõe um encontro dos intelectuais com o general Figueiredo. "É preciso fazer a revolução cultural, única forma de viabilizar a abertura política e econômica." Glauber defende a nomeação de um intelectual para o Ministério da Educação e Cultura e a formulação de um projeto cultural para o país, "senão chegaremos analfabetos ao ano 2000, comeremos o pó da história". "Há muitos anos que o Brasil não produz nada de revolucionário no campo cultural. Nenhum livro, nenhum filme, nenhum movimento musical nada de realmente revolucionário, ou ao menos contemporâneo do que se faz no resto do mundo. Depois do tropicalismo e do cinema novo, nada aconteceu. O Brasil parou no tempo", reclama. O amigo Leon Hirszman, depois de enfatizar a necessidade de se reaver a liberdade e a extinção da censura, reage de forma desconfiada ao tomar conhecimento da proposta:

— Isso é idéia do Glauber, né?

Já Tom Jobim considera "muito boa" a proposta do diretor de *Terra em transe*.

— Afinal de contas, o intelectual serve para alguma coisa.

Outros opinam sobre o significado dos últimos dias do regime de exceção. O sociólogo Fernando Henrique Cardoso condiciona o surgimento de melhorias no país à caminhada efetiva em direção à democracia. Oscar Niemeyer é mais sucinto: "O ato prestou-se a todas as arbitrariedades, criando entre nós a discórdia, o exílio, o imobilismo e o ressentimento. O AI-5 acabou tarde."
No último dia do ano, Geisel cumpre o prometido e revoga o AI-5. Acompanha a montagem do ministério de Figueiredo, que tomaria posse em março. Fica decepcionado com a opção do sucessor por veteranos da Esplanada, como Delfim Netto e Mário Andreazza. Para Geisel, o primeiro era um personalista; o segundo, um gastador. Desiste de opinar e se recolhe em Teresópolis (RJ). Considera que sua missão está cumprida.

• • •

I'm so bored with the USA! But what can I do?

O sul-africano André Pretorius e o curitibano André Mueller tomam ao pé da letra o espírito punk de provocação. Repetem para os colegas da Escola Americana de Brasília o refrão da música do primeiro disco do Clash.

I'm so bored with the USA! But what can I do?

Para Pretorius, jogar os versos do Clash na cara dos ianques tem significado adicional. Filho de Johannes Pretorius, embaixador da África do Sul no Brasil, André paga caro pelo fato de o pai representar o regime segregacionista de seu país. Os colegas norte-americanos, que encampavam a política de defesa dos direitos humanos do presidente democrata Jimmy Carter, o tratam como o filho do Mr. Apartheid.

Para Mueller, a citação do Clash representa tentativa adicional de tirar os americanos do sério. Afinal, eles ocupam uma porcentagem expressiva das turmas da escola. Na lista de chamada, sobrenomes como Midkiff, Moore, Ruehle, Haxton, Butler aparecem em maior profusão do que Guimarães, Novaes, Santos, Pereira e Silva. Além disso, claro, ali só se falava inglês.

Altos e magros, humor ácido e atentos às novidades do rock, os dois Andrés podiam ser reconhecidos de longe. Ao saber que uma das professoras viajaria para os Estados Unidos, fazem listinha de compras. Ela consegue encontrar apenas dois discos da relação: *Tuff Darts!*, da banda homônima, e *Rocket to Russia*, dos Ramones, também de Nova York. É o suficiente. A trilha sonora do recreio passa a incluir "Your Love's like a Nuclear Waste" e "Teenage Lobotomy", para estranheza dos colegas, que curtem Boston, Chicago e outras bandas certinhas.

A Escola Americana de Brasília segue o modelo do país de origem: aula de 8:30h ao meio-dia, pausa para almoço, novo turno de estudos à tarde. Há atividades extraclasse como o Clube do Violão, na qual os alunos aprendem a tocar canções suaves como "Scarborough Fair" e "Oh, Suzanna", e o estímulo à prática de esportes: beisebol, basquete, natação (Pretorius e a irmã, Hildegarde, integram o "Swim Team"). Ainda de acordo com a tradição ianque, os alunos produzem anualmente um livro de recordações, com fotos e breves descrições de cada um. O cabelo curto e repicado de Pretorius e o igualmente estranho gosto musical não passam incólume pelos colegas, que assim o definem no *Yearbook* do ano letivo de 1978/1979:

Punk rock. Home made t-shirts. That haircut. Army! Brace Yourself.

O que mais define Pretorius, porém, aparece logo no início do caderno, mas não é escrito por nenhum dos colegas. No poema "The Road not Taken", utilizado como epígrafe do *Yearbook* daquele ano, o poeta californiano Robert Frost discorre sobre a difícil decisão do viajante ao deparar com duas estradas e escolher o caminho a seguir.

I took the one less traveled by and that has made all the difference
(Peguei a menos percorrida até então e isso fez toda a diferença)

Pretorius tem um violão. Renato, o cara que perguntou se ele gostava de Sex Pistols, também. Mueller, um baixo Giannini. Seu grande amigo, Fê Lemos, já de volta ao Brasil, espera com ansiedade a chegada da bateria Premier comprada na Inglaterra, direto na fábrica, por seiscentas libras. Os quatro já sabem o que querem: seguir na menos congestionada das estradas, a do punk rock. Não fazem idéia do quanto a jornada pode ser longa, sinuosa e acidentada — e sem possibilidade de retorno.
Logo no início do caminho, tropeçam em cadáveres ilustres. Renato entra em estado de choque ao saber da morte de Sid Vicious por overdose de heroína. Liga para o professor de violão, pergunta se ele tinha ouvido alguma coisa. Como assim? Foi numa sexta e ele só soube no domingo à noite, quase 48 horas depois? Chora não só de tristeza, mas de raiva por ter a informação com tanto atraso. E ainda mais no caso de uma notícia tão importante sobre o baixista dos Sex Pistols, 21 anos, ídolo pela postura e pela estética. Gostava tanto dele que tinha batizado de Sid o crocodilozinho empalhado que guardava no quarto. Foi também por causa de Vicious, apenas três anos mais velho, que escrevera com caneta Pilot na parede do quarto: *I wanna be a junkie* (Quero ser um viciado). Sai de casa e toma uma garrafa de vinho Chapinha. É o primeiro grande porre.
Ao voltar, escreve para a *Melody Maker*. Sob o pseudônimo Eric Russell, queixa-se da cidade: "Nada acontece aqui. Nunca." E do país: "Tudo é *disco*, Travolta ou samba". Revela a dimensão do impacto da descoberta dos Pistols e do punk: "Nos envolvemos com a música como não acontecia desde os Beatles e os Stones." Atribui o envolvimento ao surgimento de heróis como "Sid, John (Lydon) e o Clash: eles pensavam do jeito que a gente pensava". Afirma ainda que a morte de Vicious só será compreendida depois de alguns anos, como tinha acontecido com Brian (Jones), Jimi (Hendrix) e Gram (Parsons):

— Alguns vão esquecer, outros não; alguns já esqueceram. Mas, quando é um herói de verdade, ele sobrevive.

Na carta, publicada com destaque na edição de 31 de março sob o título *We Could Be Heroes... Until Sid Died* (Nós poderíamos ser heróis... até Sid morrer), Russell relata também a sua própria evolução, ao dizer que cresceu "milênios" desde 1975, mesmo tendo ainda 18 anos.

— Não vou perder (ganhar) como Sid fez. Eu vou fazer por ele o que ele fez por mim.

• • •

No encontro na 103 Sul, Renato se entusiasmou ao saber que André Pretorius não só gostava de Sex Pistols como possuía guitarra e amplificador. Trocaram telefones, combinaram de se encontrar para trocar discos: Renato tinha acabado de receber *Give'em Enough Rope*, segundo álbum do Clash; Pretorius, o primeiro compacto do PiL (nova banda de John Lydon). Com a participação na bateria de Alex de Seabra, amigo de Pretorius da Escola Americana, fazem duas jams na Embaixada da África do Sul. Tentam tocar músicas de grupos pesados da época como Bachman Turner Overdrive e Edgar Winter Group. Para Alex, porém, é difícil montar o próprio instrumento. Momentaneamente desfalcado pelo empréstimo de partes da bateria para outras bandas da cidade, recorre aos amigos: os pratos são emprestados pelo filho do embaixador da Venezuela.

Ao avançar na idéia de formar uma banda, os dois lembram de Fê Lemos, que Renato conhecia da Cultura Inglesa, e Pretorius, da Escola Americana por meio de André Mueller. Fê topa o convite, mas há um pequeno porém: tinha vendido sua bateria e a nova ainda não tinha chegado. Quando a Premier aterrissa em janeiro de 1979 na bagagem diplomática de um amigo de Briquet Lemos, o círculo se fecha.

A primeira formação do Aborto Elétrico começa a fazer barulho na Colina: André Pretorius na guitarra, Renato Manfredini Júnior no baixo, Felipe Lemos na bateria, ninguém no vocal. Os três passam semanas tentando tocar "Now I Wanna Sniff Some Glue", dos Ramones. Depois, começam a se arriscar em composições próprias: "Benzina", "Here Comes the Reds" e "It's All Because of My New Sneakers". Entre uma música e outra, o guitarrista convida os amigos para uma festa rock a ser realizada na garagem de sua casa, a residência oficial do embaixador da África do Sul.

Três anos depois de espantar a Inglaterra, o punk criava raízes na capital. A coletânea *Punk Rock*, organizada por Ezequiel Neves para a revista *Pop*, facilitara a tarefa ao incluir bandas até então inéditas no país como Eddie and the Hot Rods e Television. Mas o poder contestatório das quatro letras já ultrapassara os guetos e chegara à imprensa. Sob o irônico título "SDS — O sucesso de um conjunto punk", o jornalista e agitador cultural Ary Pararraios escreve artigo denunciando a degradação precoce do Setor de Diversões Sul, área central do Plano Piloto ocupada à noite por fauna heterodoxa: prostitutas, traficantes, michês, travestis. "Uma cidade que apenas agora atinge a maioridade já possui um complexo de prédios cuja decadência faz inveja a qualquer São Paulo de 400 anos de idade. Os cenários fariam inveja aos conjuntos internacionais de rock, com ratos e corredores sujos. E Brasília consolida o seu progresso pela desenfreada inflação imobiliária, pelas vistosas prateleiras de ruas e viadutos decorados a mármore, pelo moroso sistema de transportes coletivos, pelo desleixo com as casas de espetáculos e pelo descaso com o heróico habitante do promissor Planalto Central", indigna-se Pararraios.

André Pretorius se aproveita de viagem dos pais para organizar a festa na garagem da embaixada. Tem a ajuda da namorada, Virginie Rio-Branco, colega da Escola Americana. São dias e dias de preparação. Gravam diversas fitas com repertório roqueiro de AC/DC a Ramones. Seguem o lema punk faça-você-mesmo até na hora de preparar as bebidas. Misturam abacaxi, água, açúcar e vinho; deixam o líquido guardado em cima do telhado para fermentação por uma semana. O resultado garante unanimidade entre os convidados:

— Isso é horrível!

Aparece muita gente, inclusive desconhecidos dos anfitriões, mas logo enturmados graças aos alfinetes enfiados na boca, no nariz, na camisa. Geraldo Ribeiro vê Renato com roupa de festa: calça jeans, camisa social de manga comprida, camiseta com nomes de músicas do Sex Pistols como "Bodies". E, embaixo do braço, volumosa carteira de couro. Geraldo chega perto e provoca:

— Tu é punk, cara?

— Sou, claro! Olha aqui!

E Renato exibe, com orgulho, a camisa dos Pistols.

— Então, tá, né...

Quando Renato se afasta, Geraldo comenta com um amigo:

— Punk de capanga?

No fim da festa, André e Virginie tentam remover os sinais da farra: estilhaços de vidro do espelho no banheiro, seringas espalhadas pelo chão da garagem. Dias depois, o Aborto Elétrico retoma os ensaios na Colina; "Now I Wanna Sniff Some Glue" já está assimilada, mas eles querem mais. Renato comenta:

— Vamos parar de tocar música dos outros. Vamos falar da UnB, de Brasília, de tudo que está acontecendo.

Shows em Brasília nem sempre transcorrem em clima de tranqüilidade. Em maio de 1979, Milton Nascimento vai à cidade pela primeira vez. Encara mais de 20 mil pessoas no ginásio de esportes. "Esse show é muito importante para mim", afirma o cantor, antes de iniciar "Nada será como antes". O público entra em frenesi e

ABORTO ELÉTRICO

1) Ficção Científica - introdução acústica/elétrica
2) Quanto Tempo - mudar título - música em crescendo (quebra monotonia)/harmonia conflitante na seqüência do meio.
3) Reggae
4) Boogie
5) Baião
6) Stuart Angel Jones (introdução instrumental p/) Anjos Mortos (que termina com A Dança (Bronenosets Potemkin)
7) Instrumental # 1 (up/down scale w/ improv.)
8) Geração Coca-Cola
9) Anúncio de Refrigerante - introdução acústica
10) Happiness for Day - letra em português (arranjo simples).
11) Admirável Mundo Novo (Sid Vicious Has Risen from the Grave).
12) Complete - It's All Because of My New Sneakers
13) Complete - Rockster # 1
14) Complete - Rockster # 2
15) Complete - Veraneio Vascaína
16) Complete - Buenos Aires
17) Complete - Que País é Este
18) Complete - Vestibular
19) Complete - Química
20) Complete - 1965 / Novela das Sete / Entre 11 e 21. Metrópolis / Fome / Diamante de Vidro.

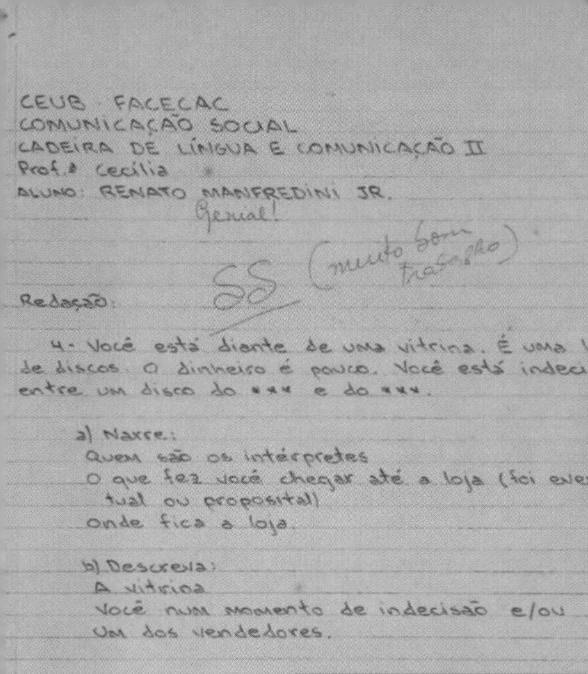
CEUB FACECAC
COMUNICAÇÃO SOCIAL
CADEIRA DE LÍNGUA E COMUNICAÇÃO II
Prof.ª Cecília
ALUNO: RENATO MANFREDINI JR.

Genial!

SS (muito bom trabalho)

Redação:

4- Você está diante de uma vitrina. É uma l
de discos. O dinheiro é pouco. Você está indeci
entre um disco do *** e do ***.

a) Narre:
Quem são os intérpretes
O que fez você chegar até a loja (fci even
tual ou proposital)
onde fica a loja.

b) Descreva:
A vitrina
Você num momento de indecisão e/ou
Um dos vendedores.

avança em direção ao palco por meio de uma passarela deixada para desfile de misses na semana anterior. Policiais reprimem a platéia, brandindo cassetetes. O clima é de tensão, de iminente enfrentamento. Milton se assusta e ninguém consegue mais vê-lo. Some em meio a fotógrafos, cinegrafistas, fãs e policiais. Um jovem quebra a perna ao pular da arquibancada, um grupo sobe nas caixas de som para escapar do empurra-empurra. O show é reduzido e encerrado com "Maria, Maria". Comenta-se que o cantor parou a pedido da polícia. Os jornalistas se revoltam com o frustrante desfecho do espetáculo: "Não foi festa, não houve música; foi um espetáculo de violência", critica Celso Araújo. Outro repórter, Cláudio Lysias, também ataca os que impediram o congraçamento de Milton com o público. "Quem são os culpados pela lamentável noite de domingo? Brasília é inviável? E quem são os culpados por termos a fama, fartamente divulgada, de sermos a pior platéia do Brasil? Haverá algum futuro cultural para esta cidade?"

• • •

Em outubro de 1979, Renato rascunha o próprio futuro. Registra a gravação de uma fita cassete, batizada de *Saturno devorando um dos seus filhos*, com a primeira leva de composições do Aborto: "Admirável mundo novo (Sid Vicious has risen from the grave)", "Verde-amarelo", "Que país é este", "Metrópolis", "Quanto tempo", "Ficção científica" e outras quatro músicas sem nome, agrupadas sob o rótulo *silly songs*. Na identificação da autoria das canções, Renato opta por utilizar um pseudônimo, Érico Russo, versão em português do nome que escolhera para o líder da banda imaginária 42nd Street Band. O Aborto engrena. E, na mesma época, o Brasil se distensiona.

A anistia assinada pelo presidente Figueiredo permite a volta ao país de centenas de exilados políticos. Entre eles, o sociólogo Herbert de Souza, "o irmão do Henfil" citado na letra de "O bêbado e a equilibrista", de João Bosco e Aldir Blanc, sucesso em todo o país na voz de Elis Regina. E o ex-guerrilheiro Fernando Gabeira, que conta sua história de luta armada no livro *O que é isso, companheiro?*, sucesso de vendas. A censura também abranda. O restabelecimento da democracia parece questão de tempo. Os ídolos da MPB, mesmo ainda um pouco ressabiados, comentam a perspectiva favorável. Caetano Veloso se confessa "um pouquinho excitado" pela abertura. Em entrevista a Zuenir Ventura, o cantor lamenta os períodos de prisão no Rio, confinamento em Salvador e exílio em Londres. "Fiquei dois meses preso, quatro meses confinado e dois anos e meio exilado por nada, somente porque eles tinham medo do que éramos. Tinham um medo vago, igual ao medo que os estudantes de esquerda tiveram da gente". E destaca o que vê de mais impressionante no segmento por ele ocupado:

— Todo mundo intui uma força cultural, política, intelectual e filosófica na música popular brasileira. E isso existe porque a música popular é muito forte; vem de

MARBLE GIANTS
OLOSSAL YOUTH
LOVE WILL TEAR US APART
JONATHAN
RICHMAN
& THE MODERN
LOVER
Erotic Cabaret
BUZZCOCKS
ANOTHER MUSIC
IN A DIFFERENT KITCHEN
SOUND SAVERS
GANG OF FOUR
SOLID GOLD
1
Paralysed
What We All Want
If I Could Keep It For Myself
Outside The Trains Don't Run On Time
Why Theory?
2
Cheeseburger
The Republic
In The Ditch
A Hole In The Wallet
He'd Send In The Army
I hope they keep down the price of gas
PiL
album
EW ORDER
ACT. 50 1981
OVEMENT
The Smiths
ANOTHER GREEN WORLD
ENO
THE NICE PRICE

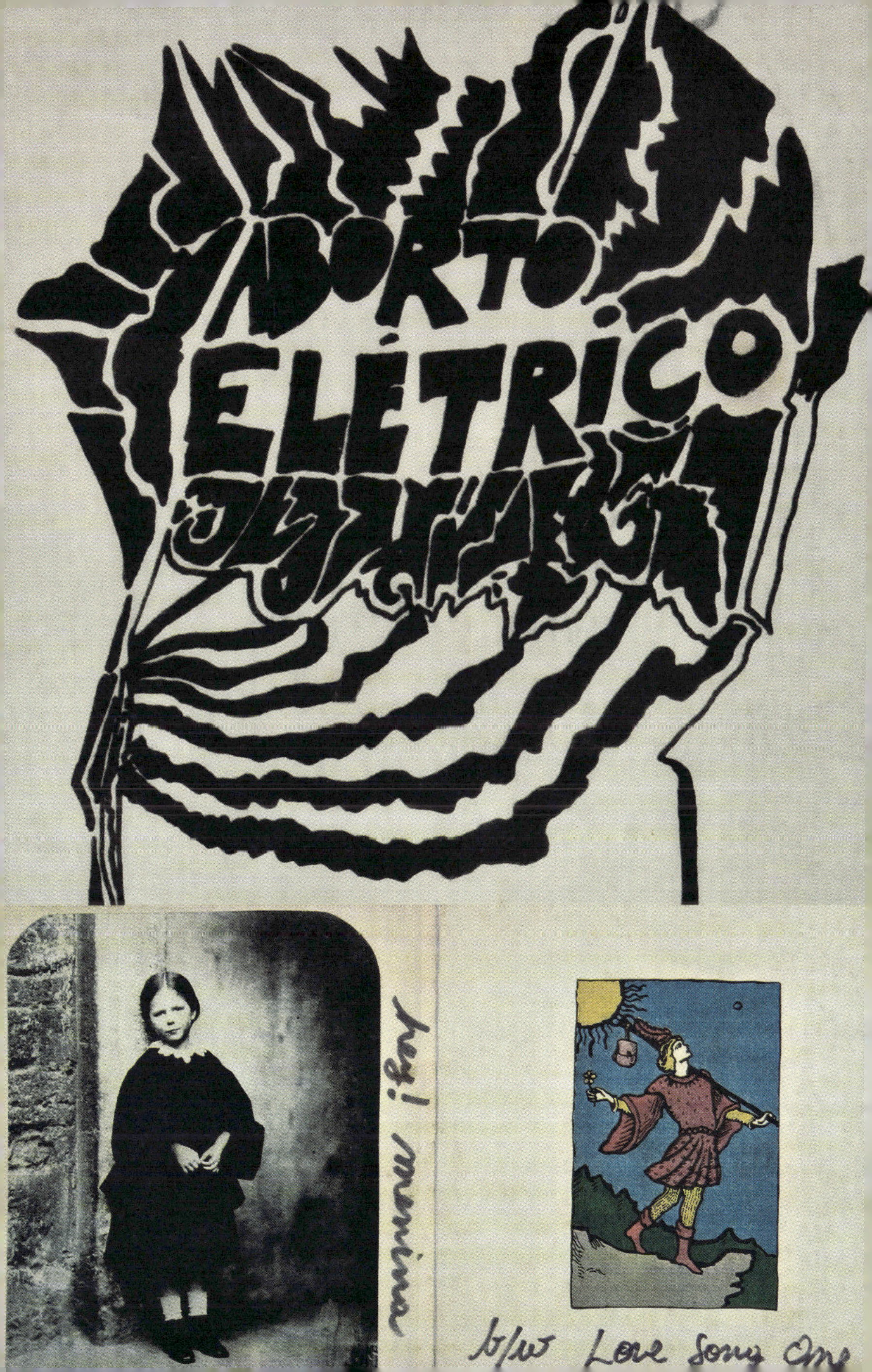
ABORTO
ELÉTRICO
hey! menina
b/w Love Song One

dentro, expressa e atua muito sobre o país. Eu sou nacional e popular até onde não se pode mais ser.

Retornar ao próprio país em 1979, porém, não é sinônimo apenas de alegria. Se centenas de brasileiros se emocionam ao reencontrar as famílias, há também as lágrimas de um estrangeiro obrigado a deixar o Brasil e servir à pátria. André Pretorius avisa aos amigos e à namorada que terá de obedecer ao pai e ingressar no Exército na África do Sul, em litígio com o regime socialista da vizinha Angola. Renato não se conforma e desabafa com a família.

— O André vai ter que voltar pra África do Sul para matar comunistas e negros inocentes!

Renato e Fê convidam outro guitarrista, Lula. Tocam juntos algumas vezes. Mas o resultado não rende o esperado. O grupo chega a impasse, superado apenas quando Pretorius volta no fim do ano para passar duas semanas em Brasília. Retomam a formação original da banda. E ensaiam para o primeiro show, marcado para 11 de janeiro de 1980.

• • •

Correntes penduradas na calça e alfinetes na camisa, Renato parte para o confronto no Ceub. Um professor comenta que os alunos, ao entrarem na universidade, tinham se tornado parte de minoria privilegiada da população. "O futuro de vocês está garantido, vocês já pertencem à elite do país", afirma. Renato retruca:

— Nós não temos futuro!

O professor ignora o grito e continua.

— Como eu ia dizendo, vocês não podem desperdiçar essa chance, porque no futuro...

Renato repete, elevando o tom de voz:

— Nós não temos futuro!

A discussão se generaliza e um dos estudantes se volta para Renato:

— Fale em seu nome! Se você acha que não tem futuro, o que está fazendo aqui? Vai embora!

Renato se ergue. Ignora os colegas e investe contra o professor, citando a cartilha *Por que eu me ufano*:

— Nós não temos futuro por causa de ufanistas como você. O que vocês esperam de nós após ter transformado a nossa geração num bando de cagões?

O professor retruca:

— Esqueça a minha geração, faça o seu futuro. Deixe de pessimismo. Você pode ser o que você quiser.

E dá a discussão por encerrada.
Fora da sala de aula, dentro do bar, análises sobre os rumos do Brasil ganham maior profundidade a cada rodada de cerveja. Um dia, os colegas de turma se reúnem no subsolo do bar Chorão e, em vez de karaokê, arriscam proferir frases curtas, de cunho provocativo, a respeito da situação política do país. Xingam a ditadura e rapidamente largam o microfone, com medo de serem denunciados por algum informante dos militares. Alguns, contudo, cultivam a fantasia de serem detidos por incitação à subversão: “Bem que seria legal a gente ser preso, tomar umas porradas mas ter histórias para contar...”
Renato prepara a sua performance. Faz seguidos rascunhos em guardanapos de papel. Nervoso, amassa as frases abortadas e as descarta no lixo de forma sumária. Chega, enfim, numa idéia que o agrada e segue até o palco. Dispara o grito:

— Brasil: ame-o e deixe-o. O último a sair, apague a luz!

Os colegas de universidade tomam gosto pela forma poética de se expressar. Já tinham pensado em montar um cineclube, mas não conseguiram forma viável de exibir longa-metragens — a Embrafilme exigira pagamento alto para emprestar a cópia de *O amuleto de Ogum*, de Nelson Pereira dos Santos. Na escada da faculdade, surge outra idéia.

— Vamos fazer um livro?

A coletânea *Sinal — Agregado poético* inclui trinta poemas de 15 estudantes. O combinado eram três poemas para cada, mas a contribuição de Renato sai muito maior do que a encomenda. “Leme/Leblon” ocupa cinco páginas, a começar pela epígrafe:

Se um dia você encontrar o Ícaro do Século XX, que viveu a estória da folha seguinte, diga a ele que eu o matei por inveja: eu sempre quis saber voar.

G·E·R·A·Ç·Ã·O

Coca-Cola

QUANDO NASCEMOS FOMOS PROGRAMADOS A RECEBER O QUE VOCÊS NOS EMPURRARAM COM OS ENLATADOS DOS USA DE NOVE ÀS SEIS DESDE PEQUENOS NÓS COMEMOS LIXO INDUSTRIAL COMERCIAL MAS AGORA CHEGOU A NOSSA VEZ VAMOS CUSPIR DE VOLTA O LIXO EM CIMA DE VOCÊS.

SOMOS OS FILHOS DA REVOLUÇÃO SOMOS BURGUESES SEM RELIGIÃO NÓS SOMOS O FUTURO DA NAÇÃO GERAÇÃO COCA-COLA

~~Desde~~ Depois de vinte anos na escola não é difícil aprender todas as manhas do seu jogo sujo. Não é assim que tem q. ser?

Vamos fazer nosso dever de casa
E aí então vocês vão ver
Suas crianças derrubando reis
Fazer comédia no cinema
com as suas leis.

Dedicado a "Eduardo e Felipe" e dividido em cinco partes, o poema descreve a vida de um rapaz "ilhado e flutuante, metal cromado, lona e fuga nos ombros" que vive "sempre drogado" num quarto de pensão, com "o livro de Química no colo e o livro de Hesse na mente e a morte (talvez) no coração". Ao descrever o rumo de seu personagem, Renato lamenta:

Quanto tempo perdido entre livros inúteis e a vida passando lá fora
E sempre a lembrança esquisita de que ele já tinha feito
E aquilo que já tinha sido e as coisas que antes fizera

Após enfrentar "o peso dos livros/ e da consciência paterna/ e do zelo materno", o Ícaro contemporâneo resolve voar de asa-delta em direção à praia, na zona sul do Rio de Janeiro. Tenta a primeira vez, mas a força do vento o joga de volta "ao verde do capim ou da grama (rapaz urbano ele nunca sabia)". Na segunda tentativa, consegue voar. Mas o tecido do equipamento se rasga, os ferros se soltam. Ele se despe "dos panos dos ritos, de calça jeans made in Brazil" e descobre o sentido pleno da liberdade ao gritar pouco antes de ficar cego pelo azul do mar e cair:

— Sou um anjo!

Na última página do poema, Renato conta que os jornais, "todos os *Última Hora* da vida", publicaram no dia seguinte a notícia: "Estudante de direito morre ao se jogar na Pedra da Gávea". E faz o comentário final:

Erraram o lugar
Erraram o seu nome
E um pedaço do pano azul e laranja e branco solto no ar
Caiu um dia em qualquer lugar
Entre o Leme e o Leblon

"Leme/Leblon" é corpo estranho em *Sinal*, coletânea por si só heterodoxa. Em entrevista a um dos colegas, Byron de Quevedo, Renato revela que sua participação tinha sido escrita ao longo de duas noites e editada de forma curiosa.

— Para este livro, fiz uma poesia, que rachei em cinco: dei três pro *Sinal* e fiquei com duas.

Também dá uma pista sobre seu método de escrever:

— Para mim, tudo fica mais fácil após o primeiro verso.

Suas declarações são incluídas na reportagem "Alunos do Ceub lançam livro coletivo", publicada em 3 de janeiro no *Correio Braziliense*. Escrita pelo próprio Byron de Quevedo, um dos participantes, a matéria aponta a grande revelação da coletânea: o "psicótico mundo depressivo" de Alcimar Fernandes. E externa embates entre os participantes. "Considero-me a voz da geração coca-cola, que são os filhos da Revolução. Sou um filho perfeito da Revolução, por isso minha poesia não reflete nada", declara Renato Manfredini. "Sou um sujeito sonhador, não sou cético, mas não aceito que a nossa geração se considere coca-colista. Minha poesia é política: meu ideal é o socialismo", rebate Gilberto Freire Santana.
Outros estudantes encaram o projeto de forma mais descompromissada. "Sou um poeta de lixeira: fiz alguns poemas exclusivamente para este livro. Antes de jogá-los no lixo, joguei-os no livro", brinca Tarcísio de Pádua. Já o galanteador Cléber Lettieri, que se define na reportagem de Byron como "um eterno apaixonado", conta que seus versos são românticos, frutos de dores-de-cotovelo: "Tenho vontade de chorar/ Ódio da vida/ Pena dos que não sabem/ Não querem e... não podem amar!" Renato não perdoa. Acusa o colega de escrever para impressionar as meninas e, assim, traçar um atalho para relações mais íntimas com suas musas.

— Cléber, a sua poesia tem função utilitária!

O colega não entende o motivo da bronca, mas também tem sua dose de queixa. Quando Cléber oferece carona depois da aula, Renato aceita mas permanece em silêncio durante todo o trajeto do Ceub até a Asa Sul. Entra mudo e sai calado. Não abre a boca nem ao se despedir; só levanta o polegar em gesto de agradecimento, já fora do carro. Ao voltar para casa no Passat de Cássia Portugal, porém, Renato se mostra bem mais expansivo. Especialmente ao falar sobre música internacional. Fã de MPB e com o sonho de se tornar cantora ou escritora, Cássia um dia perde a paciência:

— Que saco, Renato! Você só fala de música americana! Por que esse desinteresse pela música brasileira?

— Mas eu faço música brasileira, Cássia! Minha banda, o Aborto Elétrico, é música brasileira! Por que não?

• • •

Na virada para a nova década, o mercado fonográfico nacional, quinto maior do mundo, atravessa mudança de perfil. Com o declínio da discoteca e o abrandamento da censura, o interesse pela música brasileira aumenta consideravelmente. A produção nacional já representa 70% das vendas da gravadora Odeon, detentora dos catálogos da Capitol, London e EMI. Beatles, Stones, Queen e Peter Frampton, no Brasil, são todos da Odeon. Atenta à expansão do mercado, a gravadora sediada no Rio de Janeiro tenta se recuperar das saídas de Djavan para a CBS e de Milton Nascimento para a multinacional alemã Ariola, que também tinha contratado Chico Buarque. Deposita suas fichas na chegada de Ivan Lins e em um jovem cantor mineiro, Beto Guedes, que surpreendeu ao vender 20 mil cópias do disco *Sol de primavera.*

A Odeon divide seus oitenta artistas em três categorias: "prestígio" (Joyce, Paulinho da Viola, Nana Caymmi, Egberto Gismonti), com vendas de até 50 mil cópias por disco; "sofisticado" (Simone, Clara Nunes, Gonzaguinha, Luiz Ayrão), com os nomes que vendem até 300 mil cópias; "populares" (José Augusto, The Fevers, Agnaldo Timóteo, Ângela Maria), que ocupam a mesma faixa de vendagem, mas ficam restritos às rádios. Para o primeiro semestre do ano, aposta no sucesso do novo disco de Luiz Gonzaga Júnior, em alta com o compacto de "Explode coração", e do álbum ao vivo da cantora Simone, a ser impulsionado nas rádios pela regravação de "Pra não dizer que não falei das flores".

Àquela altura de sua vida no país, o autor da canção-símbolo dos protestos estudantis tem interesse maior em falar de processos do que de flores. Depois do show que não fez em dezembro de 1968, Vandré retorna a Brasília na condição de ex-funcionário público. Quer verificar o andamento de ação movida contra a União. Tenta reaver o cargo de inspetor de indústria e comércio da Sunab (Superintendência Nacional de Abastecimento), perdido em 1969 por conta do AI-5. Prefere ser conhecido pelo nome verdadeiro, Geraldo Pedrosa, e pela profissão de advogado. Mesmo com o burburinho provocado pela volta de "Caminhando" às paradas, garante não ter saudade alguma dos tempos de artista.

— Fui um criador, mas não adiantou nada.

• • •

No auge das férias e do verão no litoral brasileiro, Brasília tem pouco a oferecer além de chuva e ócio. Colégios e universidades em recesso, programação oficial da Funarte e da Fundação Cultural suspensa até março. Nada de shows, nada de peças, nada de exposições. Nada. "Todo ano a mesma coisa, o mesmo vazio, os mesmos teatros ociosos", indigna-se a jornalista Maria do Rosário Caetano, em série de artigos sobre o tema, publicados no *Correio Braziliense* sob o título "Verão a zero". "Ninguém que transa cultura parece entender direito Brasília. A cidade não é mais o depositário das sobras do eixo Rio-São Paulo. O grande equívoco baseia-se no fato de que se pensa Brasília ainda como uma estação de trabalho. Não se pensa a cidade como ela de fato é: um centro irradiador e não um centro convergencial", complementa Marcílio Farias. A edição deixa uma pergunta-provocação no ar.

— Cadê os movimentos culturais destas terras candangas?

Três dias depois, o Aborto Elétrico rascunha a sua resposta. Faz o primeiro show no bar Só Cana, no Centro Comercial Gilberto Salomão, templo da juventude endinheirada brasiliense — conhecida pejorativamente como os playboys. Descarregam os amplificadores, procuram uma tomada para ligar o equipamento e começam a tocar, sem aviso prévio nem autorização oficial. Mesmo com caxumba e 40º de febre, Fê espanca a bateria; Renato ataca o baixo, Pretorius toca até o sangue manchar a guitarra branca. A apresentação não dura trinta minutos, mas empolga os poucos que param para ver. O repertório é tão curto que, quando acaba, alguém grita:

— De novo!

Eufórico, Renato viaja para o Rio de Janeiro. Lá, encontra-se com Flávio Lemos, que não assistira ao show; estava acampando em Ilhabela (SP). No relato ao amigo, confere ao fato a dimensão de um feito heróico, instantaneamente lendário.

— Flávio, a palheta do André caiu, mas ele ficou tocando com o dedo e sangrou na guitarra!

Flávio, então com 16 anos, e Renato, três anos mais velho, se encontram na Tijuca. A pé e de ônibus, curtem intensamente aqueles dias de férias cariocas. Compram discos importados na Modern Sound em Copacabana, fumam um baseado no Aterro do Flamengo, vão ao cinema assistir a *Manhattan*, de Woody Allen. Chegam a pegar a barca e ir até a ilha de Paquetá, onde se encontram com uma prima de Renato, Mariane. Flávio a convida para acampar em Búzios e lá os dois têm um breve romance. Ao saber do envolvimento, Renato se enfurece:

— Você me traiu, Flávio!

Diz que ele gostava de Mariane. Desde pequenos, brincavam de namorados. Tinham até casado de mentirinha, com cerimônia e tudo. E o que ele fez foi um desrespeito à família Manfredini. Flávio não entende a reação do amigo. Considera um exagero. Os dois voltam para Brasília.

Renato se multiplica. Poucas vezes seu cotidiano esteve tão agitado. De segunda a sexta, dá aulas na Cultura Inglesa e freqüenta o Ceub. Para complicar ainda mais, consegue emprego de repórter em programa radiofônico de defesa dos direitos do consumidor, o *Jornal da Feira*, produzido pelo Ministério da Agricultura. E ainda há o problema da substituição de André Pretorius; ele e Fê testam alguns candidatos, mas não dá certo.

Até que os dois lembram de um dia, quando André estava no Brasil, que Flávio pegou o baixo a pedido de Renato, que queria cantar e não conseguia fazer as duas coisas ao mesmo tempo.

— Flávio, toca aqui.

Flávio tocou. Somente duas notas; fácil e divertido. Achou o máximo. Fê lembra daquele ensaio e sugere a entrada do irmão na banda. Renato, que teria de mudar de instrumento, gosta da idéia. Fala para Flávio:

— Vai lá em casa que eu vou te passar algumas músicas.

Renato o ensina a tocar algumas músicas, entre elas "Benzina", "Admirável mundo novo" e "Que país é este". E ainda empresta o instrumento.

— Leva meu baixo para sua casa para você ir treinando.

Flávio leva o convite a sério. Passa horas no Lago Norte ensaiando as músicas do repertório do Aborto. Instrumento na mão, sai andando pela casa. Chega a levar o baixo ao banheiro para não interromper o aprendizado. A capacidade de concentração de Flávio não surpreende. Na Inglaterra, ele enfrentara o frio para grudar os olhos no telescópio e observar asteróides e estrelas: gostava muito de astronomia, queria cursar Física na UnB.

Sempre antecedidos por um baseado, os ensaios do Aborto com o novo integrante enchem de ruído as quietas tardes do Lago Norte, acostumadas com os sons dos grilos, sapos e pássaros. Os vizinhos da casa ao lado pedem:

— Por favor, parem com esse barulho!

Pedido ignorado. Nessa época, a amizade de Fê e Renato ganha corpo. Estão sempre juntos: ensaiando, disputando discos nas prateleiras da Discodil e da Discoteca 2001, conversando na Cultura Inglesa. Às vezes, não percebem o tempo passar e ficam pendurados no telefone, inclusive na hora das refeições, para contrariedade de Lúcia, mãe de Fê. A irmã mais nova, Helena, observa a diferença de comportamento do irmão:

— Primeiro foi o André Mueller. Agora ele não desgruda do Renato.

Três freqüentadores dos ensaios do Aborto Elétrico ainda dos tempos de Colina também decidem formar uma banda. Gutje Woortmann, filho do professor de antropologia Klauss Woortmann, se junta aos irmãos Loro e Geraldo, moradores da 408 Norte. Começam a ensaiar sob o nome de Blitx 64, referência ao ano do golpe militar. Sonoridade mais crua e letras diretas, o Blitx passa a dividir os equipamentos para shows. Renato escreve um manifesto para os dois grupos punks do Planalto. O lema:

— Não queremos acabar com nada, queremos destruir.

E lançam manifesto furioso que ironiza os sucessos "Lança-perfume" de Rita Lee e Roberto de Carvalho, "Travessia" de Milton Nascimento e Fernando Brant ("Chega de música babaca! De quatro no ato uma ova! A travessia tá quebrada!"), desanca os modismos ("Chega de patins babacas e de Travoltas goianos!") e ataca o mais popular programa dominical da maior emissora de TV do país ("Chega de Rede Globo, *Fantástico* show da morte e outras baboseiras para velhos gagás!"). Em três frases, Renato resume o desejo dos punks candangos.

— Nós queremos ação! Acabar com o tédio de Brasília, essa jovem cidade morta! Agitar é a palavra do dia, da hora, do mês!

Vacinado pelo que observara de rejeição ao rock e à disco music por parte dos estudantes da UnB, já engatilhara a resposta para as críticas dos nacionalistas que os rotulavam como "americanizados": "Vocês lavaram nosso cérebro jogando cultura alienígena nas nossas cabeças, com a televisão, sistema babaca, Projetos Jaris, poluição, e outras brochuras tais. E além do mais, o que vocês esperam de quem nasceu ouvindo Stones, Dylan, Beatles e Caetano cantando em inglês?" Cita trecho da letra de "London, London", antes de se despedir.

— Um abraço gigantesco para os de fora. Espero que logo façam parte do grupo de dentro.

• • •

De fora do processo de redemocratização, Brasília reclama o direito de votar. A cidade continua sem representação política — as mobilizações para criação de assembléia legislativa e câmara de vereadores nas cidades-satélites se mostram infrutíferas. O governador continua nomeado pelo presidente da República. E é nessa condição que a cidade caminha para completar duas décadas de existência. Alheio à mordaça imposta à capital, o Brasil se mexe. A reformulação partidária está em andamento. A Arena anuncia mudança de nome para Partido Democrático Social (PDS). Na comissão de fundadores do partido, o primeiro lugar é reservado ao presidente da república, seguido por todos os governadores de estado e ministros. O PMDB, partido de oposição, sofre baixas para o PTB e o PT. Este último enfrenta o desafio de se expandir além dos limites da grande São Paulo, onde estão concentrados os seus líderes, como Luiz Inácio da Silva.

Atento à movimentação dos oposicionistas, o governo apregoa os seus feitos. No relatório oficial "Algumas realizações dos governos revolucionários", produzido pela Secretaria de Planejamento da Presidência da República, se destaca o crescimento do país nos últimos 16 anos de governo. O Produto Interno Bruto do país cresceu de 57 para 208 bilhões de dólares, e a população do país de 76 para 120 milhões de habitantes entre 1963 e 1979. Expansão da malha rodoviária, aumento da venda de consumo de bens duráveis. "Os benefícios do desenvolvimento atingem parcelas crescentes do povo brasileiro", garante o estudo.

No aniversário de 20 anos, Brasília ganha do poeta carioca Chacal, temporariamente morando na cidade, versos livres de métrica:

Vamos começar tudo de novo
A alvorada que JK vislumbrou fez-se um dia negro.
Mas a tempestade amainou.
O cataclisma abrandou. Um novo dia clareou.
Já dá pra sair de casa. Já dá pra sair na rua. Já dá pra cair na sua.
A marcha fúnebre saiu das paradas [...].
E deu vez a uma rapaziada disposta a recuperar o tempo perdido.
Disposta a tirar o atraso.
Saindo dos prédios para as praças. Uma nova raça.
Teus filhos estão nas ruas, quadras, blocos.
Tua primeira geração está acordando depois do tenebrião.
Já espreguiçou, lavou a cara e está aí. Olhos livres para ver o mundo [...].
Brasília, pinga na tua gente um pouquinho de invenção. Já passou a repressão.
Mete bronca, meu irmão.

• • •

Flávio Lemos, 17 anos, estréia como baixista do Aborto Elétrico em festa-show no salão do clube da Associação dos Servidores da Câmara dos Deputados (Ascade). Promessa de uma noite de punk, reggae e rock, regada por Pistols, Ramones, Clash, PiL, Stiff Little Fingers, Stranglers, Bob Marley, Peter Tosh, The Who, Led Zeppelin. Aborto, Blitx e "o pessoal da Colina" pedem que os convidados levem garrafas de vinho, vodca, cerveja. O traje é especificado de forma curiosa: "Tanto fez, tanto faz, agitado se possível". Avisam que meninas não precisam do convite. Fazem uma restrição ("No malucos babacas, embora malucos sejam bem-vindos") e uma advertência sobre o som a ser ouvido ao longo da noite:

— No discoteca, please.

Festas da própria turma são cada vez mais freqüentes, mas a vontade de se aventurar em outras paragens não diminui, ainda mais quando a noite pode ser alimentada pela promessa de, pelo menos, dois dos integrantes da tríade sexo-drogas-rock'n'roll.

Para matar as saudades, os delírios e as fissuras, a Rockonha vem convidar você para mais um som viajante baseado no bosque, a partir das 21h do dia 30-8-80. Agradecemos à Fucking Sound e contamos mais uma vez com a sua presença.

O convite, impresso em papel de seda e distribuído em bares "da moçada" como o Beirute, acende a imaginação de Fê e Renato. Como tinham ido na primeira edição da festa, sabiam o que poderia encontrar na chácara perto de Sobradinho. Festa ao ar livre, tremendo visual, caixas de som amarradas nos eucaliptos. Lua cheia, lago ao fundo, cerveja e erva à vontade. Imperdível. Queriam tudo de novo. Agora, com mais companhias.
Quando Renato chega à casa dos Lemos, no Lago Norte, logo avisa:

— Eu tô aqui com o novo dos Stones!

Escutam "She's so Cold" e outras faixas de *Emotional Rescue* antes de entrarem na Caravan de Briquet — os pais de Fê estavam viajando, não viram os filhos juntarem os amigos (Renato, Gutje, Loro e outros) e seguirem para a festa.
Nem deu tempo de entrar e conferir os delírios e as fissuras prometidos no convite. Dezenas de policiais estão posicionados na entrada da chácara. Ao ver o contingente, Fê Lemos comenta, entusiasmado:

— Essa festa está bem mais organizada, tem até polícia para ajudar a estacionar!

Soldados da Polícia Militar, agentes da Polícia Federal e representantes do Juizado de Menores aguardam os convidados. Mais de duzentas pessoas são detidas, embarcadas em ônibus e levadas para um quartel em Sobradinho. Alguns recebem tratamento diferenciado na hora da triagem.

— Quem é filho de militar aí?

Estes, ao mostrar a carteira de identidade azul, são imediatamente liberados. Os outros permanecem no quartel, divididos em dois grupos. Os maiores de 18 anos ficam horas sentados no chão e os menores são conduzidos para o Juizado, onde são intimidados enquanto esperam a chegada dos pais. O "embalo-monstro", assim qualificado pelos jornais, rende a apreensão de seis quilos de cocaína e dez quilos de maconha. Graças à intervenção de um amigo do pai, Helena e Flávio são liberados. Fê, Loro e Renato passam a noite no quartel e só retornam a tempo de tomar o café da manhã na casa dos Briquet. Os mais novos estão chocados com os abusos de autoridades que testemunharam. Também impressionado, Renato escreve "A dança", mais uma para o repertório do Aborto Elétrico ("Todas as letras têm sua razão de ser e a sua estória: se você for esperto, você descobre", ressalta nos panfletos da banda).

[...] Vai ter festa, gravei um disco dos Stones
Uma multidão de gente no pátio do batalhão
Três ônibus lotados, não parece real
Os inocentes talvez já descobriram o mal
*O importante é dançar a dança, a dança, a dança**
Agora já é história, virou folclore local
E se é folclore já é estória moral
E se é história de se contar por aí
Já vem de dentro, não sai mais daqui.

Transar um fumo, descolar um jererê, fumar unzinho. Pós-hippie ou pós-punk, Brasília vive na fissura. Nos banheiros dos bares da Asa Sul, nos gramados entre os prédios residenciais e comerciais, embaixo dos blocos, o tráfico rola solto. E Renato nunca está desprevenido; além de consumir regularmente a sua cota, tem sempre um *beque* para oferecer aos amigos. "Você pode fumar baseado, baseado em que você pode fazer quase tudo", apregoam o casal Pepeu Gomes e Baby Consuelo em "O mal é o que sai da boca do homem", música classificada para a final do festival MPB 80, promovido pela Rede Globo.

O crescente clima de liberalidade é enevoado por uma série de atentados pelas capitais do país. No mais grave deles, a explosão de artefato na sede da Ordem dos Advogados do Brasil, no Rio de Janeiro, mata a secretária da entidade. Bombas de fabricação caseira explodem em bancas de revista. Ameaças anônimas suspendem as aulas em cinco colégios particulares do Distrito Federal.

— Vai explodir uma bomba hoje na sua escola. Eu sou do Exército, é melhor não brincar.

O presidente João Baptista Figueiredo tenta conter a chamada "escalada dos radicais". Faz apelo aos grupos de direita que tentam interromper o processo de redemocratização do país:

* Com letra diferente, "A dança" foi registrada no primeiro disco da Legião Urbana (1985). (N. do A.)

— Deixem de matar inocentes.

Em meio ao clima de tensão, Caetano Veloso aterrissa na cidade para show na piscina coberta do Centro Desportivo Presidente Médici. Calça larga de lamê, sapatilhas, brinco na orelha e muitos colares, Caetano entra no palco de tábuas com uma garrafa de coca-cola na mão. Apresenta o disco *Cinema transcendental*, com repertório formado por músicas imediatamente assobiáveis — "Menino do Rio", "Lua de São Jorge" — e outras norteadas pela introspecção, como "Oração ao tempo" ("Por seres tão inventivo e pareceres contínuo/ Tempo, Tempo, Tempo, Tempo/ És um dos deuses mais lindos/ tempo, tempo, tempo, tempo") e "Cajuína" ("Existirmos — a que será que se destina?"), inspirada em episódio da vida do poeta Torquato Neto.
Caetano canta, os meninos dançam. As festas ganham trilha-sonora anglófona e multifacetada, refletindo o estilhaçamento provocado pela explosão meteórica do punk. No caminho oposto ao traçado pelo hard rock, o pós-punk retira do guitarrista o monopólio dos holofotes. Nada de solos. Pelo contrário: o estilo de tocar deve ser econômico e preciso, sem desperdício de notas, a serviço do ritmo ditado pelo baixo e pela bateria, como no reggae e no funk. E, por isso, mais dançante. Com o mesmo princípio, mas propostas diferentes, surgem Devo, Joy Division, B-52's, Gang of Four, Talking Heads, XTC, Wire, Specials. Quando toca "Rescue", do Echo & The Bunnymen, ou "Killing an Arab", do Cure, a pista enche. Se o som da festa fica previsível, alguém da turma se aproxima do responsável pela música e pergunta:

— Posso colocar uma fita?

E o cassete com gravações das mais recentes novidades da Inglaterra e dos Estados Unidos agita os convidados e os penetras.
Os discos importados chegam à cidade por meio de conexão direta com o primeiro mundo. *London Calling*, do Clash, e o primeiro dos Pretenders encorpam a coleção de Renato graças a uma viagem para Londres de um colega da Cultura Inglesa, John Trzciak. Recém-chegado da secular cidade italiana de Bolonha, Trzciak ainda estava em processo de adaptação quando conhece Renato na Cultura. Ao andar pelas superquadras, o inglês de 26 anos fica intrigado:

— Onde estão as pessoas?

Admira o céu infinito, a vegetação peculiar, alguns dos monumentos desenhados por Niemeyer. Mas não considera a forma organizacional da cidade compatível com a natureza humana. "Tudo é racional e linear; a gente precisa de um pouco de desordem, de assimetria, de incerteza", comenta com amigos. O estranhamento bate tão

QUÍMICA

Hey menina hey
Não vou poder mais sair com você
Tenho que estudar
E tem uns lances que eu preciso aprender

Não saco nada de Física
Literatura ou Gramática
Só gosto de Educação Sexual
E eu odeio
Química

Não vou poder sair
Nem p'rá cinema nem p'rá bar nem p'rá nada não
Não vou me divertir
Vou estudar e desligar meu som

- REFRÃO -

Ficar em casa sem poder sair
Mais de mil fórmulas p'rá decorar
Ficar na escola de manhã e de tarde
Fim-de-semana só p'rá estudar
Agora eu só posso usar o telefone
P'rá falar com você
Mas não agüento - morro de saudade
Estou querendo te ver.

- REFRÃO -

forte que, à noite, sonha estar numa cidade normal, com ruas normais, encontráveis pelos nomes e não por números.
Trzciak conhece Renato logo depois de chegar à Cultura Inglesa, em 1979. Fica admirado com a excelência do inglês de seu novo colega — Renato tinha começado a dar aulas no ano anterior. Compartilha sua impressão com outra colega, Julie Coimbra, professora de origem sul-africana. Considera Renato como um native speaker: vocabulário amplo, pronúncia impecável, uso de expressões típicas dos norte-americanos ("That's neat!", "It sucks!").
Trocam impressões sobre o trabalho; Renato se queixa de ter sido advertido por levar músicas para os estudantes ouvirem em sala de aula. Considera a instituição muito conservadora, presa às ordens vindas da direção do Rio de Janeiro. Conversam também sobre música. Trzciak tem interesse em conhecer melhor a música brasileira. Renato puxa conversa sobre cantores estrangeiros: Gram Parsons, Tim Hardin, Laura Nyro.

— John, Laura Nyro combina cores e sons. Dependendo da música, ela pede para os músicos da banda tocarem verde ou laranja!

— Renato, o que me impressionou mesmo foi ver Sivuca tocando no centro do Rio de Janeiro. Que performance eletrizante!

Um dia Renato liga para Trzciak e pergunta se ele pode prepará-lo para as provas de tradução do exame de admissão do Itamaraty.

— Meu pai está preocupado, acha que eu preciso tentar uma carreira profissional.

Depois das aulas particulares no apartamento dos Manfredini, saem para tomar um chope na pizzaria La Mozzarella. Graças a Renato, o assunto recai sobre histórias ligadas à música pop. A genialidade de Brian Wilson, a beleza dos discos dos Byrds, a trajetória trágica do vocalista dos Yardbirds e Renaissance.

— John, você sabia que o Keith Relf foi encontrado morto pelo próprio filho?

• • •

Em outubro de 1980, os shows do Aborto Elétrico e Blitx ganham apresentação em libreto com a seguinte epígrafe: "O que a gente pensa da cidade: de não ter nada pra fazer, de ter que ir pra escola mesmo quando não tem nada pra aprender."
A distribuição de panfletos com a reprodução das letras tem função didática. Com o barulho dos instrumentos e as condições precárias para shows, ninguém consegue en-

tender direito as mensagens que Renato tenta disseminar. Só lendo a bula do remédio para decodificar a fórmula e possíveis efeitos colaterais; entre eles, o risco de contágio. Todas as letras são escritas por Renato. Refletem temas sociais e políticos. Entre elas, uma homônima do livro de Aldous Huxley, "Admirável mundo novo", que começa delimitando a diferença entre o narrador e o interlocutor ("Não adianta você me dizer que está com a razão, você não é da minha idade, é de outra geração") e termina com a frase-chave da sua postura em relação aos exemplos dos que vieram antes:

— Se eu tiver que errar, quero errar sozinho.

Também imprime as letras de "Geração coca-cola" ("Somos os filhos da revolução, somos burgueses sem religião, somos o futuro da nação"), "O que eu quero" ("Não estou mais a fim de estudar nem vou fazer nenhum vestibular, não estou mais a fim de me escravizar, Não vou, não vou trabalhar, O que eu quero mesmo é agitar!), "Metrópole" ("Faça um favor a si mesmo: cometa suicídio/ Assalto à mão armada eu quero a sua vida eu quero ver você no chão/ Pisar nas flores destruir/ construir um estacionamento/ As crianças vão ter que brincar num labirinto de cimento/ Eu quero acidentes, eu quero confusão: ferros e freios na contramão, metrópole fez cinza o meu sangue"), "Veraneio vascaína" ("Com uma arma na mão eu boto fogo no país/ E não vai ter problema eu sei, vou estar do lado da lei"), "Helicópteros no céu"("Comprar plutônio importado com cruzeiros na mão/ Desviar o embaixador e assassinar um avião/ Já me falaram muitas vezes que a voz do povo é a voz de deus/ Será que deus é mudo?") e "Verde amarelo":

Roubaram meu sangue
Roubaram meu ouro
Roubaram meus filhos,
E querem mais do verde amarelo
Desordem e regresso não agüento mais
A guerra acabou? Não temos paz
Você de esquerda, você de direita
São todos babacas e velhos demais
Vivendo intrigas de tempos atrás
Acabem com a m, nos deixem em paz!*
Menos guerra, mais pão
Golpe de Estado é revolução
Fuga de rico é televisão
Fuga de pobre é religião
Verde amarelo,
Roubaram o verde, o amarelo também

Protejam o azul e o branco; alguém!?!
Como roubar mais de quem nada tem?
Sobrou o céu...

A única música de foco intimista é a tensa "Love Song One", narrada sob a ótica da frustração de uma paixão obsessiva não-correspondida.

Você me faz pensar demais, sempre quando quero tentar, ser só mais um que quer você. Ah, eu não consigo entender por que quero você. Não consigo entender...

Os ensaios se intensificam. Em um deles, Flávio começa a tocar uma linha de baixo que tinha criado no quarto, pouco antes de Renato chegar. Fê o acompanha. Renato grita:

— Continuem tocando isso aí que eu tô pensando num negócio aqui.

Os irmãos obedecem. Renato pega uma folha de papel, marca a métrica da letra. Pára um pouco pra pensar. Começa a escrever. Após alguns minutos, já cansados, Fê e Flávio diminuem o ritmo, mas Renato pede:

— Continua, continua!

Dez minutos depois, mostra o que acabara de escrever:

Vocês esperam por intervenção divina, mas não sabem que o tempo agora está contra vocês...

A letra de uma nova música do Aborto Elétrico, "Fátima", está pronta.
Idéias surgem a toda hora, em todo lugar. No longo trajeto da Asa Sul até o Lago Norte, Renato aproveita para pensar no que vai escrever e anota frases no caderno. Às vezes, a inspiração aparece ali mesmo, dentro do ônibus. "Hoje à noite Flash Gordon vai tentar ser Barbarella para ver se encontra o Albert Einstein..." Ao chegar, conta para Flávio:

— Tava no ônibus, escrevi uma música.

E mostra os versos de "Ficção científica". Muitas vezes, porém, chega no ensaio com as letras já finalizadas, trabalhadas e retrabalhadas solitariamente, fechado no próprio quarto. Fechado, não trancado. Entre os Manfredini, havia se estabelecido um acordo tácito, surgido depois que José Oliveira, pai de Carminha, teve um mal súbito e não pôde ser socorrido porque tinha trancado a porta do quarto por dentro.

O pacto era simples: os filhos não passavam a chave, mas também ninguém entrava sem bater ou sem o consentimento do dono do quarto.

— Entra, mãe!

Acesso liberado, só depois da autorização. No território roqueiro, com a parede coberta de fotografias e pôsteres de ídolos, a arrumação interna recaía sobre o dono, que não deixava as empregadas chegarem perto dos discos, livros e revistas. De 15 em 15 dias, ele próprio comandava a faxina.
Cada vez mais independente, Renato transfere o sono da madrugada para as manhãs. Nos fins de semana, acorda ao meio-dia, ainda a tempo de tomar uma vitamina de leite, cereais e frutas, preparada pela mãe e reforçada, sem o conhecimento do filho, por ovo cru.

— Esse menino precisa ficar mais forte.

A mudança no modo de se vestir e de agir do primogênito preocupa os pais. As medalhas que ganhou ao longo da vida escolar, zelosamente guardadas em uma caixa, vão parar em casaco do Exército — como se fossem condecorações de guerra. As restantes ornamentam as jaquetas de outros integrantes da turma. E Carminha briga com o filho toda vez que reconhece uma medalha de destaque escolar de Júnior no peito de um amigo punk:

— Mãe, elas são minhas! E eu não gosto disso!

As discussões com os pais se tornam constantes. Contrariados com o fato de o filho ter desistido de prestar concurso público para o Itamaraty ("você podia ter feito que nem o Vinicius de Moraes, que era diplomata e escritor...") e para o Banco do Brasil, eles avisam antes de cada incursão noturna:

— Pode sair. Mas, se for preso, não precisa nem telefonar. Não vou tirar filho da cadeia.

Renato e Carminha Manfredini preferem que os novos amigos do filho freqüentem o apartamento deles, assim podem observá-los um pouco mais de perto. Cabelos desgrenhados, os irmãos Geraldo "Gerusa" Ribeiro e Loro Jones, do Blitx 64, aparecem um dia para jogar *War* e a dona de casa se assusta ao abrir a porta. Depois, comenta:

— Meu filho, acho que eles usam drogas...

— Que é isso, mãe? Gerusa e Loro são muito legais, são do bem. Eles são jóia.

Cabeludos de calça rasgada, garotas com coleira no pescoço, gente que parecia não ter tomado banho. Ao entrar, não dizem nem "Oi"; passam direto para o quarto do amigo. Carminha não se faz de rogada. Oferece biscoito, bolo, torta. E ganha suave repreensão.

— Mãe, não precisa mais trazer lanchinho para os meus amigos, tá bom?

Reticente quanto aos novos amigos de Júnior, a mãe gosta dos encontros do filho com uma antiga colega do Marista. Baixinha, sorridente, cabelo liso, nove meses mais nova que Renato, a chinesa Ma Chia Hsien adotara o nome ocidental Susie para facilitar a adaptação. Filha de ex-adido militar de Taiwan, Susie passa a ser o par constante do primogênito dos Manfredini: trocam carícias, andam de mãos dadas, fazem gestos de cumplicidade. Ele vai à casa dela, ela vive na casa dele. O entendimento entre os dois traz alegria à mãe de Renato. A ponto de, secretamente, imaginar um futuro com a casa cheia de netinhos com os olhos puxados.
Um dia, Renato pede dinheiro para o táxi. Vai levar Susie para apresentação do bailarino russo Mikhail Baryshnikov no Teatro Nacional. Na hora de sair, horroriza os pais. Tem alfinetes no nariz e na orelha. Nos pés, um tênis verde, outro azul. Divide o cabelo em três partes, pintadas de azul, vermelho e verde. A mãe protesta:

— Júnior, você está horrível. Vai ser barrado no teatro.

O pai limita-se a comentar:

— Já avisei: se você for preso, vai ficar na delegacia. Não vou tirar você de lá.

Nem aí para a contrariedade paterna, Renato segue com Susie para a mais sofisticada sala de espetáculos da cidade. Conversando em inglês, entram sem ser importunados pelo acesso reservado aos artistas e convidados da produção. Sentam na primeira fila. Os penetras ainda vão ao camarim e cumprimentam Baryshnikov, que dá ao casal um par de ingressos para a apresentação do balé em São Paulo. Exultante, volta para casa e exibe o presente à família:

— Viu, eu não disse que conseguia entrar?

• • •

"Sexoral é bom", "Sei da tua sede parede", "Abaixo o petróleo, viva a energia solar". Os graffitis tomam conta da cidade. Fazem referências ao cenário internacional ("Não queremos o Xá", sobre o Irã) ou nacional ("SOS Amazônia"). Podem ser qua-

se discursos ("O Estado também tem culpa se existem menores abandonados, índios mortos e salários baixos") ou apenas gaiatices como a que ornamenta os pontos de ônibus desenhados por Niemeyer: "Senta que vai demorar". A arte está solta.
Sentados embaixo do bloco B na 213 Sul, Dinho Ouro-Preto e Dado Villa-Lobos ficam perplexos ao ver uns caras invadindo a sua quadra, sacando sprays e pichando as letras "AE" na mureta da entrada da garagem do prédio da frente. Trabalho feito, os invasores seguem em frente e somem entre os pilotis dos outros edifícios. Os moradores do apartamento 104 não acreditam: é muita cara-de-pau.
Filho do diplomata Affonso Celso de Ouro-Preto, Dinho tinha dois anos quando foi para os Estados Unidos e depois para a Áustria. Alfabetizado em inglês, tem sérios problemas de adaptação ao retornar para a capital. No Colégio Dom Bosco, não entende nada que os professores falam. É ridicularizado pelos colegas, não consegue se defender nem se relacionar. Apela aos pais:

— Pelo amor de Deus, me tirem dessa escola.

Lucy Villa-Lobos, amiga de sua mãe, sugere a escola do filho, o colégio Nossa Senhora Perpétuo Socorro, no Lago Sul, quase ao lado da primeira ponte. Assim é feito, e o extrovertido Fernando Ouro-Preto se torna amigo de Eduardo Dutra Villa-Lobos.
Nascido na Bélgica em 29 de junho de 1965, Dado Villa-Lobos tinha passado a infância entre o Brasil e o exterior. Morava na capital desde os seis anos; fora alfabetizado em uma escola-parque próxima de sua quadra, a 104 Sul. Seguidas transferências do pai o levaram para Iugoslávia e Uruguai durante a infância; não teve tempo de criar raízes.
Um incidente quase estraga o início da amizade dos dois filhos de diplomatas. Com óculos fundo de garrafa, baixinho e tímido, Dado é alvo de colegas que tiram onda da cara dele até fazê-lo chorar. Dinho vê a cena e nada faz. Dado, magoado, o interpela:

— Você, cara, por que você não tomou uma atitude pra me ajudar?

Dinho não sabe o que responder; enche-se de culpa e vergonha. Estreitam a amizade. Os Ouro-Preto ocupam apartamento na 105 Sul; os Villa-Lobos passam a viver numa casa com piscina na Península dos Ministros, pedaço mais nobre do já nobre Lago Sul. Entre as brincadeiras dos pré-adolescentes, gostavam de tocar fogo no mato próximo à mansão ocupada pelos Villa-Lobos. Diversão e destruição.
O pai do amigo é transferido novamente, dessa vez para Paris. Dinho fica sem um parceiro para aprontações. O irmão mais velho, Ico, já tinha avisado: "Não quero mais brincar com você, vou para a rua." Frustrado, Dinho resolve descer do bloco. Não larga o skate. Passa a se encontrar com freqüência na quadra de futebol de salão com os irmãos Pedro e Bi Ribeiro.
Por meio de Bi, conhece Herbert Vianna e, logo em seguida, o rock'n'roll. Porque, na sua casa, só se escutava música folk e alguns discos brasileiros. Dinho, inclusive,

teve mais facilidade para entender as letras de Bob Dylan e Joan Baez do que as de Caetano Veloso e Gilberto Gil — para ele, a Tropicália soava como grego. Quando pede ao pai um disco de rock, ganha um LP com "I Want to Hold your Hand" e outras músicas do início da carreira dos Beatles.

— Caramba, isso é rock? Prefiro mil vezes Bob Dylan.

Não desiste e, já influenciado pelos vizinhos da 104, vai até a Discodil. Compra um disco de Jimi Hendrix tocando "Sunshine of your Love", do Cream. Não pára mais: descobre Led Zeppelin, AC/DC, Kiss, Slade. Na casa de um colega do pai, ouve "The March of the Black Queen", faixa do segundo disco da banda inglesa Queen, e tem um alumbramento: aquele som teria que acompanhá-lo onde ele estivesse. Inclusive em Genebra, seu próximo endereço.

Na Europa, os filhos de diplomatas se agrupam. Dado vai até Genebra, Dinho retorna a visita e segue para Paris, Bi viaja com Ico para Londres. Começam a montar arsenal roqueiro. Bi compra um baixo, Ico pega a guitarra e começa a tirar as músicas do Led Zeppelin. Inquieto, Dinho monta bateria no quarto, mas se decepciona:

— Não, não é isso que eu quero.

Pula de um instrumento para outro, continua insatisfeito. Resolve aprender a cantar. A mãe o matricula em aulas de solfejo, mas ele detesta a experiência. De frustração em frustração, realiza ao menos o desejo de cobrir o quarto inteiro com fotos de bandas: Deep Purple, Black Sabbath, Queen, Status Quo, Yes, AC/DC. Fascinado, observa detidamente as roupas, os cabelos, os sapatos, os instrumentos dos ídolos. Cada imagem vale ouro na memória.

Ainda em Genebra, cuida de crianças para ganhar dinheiro. Deixa o cabelo crescer, usa drogas pela primeira vez. Lê sobre o punk e não se entusiasma. Além de os caras não saberem tocar, usam cabelo curto? Só pode ser ruim. Ouve Sex Pistols e confirma a impressão inicial:

— Isso é uma bosta.

Quase dois anos depois, em agosto de 1979, ele está de volta à capital. Dado também. Os dois vão morar no mesmo bloco da 213 Sul, gueto dos diplomatas. Retomam a amizade. Dado vai estudar no Marista; Dinho, na Escola Americana. Dado desce para jogar bola, ficar de bobeira na portaria. Dinho se apaixona.

O objeto de sua paixão é uma colega de escola: Gitty Guimarães, filha de mãe alemã e pai brasileiro, 15 anos, linda, recém-chegada do Kentucky (EUA). Passam as tardes juntos. Sanduíche de salame com mostarda no lanche, Supertramp e Boston

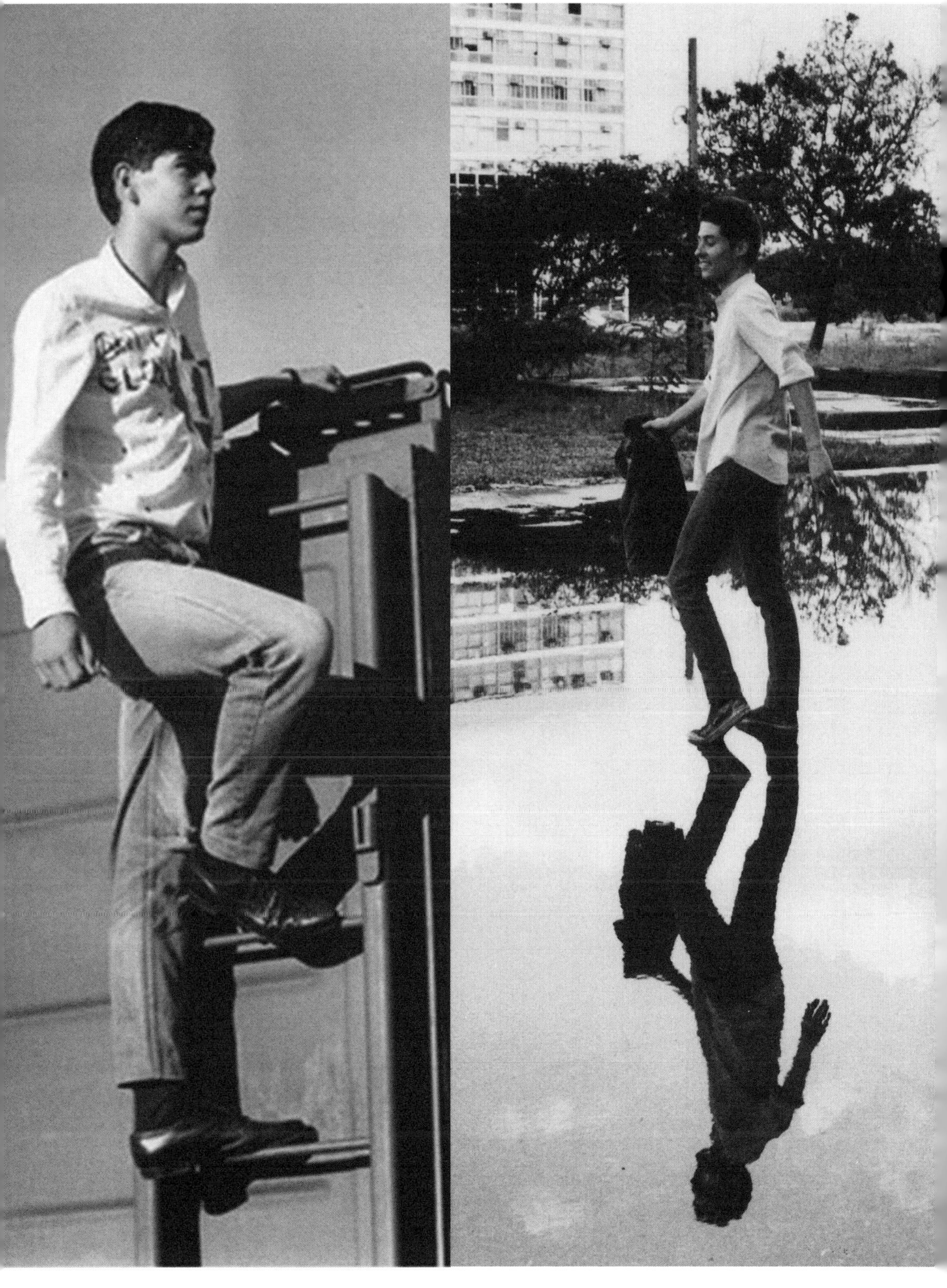

na vitrola, hormônios em ação. Ico se enfurece: além de o irmão mais novo passar as tardes no quarto com a namorada, ainda empresta os discos sem o seu consentimento. Pelo menos tem a fotografia para distrair: tinha sido escolhido para ser um dos autores das imagens dos colegas que serão incluídas no livro anual do colégio.

Um dia de semana, ao voltar do apartamento de Gitty, na 111 Sul, Dinho escuta um barulho estridente a ponto de violentar o silêncio da quadra. Atraído pelo áudio caótico, segue caminhando pelos blocos, atravessa os pilotis até chegar à fonte da dissonância. Não acredita no que vê. Uma banda de rock se apossa da calçada em frente à lanchonete Food's, ao lado do Cine Karim. Bateria virada para o eixão, guitarra-baixo-voz plugados em um só amplificador, punk rock no cimento; na frente deles, gente de cabelo descolorido e calça rasgada. Cena de Londres no centro do Brasil.

Dinho descobre o nome da banda e, de imediato, lembra da pichação na sua quadra. Então, foram aqueles caras que picharam as letras "AE" bem embaixo do seu nariz? Ele quer mais. Fica sabendo que eles vão tocar novamente em um bar da Asa Norte. Chama Dado e os irmãos Pedro e Bi Ribeiro para acompanhá-lo. Descem uma escadinha na comercial da 407 Norte e ouvem barulheira infernal. Antes de atravessar a porta de bambu, Dinho vira para os amigos e comenta:

— Não é possível... Está tendo um show aqui?

O sentimento de incredulidade é recíproco. Os integrantes do Aborto e do Blitx também se surpreendem com a chegada daquele grupo de filhos de diplomatas. Nem desconfiam que acabam de ganhar os primeiros fãs.

• • •

As bandas passam a tocar no Cafofo. Tinham descolado aquele espaço quase que por acaso. O bar, inaugurado em 1979, concentrava as tribos da Asa Norte e vivia cheio durante a semana. Acontece que domingo, em termos de movimento, era um dia morto. O proprietário, Rênio Quintas, aceita a proposta daquela turma de preencher com descargas de eletricidade o vazio dominical.

— Podem trazer a tralha aí.

Músico experiente, Quintas não se entusiasma com o que ouve. Ou melhor, com o que não ouve. Não entende nada do que está sendo cantado; além do mais, a guitarra estridente fica em volume muito superior ao dos outros instrumentos e da voz. Mas dá força para a rapaziada: até repassa umas dicas de afinações de baixo. Curioso, pergunta para Renato:

— E esse nome, Aborto Elétrico, hein?

— O objetivo é impressionar, Rênio.

— É... deu certo. É feio mesmo.

Àquela altura, feio ou bonito, o símbolo do Aborto já estava espalhado pelo Plano Piloto. Os pontos de ônibus da L2 e muitas portarias de blocos residenciais, inclusive a do Bloco B da SQS 303, já tinham sido pichados com as iniciais AE. A demarcação de território chega à Asa Norte. Aborto e Blitx ocupam o porão do Cafofo. O desconforto do local tem ao menos uma vantagem: como o freezer fica embaixo da escada, sem que os donos soubessem, os integrantes das bandas subtraem cervejas do estoque para aplacar o calor naquele subsolo sem ventilação. Os shows, chamados de "ensaios abertos", passam a atrair cada vez mais gente, entre cinqüenta e cem pessoas. A intensa movimentação em meio às tardes modorrentas de domingo incomoda os bares vizinhos. Um deles aciona a polícia. Aparecem três camburões e levam todo mundo; público e músicos permanecem detidos até as oito da noite. A domingueira ruidosa termina na delegacia. A quadra está novamente silenciosa.

• • •

Pedro Ribeiro, um dos freqüentadores do Cafofo, já conhecia o vocalista do Aborto Elétrico. Tinha aulas com ele na Cultura Inglesa. Entre os alunos da Cultura, Renato é o professor roqueiro, apaixonado por música. Aprovado com a nota mais alta no Certificate of Proeficiency in English, o mais alto nível dos exames lingüísticos de Cambridge, fora contratado pela própria diretora, Edith Jacques, sua antiga professora dos tempos da sede antiga, no Setor Comercial Sul.
Renato tenta adaptar o material didático, tornar as aulas mais atraentes. "Esses livros são retrógrados, é impossível envolver os alunos assim", reclama com os colegas. As queixas não são apenas com a dificuldade da direção em assimilar suas idéias e se prender às determinações da matriz no Rio de Janeiro. Com outros funcionários, como a secretária Cléa Souza Lima, esbraveja contra outras formas de poder.

— Nós somos burros! Burros de pai e mãe! O governo quer que sejamos burros!

— Cuidado, Renato, que o governo vai te pegar.

Ele corre para o lado de fora do prédio da Cultura, ergue os braços e, em tom debochado, exclama:

— Sou livre! Olhem aqui, sou livre!

O grito de liberdade se perde no vazio. Não há ninguém para escutar — nem para contestar.

Dá aulas de segunda a sexta para adolescentes e adultos: segunda, quarta e sexta, no período da tarde; terças e quintas, o dia inteiro. Leva os alunos para cantar Beatles pelos corredores, os meninos adoram. E as mães pedem para os filhos serem matriculados na "turma do Renato Manfredini".

Seleciona e traduz letras de músicas recém-lançadas. Numa das aulas, submete à classe canções de uma banda inglesa pouco conhecida no Brasil, The Police. Ouve-se a voz de Sting. Desapontamento geral.

— Você só coloca músicas horríveis, que ninguém conhece, professor!

— Que é isso, gente? Tipo assim, daqui a dois, três anos, todo mundo vai estar ouvindo isso! Mas tem outra aqui que vocês vão gostar...

Troca a fita cassete. Distribui cópias da letra de "Private Idaho", do B-52's, gravada no álbum *Wild planet* (1980), e aciona o gravador. Fred Schneider e Kate Wilson, os dois vocalistas da banda surgida na Geórgia (sul dos EUA), começam a cantar e ele acompanha, a plenos pulmões:

You're living in your own Private Idaho. Idaho!
You're out of control, the rivers that roll,
you fell into the water and down to Idaho.

Get out of that state,
get out of that state you're in.
You better beware.

You're living in your own Private Idaho
You're living in your own Private Idaho...

O contraste do entusiasmo do professor com a perplexidade dos alunos fica evidente. Renato se enfurece:

— Gente, mas isso é bê-cinqüenta-e-dois, é bonitinho! Vocês também não gostaram?!

As expressões nos rostos dos alunos estampam a resposta. Apesar da insistência do professor, a idéia de um território particular, onde fosse possível se isolar a partir

ARTE ESTÁ SOLTA
MORTE

QUE PAÍS É ESTE?
KISSINGER
CALEL

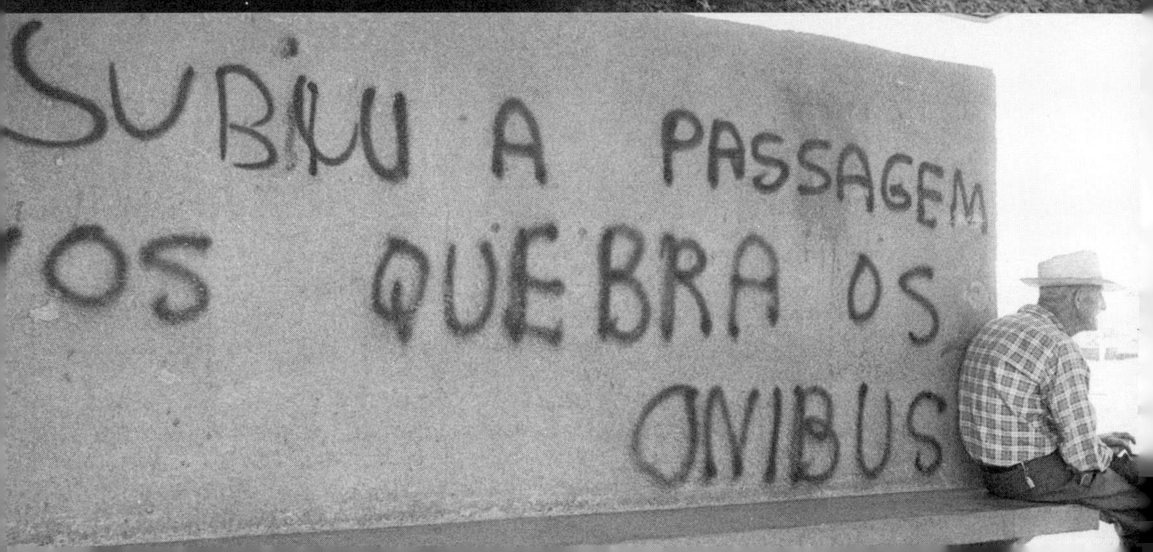
SUBIU A PASSAGEM
QUEBRA OS
ONIBUS

de um estado alterado da mente e a idealização de um Estado norte-americano inacessível para quem mora no sul dos EUA, não desperta interesse naquela turma de jovens. Mas Renato fica com a letra na cabeça. Entre a sala de aula de seu trabalho na Asa Sul e a sala de ensaio de sua banda no Lago Norte, abrasileira o conceito original dos B-52's. Apresenta aos irmãos Lemos a idéia de uma visão tupiniquim daquele Idaho particular. Ele sugere um riff, Flávio o acompanha, Fê arrisca uma batida. O Aborto Elétrico, então, começa a ganhar mais uma canção, "Piauí imaginário".

Às vezes, não consegue conciliar os horários dos ensaios com o das aulas. E, maroto, ao chegar na secretaria, põe os cotovelos em cima da bancada e avisa: "Hoje a fita do gravador não vai rodar..." ou "Hoje eu vou ficar doente, até minha voz já é de quem está com dor de cabeça...". Desconfiada, a diretora arruma um substituto, mas observa que, para quem está sofrendo, Renato demonstra incomum alegria ao ver os amigos chegando para lhe dar carona. Saltita no estacionamento.

À secretária, enquanto devora uma fatia de bolo de cenoura com cobertura de chocolate, ele revela que o motivo dos problemas do gravador e das súbitas dores de cabeça é a dedicação ao Aborto Elétrico.

— Muda o nome do seu conjunto, Renato. Esse nome é muito feio!

— Mas aborto é a vida que vem da música, Cléa!

— Aborto mata!

— Mata nada. O aborto bota tudo pra fora.

E presenteia a funcionária da Cultura com uma fita cassete de sessenta minutos toda gravada com um ensaio de sua banda.

— Guarda isso com você porque um dia eu vou ser famoso.

Enquanto o dia não chega, sai correndo do prédio ao ver um carro da TV Globo passando na rua. "É a minha chance de aparecer", brinca, imitando Renato Aragão: adorava *Os Trapalhões*. Toda segunda-feira, antes de entrar em sala, comentava o programa do domingo anterior com as secretárias.

• • •

Na Cultura, Renato não fica apenas na sala de aula. Aproveita-se da condição de professor para freqüentar regularmente o cinema recém-inaugurado. Os projetores, doados pela União Soviética, tinham sido recusados pela Fundação Cultural do DF — quando soube da decisão, a diretora, Edith Jacques, não hesitou e agarrou a oportunidade:

— Não tem problema. Vamos instalá-los no meu auditório.

E os projetores foram levados para o auditório, que ganhou cabine de projeção e virou cinema alternativo, ponto de encontro das cabeças pensantes da cidade. A programação fica a cargo do baiano José Damata, que inaugura a sala com a reapresentação de *Deus e o Diabo na Terra do Sol*, depois de 12 anos longe das telas candangas. O próprio diretor, Glauber Rocha, cede a cópia para o conterrâneo com uma condição: que três senadores — Jarbas Passarinho, José Sarney e Marcos Freire — fossem convidados para a abertura (apenas o último comparece). O começo com Glauber dá certo: as sessões da primeira semana ficam lotadas, reforçadas pela exibição de *Brasília segundo Feldman*, do documentarista paraibano, radicado na capital desde 1973, Vladimir Carvalho.
Renato não perde uma atração. Assiste à mostra dedicada a Rogério Sganzerla e comenta com o programador:

— Damata, sabia que eu gosto mais de *A mulher de todos* do que do *Bandido da Luz Vermelha*?

Certamente as referências aos quadrinhos, a trilha sonora pop com "Jailhouse Rock" (Elvis) e "Here Comes Summer" (Dave Clark Five), a presença luminosa de Helena Ignez como Ângela Carne-e-Osso e as imagens auto-definidas em "sexycolor" pesam na escolha de Renato.
Logo ele, além de assistir, passa a palpitar na escolha dos filmes. Pede para Damata dar um jeito de exibir "o melhor filme de todos os tempos": *A regra do jogo*, de Jean Renoir. Damata consegue localizar uma cópia na Cinemateca França-Brasil, e os rolos de película saem da Cinelândia, no centro do Rio, até a Asa Sul. O esforço é recompensado. Ao final da projeção, Renato abraça o programador.

— Que filme genial, Damata! Obrigado! Amanhã eu venho ver de novo! Agora dá pra ver se você consegue *Quadrophenia*, do Ken Russell?

Eles se conhecem de outras telas. Antes da Cultura Inglesa, os que se interessavam por produções alternativas freqüentavam o cinema da Escola-Parque, inaugurado em 1965 com programação a cargo de Paulo Emílio Sales Gomes, então professor da UnB. Lá, Renato batia ponto desde pequeno — no período final da recuperação da epifisólise, chegou a ir de cadeira de rodas assistir a *Morte em Veneza*, de Luchino Visconti.

A sede por cinema dos moradores do Plano Piloto provocava atitudes extremas, como quando os espectadores quebraram a porta para garantir um lugar na primeira sessão de *Easy rider — Sem destino*. Musicais como *Rock é rock mesmo* causam comoção. Com o título original de *The Song Remains the Same*, o registro de show do Led Zeppelin no Madison Square Garden vinha de história conturbada na capital. Na estréia, no Cine Márcia do Conjunto Nacional, o público se empolgou. Começou a dançar entre as poltronas e logo resolveu remover os obstáculos que os impediam de curtir plenamente a música. As cadeiras foram arrancadas; muitas voaram longe em meio ao fumacê de odor adocicado, facilmente reconhecível. Igualmente chapado, Renato estava no meio da sala e lá ficou até o final, imperturbável, curtindo cada acorde de Page, cada trinado de Plant. Nem se importou com as poltronas que iam sumindo ao seu lado e renderam notícia até em revistas de circulação nacional, na linha "Fãs de Led Zeppelin fazem quebra-quebra em Brasília". Divulgadas com estardalhaço, as cenas de vandalismo no shopping alertam Damata. O programador contrata um técnico, Luiz Carlos Pardal, para encher de caixas de som a sala da 307/308 Sul. Dá certo: o som ganha potência, as poltronas da Escola-Parque permanecem intactas e o filme fica um mês em cartaz. Casa cheia de gente para assistir a uma, duas, várias sessões. Entre elas, Helena Lemos, irmã mais nova de Fê e Flávio. Helena tinha visto *The Song Remains the Same* pela primeira vez na Inglaterra, levada pelos irmãos. Ao saber da paixão da garota, Renato a levou até seu quarto e mostrou alguns discos:

— Se você gosta de Led Zeppelin, tem que conhecer e gostar disso aqui!

E emprestou LPs de antigos cantores de blues: Leadbelly, Howlin' Wolf, Muddy Waters, fontes preciosas da música de Plant e Page. Helena agradeceu aquela forma de conhecer ainda mais sobre seus ídolos. Aos 11 anos, adorava Zeppelin a ponto de ter no quarto um pôster gigante, presente de André Mueller, amigo de Fê que agora escutava outro tipo de rock. Ao rever o filme seguidas vezes em Brasília, se encantou novamente com Robert Plant vestido de cavaleiro medieval, longos cabelos ao vento. Sabia de cor o gestual do vocalista durante "Stairway to Heaven", delirava com Jimmy Page tocando guitarra com o arco do violino. Toda vez que revia o filme, aumentava a paixão pela banda inglesa. Só ficou enfurecida em uma das sessões porque, bem na sua frente, sentaram Ico Ouro-Preto e Bi Ribeiro, cada um com cabelo maior que o outro — não dava pra ver nada: ela já tinha notado aqueles cabeludos nos shows da banda dos seus irmãos, no Food's. Helena gostava tanto de Zeppelin que baqueou quando correu no Beirute a notícia de que John Bonham havia morrido. Renato tentou consolá-la:

— Calma, Helena, não deve ser verdade.

Era verdade. John Bonham morrera em outubro de 1980, sufocado pelo próprio vômito, devido ao uso excessivo de álcool. Tinha 32 anos. Helena cai em profunda tristeza, a ponto de os amigos telefonarem para dar os pêsames. Só não fica mais abatida porque, pouco tempo depois, conhece um garoto cabeludo que aproveitara a viagem dos pais para armar uma festinha no seu apartamento. Lá, o dono da casa, com ajuda de Renato, veda os olhos de Helena e a leva até o quarto. Ao tirar a venda, Helena dá de cara com o mesmo pôster gigante do Led Zeppelin que recebera de André Mueller. Surpresa, abre um sorriso e é correspondida. A irmã mais nova de Fê e Flávio Lemos começa a se apaixonar pelo dono do pôster, Dinho Ouro-Preto.

• • •

As sessões de *Rock é rock mesmo* ganham lotação máxima também por outro motivo. O certificado fornecido pela censura para a exibição do documentário estava prestes a vencer. Prazo esgotado, cópia incinerada. O mesmo acontecera com *Monterey Pop*, também com sessões lotadas devido à iminência do fim do certificado de validade. Negativos queimados, retinas vazias.

Filmes provocam burburinho por diversos motivos. Com cenas de sexo explícito, o drama japonês *O império dos sentidos* é liberado pelo Conselho Superior de Censura. Mas, antes da liberação, o filho do ministro da Justiça, Ibrahim Abi-Ackel, assiste à fita em sessão privê, batizada ironicamente pela imprensa de "cinema especial para menores".

Mesmo após o fim do AI-5, a censura ainda age com desenvoltura no cinema e também na música. A liberação para radiodifusão de "Geni e o Zeppelin", de Chico Buarque, provoca mal-estar no Ministério da Justiça. O verso "Joga bosta na Geni" irrita até o ex-ministro da pasta, Petrônio Portella, que reclama da veiculação da canção nas rádios. Por conta do "efeito Geni", portaria do diretor da divisão de Censura ordena a centralização em Brasília da análise das letras das músicas, antes distribuída pelos departamentos regionais.

O país volta a viver, ainda que com menor intensidade, a febre dos festivais. O MPB 80, promovido pela Rede Globo, é vencido por um ex-morador da Asa Sul — Oswaldo Montenegro, intérprete de "Agonia", ganha o prêmio de um milhão de cruzeiros.

Brasília vai na onda das competições musicais. A sexta edição do Festival Interno do Colégio Objetivo, o Fico, tem Moraes Moreira como atração principal. O Aborto Elétrico se inscreve, mas é desclassificado e não chega à final.

O rock progressivo resiste na capital. O Tellah toca na frente do Food's o repertório do recém-lançado disco *Continente perdido*. E um novo grupo, Mel da Terra, conquista público com músicas telúricas como "Árvore frutífera", "Beija-flor", "Lulubega" e "Pau Brasil". A imprensa local saúda o Mel, pela "musicalidade, doçura, sinceridade e beleza" e aponta a banda como o maior acontecimento na música brasiliense do ano. Os dois grupos se unem para apresentação na QI 9 do Lago Sul,

BENZINA

Não tenho mais dinheiro nem prá porna nem prá quina
Só tenho vinte mangos vou cheirar benzina
Eu fui até a farmácia eu e minha prima
Levei vinte cruzeiros prá comprar benzina
Em cima do telhado, sentado na esquina
Qualquer lugar é bom prá se cheirar benzina
Dentro de um cinema, estou com tudo em cima
Não vai pintar sujeira, vou cheirar benzina
Não quero cocaína, não quero metodrina
Não quero heroína eu vou cheirar benzina!
Benzina benzina benzina ah, yeah...

A DANÇA

Sábado à noite o mesmo prá variar, perder meu tempo livre sem me divertir, sentar num bar e então beber beber beber, sábado sábado, nada prá fazer. Vai ter festa, gravei um disco dos Stones. Uma multidão de gente no pátio do batalhão. Três ônibus lotados não parece real. Os inocentes talvez já descobriram o mal. O importante é dançar, dançar a dança, a dança. Agora já é história, virou folclore local, e se é folclore já é estória moral.
E se é estória de se contar por aí
Já vem de dentro, não sai mais daqui.
Sábado à noite o mesmo prá variar, perder meu tempo livre sem me divertir. Sentar num bar e então beber beber beber. Sábado, sábado, nada prá fazer. Se eu menos eu puder sair com você...

Todas as letras tem sua razão de ser e sua estória.
Se você for esperto, você descobre.
Lembre-se: bagulho nunca fez a cabeça de ninguém...
Melhor se descobrir do que viajar por aí
mas, às vezes...

FICÇÃO CIENTIFICA

Hoje à noite Flash Gordon vai tentar ser Barbarella
para ver se aprisiona Albert Einstein
que criou o elixir da longa vida, (ainda vive),
tenta criar uma nova bomba-H.
Um eclipse destruiu o sol, que devia ser Apolo sem o mito: só o que queima o chão.
Júlio Verne matou Galileo e Saturno os seus filhos.
Sangue puro: a essência canibal.
Sonhos tortos, sonhos mortos - sempre vejo minha morte.
Mas tanto faz, não existem mais heróis.
Kriptonita no meu sangue, clorofórmio no banheiro...
E a dança é a mesma, não é ficção.

Revolução? Selva tropical: raio laser mata índios.
'Descoberta! O novo mundo já envelheceu!'
No futuro não existe mais Amazônia. Agora é shopping-center
RED WHITE AND BLUE
J - A - R - I
Como tentar ser selvagem, se não existe anarquia?
E a dança é a mesma - não é ficção?
Muita fome nas estrêlas
Muita fome nas estrelas
Muita fome nas estrelas
E AQUI TAMBÉM!

SID VIVE!

ADMIRÁVEL MUNDO NOVO

Não adianta você vir tentar me aconselhar
Se eu sigo os seus conselhos eu vou me ferrar
Não adianta me dizer que você está com a razão
Você não é da minha idade, é de outra geração
Não tente entender o que eu faço
Também não me pergunte o que eu acho
Não me diga que eu devo seguir o seu caminho
Se eu tiver que errar, quero errar sozinho!

em frente ao Giraffa's, a menos de 2 quilômetros do local onde o Aborto tinha feito sua primeira apresentação.

Três meses depois de consolar Helena após a notícia da morte de John Bonham, é a vez de a amiga retribuir o apoio. Renato baqueia ao saber que John Lennon fora assassinado a tiros, em Nova York. Dias depois, ao esbarrar num ambulante vendendo camisetas com a foto do ex-Beatle, manda:

— Você está ganhando dinheiro em cima da morte do Lennon! Não tem vergonha, não?

— Mas é uma homenagem ao Lennon...

— Se é homenagem, então, dá de graça, sai distribuindo a camiseta!

Reação bem diferente tem o lendário crítico californiano Lester Bangs, estrela da crítica da *Rolling Stone* nos anos 70. Em artigo no *Los Angeles Times*, ele descarta o sentimento de luto, por conta do comportamento dos admiradores do Beatle. "Essa recusa de seus fãs de jamais deixá-lo ser ele mesmo simplesmente foi quase tão letal quanto seu assassino", ataca. Cita a frase "Não siga líderes", de Dylan em "Subterranean Homesick Blues", e traça ácida comparação: "Não sei o que é mais patético, as pessoas da minha geração que se recusam a deixar sua adolescência nos anos 60 morrer de morte natural ou os mais jovens, que irão arrancar e devorar qualquer pedaço, qualquer migalha de um sonho que alguém declarou acabado há mais de dez anos."

Lennon, morto em Nova York aos 40 anos, aparece em Brasília duas décadas mais jovem. Rodado em 1965, *Help*, de Richard Lester, flagra os Beatles no auge da fama e é exibido na Cultura Inglesa. A programação inclui outros documentários roqueiros: *O último concerto de rock*, *Woodstock*. E a junção da reprise de clássicos europeus (*L'Avventura*, de Antonioni) com ousadias viabilizadas apenas com ajuda das embaixadas, como a improvável mostra de cinema novo da Iugoslávia ("incluindo desenhos animados da escola de Zagreb", ressalta o material de divulgação).

Brasília, que tanto ama a tela, em breve seria projetada em circuito nacional. A capital atrai jovens cineastas dispostos a decifrá-la. O carioca Sérgio Rezende, 29 anos, anuncia o início das filmagens de *SQS 109 — Salve-se quem souber.** O tema, segundo o diretor, é a vida da juventude brasileira dos anos 70, a chamada "geração do silêncio". Quer revelar o que esses jovens setentistas estão fazendo no início da nova década. "As contradições de Brasília servem de cenário para esse filme que contém cenas de sentimentos explícitos", segundo o diretor. No elenco, dois astros das novelas da Globo, Lucélia Santos e Lauro Corona, e outros nomes menos conhecidos:

* O filme foi lançado no circuito comercial em 1982 com o título de *O sonho não acabou*. (N. do A.)

Chico Diaz, Miguel Falabella, Louise Cardoso, além de alguns atores locais como o carismático Aluísio Batata e o irreverente Alexandre Ribondi, este último, colega de Renato na Cultura Inglesa. A produtora, Mariza Leão, diz que as locações não poderiam ser em outro lugar porque "a história é o espelho e o reflexo de Brasília". O diretor avisa que fará um filme para a juventude "cuca leve", mas garante que mostrará tudo: sem subterfúgios, máscaras, mentiras ou fantasias.

• • •

Fê procura Renato. Estão na cidade-satélite do Cruzeiro, exatamente dez dias após a morte de John Lennon, para mais um show. Renato some em momento crucial: o da montagem dos equipamentos. O ritual não tem nada de glamoroso: retirar o equipamento da sala de ensaios do Lago Norte, carregar até o porta-malas do carro, descarregar no lugar do show, ligar tudo, testar microfone e amplificador, verificar cabos e rezar para que tudo funcione. Fê e Flávio têm que fazer tudo sem ajuda do terceiro integrante do grupo. Quando Renato reaparece, vinho na cabeça e cara de contemplação, Fê o inquire:

— Cara, onde é que você estava?

— Ah, fui fazer uma oração para o John Lennon...

O sangue do baterista ferve:

— Eu fiquei aqui montando equipamento e você foi rezar para aquele hippie velho?

— Era um pedido da Yoko, Fê!

— Puta que pariu, Renato!

Nesse clima bem mais para "Helter Skelter" do que para "Give Peace a Chance", os dois partem para o show. Disperso, Renato erra a letra de "Veraneio vascaína". O baterista perde de vez a paciência. Quando Helena vê a baqueta ser arremessada pelo irmão em direção ao rosto do vocalista, deixa escapar:

— Nããããooooooooooooooo!!!!

Tarde demais. A baqueta atinge a cabeça de Renato, que, chocado, olha para trás. Jamais achou que Fê poderia chegar àquele ponto. O show acaba e o vocalista do Aborto Elétrico desaparece novamente. O baterista pergunta à namorada, Inês, se ela tinha visto Renato.

— Ele já foi embora.

O baterista, então, pega o carro, segue direto com a namorada para o bloco B da 303 Sul. Toca a campainha do apartamento 202. Renato demora a abrir a porta. De banho tomado, comunica a Fê, sem elevar a voz:

— A banda acabou.

Fê pede desculpas seguidas vezes. Renato, depois de relutância, aceita continuar.

• • •

No Palácio do Planalto, o presidente João Baptista Figueiredo recebe a visita do colega argentino, Jorge Videla. Os generais celebram o ideal comum de "bem geral" do comando militar das duas nações vizinhas. "Onde havia caos, hoje há ordem", garantem Videla e Figueiredo, em comunicado conjunto. A ordem assegurada por Figueiredo é desobedecida em 30 de abril, durante show comemorativo do Dia do Trabalho, no Riocentro, reunindo grandes nomes da Música Popular Brasileira. Enquanto Elba Ramalho canta, um sargento morre e um capitão fica ferido com a explosão de uma bomba que transportavam no carro em que estavam, no estacionamento do local. Sete dias depois, Figueiredo afirma que não aceita guerra em tempo de paz e determina:

— A ordem é eliminar o terror.

Novamente o Brasil mergulha em clima de tensão política e institucional. Crescem os rumores de um novo golpe militar. O general Reynaldo Mello de Almeida, ex-comandante do I Exército, é obrigado a fazer um desmentido formal de afirmação proferida durante conferência: "Nunca tivemos uma democracia real no Brasil porque o povo não tem educação para isso". Um telefonema anônimo leva pânico ao Congresso.

— Aqui é do Comando Delta, estou avisando que vai estourar uma bomba na Tribuna de Honra do Senado.

O Congresso é evacuado. Nada de explosivos.
O desgaste trazido pelo episódio do Riocentro, agravado pela conclusão do inquérito militar que indica "terroristas" como os autores da explosão, provoca a saída do ministro Golbery do Couto e Silva, que pede demissão da Casa Civil da Presidência da República. Antecipadamente, os jornais elegem o acontecimento como o fato político do ano.

Fora do Brasil, mais tensão. O papa João Paulo II é baleado pelo terrorista turco Ali Agca. Em mensagem gravada no Hospital Gemelli, em Roma, Karol Wojtyla oferece seu sofrimento "à igreja e ao mundo" e diz que perdoa "o irmão que me feriu". Crescem as especulações de que o atentado seria o terceiro segredo de Fátima.
Após quatro anos, a Universidade de Brasília volta a abrir espaço para shows e performances com a realização da sexta edição do projeto Expoarte, "cinco dias de agitação cultural". Cerca de quatrocentos trabalhos são inscritos, entre eles o "som punk" do Aborto Elétrico e Metralhas (banda de André Mueller, dono da camiseta "Enforquem o Fábio Júnior", e de Marcelo Bonfá), anunciado para o ateliê do curso de arquitetura, em palco improvisado, entre os cartazes "Adolf Hitler para Miss Brasil 81" e "Nós, burgueses, precisamos fazer alguma coisa. Suicídio em massa, talvez". O Aborto Elétrico toca também no Bandejão com outras três bandas: Liga Tripa, Sol Poente e Banda 69. A mini-turnê pelo campus universitário termina no Teatro de Arena na *Noite das Bruxas*, com mais 11 artistas locais. A expectativa é grande: panfletos e pichações com a logotipo e o nome do Aborto Elétrico se espalham pelo campus nos dias que antecedem o show. O público tem atitude roqueira, já tinha inclusive vaiado alguns que se apresentaram antes.

— Nós somos o Aborto Elétrico e a gente vai tocar umas músicas pra vocês.

Renato começa com "Que país é este", sempre tocada no início para tentar acertar os instrumentos. Não adianta muito. A precariedade do equipamento faz o som ficar embolado, e a sonoridade punk também provoca estranheza. Renato, então, inicia na guitarra o riff de "Fátima". Na hora de cantar, divide as sílabas das proparoxítonas ("Lá-gri-ma!", "Fá-ti-ma!") e se esgoela nos versos apocalípticos.

— E o limpo se sujou e no terceiro dia ninguém ressuscitou! No terceiro diaaaaaaa! ninguém ressuscitooooooooou!

Poucos aplausos, muito burburinho, alguns apupos. O som continua anárquico, mas não da maneira imaginada pelo regente punk. A situação se mostra tão confusa, a ponto de Maurício, músico que acompanhara um dos vaiados da noite, o guitarrista Jimi Figueiredo, ver um teclado Casio em cima do palco e ajudar o Aborto. Pede para tocar e pergunta a Renato em que tom está a música. A resposta desconcerta:

— Tanto faz, tanto faz!

Grita o refrão rocker ("yeah, yeah, yeah") de "Conexão amazônica". Vocifera os versos de "Tédio (Com um T bem grande pra você)":

Moramos na cidade também o presidente
E todos vão fingindo viver decentemente
Só que eu não pretendo ser tão decadente, não
Tédio com um T bem grande pra você [...]
Se eu não faço nada eu durmo o dia inteiro
E aí não é direito, aí não é direito
Porque quando escurece eu só estou a fim de aprontar
Tédio com um T bem grande pra você
Porque moro em Brasília, moro em Brasília, moro em Brasília...

Ninguém entende nada, nem faz força para entender. A indiferença se converte em vaias. Renato não perdoa:

— Vocês não estão preparados para esse tipo de som!

O vocalista toma vaias ainda maiores como resposta. Devolve com ironias. E o que era apenas estranheza se transforma em hostilidade. O show acaba. Expectativa duplamente frustrada — do público e do artista. Furioso com a reação, Renato contra-ataca: escreve uma carta aberta "para quem quiser ouvir/ler", assinada em conjunto pelos três grupos que se apresentaram no Teatro de Arena.

Na carta, dividida em seis pontos mais explicação final, ele relata os fatos à sua maneira. Conta que "quando a música elétrica começou", no início do show, "todos se levantaram como que atendendo a um chamado sagrado de tambores". Resultado: pisões nos fios e ligações elétricas arruinando tudo. Contabiliza seis amplificadores pifados, além do roubo de cabos e outros equipamentos. Faz críticas ao comportamento dos que foram lá para assistir e achavam que estavam em sintonia com os artistas : "Infelizmente se vocês pensam ter realmente conseguido sentir/dançar/desarvorar conosco — enganam-se!"

Para Renato, ninguém da UnB ainda está preparado para um acontecimento tribal. Condena o ambiente, "pesado e desorganizado demais", e dá suas impressões sobre a "neocatástrofe": "Já sentimos o descontentamento geral e a procura, por parte de alguns de vocês (o público), por algo novo. Alguma coisa tem que acontecer: mas não podemos deixar isso ficar com um sabor 'desordem' demais", adverte.

Na parte mais raivosa da carta aberta, lança ataque frontal contra os que se recusam a abandonar a atmosfera enfumaçada do paz-e-amor-bicho!: "Abaixo o espírito de 67. Haight-Ashbury já morreu. Woodstock fracassou. Não estamos em San Francisco. Hippies go home." E, novamente, brada:

— Esqueçam os modelos estrangeiros (estes devem/podem ser usados para dar partida a algo novo e nosso, aqui e agora). Usem e criem em cima das vibrações únicas da nossa cidade.

Diamante de Vidro

- EI, OLHA SÓ O QUE EU ACHEI.
- SERÁ UM DIAMANTE?
DESLIZANDO NA LADEIRA COM PLACAS DE FÓRMICA
PIQUE/PEDRA BALEIA
VIKINGS DO MAR DO NORTE
E MUITA SORTE.

É só verão.

VOLTAR DA ESCOLA E BRINCAR
CONSTRUIR CASAS DE PAPELÃO SEM SABER QUE SERIA ERRADO.
DE BICICLETA DAR A VOLTA NO QUARTEIRÃO,
ATRAVESSANDO RIOS
MONTANHAS E PAÍSES.

É só verão.

(ROLIMÃ
CARNAVAL
FUTEBOL-
CARNIÇA.)

SEMPRE A LADEIRA
A CASA EM CONSTRUÇÃO
O QUINTAL/CINEMA (filmes de verão.)
O AZUL DA PISCINA
E DOS UNIFORMES
CASAR AOS DEZ (KI-SUCO DE ABACAXI)

(PATINETES
SORVETE
REMA-REMA.)

E quando a chuva era sol
Por causa dos desenhos de sol a giz no chão

E AS FESTAS
E AS LINHAS COM CEROL
COLA FEITA DE ARROZ
E A PIPA NO AZUL E O AZUL DENTRO DE CADA UM.

(E AS GUITARRAS DE PLÁSTICO
PIQUE-BANDEIRA.)

GUERRAS DE AREIA
BARRO E SEMENTES
O AZUL -

É só verão.

ÀS TERRAS DO ESPAÇO GIGANTES VÃO.
NÃO EXISTE MAIS NOSSO CINEMA
NEM O VERÃO. AGORA É SÓ LEMBRAR DO QUEIMADO
E DE SÃO JOÃO.
ERA ANO NOVO E NATAL
ITATIAIA
NO DOMINGO, A FAMÍLIA COMO NUNCA FOI.

(FLAMBOYANT
ALBUM DE FIGURINHAS
BANANAL.)

- EI! OLHA SÓ O QUE EU ACHEI
- SERÁ UM DIAMANTE?
- PENA QUE É DE VIDRO...
* * * * * * * * * * * *
Mas não era então.

RMB
13/FEB/81
Under Aquarius

Na explicação final, recorre à filosofia e astrologia para constatar: "Vocês só sentiram a sombra do Aborto, Blitx e SLU na sexta-feira. O que aconteceu foi resultado da insatisfação de todos na festa. Principalmente vocês, o público, que, como nós (os músicos elétricos), ainda não conseguiram conciliar idéia e ação. Precisamos pensar antes de agir; pensar muito — e agir pensando. O tempo das emoções puras está acabado; isso é de Peixes. Agora é o intelecto (no puro sentido da palavra) que deve agir e comandar", afirma, antes de decretar:

— Está na hora de ser aproveitado o nosso consciente coletivo. Estamos nos voltando contra nós mesmos; isso é errado e destrutivo. Devemos criar. Temos a idéia e o material humano para começarmos um movimento. Por que não começar aqui e agora?

A carta, endereçada a "todos vocês", termina de forma singela: com um abraço para o Liga Tripa.

Ele tem suas razões. Sabe que uma parte do público universitário prefere MPB ao rock — ou, no máximo, grupos que transitam nos dois gêneros; A Cor do Som, Mel da Terra. Enquanto o Aborto estremece o campus, Caetano e Gil invadem novamente as rádios com, respectivamente, "Lua e estrela" e "A gente precisa ver o luar". Menos chão, mais céu; menos terra, mais lua.

A irmã, Carmem Teresa, vai aos shows na UnB. Fica surpresa, não esperava aquela performance ensandecida. Passara a infância e adolescência ouvindo Júnior cantar, mas ele nunca tinha feito nada remotamente parecido dentro de casa. A colega do Ceub Cássia Portugal também vê o Aborto em ação. Após insistentes pedidos de Renato, assiste à banda duas vezes. Decepcionada com a barulheira, toma uma decisão. "Não vou assistir mais, gosto muito do meu amigo".

Mas Cássia não quer perder contato. Convida Renato para participar dos acampamentos promovidos nos fins de semana pelo pessoal da faculdade. Ele não vai. Já tem a própria turma para acampar. O hábito de se reunir à noite para tomar vinho, tocar violão e assar batatas em volta da fogueira começara em áreas isoladas da já inóspita Colina. No início, eram poucos; só Renato, André Mueller, Fê e Flávio, Loro e Gerusa. Depois, a turma começa a se expandir e procurar novos endereços. Movidos a vinho barato comprado no Jumbo ou nas Casas da Banha, pegam os carros disponíveis — Brasília, Variant, Galaxie caindo aos pedaços — e estacionam em ruas sem saída do Lago Sul, já bem próximo do Lago Paranoá: as quebradas.

Em uma dessas incursões noturnas, avistam forasteiros: Dinho Ouro-Preto, Dado Villa-Lobos e Pedro Ribeiro. Mais novos que Renato e Fê, os filhos de diplomatas se sentem um pouco intimidados, mas tentam se aproximar. Desconfiado, Renato dispara à queima-roupa para Dinho.

— Você gosta de ler?

— Gosto, claro.

— Ah, é? E o que você lê?

Dinho cita *O apanhador no campo de centeio*, de J.D. Salinger, e outros livros. As respostas agradam. O recém-chegado recebe um baseado; ainda não sabe fumar direito, passa mal e quase vai parar no hospital. Mas já tinha sido batizado. Os filhos de diplomatas ganham espaço na Colina.

Os dois grupos, agora reunidos numa só turma, mergulham nos cinemas, que têm muito a oferecer. A Cultura Inglesa capricha com mostras de Godard e Pasolini; a Sala Thomas Jefferson contra-ataca com "Novas perspectivas da América", que reúne filmes inéditos de Terrence Malick, Martin Scorsese e James Toback. No Karim, são exibidos sete filmes em 70 milímetros no primeiro festival de cinema russo. Promovidas pelas embaixadas, boa parte das mostras têm entrada franca, com sessões lotadas.

Quando resolvem deixar o Plano Piloto para acampar, as fruições são de outra espécie. Vão até a Chácara do Tororó, assim batizada por Carminha Manfredini por conta de antiga música infantil. Lá, a pouco mais de 30 quilômetros da Asa Sul, o pai de Renato comprara uma pequena fazenda e deixava saco de dormir e lanterna para uso do filho e dos amigos. Ao visitar a propriedade depois de um dos acampamentos, Renato Manfredini se arrepende: constata que o poder de destruição da turma de Júnior é tão grande que, não se sabe como, eles conseguiram quebrar uma coluna no terraço da casa. Decreta o fim da farra.

A turma procura outros lugares para se isolar. Nos acampamentos, como habitantes de um planeta selvagem, eles tomam banho de cachoeira, armam rodas de violão, dormem em barracas. Levam gravador para escutar as fitas com as músicas preferidas; para economizar pilha, rebobinam os cassetes manualmente, com ajuda de canetas. Afinal, se acabasse a água, tudo bem; mas sem maconha e música não dá pra sobreviver no meio do mato.

As fugas se transferem, então, para terreno atrás do Country Club, na direção da cidade-satélite do Gama, onde o pai de Pedro Ribeiro possui terreno. Comem feijão enlatado, procuram cogumelos alucinógenos, enxergam duendes e discos voadores, se perdem entre as árvores retorcidas — têm tanta familiaridade com o cerrado quanto com a floresta amazônica. Em volta da fogueira, Renato toca violão e tenta engatar conversas sobre a vida, o sentido da existência, as diferenças entre o amor e a amizade, e tudo mais. É interrompido pelo estrondo da explosão de bombinhas de São João bem perto de seus pés. Quase morre de susto. Fica furioso, pede para alguém levá-lo de volta para casa. É ignorado.

Vem, então, o primeiro passo para fora do gueto. As bandas punks são convidadas para participar do novo espetáculo escrito e dirigido por uma figura conhecida do meio cultural brasiliense: Jota Pingo. Irmão de Paulo César Pereio, também ator,

Pingo tinha participado da primeira montagem de *Hair* e de filmes como *Pindorama* e *Tudo bem*, ambos de Arnaldo Jabor. Esteve em Brasília pela primeira vez em 1977 para tentar a liberação pela censura da peça *Uma tragédia atual*, proibida por conta de alusão ao general Figueiredo. Trecho alterado e texto liberado, volta para montar o mesmo espetáculo na capital. Na bagagem apenas três itens: calça jeans que não fechava na frente, camisa regata roxa e par de chinelos. Vai ficando.
Com mais de trinta atores no elenco, *Uma tragédia atual* lota o Teatro Galpão. As encenações são seguidas de debates com a platéia. Pingo repara na presença de um jovem sério, meio desconfiado, que sempre fica para assistir às discussões. Pingo puxa conversa:

— Você tá sempre por aqui, mas não fala nada. O que você faz?

— Tenho uma banda de rock. Aborto Elétrico.

— Ah, é? Legal o nome. E tem outras?

— Tem outras, sim.

— Quer participar do meu próximo espetáculo?

Pingo convida Aborto, Blitx 64 e Liga Tripa para participar de *O último rango*, musical planejado para 32 atores em cena, mais três bandas tocando ao vivo músicas de diversos gêneros: tango, baião, frevo, marcha e rock. Na direção musical, o experiente Eduardo Vali, o Edu da Viola. No primeiro ato, as bandas entram para tocar as músicas escritas por Pingo; no segundo, continuam em cena, mas tocando repertório próprio a partir do chamado do locutor do programa de rádio. Em média, cinco músicas para cada grupo. E, entre um número e outro, os músicos ajudam a preparar a sopa feita com legumes e verduras fornecidos pela SAB, rede de supermercados estatais do governo local. Descascam batatas e cenouras, separam tomates, capricham na mistura.
O público entra por um túnel e, depois de ser recebido pela protagonista Jeanna Sylvana Mangana, cai direto no ambiente de cena. Em vez de arquibancadas e cadeiras, uma cozinha caseira, circundada por mesas, bancos, cadeiras, sofás, poltronas e almofadas. No fogão e na pia, os personagens começam a preparar o rango da noite e recolhem dos espectadores os legumes que eles tinham levado para o teatro. "Durante esta confecção, o elenco vai desenvolvendo pequenas tramas teatrais, musicais e poetais, dando lugar às manifestações soltas da platéia que poderá dar vazão a sua necessidade de participação atuante", detalha o roteiro do espetáculo, que ressalta a preocupação com a cultura da terra: batata, cenoura, couve.

O último rango mencionado, além de trazer no título uma brincadeira com o filme de Bernardo Bertolucci, resulta numa sopa com noventa quilos, devorada pelos mendigos e meninos de rua que perambulam pela W3 e aproveitam para fazer ali, em vez da última, a única refeição do dia. O texto, alegórico, contém farpas contra as autoridades da época. Pingo, em cena como o Grão-Mestre da Culinária. Cita uma certa Serviços Gerais Generais Ltda, empresa faz-tudo. "Faz política, arte, soja, comanda a nação... serviços gerais generais, melhor não fais (sic). Quem dá mais? Quem dá mais por três generais? Total 35 estrelas e 27 centímetros! Para brilhar onde, se não tem mais constelação?"
O texto de Pingo critica o próprio teatro ("toda peça de esquerda tem um envolvimento mágico com a realidade proletária"), ironiza os personagens da Disney ("vamos logo comer os patinhos coloridos do Tio Sam"), e anuncia a principal proposta do MPL, Movimento Porra-Louca: comer brasileiramente os pratos intelectuais das multinacionais. Os espectadores, convertidos em ouvintes de rádio no segundo ato, deveriam declamar poemas e participar do banquete.
De fora do teatro, já se ouve o "som quebrando solto no teatro", como previsto no "roteiro poético" original. Introduzido por um dos personagens, a Estrelada-e-Encantada-Fada-das-Imensidões-do-Nada, o Aborto Elétrico se apresenta. Renato se entusiasma com a performance. Berra os versos de "Heroína": "Eu não quero viver, quero ser um vegetal/ Não sinto nada/ Não faço nada..." Canta também "Quase vinte dentes", música do Liga Tripa: "Tenho quase vinte deeeeeentes." O que era tranqüilo, meio andarilho, ganha rotação acelerada na interpretação do cantor punk.
No final do espetáculo, um dos atores, ainda mais maluco que o diretor, resolve esvaziar o extintor de incêndio no público. Os que não conseguem escapar ficam cobertos de pó químico, crentes que tinham participado de mais uma peripécia engendrada por Jota Pingo. Foi o único contratempo da estréia — o resto, inclusive o Banquete dos Mendigos, como no título de um dos álbuns dos Stones, sai como o imaginado.
A confraternização de equipe e elenco ocorre no tradicional reduto da classe artística e dos boêmios da cidade, o Beirute. Entre quibes, esfirras e cervejas, Pingo faz discurso de agradecimento e depois distribui beijos em todo o elenco. Quando se aproxima dos integrantes das bandas punks para fazer o mesmo, Renato dá um pulo da cadeira e sai correndo, recusando de forma ostensiva o afago do diretor. J.Pingo comenta:

— Que estranho, não sabia que ele era homófobo!

Depois da festa, a ressaca. Sob o título "Último rango ou último ranço?", o espetáculo é detonado pela crítica: "Até para o exercício do porra-louquismo é necessário inteligência", espinafra o jornalista Ézio Pires, um dos atingidos pelo pó químico, dizendo que o espetáculo é "um concurso para descobrir quem é mais louco" e questiona:

— Esbanjamento ou desperdício de energias?

Pingo rebate:

— A música que expressa o desespero e o sentido trágico de nosso tempo é o rock, daí a presença do Aborto Elétrico, Blitx e SLU.

Ganha apoio do poeta Nicolas Behr que, no artigo "Punk não se espanque", defende a chegada do Aborto Elétrico às paradas de sucesso e cita trecho da mensagem de uma certa Organização do Desespero, criada por Renato:

— Ser underground em 1981 é coisa de subdesenvolvido. Venham todas as meninas. Logo estaremos dançando nas ruas e com um visual e linguagem próprios da nossa idade e coração.

Filho de imigrantes europeus, morador de Cuiabá (MT), Nikolaus Hubertus Josef Maria von Behr chegara em Brasília em 15 de março de 1974 — dia da posse de outro descendente de alemães, Ernesto Geisel. Trocou o mato pela maquete. Na capital, tentou aprender a tocar violão; fã de Yes e Joni Mitchell, queria fazer rock. O sonho acabou na dificuldade com os primeiros acordes. Inspirado na antologia *26 poetas hoje*, organizada por Heloísa Buarque de Hollanda, passa a escrever versos e fabricar seus próprios livros, como fazia no Rio de Janeiro o pessoal do grupo Nuvem Cigana. Mimeografa os exemplares de *Iogurte com farinha* e *Chá com porrada* em seu colégio, o Setor Leste, e sai vendendo pelos bares, ônibus, portas de escola e filas de cinema. Desafia as longas distâncias do Plano Piloto ao sair a pé de sua quadra, a SQS 415, atravessar o Eixão na hora do rush e seguir em direção à zona boêmia na SQS 109, quadra do Beirute e do apartamento da namorada, Noélia. A musa o inspira a escrever poemas como "Amor punk": "Aquele beijo na boca/ que você me deu semana passada/ está doendo até hoje". A cidade o leva a escrever poemas como "SQS ou SOS? Eis a questão!" Cabelos longos e louros, livrinhos a tiracolo, Behr está em toda parte. Um dia, sentado no meio-fio, assiste a um concerto ao ar livre na Asa Sul. Renato se aproxima e entrega um monte de folhas de papel dobradas e grampeadas.

— Dá uma olhada. Toma aí pra você.

O jovem roqueiro que queria ser escritor entrega as suas letras ao jovem escritor que queria ser roqueiro.

• • •

A turma dos punks cresce e passa a ser visada pelos playboys. Nos pontos de concentração da moçada do Lago Sul, Gilbertinho ou no Gilberto Salomão, os embates se tornam inevitáveis. Camisas Hang Ten estufadas pela musculação, os boyzinhos identificam nos punks os rivais em potencial para a maior meta do grupo: conquistar as meninas. Quando o nível do álcool e do tédio subia no sangue e a ausência do sexo feminino se tornava exasperante, eles partiam para a troca de socos. Renato bem que tenta escapar das sessões de pancada, e surpreende os agressores com perguntas desconcertantes, mas também acaba apanhando. E não só dos playboys. Mas de quem é pago pelo governo para manter a ordem e evitar a violência.

Polícia Civil, Polícia Militar, Polícia do Exército, Polícia Federal. Carteiras, distintivos, galardões, fardas, uniformes de todos os tipos. Era só esbarrar com os homens fardados que começavam os problemas. Até porque, muitas vezes, o encontro acontecia tarde da noite, quando o teor etílico de Renato já estava perto do limite. E o fazia se aproximar dos policiais para perguntar:

— Qual é o seu signo?

Como resposta, recebe uma chave-de-braço e golpes de cassetete. E Renato não desiste: alta madrugada, bêbado, tenta entabular conversas com os policiais sobre a situação política e social do país. Mais bordoadas oficiais.

Vai parar na delegacia pela primeira vez após cair em armadilha. Está de uniforme punk com sua turma quando é interpelado de forma áspera pelo líder de outro grupo de jovens, figurino de boyzinho.

— Por que, se vocês são brasileiros, ficam rabiscando as camisetas com essas coisas em inglês?

Renato ignora a provocação. Tenta a paz possível:

— Pô, vamos ficar todo mundo amigo... Tenho um loló aqui. Vamos cheirar?

Um dos companheiros do boyzinho, então, grita:

— Sou federal, rapaz! Mãos na cabeça! Na parede! Abre as pernas!

Os boyzinhos começam a gritar:

— Punk se fodeu! Punk se fodeu!

O policial, então, pega a garrafa de loló e repassa para os playboys, que ficam ali, cheirando na frente dos punks, enquanto estes últimos são levados para a cadeia.

Algumas vezes, têm sorte. Escapam da prisão por uma questão de minutos. Como no dia que cheiravam benzina e a polícia chegou. Conseguem se livrar da droga e evitar o flagrante. Para não perder a viagem, os policiais distribuem ordens e humilhações. Debocham da magreza de Renato, mandam-no fazer flexões de braço. Ele não consegue. Deitado no chão, escuta as gargalhadas uniformizadas.

Mesmo com as experiências traumáticas, Renato tem compromisso inadiável na sede da Polícia Federal. No final de outubro, vai até a Diretoria da Divisão de Censura de Diversões Públicas. Solicita formalmente ao diretor da divisão o exame, "de conformidade com as normas censórias vigentes", de sete letras de sua autoria: "Conexão amazônica", "Anúncio de refrigerante", "Tédio", "Love Song One", "Construção civil", "Fátima" e "Heroína". Quinze dias depois, a resposta: com exceção da última, que recebe o carimbo "Vetado", todas as outras estão liberadas. Os censores desconhecem o fato de que o autor promoveu discretas alterações em três de suas músicas para facilitar a liberação: em "Anúncio de refrigerante", o verso original "Passar de tarde no Conjunto Nacional, olhar os pobres, os recos e os ladrões, com muita coisa na cabeça, mas no bolso nada, sempre com medo dos PMs..." foi apresentado como "Não vou de tarde pro Conjunto Nacional ficar brincando à procura de ladrões". Já para "Conexão amazônica", Renato simplesmente suprime o terceiro verso da terceira estrofe: "A cocaína não vai chegar". Por fim, em "Tédio", a alteração ocorre logo após o primeiro verso da canção, "Moramos na cidade e também o presidente": em vez do sarcasmo de "todos vão fingindo viver decentemente/ só que eu não pretendo ser tão decadente, não...", na cópia entregue à censura, a mensagem é tingida em tons ufanistas, de orgulhar Dom & Ravel: "todos vão vivendo muito decentemente, ainda bem que não tem gente decadente, não..." Assim, Renato Manfredini Júnior consegue, pela primeira vez, driblar a censura. Por conta da letra de "Heroína", porém, ele acaba fichado em outra divisão da Polícia Federal: a de Repressão a Entorpecentes. E a de "Veraneio vascaína", apresentada em outro momento, rende uma convocação para os autores, Flávio e Renato. Devem ir para prestar explicações sobre a letra. Nem cogitam a possibilidade de ir. Os amigos lembram:

— Quem vai não volta.

• • •

A cidade sedia shows monumentais: na Esplanada dos Ministérios, mais de 200 mil pessoas acompanham Roberto Carlos no "lá-ra-lá-la-rá" de "A guerra dos meninos". Não há registro de ocorrências policiais. Sucesso em todas as rádios, Gilberto Gil ocupa palco com 150 metros de extensão, o maior já utilizado por um artista pop na capital para três shows no mesmo fim de semana, prometendo "nuvens artificiais, chuva de estrelas... e o luar". No estádio Pelezão, acontece o Woodstock do Cerrado: Baby e Pepeu, Raul Seixas, Walter Franco, Robertinho do Recife, Roupa Nova e Mel da Terra se revezam por oito horas, diante de 20 mil pessoas, no I Concerto de Rock

HEROÍNA

Eu não quero mais viver
Eu quero ser um vegetal
Nada não tenho nada
Não sinto nada
Não vejo nada
Não ouço nada
Não quero nada
Não espero nada a não ser
uma faca faca faca faca faca faca
Cortar carne com gilete
Tomar comprimidos prá dormir
E não acordar
Eu não quero mais viver
Eu quero ser um vegetal
Eu não quero mais viver
Eu quero ser um vegetal
Eu não quero mais viver
Eu quero ser um vegetal.

VETADO

ILMO. SR. DIRETOR DA DIVISÃO DE CENSURA DE DIVERSÕES
DEPARTAMENTO DE POLÍCIA FEDERAL

Renato

brasileiro
Nacionalidade

Carteira de Identidade 527 075

residente e domiciliado à SQS 3

Plano Piloto/Asa S

mui respeitosamente, requerer de V. S

censórias vigentes, a (s) letr

de autoria de: Renato M

Conexão Amazôni

Título (s) Love S

Heroína.

Anexos: Rece

Re

do Planalto. O Jeans US Top patrocina o show *Ginga Brasil* na Torre de TV com Sá e Guarabyra, Paulinho da Viola, Mel da Terra e apresentação de Nelson Motta. A décima edição do Festival Interno do Colégio Objetivo (Fico), realizado no Serejão, tem Ney Matogrosso como maior atração. Novamente de volta à cidade, Ney dá o seu recado:

— Posso ser o que quiser, fazer o que bem entender. Aproveito para dizer às pessoas que elas também têm a mesma liberdade.

A cidade assiste, mas também produz. Brasília vive "uma explosão de musicalidade", acredita o colunista Irlam Rocha Lima. O jornalista atribui o fenômeno ao aparecimento de novos compositores, intérpretes e grupos musicais, que ganham projeção a partir de participações no Concerto Cabeças e na Feira de Música, que lota o Teatro Galpão. E faz um apelo: "Alô, alô, senhores donos da cultura brasiliense! Alô, representantes das gravadoras! Despertem! Comecem a dar mais atenção para o que está acontecendo na cidade, em termos de música!"
A atenção, porém, é insuficiente, inclusive dentro de casa. A organização do Concerto Cabeças, saudado como o "espaço alternativo de respiração da cultura brasiliense" por reunir milhares de pessoas em shows dominicais ao ar livre, recusa a inscrição das bandas punks. O motivo é o mesmo alegado para a barração de outro grupo local, o Liga Tripa: insuficiência técnica. Em outras palavras: os punks e os doidões não sabem tocar. Frustração nas duas tribos. Blitx e Aborto chegam a levar os instrumentos, mas a organização não os deixa subir no palco. Geraldo Ribeiro constata:

— Não adianta, eles não gostam de punk rock.

Se os palcos mais concorridos estão fechados, é necessário aproveitar as chances que aparecem. Mesmo as mais improváveis. Como uma festa junina na Asa Norte, no qual tocam ao lado do Liga Tripa e do Blitx. Ou uma quadra de escola de samba no Cruzeiro, cidade-satélite próxima ao Plano Piloto, em concerto na Aruc (Associação Recreativa Unidos do Cruzeiro). Quem não consegue tocar no Cabeças aparece por lá. Um dos convidados, Jimi Figueiredo, pergunta a Fê Lemos o que ele tinha mais apreciado e a resposta o surpreende:

— A bateria da Aruc.

Jimi e o Aborto já tinham tocado juntos no Show do Arroto, na hora do almoço no restaurante da UnB. A receptividade passa longe do entusiasmo. Também pudera: entre as conchas de feijão e fatias de melancia, os estudantes que comem no Bandejão têm como digestivo músicas como "Veraneio vascaína" e "Que país é este".

G

Fê, Renato e Flávio queriam tocar, onde quer que fosse. Chegam a se apresentar no meio de uma quadra, a 208 Sul, num sábado à tarde, com a Banda 69. Dividem o palco até com um grupo de palhaços, Idéias Coloridas, no concerto performático Arte-Som, no gramado da 111 Sul, "todo mundo sentado na grama, a música rolando e o pessoal curtindo", descrevem os jornais.

Com muito tempo de ensaio e de shows, a banda ganha estatura. As novas composições refletem a ampliação do leque de influências: se antes a cartilha do punk era seguida à risca (a ponto de o maior sucesso, "Que país é este", seguir com exatidão a seqüência de acordes de "I Don't Care", dos Ramones), agora já ouviam os descendentes da revolução anárquica comandada pelos Pistols. Do árido PiL, a nova banda de John Lydon, aos sombrios Siouxsie & the Banshees, The Cure, Joy Division — na Variant de Fê, madrugada adentro, seguiam pelas asas e eixos tendo como companhia a voz lúgubre de Ian Curtis e o baixo hipnótico de Peter Hook, ambos estranhamente adequados aos vastos espaços desertos do Plano Piloto.

Em cima do palco, Renato se sente mais seguro: desde que Ico Ouro-Preto aceitara o convite para assumir a guitarra do Aborto Elétrico e o trio se tornara um quarteto, ele pôde se dedicar apenas à performance de vocalista. E aquela era uma das partes do teatrinho roqueiro que o fascinava. De Mick Jagger a Jim Morrison, de Elvis Presley a Johnny Rotten, anotara mentalmente os gestos e interjeições que fizeram delirar fãs de diferentes gerações e nacionalidades. Mesmo assim, tem visão crítica da sua banda: anota os pontos em que é preciso melhorar para ampliar o público.

Cobiçam um show na Sala Funarte, que já recebera dois artistas conhecidos nacionalmente após apresentações bombásticas nos festivais de música da Globo: Eduardo Dusek e seu "piano de calda", sucesso com a delirante balada "Nostradamus", e Júlio Barroso e Gang 90 e as Absurdetes, divulgado nos cartazes como o "escândalo do MPB 81" por conta da música "Perdidos na selva".

A Sala Funarte abrira espaço também para artistas locais como a cantora iniciante Zélia Cristina, 16 anos, aluna do Marista que preparou o espetáculo *Meiga presença* em dupla com o ator Marcelo Saback. A seleção também inclui uma banda de rock, o Porão, de Rênio Quintas. Ao divulgar o show de seu grupo, Quintas aproveita para tecer críticas ao cenário musical brasiliense: "Se as pessoas soubessem viver em Brasília, isto aqui seria um paraíso, mas as pessoas vivem aqui segundo moldes antigos, estratificados, ligadas a pólos tradicionais e muito fixadas nas bonanças do eixo Rio-São Paulo e não procuram uma realidade própria que a cidade sugere, não sabem se valer de seus espaços e, às vezes, não sabem ou não podem, muito envolvidos numa batalhação de vida." O integrante do Porão complementa: "Nem órgãos oficiais nem as classes produtoras, nem a própria comunidade se movimenta. Os artistas de fora ainda conseguem lotar os espaços limitados, mas os locais lutam sozinhos e muitas vezes perdem a esperança."

O Porão, o Aborto Elétrico e a recém-criada Plebe Rude se unem para o show. No dia 22 de novembro, ao lado do horóscopo com previsões assinadas pelo babalorixá

ABORTO
ELÉTRICO
ABORTO
ELÉTRICO
ABORTO
ELÉTRICO

Manoel de Omolu, a revista dominical do *Correio Braziliense* publica entrevista com integrantes de duas das bandas que tocariam na Sala Funarte. "Vamos abrir espaço para que os representantes da música elétrico-urbana dêem seu recado", avisa o autor da matéria, Velho Rocha, pseudônimo de J. Pingo, autor e diretor de *O último rango*. A entrevista sai com o título "Hoje não tem espetáculo" e, na foto, membros das quatro bandas amontoados: onze jovens, entre eles André Mueller e Philippe Seabra (da Plebe Rude), Loro Jones e Fê Lemos. Renato, camisa escura, é o único que não encara a câmera: mais agachado, olha para o chão. Embaixo da foto, em vez da identificação tradicional, apenas uma frase: "Esses aí é que vão tocar!" Uma das primeiras perguntas é sobre a formação dos dois grupos. "A gente tava de saco cheio de não fazer nada nos fins de semana. Tocamos nas esquinas, fazendo barulho... dá para esquecer o resto da semana que é um saco mesmo: estudar, trabalhar, essas coisas", afirma Loro.

Depois, a entrevista vira zoação entre entrevistado e entrevistadores. Pingo pergunta: "Por que ninguém se suicidou no grupo de vocês?" Renato responde, na veia:

— Porque estou esperando o fim do mundo, e, além do mais, eu quero ganhar muita grana, gravar um disco, sucesso, garotas, fazer uma tourné pelos States.

No final do papo, entremeado pelo nonsense — Renato nega ser da CIA, Cooperativa dos Índios Alienados, Loro afirma que o sonho de André Mueller é transar com Nancy Reagan, "ou com o Ronald Reagan mesmo" —, o Velho Rocha pergunta se eles não estão sendo muito infantis. Renato responde: "Seu pervertido. Espero que você seja despedido desse jornal." Mas, em seguida, faz a ressalva:

— É brincadeira. Essa foi a nossa primeira entrevista. Agora, a sério, a gente precisa dar o toque da nossa apresentação: dia 25, quarta, na Sala Funarte, a partir das nove.

Loro Jones complementa: "Se vocês estiverem a fim de se divertir, pular e ouvir música elétrica, é só chegar e entrar." O repórter corrige o entrevistado: "Só chegar e entrar, não. Tem que pagar Cr$ 150,00: você vai, assiste a esta loucura, fica com os ouvidos zunindo de tanta zoeira e barulho infernal e ainda tem que pagar cento e cinqüenta notas", brinca o Velho Rocha.

E, no dia 25, eles cumprem o prometido. O "barulho infernal" é ouvido inclusive do lado de fora da sala, encravada no Eixo Monumental, entre as Asas Sul e Norte. Logo no começo, com "Fátima", Renato provoca:

— Boa noite, Brasília. Podem vaiar agora...

• • •

Ao preencher o formulário da Divisão de Censura de Diversões Públicas, Renato omitira alguns versos de suas letras musicais, trocara outros, tudo para obter a liberação. Mas ele não falseou nenhum de seus dados pessoais. Inclusive no espaço reservado à profissão havia se identificado da forma mais precisa possível: "professor de língua e literatura inglesa." O que ele não sabia era que aquele campo a ser preenchido logo ficaria em branco. De forma abrupta, seu ciclo como professor na Cultura Inglesa estava chegando ao fim. Ele e a diretora Edith Jacques já tinham se desentendido algumas vezes, como quando Renato quis levar os alunos para ver um filme no cinema, mas não avisou à direção e acabou barrado. E também quando tentou colar cartazes de um show do Aborto no mural da Cultura, e teve o pedido negado. Mas dessa vez era mais grave: a diretora da instituição recebera a informação que Renato, ao traduzir letras de Bob Dylan, tinha comentado em sala de aula sobre o poder transformador das drogas. Chama-o em sua sala e pergunta se é verdade. Ele confirma. Edith Jacques, então, sentencia:

— Assim fica muito difícil, Renato. Não dá pra você continuar.

Renato fica surpreso com a demissão. Não diz uma palavra. Furioso, sai da sala da direção. Pouco depois, desabafa com colegas da Cultura e com a turma da Colina. Recebe uma demonstração punk de solidariedade. Algumas semanas depois de demitir um de seus mais brilhantes alunos, a diretora percorre a avenida W3 quando seu Fusca vermelho é fechado por outro carro. Dentro dele, um grupo de jovens que começam a gritar:

— A senhora botou o Renato pra fora da Cultura! Por que fez isso com ele? Não vai ficar assim...

Assustada, Edith acelera o fusquinha e foge do bando.

• • •

Renato já não freqüenta com a mesma assiduidade a quitinete onde Susie morava com a mãe. A um dos amigos mais próximos, conta que eles tinham feito sexo no chão forrado de tapetes e tinha sido uma experiência decepcionante e dolorida — para ele, não para ela. Mesmo assim, ainda gostava da companhia da sorridente estudante chinesa, já mais distante por conta da intensificação dos estudos: ela na UnB, ele no Ceub.

Então Renato se arrisca. Em noite chuvosa, pega um táxi e segue até o Lago Norte. Alta noite, sobe pela entrada lateral e chega até a varanda do quarto de Flávio Lemos. Flávio acorda e abre a porta. Renato entra e explicita o que já tinha insinuado outras vezes.

— Quero dormir aqui com você.

Flávio reage:

— Pára, Renato. Pára que não vai rolar.

Renato insiste em ficar.

— Quero ficar com você.

Flávio reage de forma mais incisiva.

— Volta para casa, Renato!

— Eu não tenho como voltar. Tá chovendo, deixa eu ficar aqui...

— Não.

Renato vai embora. A pé, na madrugada, caminha quase um quilômetro até a casa de André Mueller. Chorando, conta ao baixista da Plebe Rude o que ocorrera.

— Nunca me senti tão humilhado!

— Dorme aqui, Renato, tem um sofá aí.

— Não, vou dar um jeito de ir embora.

Chove lá fora. André insiste para Renato ficar. Sabia que naquela situação seria ainda mais difícil para o amigo conseguir uma carona, ainda mais em tempos de racionamento de gasolina. Mas Renato recusa a oferta e volta para casa.

Se com Flávio a mágoa tem raízes íntimas, com Fê Lemos o problema reside no crescente espírito de competitividade de ambos. Donos de forte personalidade, dificilmente davam o braço a torcer. E travam uma guerra surda pela liderança do Aborto. A tensão entre os dois fundadores aumenta quando Renato mostra a letra de uma música que acabara de escrever, do ponto de vista de um estudante às vésperas de prestar o vestibular. No refrão, o desabafo: "Não saco nada de física, literatura ou gramática, só gosto de educação sexual, e eu odeio química". Fê não perdoa:

— Essa música é uma merda.

— Que é isso, Fê? Essa música é jóia!

— Renato, essa música é muito ruim. Você está perdendo o seu jeito de escrever.

— Ahn???

Fê afirma que o discurso direto está ultrapassado, existem formas menos agressivas de se comunicar, basta ler as letras do Joy Division e do Killing Joke. Renato não se conforma. O impasse permanece. Também tem suas queixas: acha que o amigo demonstra maior interesse na venda de camisetas na Torre de TV do que nos ensaios. Para aumentar a turbulência, André Pretorius volta ao Brasil depois de servir ao Exército da África do Sul. Assiste ao Aborto tocar na Asa Sul e desfere um veredito que aborrece Renato e Fê:

— A banda perdeu o rumo.

Os amigos notam que Pretorius está bem diferente. Também pudera: ele integrara as tropas da África do Sul que ocuparam parte do território angolano. O país vizinho tentara reagir com a colaboração dos "camaradas do bloco socialista" de Cuba e União Soviética. Angola denunciou que os norte-americanos preparavam o terreno para atuar militarmente no continente africano por meio da África do Sul. Por isso, os Estados Unidos foram o único país que apoiaram a África do Sul nas Nações Unidas. Momentaneamente longe da intriga internacional, Pretorius quer paz de espírito. E muitas substâncias — naturais, artificiais — para alimentar a cabeça.
O Aborto é convidado a tocar em mais um evento promovido por J. Pingo: A Última Festa. O promotor faz reunião com as atrações da festa, a ser realizada no Clube da Imprensa. Ao saber que Pretorius poderia participar do espetáculo, Aldo Justo, um dos integrantes do Liga Tripa, é incisivo:

— Não vou tocar no mesmo lugar de um cara que luta na África do Sul pelos direitos dos brancos de lá.

A postura de Aldo deixa Renato furioso. Os dois têm bate-boca na reunião. Renato afirma que Pretorius é um de seus melhores amigos. Aldo é inflexível: "Não toco na mesma festa de um guerrilheiro da causa branca." Aos gritos, não se acertam. Os outros integrantes do Liga Tripa discordam do companheiro, resolvem se apresentar sem ele. Não querem perder uma chance de mostrar o ritmo próprio, a "ligada", e suas músicas: "Juriti", "Pedaço por pedaço", "Quase vinte dentes" e "Travessia do Eixão", esta última adaptação dos versos de Nicolas Behr realizada originalmente em ritmo de reggae por Nonato Veras, que tinha dividido casa na 709 Sul com os integrantes do Liga: Aldo, Ita Cattapretta e João Baiano. Lá, trocavam idéias, faziam músicas, tomavam cerveja, saíam para o Beirute, planejavam espaços para ocupar. Queriam desferir um grito de liberdade. Um grito de cidadania brasiliense.

20 ANJOS MORTOS

Os mortos não podem voltar
Os mortos não vão mais falar mal de vocês
Nem da madeira, nem do ferro em brasa
Choques elétricos e ameaças
Crianças que desaparecem
Frases perfeitas, palavras cegas
Escritas em cartazes tropicais:
"Cadê meu pai?
Cadê meu irmão?"
Os mortos não podem vingar
Os mortos não vão mais mostrar o que são vocês
Um morto não precisa de exílio
Um morto não pode abrir cabeças
A não ser que as palavras apareçam
P'rá lembrar porque foram silenciadas
Frases cegas, palavras feitas:
"Parem, por favor, isso dói."

Em julho, o Aborto havia ensaiado com Pretorius por dois dias. O resultado das sessões impressiona. Mão cheia para riffs, o sul-africano pega a guitarra e segue a batida sincopada de Fê, bem diferente de outras músicas do Aborto, e eles fazem uma canção que Renato batiza de "Música urbana". Na seqüência, vem outra, "Baader-Meinhof Blues". Pretorius vai embora novamente, só que dessa vez para os Estados Unidos. Vai atrás de Ginny, paixão desde os tempos da Escola Americana.

• • •

Não é só na África que a influência dos Estados Unidos é encarada de forma enviesada. Considerado um dos maiores representantes do "imperialismo ianque", o ex-secretário de Estado Henry Kissinger ganha protesto ao chegar no auditório Dois Candangos, da UnB, para proferir conferência sobre as relações Brasil-EUA. No cartaz ao lado de um caixão pintado com a bandeira americana, a mensagem dos estudantes:

— Que país é este? Fora, Kissinger!

Barrados do lado de fora, os estudantes tentam interromper a conferência. Promovem batucada ensurdecedora e o som invade o auditório. "Me sinto em casa, só que os de Harvard não têm esse ritmo", ironiza Kissinger, ao lado do reitor José Carlos Azevedo e do ministro Leitão de Abreu. As portas são trancadas a cadeado e Kissinger, contratado por US$ 15 mil, prossegue a palestra para 250 pessoas, a maioria membros do corpo diplomático dos dois países. Termina às 11:30h, noventa minutos depois do início. A saída do conferencista é retardada ao máximo, mas os estudantes não arredam pé. Quase duas horas depois do fim da palestra, mesmo isolados por cordão policial, os universitários arremessam ovos nas autoridades e gritam: "Kissinger é assassino, mais verbas para o ensino." O palestrante tem que sair de camburão. No mesmo dia, o Palácio do Planalto reage e o porta-voz da presidência chama os estudantes de "exaltados" e "bandidos".

Não tem sido um ano fácil para Figueiredo. Além do incidente no Riocentro, o governo federal teve que combater cinqüenta focos de subversão espalhados pelo país. Um dos mais graves ocorre na Bahia, onde 344 ônibus sofrem depredação. O governador Antonio Carlos Magalhães considera o ato uma afronta à sua autoridade e marca reunião de emergência no Planalto com o chefe do SNI.

O cinema nacional chora a morte de Glauber Rocha ("assassinado pela indiferença", acusa o jornalista Oliveira Bastos, amigo do diretor) e celebra a conquista do Leão de Ouro no Festival de Veneza com *Eles não usam black-tie*, de Leon Hirszman, que entra em cartaz no Cine Atlântida. Na onda dos filmes políticos, a Cultura reprisa o drama italiano *Sacco e Vanzetti* e o Karim Criança exibe *Lúcio Flávio, o passageiro da agonia*, de Hector Babenco. No Cine Karim o espírito de paz-e-amor revive com *Hair*, de Milos Forman.

Agora reforçada pelo namorado de Helena, a turma não sai de dentro do cinema. Dinho se orgulha de namorar a garota que mais assistiu a *Rock é rock mesmo*: 18 vezes. Curte filmes de Pasolini, Godard, Bergman; mas tinha feito reservas a *Quinteto*, de Robert Altman. Durante *O tambor*, drama alemão baseado no livro de Günter Grass, vai além do desconforto: passa mal, não consegue respirar direito por conta das cenas angustiantes a que assistiu. Salta da cadeira e, totalmente descontrolado, sai do cinema. Renato não perdoa o rompante do novo integrante da turma. Ao saber da estréia do novo filme de Steven Spielberg, *Caçadores da arca perdida*, Renato comenta:

— O Dinho vai adorar esse filme...

Em outra ocasião, é a vez de o próprio Renato ter um acesso de fúria dentro do cinema. Vão ao Cine Atlântida assistir a *Brubaker*, drama estrelado pelo galã Robert Redford. Irritado com a previsibilidade da trama, Renato levanta da poltrona e, mesmo com as luzes apagadas, brada em voz alta, inclusive para outros espectadores:

— Vocês são uns idiotas por ver um filme como esse, que não nos diz nada.

Dinho e Fê se irritam com a reação de Renato. Fê fala para Renato ficar quieto; já fora do cinema, Dinho tenta contra-argumentar. Renato debocha da reação do rapaz, que, ainda mais possesso, abandona a turma no Setor de Diversões Sul. Segue em direção à rodoviária. Perde a chance de curtir as últimas horas com a namorada antes das férias — cada um viajaria para o seu estado natal. Decepcionada, Helena chora. Renato tenta consolar:

— Não fica assim, ele volta!

Mas Dinho não olha para trás; segue direto para seu apartamento na 213 Sul. De lá, para Curitiba. E as horas românticas planejadas pelo casal são arruinadas pelo explosivo efeito da combinação Robert Redford–Renato Manfredini.

Outro casal formado em Brasília também passa por dificuldades por conta da separação geográfica. Renato entra com a música para ajudá-los a suportar a saudade. Tinha agido como um cupido para Virginie Rio-Branco e André Pretorius. Forneceu o álibi para a primeira noite que os namorados passaram juntos — na manhã seguinte, ainda colocou um buquê de flores na porta do quarto, onde o amigo confessou que tinha acabado de perder a virgindade. Quando Pretorius retorna ao Brasil, a namorada está na Inglaterra. Os dois amigos se trancam no quarto da 303 Sul. Gravam fita a ser enviada para a namorada do sul-africano. Pegam o violão, pandeiro e ligam o gravador. Começam a tocar, conversar e sonhar. Em inglês.

No programa de rádio destinado a uma só ouvinte, Renato anuncia que vai tocar "baladas de amor" e "as suas e as minhas canções favoritas". Começa com "Me And My Desire" (Eu e o meu desejo), da banda punk londrina 999.

This is me and my desire
Taking all that I require
Such a pretty sight to see
And there's nothing left for me
(Aqui estou eu e meu desejo
Com tudo que preciso
Uma visão tão bonita
E pra mim não sobrou nada)

Na seqüência, outra música punk: "Male model", do quinteto Undertones, sátira ao consumismo gravada em 1979 no disco de estréia da banda irlandesa (a mesma que tinha fascinado o DJ inglês John Peel com o primeiro single, "Teenage Kicks"). A letra é escrita do ponto de vista de um rapaz que, desde criança, tem gosto diferente dos outros meninos: sempre preferiu roupas a brinquedos. Atento à evolução da moda, lê revistas femininas para observar os figurinos e não gosta quando a mãe compra roupas de segunda mão. No refrão, o jovem revela o desejo de ser modelo:

I wanna wanna be a male model!
I wanna wanna be a male model!
I wanna wanna be a model!
a model!

Entre brincadeiras afetuosas ("Ginny ama os Undertones, eu não gosto") com o nome da destinatária da gravação ("Ginny, I just met a girl named Ginny"), começa a cantar suas próprias canções:

Tem um malandro da cidade solto por aí
Dizem que anda solto depois das onze
Procura sangue, yeah, yeah
Até os homens estão com medo e armaram esquema policial
Mas o malandro é assassino
Se ele está na sua casa, com peixeira na mão
Não precisa rezar, não adianta não,
É malandro e assassino tarado sexual, vai enfiar na sua garganta,
Procura sangue...

Coloquem tranca na porta, protejam suas mães.
Procura sangue...

Ganha aplauso solitário. Depois, Renato avisa que vai pegar outras letras e cantar um blues.

Em cima dos telhados as antenas de tevê tocam música urbana
na rua os mendigos com esparadrapos podres
os PMs armados e as tropas de choque
O vento forte seco e sujo em cantos de concreto
E os que querem ação não procuram nada mais que música urbana [...]
Nas escolas as crianças aprendem a repetir
Nos pontos de ônibus
Nos bares os viciados sempre tentam conseguir a sua música urbana
Não há mentiras nem verdades aqui, só há música urbana

Emenda com outra música, mais longa que a anterior, que começa em ritmo de repente nordestino:

Não tinha medo o tal João de Santo Cristo
Era o que todos diziam quando ele se perdeu...

Depois, toca uma mais curta e agitada:

Ei, barão, eu tô com fome, a gente há tempo que não come,
Me dá uma moeda aí, ou então deixa cair
No chão que a gente pega
Bagana de cigarro também, bagana de cigarro também [...]
A gente corre pelas ruas
Que eu te jogo uma pedra, te expulso dessa lanchonete
Chega de cheese salada, o meu negócio é empada
Bagana de cigarro também, bagana de cigarro também...

Na seqüência, "Dado viciado" ("Você não tem heroína, então usa Algafan, viciou seus primos, talvez sua irmã...") e uma *love song* sem título:

E aí você por aqui parece que a gente vive se encontrando
Conversa de bar é tão natural
Quando se vive mesmo é de bar em bar

Que mais existe aí pra ver
Queria conversar com você
Tentar não é fácil assim
Será que você pensa como eu
Que tudo é sempre igual a tudo como quase sempre é
Como voltar prá casa
Se você não vai encontrar nada lá
Nem em qualquer lugar
Eu acho que sei como você se sente
Ficar aqui fora sem saber como continuar
Que mais você vai fazer
E se você se sente assim
Você sabe que não adianta
Dizer que não sabe o que se passa com você
Então tenta voltar pra algum lugar
Yeah, yeah, yeah, yeah
Às vezes (o céu) fica cinza quando a chuva cai
Sempre em volta de você
Mas será que não é tempo de saber o que se quer
E como seria bom se alguém dissesse
Que não adianta contar estrelas por aí

Depois, avisa à Ginny que vai cantar uma música nova e dedilha introdução melancólica:*

Quase comprei um carro novo
Só por causa de você
Quase gastei a minha grana
Mas você não quis me ver
Ainda bem, baby, porque
Você não tem mais nada a ver
Aquele dia no cinema
Foi tão estranho mesmo
E sua família na churrascaria
E você na UnB
Você não tem mais nada a ver
Pode sair do apartamento

* A mesma melodia foi utilizada na introdução de "Tempo perdido", gravada no disco *Dois* (1986). (N. do A.)

Você pode até sumir,
Desaparecer, talvez
Faz um favor pra mim
Não quero andar com gente
Não quero andar com gente
Não quero andar com gente obsoleta (2x)

A próxima música é descrita como "tortura no Brasil".

Os mortos não podem voltar
Os mortos não vão mais falar mal de vocês
Nem da madeira nem do ferro em brasa
Choques elétricos e ameaças
Crianças que desaparecem
Frases perfeitas, palavras cegas
Escritas em cartazes tropicais
Cadê meu pai, cadê meu irmão?
Os mortos não podem vingar
Os mortos não vão mais mostrar
O que são vocês
Um morto não precisa de exílio
Um morto não pode abrir cabeças
A não ser que as palavras reapareçam
Pra lembrar por que foram silenciadas
Gritos cegos
Parem, por favor
Isso dói

Entre uma música e outra, Renato e André brincam, imitam vozes, fazem piadas. Demonstram cumplicidade. André menciona uma disciplina escolar da qual a primeira aula seria "Urban Legion", seguida por "Autofelation" ("fellatio, o nome é italiano, babaca!") e "Comunism One" a ser ministrada pela "nossa estrela favorita: Renato Russo". A "estrela favorita", então, toca a última música:

Quando eu for embora
Não, não chore por mim (3x)
Eu não quero que chore por mim
Se uma semente foi plantada vai crescer (3x)
Nunca deixe a semente morrer
Quando eu for embora

Não, não chore por mim (3x)
Eu não quero que chore por mim
Todo curso d'água
Um dia acaba indo pro mar (3x)
Nunca deixe a água acabar
Quanta gente nunca tem comida pra comer (3x)
Como é que conseguem viver
Quando eu for embora
Não, não chore por mim (3x)
Eu não quero que chore por mim
Quando está escuro
A luz precisa iluminar (3x)
Nunca deixe a estrela apagar
Quando eu for embora não chore por mim

Renato monopoliza a gravação. Na única vez em que Pretorius assume o comando da brincadeira, ele pergunta ao amigo, em inglês:

— *So, Renato, what will you be when you grow up?*
(Então, Renato, o que você vai ser quando crescer?)

— *I'm gonna be a very famous star! I wanna be a star!!*
(Vou ser uma estrela muito famosa! Quero ser uma estrela!)

Árvore Genealógica:

SOCIEDADE PRE-CAMBRIANA
DESORGANIZAÇÃO DO DESESPE
A LEGIÃO URBANA.

1978

ABORTO ELÉTRICO I
Fê bateria — André Pretorius guitarra — Renato baixo

1979/1981

ABORTO ELÉTRICO II
Fê bateria — Renato guitarra vocal letras — Flávio baixo → vocal: Cris, Ana, And Ville

1981

ABORTO ELÉTRICO III
Fê bateria — Renato vocal letras — Flávio baixo — Ico Ouro Preto guitarra

1979

BLITZ - 64
Loro guit. — Geraldo baixo — Gutje bat.
vocal: → Cris, Ana, Helena

1980

BLITX
Loro Guit — Geraldo Baixo — Marcelo Bonfá bateria

→ → → → André Mueller → ?

SLU
Tote Guit. — André Baixo — Bonfá bat. — Rick guit

(Autonomia Ltd.)
Quinta Coluna
Os Metralhas

1982

CIA ←
Lulu guit. — Negrete baixo — Tote guit.

1982

DADO E O REINO ANIMAL
Marcelo Bonfá bateria — Pedro teclados — Dinho baixo — Loro guit. — Dado guit.

1982

VIGARISTAS DE ISTAMBUL
Bernardo vocal — Sava baixo — Jovan bateria vocal — Je g
(Helena + M. Clara

1981/82

PLEBE RUDE
André Mueller baixo, vocal — Gutje bateria — Felipe Seabra guitarra, vocal — Ameba vocal baixo

1982

(MERCENÁRIOS ou
BANDA SEM NOME ou
D. LAURA VAI ÀS COMPRAS ou
outro nome:)
Fê bateria — Flávio baixo — Loro guitarra

BLITX - III
Loro guitarra — Geraldo baixo — i (Ric ba

BLITX - IV
Ameba, F. Seabra bateria — Bernardo vocal — Loro guitarra — Ge b

1982/?

+ banda s/nome
Renato Russo Baixo — Marcelo Bonfá — Eduardo Paraná

new edition

← NOVUM Organum →

...dré/Bernardo. get money, pay rent and condominium, phone kids.

...utje, he's to pick up Jeová

Jeová, he's bringing vaccum cleaner

Bonfá, fix up drums

Dado, if he feels like going.

work
buy paper
do lyrics (+ copies)
buy poster
get money

phone

...ey, money
... up studio
...p amps & wires
...o CPA to settle final arrangements
...es at 6:00 PM

→ A L S O ←

...te
Hermano
Tinho
Chacal
R. Lima

do tapes
rehearse
write fanzine material
studio work

2263907

check other performances
contact people
have fun.

VRBANA LEGIO OMNIA VINCIT. Brasilia, 1983.

Enquanto caminhávamos
parei um pouco dentro de mim
e me invadiu tua brusca mocidade.
Algo em ti pungiu-me:
a teu lado, as casas,
o ar, o amigo apodreciam e
tu sozinho, ileso pairavas no momento

Fogo fátuo, Francisco Alvim

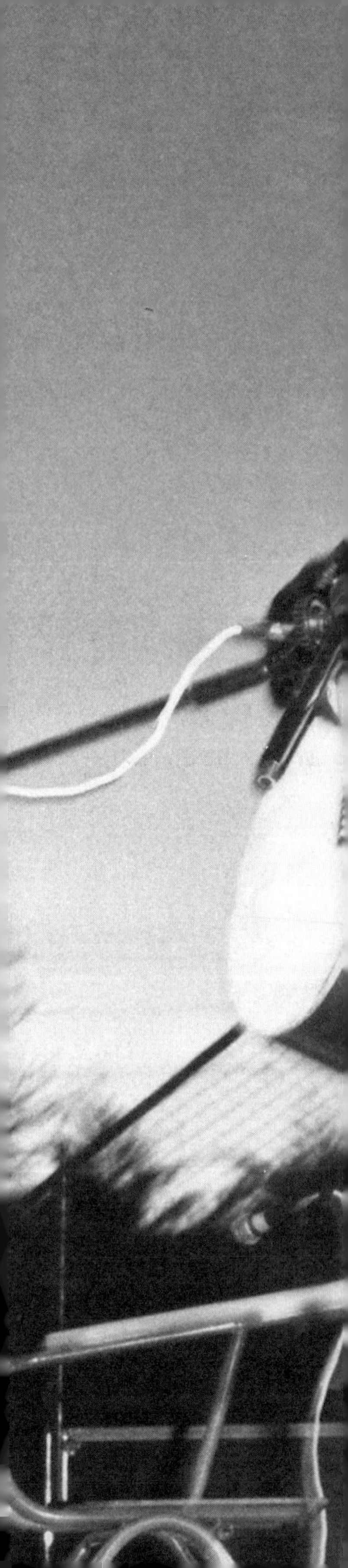

QUATRO

— Eles estão vendendo corações clandestinos!

O tom indignado do repórter agrada à chefia. Ele saíra da redação, no Ministério da Agricultura, para apurar uma grave denúncia: comerciantes se aproveitavam da ausência de rigor da fiscalização para abater animais ao ar livre, no meio do cerrado, retalhá-los e vender a carne em feiras livres da Ceilândia, Guariroba e Brazlândia sem pagamento de impostos. O Sindicato de Carnes Frescas, Frutas e Verduras do Distrito Federal alertara sobre a possibilidade de o brasiliense estar comendo carne contaminada e o repórter Renato Manfredini Júnior acompanhou a blitz da Saúde Pública. Flagrou a irregularidade.

A reportagem vai ao ar no programa radiofônico *Jornal da Feira* e causa impacto no próprio autor da matéria. Ficara impressionado com os miúdos de boi vendidos por ambulantes e apreendidos pelos fiscais. No dia seguinte, conta que escreveu uma música inspirado no episódio e canta um trecho para o chefe de reportagem em Brasília, o jornalista Jocimar Nastari.

Objetividade, clareza, concisão. Mesmo sem experiência, Renato domina os três atributos essenciais para uma boa reportagem. Às vezes, acrescenta uma inesperada e bem-vinda dose de dramaticidade, que ajuda a prender o ouvinte. É um dos destaques da equipe de cinco repórteres, todos jovens recém-formados ou ainda estudantes de jornalismo. E, ainda por cima, bem-humorado. Um dia circula na redação uma revista pornográfica sueca, com fotos explícitas e diálogos em inglês. Nem seria preciso traduzir o significado das imagens, mas um colega pede:

— Renato, você fala bem inglês, né? Traduz pra gente...

Renato faz não só a tradução, mas interpreta cada palavra — e as interjeições. Ninguém consegue segurar o riso.

Vinculado à coordenadoria de Comunicação do Ministério da Agricultura, o *Jornal da Feira* tinha surgido no final de 1979. Entre economistas, pesquisadores de preços, advogados, nutricionistas, engenheiros de alimentos e jornalistas, eram mais de cem pessoas envolvidas na produção do noticiário — a maioria voltada para o rádio. Além da defesa dos direitos do consumidor, havia uma parte de educação alimentar, economia doméstica e a discussão de temas espinhosos como inflação, microeconomia e conjuntura econômica. A audiência alcançava até 5 milhões de ouvintes em todo o Brasil.

Renato chegara ao *Jornal da Feira* por indicação de uma das integrantes da equipe, a amiga Leo Coimbra. Soube que havia vagas, levou currículo. Responsável pelo programa, a jornalista Marília Stábile, filha do ministro Amaury Stábile, comandou a entrevista com o candidato. A diretora explicou o objetivo do trabalho: prestar informações à população de baixa renda nas áreas de preços, qualidade e valor nutricional dos alimentos. Conversam sobre o que ele já havia feito, do que gostava, o que lia. Renato pede uma chance profissional: conta que o pai quer que ele trabalhe ou faça Instituto Rio Branco para se tornar diplomata.

— Tudo bem, mas tem que fazer o teste como todo mundo: texto e reportagem.

Ele topa. Faz o teste e é aprovado. Marília nota que o rapaz é bom repórter, observa detalhes do cotidiano para preparar reportagens diferenciadas. Renato faz entrada ao vivo dos telefones públicos; tem sempre os bolsos cheios de fichas. Têm colegas experientes, como Geraldinho Vieira e Cristiano Menezes. A primeira fonte de informação é o próprio Ministério da Agricultura. Ficam de olho no trabalho dos frigoríficos, na qualidade do leite, no preço do arroz e do feijão, no uso de agrotóxicos nas verduras, na venda ilegal de animais silvestres. A postura independente causa problemas dentro do governo. O informativo é acusado de trabalhar contra a indústria brasileira de carnes; a diretora do noticiário tem que prestar explicações no Conselho de Segurança Nacional. Depois da saída de Amaury Stábile do ministério, o *Jornal da Feira* não resiste a pressões e, mesmo já incorporado à recém-criada Coordenadoria Nacional de Defesa do Consumidor, acaba extinto.

• • •

Renato chega ao Lago Norte. Briquet abre a porta.

— Os meninos estão na praia, Renato.

— Eu sei, Seu Briquet. Mas eu posso ensaiar aqui?

— Claro. Mas por que você não me chama de Briquet ou de professor Briquet?

— Professor coisa nenhuma. Meu professor você nunca foi...

Depois da brincadeira amistosa, Renato segue direto para a parte de trás da casa. Ali, na sala de ensaios, ficam os instrumentos, os amplificadores, os pôsteres feitos de próprio punho, o caderno com as letras. Certa vez, pouco antes do dia 25 de dezembro, distribuiu presentes de Natal para todos. Chegou com uma sacola cheia de discos. Para Helena, deu dois discos do Genesis; para Flávio, um álbum duplo de Bowie ao vivo. E Fê já tinha sido presenteado também com exemplar de *O apanhador no campo de centeio.*
Agora, mesmo sem os irmãos Lemos e quase toda a turma de férias na praia, ele quer continuar ensaiando. Quando os companheiros de banda retornam, após dois meses de sol e sal, Renato procura Fê no Lago Norte e comunica:

— Não quero mais tocar com o Aborto. Não dá mais.

Fê tenta demovê-lo, acende um incenso para eles conversarem com mais calma. Mas Renato, dessa vez, se mostra irredutível.

— Vocês são estudantes, têm outras prioridades. Eu não tenho tempo a perder.

Fê sente o baque. Decide manter a banda com Flávio e Ico, e continuam ensaiando. O baterista se esforça para cantar e tocar ao mesmo tempo, tenta também escrever novas letras (já tinha se aventurado, de forma descompromissada, em "Pão com cola"). Na primeira delas, "Branco", tece desabafo contra o amigo:

Você pensa que sabe o que quer, mas não vê o mal dentro de você
Meu caminho não é junto ao seu lado
Rostos cegos, mutilados, por onde você passou...

Rosto mutilado, o Aborto segue em frente. Fê marca show no Centro Olímpico da UnB. À noite, com medo de subir no palco diante de público numeroso, Ico Ouro-Preto desaparece. Faltam poucos minutos para o início da apresentação. Fê localiza Renato e pede:

— Renato, o Ico sumiu. Pega a guitarra. Tá todo mundo esperando!

Renato olha para o baterista, dá um sorriso irônico e aquiesce:

— Vamos embora, Fê...

Novamente em formato de power trio, com Renato na guitarra, a banda sacode milhares de pessoas na universidade. Dessa vez, não há vaias, mas muitos agitos e aplausos. Algumas músicas já são bem conhecidas. O coro do público no refrão de "Que país é este" impressiona. O Aborto Elétrico, enfim, conquista a UnB. E a banda acaba.

Renato segue. Assume a alcunha de Trovador Solitário. E, só com a craviola Giannini de 12 cordas, passa a abrir os shows dos outros grupos da turma. Calmaria acústica antes das descargas elétricas. Não sem desgaste. Quando começa a cantar suas músicas, os amigos o ironizam. Jogam moedas no palco, como se fossem esmolas, e gritam:

— Toca Nelson Gonçalves! Toca Cauby!

Renato não se conforma com a hostilidade proveniente da própria turma:

— Poxa, gente, essas musiquinhas são tão bonitinhas!

Insiste com o Trovador Solitário. Toca "Dado viciado", "Marcianos invadem a Terra" — esta última, que cita trecho de "Return of the Grievous Angel", de Gram Parsons ("E o carinha do rádio não quer calar a boca/ E quer o meu dinheiro e as minhas opiniões...") e traz referência a David Bowie ("Será que existe vida em Marte?"),* determina, ao final:

— Ora, se você quiser se divertir, invente suas próprias canções.

Renato também apresenta "Entre 18 e 21" ("Sexo verbal não faz meu estilo/ Palavras são erros e os erros são seus, não quero lembrar que eu erro também...) e "Eduardo e Mônica", que narra os encontros e desencontros de um jovem casal brasiliense ("Ela falava coisas sobre o Planalto Central, também magia e meditação, e o Eduardo ainda tava no esquema escola-cinema-clube-televisão") antes do descobrimento da paixão ("E, mesmo com tudo diferente, veio mesmo de repente uma vontade de se ver") e do inevitável happy end:

---

* No original, respectivamente: "And the man on the radio won't leave me alone/ He wants to take my money for something that I've never been shown" ("Return of the Grievous Angel", Gram Parsons, LP *Grievous Angel*, 1974) e "Is there life on Mars?" ("Life on Mars?", David Bowie, LP *Hunky Dory*, 1971). (N. do A.)

Eduardo e Mônica então decidiram se casar
Um casamento indiano em algum lugar perto do mar
— Mas o mar 'tá muito longe, um deles lembrou
Vai ser aqui mesmo
E assim ficou

Foram pra Bahia e Ouro Preto
E o Eduardo foi parar lá no Banco Central
Cristalina, Sampa, Rio de Janeiro
E a Mônica dá aulas na escola normal

Eduardo e Mônica estão no Lago Norte
Ele projetou a casa e ajudou na construção
Só que nessas férias não vão viajar
Porque o filhinho do Eduardo
Tá de recuperação

E quem um dia irá dizer
Que existe razão
Nas coisas feitas pelo coração?
E quem irá dizer
Que não existe razão?

Para escrever "Eduardo e Mônica", Renato tinha se inspirado na própria experiência ao chegar a Brasília e na convivência com um casal de amigos, Fernando e Leonice "Léo" Coimbra. Ele, estudante de antropologia da UnB, tinha atraído a atenção de Renato com uma imensa coleção de discos comprada em Paris — Traffic, Eric Clapton, tudo. Ela, com dois filhos, adorava conversar com Renato sobre astrologia, I Ching, destino, temas ausentes da tríade discos-filmes-livros que monopolizava os diálogos da turma punk. Quando a amiga teve tuberculose e ficou meses de molho, quase todos os amigos sumiram. Renato permaneceu. Levou chocolates, emprestou livros.

No apartamento do casal, na Asa Norte, os três discutiam história antiga, história medieval, história do século XX. Renato se debruçava sobre a vasta coleção de livros de Fernando, entre eles volumes sobre a Primeira Guerra Mundial, alguns ilustrados com fotografias de soldados no front, à espera do combate. Homens solitários, morte à espreita.

A irmã de Léo, Nice, e seu marido, o estudante de Artes Plásticas Marcelo Beré, também participam dos encontros. Com ela, Renato procura se informar mais sobre quiromancia. Com ele, discute de tudo: poesia, música, arte. Vão ao Cine Brasília

EDUARDO E MONICA

→ em 1977 + ou – →

le aprendeu a beber
eixou o cabelo crescer
. decidiu trabalhar.
. ela se formou no mesmo mês
m que ele passou no vestibular.

. os dois comemoraram juntos
. também brigaram juntos muitas vezes depois
. todo mundo diz que ele completa ela
. vice-versa
ue nem feijão com arroz

lugaram apartamento uns dois anos atrás
ais ou menos quando os gêmeos vieram
atalharam grana; seguraram legal
. barra mais pesada que tiveram

duardo e Monica então decidiram se casar
m casamento indiano em algum lugar perto do mar
- Mas o mar 'tá muito longe, um deles lembrou
ai ser aqui mesmo.
E assim ficou.

oram p'rá Bahia e Ouro Preto
E o Eduardo foi parar lá no Banco Central
ristalina, Sampa, Rio de Janeiro
E a Monica dá aulas na escola normal.

→

ver Greta Garbo. Mostra pedaços de letras, anotadas em papel de embrulhar pão. Para ambos, abaixa a guarda que o protege de expor sua intimidade com a turma da Colina. Sente-se à vontade para compartilhar inquietações, desejos, até fetiches. Segredos de amigos.

Bem mais jovens que os dois casais, Dinho e Helena também passam tardes inteiras com Renato. Para a garota, aficionada por cinema, ele faz mapa astral, põe tarô e conta passagens das vidas de grandes ídolos de Hollywood.

— Uma vez a Billie Holliday entrou num clube e pediu uma bebida. O garçom se recusou a servir porque ela era negra. Aí uma voz surgiu por trás dele e ordenou: você vai servir, sim. E sabe de quem era essa voz? Do Clark Gable!

Com Dinho, o mais resistente a adotar a cartilha punk, as conversas giram em torno da necessidade quase obsessiva do rapaz de compreensão das transformações sociais por meio da música.

— Até que ponto um festival como Woodstock poderia mudar o mundo? Como o Brasil pode mudar, pelas manifestações de massa ou pelas ideologias? Por que os punks não gostam dos hippies, que também fizeram um movimento libertário? Se o punk tem que ser de protesto, como se explicam as letras dos Ramones? Afinal, o que é punk? É um movimento artístico ou político? Por que ninguém pára para pensar sobre isso?

Dinho tem muitas perguntas, Renato nem sempre tem as respostas. Mas tem o hábito de compartilhar livros com o amigo: *The Runaway Generation*, que ele tinha lido em 1975, traça retrato da alienação dos adolescentes norte-americanos, elaborado a partir de entrevistas da autora, Bibi Wein, com meninos e meninas que fugiram de casa. Já *Kinflicks*, de Lisa Alter, foi comparado no lançamento a *O apanhador no campo de centeio*, por narrar as desventuras de uma jovem rebelde, Ginny. Foi o presente de aniversário de Renato para Dinho em 1981.

O Trovador Solitário leva a sua "Máquina de Matar Fascistas" (como Woody Guthrie, grande influência de Bob Dylan, batizara o seu violão) para todos os lados. Apresenta-se nos shows organizados em área de lazer no início do Lago Norte, lugar reservado para a construção de ciclovia. Com o slogan "Cultura e verdura", Silvia Seabra, mãe de Philippe, guitarrista da Plebe Rude, tinha conseguido se reeleger prefeita do Lago Norte. A experiência das prefeituras comunitárias começara em 1977 na quadra de Renato, com a eleição de um funcionário do Banco do Brasil, Márcio Cotrim. Dizia-se que era o único pleito no qual os brasilienses podiam ir às urnas e votar. Silvia Seabra comenta a sua escolha pelos moradores do bairro.

— Como eu me sinto reeleita numa cidade que não elege seus representantes? Como exemplo. É isto que nós estamos tentando ensinar.

O senador mineiro Tancredo Neves amplia o significado da restrição imposta à capital:

— Conheci muitos políticos cassados. Mas cidade cassada só conheço uma: Brasília.

• • •

As eleições diretas vêm aí, garante João Baptista Figueiredo. Não para o cargo que ele próprio ocupa, mas para a escolha dos governadores dos estados — o Distrito Federal fica de fora. A confirmação chega em março de 1982, quando o presidente atinge a primeira metade do mandato. No salão verde do Palácio do Planalto, comemora com os auxiliares diretos o terceiro aniversário de seu governo. O ministro da Justiça, Ibrahim Abi-Ackel, escolhido para saudar o chefe em nome dos colegas, destaca a "mão estendida" do general para "semear a paz, ao propor a Lei de Anistia, devolver a liberdade aos presos políticos e fazer retornar à comunhão familiar, no solo da Pátria, banidos e exilados". E, após enaltecer os "gestos audazes e constante dedicação" do presidente, Abi-Ackel vaticina:

— Foi no governo de Vossa Excelência que a Revolução de Março completou como que um reencontro com as suas inspirações democráticas.

Figueiredo agradece pelas "generosas palavras" do ministro e apregoa os seus feitos: o processo de abertura, a concessão de anistia, a garantia de eleições diretas em novembro próximo.

— Não fiz tudo que gostaria, mas fiz tudo que estava a meu alcance.

O presidente lembra que começou a governar sob "o trovão do segundo choque do petróleo, que fez o produto repentinamente quadruplicar de preço e soltou o demônio da inflação em quase todos os países do mundo". Arrisca análise do cenário internacional:

— A produtividade desandou em todos os quadrantes da terra, trazendo intranqüilidade e melancolia a amplos setores da sociedade. O mundo de hoje é um mundo sofrido, um mundo em que predomina o descontentamento. Não posso ser responsabilizado por dificuldades que têm sua origem na grande crise da economia internacional.

A comemoração de Figueiredo se estende ao rádio e à televisão. Em pronunciamento, revela preocupação com o crescimento populacional do país. Lembra que o Brasil ganhará 9,5 milhões de habitantes apenas durante o seu mandato.

— Será preciso alimentar, vestir, educar, dar habitação, garantir a saúde, dar emprego a essa legião de novos brasileiros, com quem teremos de dividir as nossas alegrias e aflições.

Ao destacar o fato de 56% da população nacional possuir menos de 25 anos, Figueiredo critica os jovens que "mordidos, freqüentemente, por vocação contestatória, renegam os valores culturais do passado, como se estes pudessem ser recolhidos, sumariamente, ao cemitério das idéias caducas". Classifica de "surtos iconoclastas" as manifestações do eterno conflito de gerações e condena "as filosofias e costumes de nosso tempo" que corrompem a juventude, suscitando crise ou subversão de valores.

— Não posso calar ante a vaga de desregramento moral que campeia, perante os nossos olhos, de modo desenfreado. Trato, aqui, do afrouxamento dos laços éticos.

Figueiredo encerra com a proposta de uma cruzada moral e espiritual contra a obscenidade e a pornografia, "infiltradas em toda parte". "É necessário", afirma o presidente, "preservar o coração sensível e generoso da mocidade brasileira."
Após o discurso, o general recebe abraços calorosos de seus 22 ministros e, com eles, ergue e bebe uma taça de champanhe.

• • •

Vinho tinto no garrafão e queijo gorgonzola estimulam a conversa do grupo reunido no Adega. Na cabeceira da mesa do bar, Renato tem 12 pessoas ao seu redor. Discutem cinema, política, teatro, música, astrologia, cena corriqueira para os que já o conhecem. Os recém-chegados, porém, se impressionam com a capacidade de falar de cinco temas diferentes ao mesmo tempo, dar um jeito de relacioná-los e arrematar o raciocínio. Altas horas e muitos goles de vinho depois, um dos integrantes da mesa provoca o ocupante da cabeceira:

— Renato, por que você não adivinha o signo das pessoas que estão aqui?

Em 11, acerta oito. E, das três que erra, cita o ascendente de duas. Cresce o seu interesse pelo assunto. Estuda tarô o suficiente para tirar as cartas para os amigos. Indeciso sobre o futuro, Bi Ribeiro foi se consultar com Renato. Tinha ido para o

Rio de Janeiro estudar zootecnia na Universidade Rural, mas, por conta de uma longa greve, voltara para a capital, onde tinha deixado a namorada.

— Será que eu fico no Rio ou volto para Brasília?

Renato pede para ele cortar o baralho. Põe cartas na mesa e sacramenta:

— Segue o caminho que você já está trilhando.

E assim Bi Ribeiro fez: continuou morando no Rio de Janeiro, onde volta a tocar baixo e retoma o contato com Herbert Vianna.
Renato elabora também o mapa astral dos amigos. Consulta o horóscopo com regularidade, demonstra imensa vontade de desvendar traços de personalidades por meio do que acredita estar escrito nos astros e nas estrelas. A abordagem não muda. Ao ser apresentado a Leander Motta, pergunta à queima-roupa:

— Qual o seu signo?

— Câncer.

A resposta o entusiasma.

— Câncer? Legal, você tem uma ligação forte com a lua... Gostei de você! Tô fazendo mapa astral, quero fazer o seu! Vai lá em casa!

— Onde que é?

— Na 3.

— Legal, eu moro na 8.

— Jóia, dá para ir a pé!

Leander mora no Bloco G da 108 Sul, um dos primeiros prédios residenciais do Plano Piloto, inaugurado pelo então presidente Juscelino Kubitschek. Carioca da Zona Norte, cresceu em família musical, ao som de Radamés Gnatalli e Carmem Miranda. Chegara a Brasília com os pais em 1965. Foi estudar na Escola-Parque da sua quadra, onde conquistou o título de criança-destaque e ganhou um aperto de mão do presidente Médici. Era bom no atletismo; treinava com outros garotos que demonstravam aptidão para o esporte, como um adolescente de Taguatinga, Joaquim Cruz. Lá também

fez basquete e foi na quadra que conheceu Gutje Woortmann. Por meio do baterista da Plebe Rude, passa a freqüentar o apartamento dos Manfredini. Mais um na turma.
Num dia frio, cidade coberta por espessa névoa cinza, Leander chega na 303 Sul e sobe para o 202. Encontra um bando de jovens encasacados assistindo ao dono do quarto, de pulôver, discursar sobre diversos temas. Sente-se incomodado com o tom depreciativo de Renato ao falar sobre umbanda e candomblé, "religiões de terceiro mundo". Leander, que se considera mestiço, enxerga na crítica a reprodução de uma visão estereotipada da classe média. O discurso do colonizador.
Em outros momentos, aditivados pelas mesmas substâncias, as discordâncias ficam em segundo plano. Em uma quebrada noturna às margens do lago, Leander ouve Renato jurar que teve uma visão: acabara de enxergar, nas águas do Paranoá, o reflexo das colunas das edificações de Roma Antiga.

— Nós somos conseqüência de tudo o que Júlio César fez. E, como os legionários de Roma, viemos, vimos e vencemos.

• • •

No Ceub, em avaliação de desempenho na disciplina jornalismo impresso II, os alunos devem escrever trinta linhas sobre uma de duas notícias publicadas nos jornais do dia. A primeira delas é sobre o cessar-fogo nas Ilhas Malvinas, após a guerra entre Argentina e Inglaterra, vencida por esta última e que ameaça provocar a deposição da ditadura militar do país vizinho. A segunda versa sobre o entusiasmo provocado pela estréia da Seleção Brasileira na Copa do Mundo da Espanha. Renato escolhe a segunda opção e, em formato de poema, escreve a redação "Futebol".

Em junho tem Copa do Mundo.
Lá fora a rua é silêncio
As antenas captam imagens
Que o povo engole apressado
Rezando por uma vitória.
Os onze são onze Alexandres
E a dança é de onze Nijinskis
Heróis, jogadores: um gol
É tudo que o povo espera.
Vencendo, o povo se esquenta
E esquece; é feliz n'um momento
São todos heróis brasileiros
Os fogos não são só de festa junina —
É gol!

Outras idéias, porém, ficam guardadas dentro de casa. Em julho de 1982, relaciona reflexões sobre comportamento, batizadas de "Pensamentos primitivos". Entre elas, inclui a necessidade de saber as conseqüências de oferecer a outra face no momento certo e também a de filtrar o reflexo das más experiências, "até que deixem uma marca positiva em todos os sentidos". Utiliza o imperativo para descrever modelos de conduta na convivência social:

"Seja cordial e inquisitivo em situações artificiais sem ser artificialmente captado."

"Apresente suas experiências de vida de forma a provocar um desejo de que outras experiências de vida lhe sejam relatadas ao mesmo nível de troca de informações básicas e agradáveis, mas nem por isso menos importantes."

Destaca a necessidade de aprender a "ter coração correto e justo sem cair em injustiças de ponto de vista" e resume, em letras garrafais, o que deseja com aqueles pensamentos.

— Mais luz.

Insatisfeito com os resultados obtidos pelo Trovador Solitário, Renato usa o papel para delimitar seu passado e futuro musical. De caneta hidrocor azul, escreve em três idiomas o nome de seu próximo projeto: Legion Urbaine, Urban Legion. A Legião Urbana. Troca de cor e usa o vermelho para fazer o mesmo em relação à sua antiga banda: L'avortement electrique, Das elektras abordeas, Electric Abortion. O Aborto Elétrico. Define o público-alvo: Música elétrica para corações e mentes jovens. E, no complemento da definição, evoca um dos mitos da construção de Brasília para estabelecer a cidade-alvo: Música elétrica feita para a cidade feita de concreto humano.

• • •

Renato escapa dos limites do rock. Junta-se ao jornalista J. Pingo para escrever um musical: *A casa do Caraba*. A parceria é baseada em canções inéditas de Renato, as mesmas gravadas com Pretorius e enviadas para Ginny. Entrega as letras ao diretor, que dá uma "ajeitada poética" bem ao seu estilo, acrescentando palavras nos finais das frases originais.

Contra todos e contra ninguém
O vento quase sempre nunca tanto diz
Estou só esperando o que vai acontecer
Andando pelas ruas quase escuras
Os carros passam...

Fui até a rodoviária comer pastel
Nas ruas têm cheiro de gasolina, vagina
Por toda a plataforma e você não vê a torre
Andando por ruas quase escuras, os carros passam, assam, amassam...

Uma das músicas originalmente melancólicas, que cita desencontro amoroso com uma pessoa que "não tem mais nada a ver", ganha desfecho mais para Plínio Marcos do que para Fernando Pessoa:

Quase comprei um carro novo, povo
Só por causa de você, nenê
Mas gastei a minha grana, nana
Mas você não quis me ver, filha-da-puta
Ainda bem babaca porque você morreu
E quem sobrou foi eu, e quem sobrou foi eu!
Ainda bem, babe, porque você não tem a ver...

Aquele dia no cinema, pequena
Foi tão estranho, banho
De língua na orelha você dava
E meu corpo todo arrepiava

Pode sair do apartamento,
Momento
Pode sumir, meu bem
Desapareça de vez
Não quero mais talvez
Obsoleta, obsoleta, obsoleta
De você só resta esta buceta

No coro, os personagens se juntam para gritar:

— *Buceta, buceta, eu quero esta buceta!*

E, ao final, o trio Caraba, Carabina e Manteiga forma novamente o Coro dos Imbecis para cantar, no ritmo de "Batmacumba":

É do Caraba, ê, ê
É do Caraba, obá!
É lá na casa do Caraba que eu quero morar...

Ao ver as mudanças, Renato toma um susto:

— Agora eu não posso mais mostrar pra minha tia, Pingo!

A peça é encenada de forma despojada em sessão dupla no Galpãozinho, como parte de recreação oferecida aos filhos das participantes de reunião do movimento feminista. A idéia é estimular a liberação da criatividade infantil por meio da arte — e, na visão de Pingo, a parceria com Renato cai como uma luva no projeto. O outro texto encenado naquele dia, *A morte do Incrível Hulk*, tem atores pintados de anilina verde. Termina com guerra de farinha e coca-cola, num grude difícil de remover. As crianças curtem a farra; as mães, ao tomar conhecimento do teor do espetáculo, nem tanto.

A casa do Caraba não representa a única incursão dramatúrgica de Renato. Ao amigo Zé Renato, confia cópia de *A verdadeira organização do desespero*. A peça, de 35 páginas, é precedida por restrição ("É expressamente proibido a montagem deste texto sem a permissão por escrito do autor"), aviso ("esta não é uma peça original") e recomendação para montagem: inclusão de "filmes, música, luzes e efeitos". Na epígrafe, um trecho de "Positivismo", de Noel Rosa: "A verdade, meu amor, mora num poço/ É Pilatos lá na Bíblia quem nos diz/ E também faleceu por ter pescoço/ O inventor da guilhotina, de Paris". Sem linearidade, o texto tem quatro personagens principais: Robert, Oceano, Vulcão e Platéia.

(Platéia) Quem é que vai para noite hoje, hein?

(Vulcão) — Que quadra?

(Oceano) — Ela vai para o Lago Norte.

(Robert) — Eu não vou para o Lago Norte hoje.

(Platéia) — Eu mesma sei contar pilhas de histórias de festa.

(Coro) — Creio que a Platéia prefere ver os filmes.

(Vulcão) — Seja sempre o melhor. O que tem tudo. Aquele que quer o que sabe. E sabe onde conseguir. Aquele que não precisa correr para chegar lá porque já é o primeiro.

(Coro) — Não tentarei dizer ou mesmo explicar o que neste palco possa se passar. Só digo e sei que mais uma vez a história vai mudar.

Legion Urbaine

Urban Legion

A LEGIÃO URBANA.

L'AVORTEMENT ELECTRIQUE

DAS ELEKTRA ABORDEAS

ELECTRIC ABORTION

O ABORTO ELÉTRICO

ELECTRIC MUSIC FOR YOUNG HEARTS & MINDS

MÚSICA ELÉTRICA FEITA PARA A CIDADE D

C O N C R E T O H U M A N

this
ease
is definitely
<u>not</u> <u>elozent</u>.

Legião Urbana

Núcleo do grupo formado em Julho 1982. (Renato Russo e Marcelo Bonfá)
guitarra: Eduardo Paraná - teclados: Paulo Paulista.
Primeira apresentação: Rock Na Arena, PATOS DE MINAS-MG - 5 de Setembro, 1982
Segunda apresentação: Estádio do CAVE, GUARÁ - DF. (já sem Paulo Paulista) verificar data.
Terceira apresentação: VI Concerto do Lago Norte
Quarta apresentação: supporting band "As Aventuras da Blitz".
Eduardo Paraná decide sair da banda - diferenças musicais. Entra, em seu lugar, Ico Ouro-Preto (guitarra, efeitos e violão), Dezembro 1982.

LEGIÃO URBANA:

Marcelo Bonfá - bateria (VOCAL, PERCUSSÃO, EFEITOS)
Ico Ouro-Preto - guitarra (VIOLÃO, BAIXO)
Renato Russo - baixo, vocal (TECLADOS, VIOLÃO)

(Vulcão) — Eu sei. Mas eu estou falando quando todas as pessoas estão fazendo alguma coisa, todo mundo compartilha. E aí você se sente como se fosse um estranho. Todas as outras pessoas formando um pequeno mundo e você de fora, querendo entrar.

(Robert) — Como as estações mudam...

(Platéia) — As estações talvez, mas as pessoas não.

(Robert) — Eu sei que você me quer. Não adianta tentar esconder. Posso ver nos seus olhos, no jeito bobo de me fazer pensar que você não quer ficar perto de mim. Tentava sempre a perfeição, só para fazer você me ver. Eu posso fazer o que eu quiser com você, Platéia. Platéia, você está a meu comando. Eu decido suas reações, se você vai gostar ou não.

No final, após frases de efeito ("Saber é uma coisa que deve ser muito invejada", "Ninguém pode ser músico sem saber o que diziam os poetas", "Eu não sou difícil, eu sou complexo"), a constatação do autor:

— E aqui o nosso tempo termina. Continua o tempo de vocês. A desorganização foi verdadeira e o desespero teve aqui a sua vez. Eu venho aqui falar por todos que, como nós, falam entre si e também falarei com vocês. Não se esqueçam de lembrar: se nossa palavra agradou, que seus aplausos possamos guardar.

Ésquilo, Sófocles, Arthur Miller. Textos clássicos da dramaturgia mundial são analisados por Renato nas aulas da professora Maria Coeli. Ex-aluna de Paulo Emílio Sales Gomes, Coeli ensina cinema e teatro na faculdade. Viúva em circunstâncias trágicas e misteriosas, duas filhas, luta também pela carreira. Tinha vendido um apartamento e um Fusca para concluir o documentário *A voz do grande rio*, filmado no Rio de Janeiro. O sacrifício impressionara Renato, que por sua vez também chamara atenção da professora desde as primeiras aulas. Descobriram afinidades recíprocas. Logo no início da aproximação, Renato contou que tinha uma banda chamada Aborto Elétrico e perguntou, de sopetão:

— Professora, o que você acha que eu devo fazer da minha vida?

— Renato, você seria um dramaturgo brilhante, mas não teria saco para manter uma trupe e repetir o texto noite após noite. Seria um diretor de cinema na linha do

Glauber, livre e solto, mas não tem dinheiro para fazer filmes. Você pode, então, fazer o que você está fazendo: rock. Gritar a sua mensagem. Que nem é só sua, aliás.

— Como assim?

— Quando você canta numa banda chamada Aborto Elétrico, você está falando também do medo que todas as mulheres passam todos os dias. É uma declaração feminista.

Renato gosta da resposta e, por essas e outras conversas, Coeli ganha a sua admiração. Passa a freqüentar o apartamento da professora, na 208 Sul. Fala sem parar e por toda a parte. Começa na sala, avança pelo quarto, vai até a cozinha, volta para a sala, encosta na janela, sempre com um cigarro na mão. Enche a casa de fumaça e certezas. As filhas da diretora já sabiam: quando Renato chegava, não tinha hora para ir embora — e a atenção da mãe ficaria voltada para ele. Com a mais velha, o visitante trocava idéias sobre os filósofos franceses: Voltaire, Diderot, Rousseau. O músico e a cineasta se unem pelo afeto. Constróem espaço para mútuas confissões. Certa noite, emocionalmente abalados, vão parar no Setor Hoteleiro Sul. Alugam um quarto, cheiram cocaína, caem no choro. Depois, Renato enxuga as lágrimas e canta Elvis Presley para a amiga até o sol decretar o fim da madrugada.

• • •

Renato atravessa o Eixão e vai parar na 415 Sul. É aniversário do poeta Nicolas Behr. Mesmo sem maior proximidade, os dois viviam se esbarrando por conta de amigos comuns. Tinham dividido o palco em *O último rango* — a participação de Behr consistiu em inusitado canto de uma música folclórica africana que aprendera com a mãe, Therèse von Behr. O poeta também tinha ido ao apartamento de Renato comprar discos. Saíra com LPs de Cream, Doors, Grateful Dead, Yardbirds e Jefferson Airplane embaixo do braço. Behr planejara receber seus convidados no próprio apartamento da 415 Sul, mas apareceu tanta gente — integrantes do Liga Tripa, Banda 69, Pessoal do Beijo, Mel da Terra; Chico Alvim, Paulo Tovar, Clodo, Climério e Clésio — que a festa não coube na sala: é transferida para o térreo. Farra embaixo do bloco. No final, os convidados deixam mensagens para o anfitrião, que acabara de completar 24 anos, em cartaz gigante. Em meio às marcas de batom de algumas moças, Renato consegue espaço para desejar feliz aniversário e deixar um abraço amigo. Com ou sem a turma, as noites são agitadas. As madrugadas também. Depois das duas, quando boa parte dos amigos punks já está de volta à casa dos pais, Renato continua suas incursões. Às vezes sozinho, às vezes acompanhado, freqüenta o Setor de Diversões Sul, ponto de convergência de viciados, traficantes, prostitutas e prostitutos. Recrutas do Exército, sem família e sem dinheiro, fazem michê próximo à Rodoviária. Soldados oriundos da região Sul, pelas características físicas herdadas de tipos europeus, sabem que têm grande apelo entre os homossexuais. De forma ostensiva, exibem a virilidade, provocam os clientes que chegam de carro ou a pé. Desejo nascido, desejo rapidamente esvaziado.

Em casa, Renato não pára de escrever. Guarda idéias, rabisca. De caneta Pilot, faz lista dos rapazes da turma. Separa-os em duas categorias: a dos garotos bonitos ("cute boys") inclui Beto, Marcelo Bonfá, Adriano, Flávio. E a dos outros, que são quase trinta: entre eles, Dinho, Felipe, Dado, Bi, Pedro, os três Andrés e mais nomes que ele não consegue lembrar. Conclui "que há garotos demais para as 18 meninas". E define a necessidade daquela turma:

— Mais garotas!

No rol dos garotos bonitos, o primeiro da lista é o gaúcho Roberto "Beto" Zanettini, cabelos negros e lisos até depois dos ombros. Tinha chegado à turma por meio de Zé Renato Martins, que se encantava com a beleza do rapaz da Asa Norte. Calado, jeitão zen, Beto era conhecido pejorativamente pelo apelido de Beto Pastel. Escondia os seus mistérios. Um dia, ao avistar o rapaz caminhando em descampado, Zé Renato percebe que ele chora compulsivamente. Não revela o motivo das lágrimas e segue em frente. Ao saber do episódio, Renato telefona para Zé Renato. Quer mais detalhes.

— Me contaram que você viu o Beto chorando. Você sabe o porquê?

A notícia tinha chegado na 303 Sul por meio de Bonfá, amigo em comum de Beto e Zé Renato. Um dos integrantes da primeira lista, Marcelo Bonfá morava em Brasília desde 1977. Saiu de Itapira, cidade pequena perto de Campinas (SP), a 173 quilômetros da capital. Aos 11 anos, foi parar na SQN 315, quadra da Asa Norte reservada aos funcionários do Banco do Brasil, como o seu pai. Descendente de italianos, teve o primeiro contato com diferentes culturas brasileiras. Até então, nunca tinha visto um nordestino. Na escola-classe em que foi matriculado, escutou sotaques que jamais havia ouvido. E teve a sensação de entrar num lugar que não tinha saída.

Já que seria impossível sair dali, tentou se enturmar. Fazia natação na AABB, freqüentava forrós, aproveitava as inclinações da Asa Norte para ir e voltar do colégio em cima do skate. Não perdia um show na cidade: pediu autógrafo para Moraes Moreira depois de apresentação dos Novos Baianos, curtiu Sivuca na Casa do Ceará, alucinou com a tiração de sons promovida pelo bruxo Hermeto Pascoal.

THE CUTE BOYS:

Beto

Marcelo Bonfá

Flávio

Adriano

THE OTHER BOYS:

Gutje

André

André

André

Felipe

Dinho

Ico

Pedro

Bi

Tavo

Dado

Manteiga

Guilherme

Jehovah

Tote

Philip

Rick

Rick

Alex

Marcio

Zé Renato

Vítor

irmão do Vitor

Loro

Geraldo

Bira

Mukira

L. Eduardo

+ others I don't remember right now.

There are too many guys for the eighteen girls!

MORE GIRLS!

— Esse cara faz muita doideira!

Quando não dá para sair, nem reclama muito. Absorto, passa horas desenhando dentro do apartamento. Por meio de Zé Renato, conhece a turma dos punks. Vê um show do Aborto Elétrico. Não consegue entender as letras, a não ser a de "Veraneio vascaína". Identificação. Todo menor que pegava o carro dos pais temia ser pego pelas viaturas pintadas em quatro cores: preto, branco, cinza e vermelho, com uma listra no meio, como a do time do Vasco. Sirene acionada, fogem pelo eixo, por dentro das quadras; se enfiam nas garagens dos blocos feito tatus. Perseguição.
Bonfá freqüenta o Cafofo, o Food's e outros pontos adotados pelos punks. Passa a usar camisas rasgadas. Mata aula para acompanhar os ensaios do Aborto para *O último rango*. Arrisca-se nas baquetas. Toca com os Metralhas, a banda que André Mueller formara ao voltar da Inglaterra, antes de fazer a Plebe Rude com Gutje (ex-Blitx 64) e Philippe Seabra. Toma gosto pela brincadeira. Compra uma bateria Pingüim em São Paulo. Grava fitas com músicas, cola os fones do walkman no ouvido e tenta acompanhar as músicas da banda britânica. Numa viagem de Gutje, toca com outros grupos da turma — até com o recém-surgido Dado e o Reino Animal, que reunia Loro e Dado Villa-Lobos nas guitarras, Dinho Ouro-Preto no baixo e Pedro Thompson no teclado. Até que, durante festa no Lago Sul, Renato se aproxima e faz o convite:

— Vamos montar a Legião Urbana?

— Vamos nessa!

Renato expõe a idéia do projeto. Não haveria guitarrista fixo, mas músicos convidados, que se revezariam de acordo com a música, a ser conduzida sempre pelo núcleo baixo-bateria, eventualmente acrescido pelo uso de teclados. Ensaiam no quarto do apartamento dos Manfredini na 303 Sul; Renato no violão, Bonfá na caixa de papelão. Nem precisava tocar o interfone, bastava gritar embaixo do bloco:

— Renato!!!

— Sobe aí!!!

Fazem longas jams sem saber onde vão parar, no ritmo da pulsação do baixo, da bateria, às vezes do teclado:

— Começa alguma coisa aí que eu faço alguma coisa aqui.

Os dois entram em sintonia musical. Renato se diverte. Gosta do que faz. Pouco tempo depois, vê um show da banda Boca Seca, no Lago Norte. Depois da apresentação, se aproxima do jovem guitarrista, cabelos lisos e rosto imberbe:

— Gostei muito de você. Tô montando uma banda com o Marcelo Bonfá, não tem guitarrista ainda. Você não quer tocar com a gente?

Nascido em Curitiba, o guitarrista Eduardo Lambach é conhecido pelo apelido de Paraná também pelo fato de ter trabalhado como voluntário em barraca no evento mais tradicional da cidade, a Festa dos Estados. Tinha 13 anos quando chegou a Brasília, em 1979. Foi morar no andar mais alto do bloco C da 111 Sul. A mãe, a pianista clássica Suzy Queiroz, dava aulas particulares. E, quando Renato passa a freqüentar o apartamento de Eduardo para ensaiar, o visitante fica na sala assistindo Suzy lecionar. Estudantes dispensados, o aluno-ouvinte puxa conversa com a mãe do guitarrista sobre Tchaikovsky, Debussy, Prokofiev, Satie.

— Filho, esse seu amigo é diferente. Conhece em detalhes a vida dos grandes compositores.

Renato, o amigo diferente, grava todos os ensaios de sua nova banda. À noite, a turma ouve as fitas. Alguns fazem duras restrições ao estilo do guitarrista. Com Jimmy Page e Jeff Beck como ídolos, Paraná professa sua fé no virtuosismo.

— É assim que eu extravaso a minha musicalidade.

Nos ensaios, Renato e Paraná se empolgam em músicas como "O cachorro", entendida pelo guitarrista como uma mistura de punk e progressivo. Bonfá não com partilha o entusiasmo. Acha que a sonoridade, antes predominantemente grave, foi deturpada pela interferência da guitarra. A banda soa datada, jeitão de anos 70. Quando convidam Paulo Paulista ("libriano, dezesseis, mora em Brasília há seis meses, gosta de cantar 'Rock Around the Clock' e aquela música da Ana Maria que comprou um biquíni", na definição de Renato) para tocar teclado, Bonfá torce ainda mais o nariz — considera o som sub-Phil Manzanera, referência ao tecladista do Roxy Music. Indiferente à contrariedade do baterista, eles continuam ensaiando. Fazem arranjo para "Dado viciado", que Renato escrevera para o primo Zé Eduardo e tocava na craviola, nos tempos de Trovador Solitário. Também repassam "Química", a música recusada por Fê para o Aborto Elétrico — inscrevem a composição no Festival Interno do Colégio Objetivo, mas ficam de fora das finais. A banda ganha repertório, já pode ser testada no palco. Renato se entusiasma. Agradece a Deus por ter encontrado pessoas com quem pode trabalhar, "que têm as mesmas idéias que eu tenho e buscam a mesma essência que eu procuro". E escreve uma variação de frase do imperador romano Júlio César.* *Urban legio omnia vincit*. Legião Urbana a todos vence.

• • •

Fogo no Circo. Banda do Lixo. Fruto da Terra. Lava Pés. Sérgio Moreira. Magos do Sol. Liga Tripa. Aborto Elétrico. O cartaz anuncia as atrações do festival "Rock no Parque", em Patos de Minas, a 405 quilômetros de Brasília. Quem desembarca na rodoviária da cidade mineira, após cinco horas dentro de ônibus, é a Legião Urbana — agora, com Paulista e Paraná na formação. Parte dos cartazes é refeita para incluir o nome da nova banda de Renato, por exigência do vocalista.

— Eu não sou do Aborto Elétrico. Nós somos a Legião Urbana.

O produtor Carlos Alberto Xaulim queria bandas de Brasília para o show. Tinha recebido de um amigo residente na capital, Wilson Moraes, as dicas de dois nomes locais: Liga Tripa e Aborto Elétrico. Xaulim ligou para Renato e fez o convite. O produtor avisou que não teria dinheiro para cachê; pagaria as despesas de transporte e alimentação.

— Não tem problema, a gente é uma banda pequena. Estamos começando.

O acerto final ocorre no Brasília Rádio Center, prédio no início da Asa Norte, onde Legião e Plebe Rude passam a dividir sala de ensaio. De noite, eles recebem as passagens das mãos de Wilson Moraes.

O Liga Tripa não foi para Patos de Minas; quem aparece com a Legião é a Plebe Rude. As duas bandas, mais alguns amigos, chegam na rodoviária ao amanhecer. Um dia inteiro sem ter o que fazer. Xaulim os leva para o parque de exposições. Alguns ficam por lá e outros zanzam pela cidade, observados com alguma perplexidade pelos moradores locais: o figurino punk bem transado de Gutje, baterista da Plebe Rude, chama especial atenção. Enchem a cara, cochilam no gramado, embaixo de uma arquibancada de concreto. Poeira para todos os lados. Aguardam o início da passagem de som. Todos recebem uma ficha para trocar por uma refeição. Músicos mineiros e brasilienses dividem a mesa. Renato quebra o gelo:

* A frase original do imperador Júlio César é *Romana legio omnia vincit*: as legiões romanas a todos vencem. (N. do A.)

— Oi, tudo bem? Eu sou o Renato, qual o seu nome?

Silêncio e constrangimento. Os mineiros não respondem. O gelo não derrete.

A noite cai, as pessoas começam a chegar. Hora de fazer a passagem de som. Renato pega o violão e avisa ao técnico responsável pela aparelhagem, Marcos Amorim:

— O show já começou.

E convoca os outros três integrantes da Legião a acompanhá-lo. O show, acompanhado com curiosidade pela platéia local, é observado também por dezenas de policiais fardados. A letra de "Música urbana 2" ("Os PMs armados e as tropas de choque vomitam música urbana...") causa certo mal-estar, mas eles seguem em frente. Depois, a Plebe Rude sobe ao palco. Toca músicas provocativas como "Vote em branco" ("Imagine uma eleição em que ninguém fosse eleito/ Imaginem a cara do futuro prefeito/ Vamos cara, seja franco/ Use o poder do seu voto, vote em branco/ Seja alguém, vote em ninguém!") e "Pressão social" ("Há uma espada sobre minha cabeça/ Uma pressão social que não quer que eu esqueça/ Que eu tenho que trabalhar/ Tenho que estudar/ Tenho que ser alguém/ Não posso ser ninguém"). Ao ver a grande quantidade de policiais, o baixista André Mueller vai ao microfone e agradece à presença de tantos fãs de rock. Ironiza:

— PM quer dizer Patos de Minas?

Philippe Seabra também faz brincadeiras irônicas com o público. Terminados os shows, é hora de pegar o ônibus e seguir viagem. Mas, ao descer do palco, a Plebe se vê cercada por policiais e um deles pergunta:

— Vocês são os músicos de Brasília que acabaram de tocar?

Com a resposta afirmativa, são detidos e levados para o posto policial montado dentro do parque. Os integrantes das duas bandas têm que mostrar as carteiras de identidade para provar que são do Distrito Federal. Renato se exalta ao defender a liberdade de expressão, o discurso é recebido com indiferença pelos policiais. Quando os roqueiros já imaginam que passariam a noite na cadeia, ganham de volta a liberdade sob expressa condição:

— Vão para a rodoviária e peguem o primeiro ônibus de volta para Brasília.

A ordem é prontamente atendida. E, na viagem de retorno, relembram o incidente, confessam o medo de tomar botinadas da polícia. Depois, já tarde da noite, Renato senta no fundo do ônibus. Inventa vozes, personagens, narrativas. Conta histórias que fazem o tempo passar mais depressa no caminho de volta para casa.

• • •

Renato ama a noite. Caminhando e cantando da W3 até a sua quadra, chega por volta de três, quatro da manhã. Os pais se aborrecem; pelo menos os vizinhos não se queixam com o síndico. Ao ouvir os discos no quarto, põe o som no volume máximo — e ainda canta junto. Carminha sai fechando portas e janelas para não causar mais constrangimento aos outros moradores; já não bastasse aquela pichação AE na portaria. Mas Renato passa pouco tempo em casa. Tem sempre um lugar para ir, um plano a executar, uma experiência para viver.
Além da maconha onipresente nos ensaios e do álcool, agora também há cocaína nas festas mais badaladas do Lago Sul. Em uma das festas, ele abandona imediatamente a pista de dança ao avistar a irmã acompanhada de duas primas, Cláudia e Geórgia. Parte para cima de Carmem Teresa e dispara perguntas sucessivas:

— Como vocês chegaram aqui? Minha mãe sabe que você veio? Com quem vocês vieram? Que horas vocês vão embora? Isso aqui não é lugar para vocês!

Faz questão de isolar a irmã e as primas de qualquer tipo de contato mais profundo com os integrantes da turma. Quando um dos rapazes ousa se aproximar das três garotas, Renato se interpõe e intimida possíveis pretendentes. Também ergue barreiras quando o interesse parte de dentro da própria casa:

— Júnior, olha só. Aquele amigo seu, ele é bonitinho...

— Ele tem namorada, não interessa. Ele não é para você.

Longe do olhar da irmã e dos pais, pode fazer na rua o que não quer arriscar em casa. Uma noite, com a turma, cheira benzina e entra no cine Dois Candangos, na UnB, para assistir a *Nosferatu*. Alucina diante do clássico vampiro do filme preto-e-branco do cineasta alemão F. W. Murnau.

— Eu estou vendo cores! Eu estou sentindo o cheiro das cores!

Às vezes, mesmo sem inalar nada além do ar seco da capital, entra em órbita. Sai de uma sessão privativa no Itamaraty de *E.T.*, o novo filme de Steven Spielberg, totalmente elétrico.

93,7 MHz

— Esse filme é maravilhoso! E é cheio de referências, de mensagens subliminares. Tem até uma citação a Marx...

André Mueller faz o contraponto:

— Sério? Eu só vi um extraterrestrezinho querendo ligar para casa...

André e Renato, dois dos mais velhos da turma, viviam trocando idéias, discos, livros e farpas. Conversavam sobre anarquismo, discutindo as teorias do russo Bakunin e do francês Proudhon sobre a necessidade da revolução social e da destruição completa do Estado. Discutiam sobre o grupo terrorista Baader-Meinhof a partir da leitura de livro emprestado por Renato. Escutavam as músicas atmosféricas de Brian Eno, mediam forças sobre o impacto causado pela obtenção de uma cópia de *Metal Box*, o aguardado disco do PiL. Compartilhavam um grande amigo — André Pretorius que, ao voltar pela última vez a Brasília, tinha passado uma semana na casa de cada um deles.

Na temporada inglesa em Sheffield, cidade tão provinciana que os moradores locais nem sequer conheciam lasanha, Mueller testemunhou o começo da carreira do Joy Division e Cabaret Voltaire. Percebeu que o pós-punk se encaixava com a sua idéia de rock: abaixo a ditadura das guitarras, baixo e bateria têm idêntica relevância. E foi baseado nessas idéias que formou a Plebe Rude com Philippe Seabra. Quando ganhou o primeiro walkman, André Mueller gravou uma fita cassete com o disco *Fear of Music*, do Talking Heads. Saiu pela Asa Norte, "Memories Can't Wait" nos tímpanos: "*There's a party on my mind and I hope it never stops...*" Caminhar e ouvir suas músicas preferidas ao mesmo tempo: festa permanente na cabeça. Nunca se sentiu tão livre. Passa a assinar como André X.

A Plebe Rude divide com a Legião o aluguel de sala de ensaios no Brasília Rádio Center. André, Philippe e Gutje, em tempos de criar o próprio repertório, não perdem a chance de provocar os companheiros de sala. Fazem uma música, "Bandas BsB", que, entre outras mensagens nem um pouco cifradas, cita o maior sucesso do Aborto Elétrico para ironizar o primeiro grupo de Renato: "Já estou cheio de bandas que perguntam/ Que país é este/ Com instrumentos, mas sem talento...". Mas eles sabem que os inimigos, na verdade, estão do lado de fora da sala. Dentistas, advogados e outros profissionais liberais abrem fogo contra os novos vizinhos: tentam expulsá-los de todas a formas. Aos gritos, exigem silêncio. Um dia, ao chegar para ensaiar, os integrantes das bandas não conseguem abrir a porta. A fechadura tinha sido vedada com cola durepox. Sabotagem. O recado não poderia ser mais claro. Eles insistem. E, na sala, gravam trilha para uma experiência cinematográfica.

Enquanto a Plebe toca suas músicas, Renato narra, de improviso, uma história para o filme que o grupo resolve fazer em super-8, *Ascensão e queda de quatro rudes plebeus*.

Produção experimental capitaneada por Gutje, o curta-metragem apresenta o novo integrante da Plebe, Jander Bilaphra, e recria com irreverência a trajetória de um grupo de rock, a partir de cenas criadas por Mueller. O baixista define o resultado como "puro Glauber Rocha: porra-louquice total". Além da narração, Renato atua na fita como Manfredo, "caçador de talentos", empresário que chega, de terno, para assistir a um ensaio do grupo. A saga termina depois que a Plebe vende um milhão de cópias, é roubada, perde todo o dinheiro e acaba o filme catando lixo no Eixão: de estrelas a garis.

• • •

Após a experiência em Patos de Minas, os próximos shows da Legião ocorrem dentro das quatro retas que delimitam o Distrito Federal. No estádio do Cave, no Guará, a apresentação no projeto Rock na Arena é definida pelo vocalista como "um grande acontecimento tribal" por reunir, pela primeira vez, todas as bandas da turma: Legião, Blitx, Plebe Rude, além da Banda 69, Os Marginais e o recém-criado Capital Inicial, dos irmãos Flávio e Fê Lemos. No fundo do palco, uma pintura gigante de Elis Regina, que tinha morrido em janeiro, aos 36 anos.
Considerada a maior cantora brasileira, a gaúcha Elis Regina tinha emocionado os fãs de seu estado pouco antes de morrer. As relações andavam meio estremecidas. Muitos diziam que ela havia se deslumbrado com o sucesso no Rio-São Paulo e esquecido as origens, o próprio sotaque. Mas, em show no Gigantinho, Elis virou o jogo. Cantou Caetano, Rita Lee, Roberto Carlos, Milton Nascimento, Gilberto Gil como se as músicas daqueles compositores jamais tivessem sido interpretadas pelos próprios autores, somente por ela. Bem-humorada, à vontade, saiu do palco sob uma chuva de aplausos. No jornal *Zero Hora*, o crítico Juarez Fonseca qualificou de "impecável" a apresentação e descreveu a reação da platéia à performance da cantora: "O público era quentíssimo, viveu momentos de perfeita interação com Elis. Ela sentiu isso, e gostou muito de ter recebido calor, entusiasmo e boas vibrações. Entregou-se à alegria de cantar e ao final foi aplaudida de pé e prolongadamente, deixando no rosto das pessoas uma expressão aberta e feliz."
A cada entrada no palco do estádio do Cave, os roqueiros brasilienses ironizam a homenagem da produção a Elis Regina. Eles seguem a máxima de André Mueller:

— Tudo antigo é nosso inimigo.

A Legião toca também no VI Concerto da Área de Lazer do Lago Norte, promovido pela administração regional e com shows gratuitos de outras oito atrações, a maioria com repertório de MPB, das 14h até o pôr-do-sol. Entre guitarras e violões, a promessa de muitas brincadeiras para as crianças.

Surge, então, a chance de queimar etapas. Renato fica sabendo que Cristiano Menezes, colega de trabalho no *Jornal da Feira*, produziria o primeiro show da banda carioca Blitz em Brasília. Sucesso em todo o Brasil com a música "Você não soube me amar", do disco *As aventuras da Blitz*, o grupo liderado pelo vocalista Evandro Mesquita está no auge. Considerada pela imprensa como "a responsável pelo maior ti-ti-ti na música brasileira atualmente", a Blitz acaba de ganhar a bênção da rainha do rock nacional, Rita Lee: "É um grupo sem pretensões, sem cheiro de jogada. Tem uma guitarrinha ótima que não quer imitar Eric Clapton, ninguém querendo ser Mick Jagger e tem uma coisa de teatro. É tudo muito bom, muito bem", brinca a cantora.
Renato escreve para Cristiano, pede para a Legião tocar na abertura. Conta na carta que seu grupo tem ensaiado todo dia, convida o jornalista para vê-los tocar "se você ainda estiver aqui em shit city", para "dançar, gritar e pular". Enumera as outras atrações do show no bar Caco de Cuia, antes de fazer a autopropaganda:

— Vai ter Liga Tripa, Renato Matos e Marcus Rocha — que são ótimos —, mas Legião Urbana é que é.

Avisa que, para a divulgação da estréia da Blitz em Brasília, Cristiano poderá contar com uma turma "gigante" para colar cartazes e espalhar a notícia do show. Implora, em letras garrafais:

— PLEASE, nao nos deixe nesse desespero de ficar sonhando com uma coisa impossível.

Com o desejo de "força", Renato se despede na carta com mais duas exclamações:

— Não vamos desistir nunca! Viva música elétrica!

O pedido é parcialmente atendido. A Legião consegue tocar na mesma noite da Blitz no ginásio do clube da Associação dos Servidores Civis do Brasil (ASCB), mas não da forma ambicionada por Renato. Sem ter sido anunciado previamente, o grupo sobe ao palco depois da principal atração da noite. O esvaziamento é inevitável, mas Cristiano observa um fenômeno curioso. Muita gente que estava indo embora, já saciada pelas batatas fritas de Evandro e sua trupe, retorna depois de Renato anunciar:

— Boa noite. Nós somos a Legião Urbana e estamos aqui para mostrar que Brasília também faz rock'n'roll!

A page! drone →

Nomes Prováveis

Comissão comitê comando
Assossiação Organização grupo
Banda conjunto
Conselho
Reunião

Liga
Acordo
Sociedade
Fraternidade nunca foram nomes prováveis

Equipe clube tribo time
Tratado
Concurso
Trabalho
Casta
Seita
Produções Limitada
Rede
Facção
Regimento
Partido
Matilha.

somos Legião.

O show de estréia no Plano Piloto traçado por Lucio Costa seria também o show de despedida da formação da Legião Urbana traçada por Renato Manfredini Júnior. O vocalista tem outras músicas engatilhadas — "Planos do asfalto", "Provençal das quadras", "Chantagem", "O radiador" — para a banda. Uma delas é um blues a la Janis Joplin com melodia renascentista e que citava na letra a dificuldade de vadiar pelas quadras e não encontrar embaixo dos blocos ninguém para vender maconha. Mas não há mais tempo para desenvolver músicas novas. As divergências entre Bonfá e Paraná ganham corpo, já chegam à hostilidade. Até que Renato toma partido após uma proposta do guitarrista que certamente causaria mais irritação ao baterista:

— Renato, vamos tocar "O cachorro"?

— Não estou mais a fim de tocar isso não, Paraná.

— Ah, é? Então, tô fora!

O vocalista se enfurece com o guitarrista. Fuzila-o com o olhar. O ensaio acaba, eles deixam Bonfá no final da Asa Norte. Ao se despedir, Renato encara Paraná e sentencia:

— Você vai ver que a gente ainda vai ser muito conhecido.

Com problemas familiares por conta da separação dos pais, Eduardo Paraná resolve deixar Brasília e estudar música no Conservatório de Tatuí (SP). Ao saber da decisão do guitarrista, Renato comenta com amigos da turma:

— Eu falei para ele: "Anota aí, Paraná. A gente vai seguir com a banda. Quando você conseguir comprar um carro velho com o dinheiro que ganha com esse jazz rock, a gente já vai ter vendido um milhão de cópias."

• • •

A saída do guitarrista Eduardo Paraná é rapidamente resolvida. Renato convida Ico Ouro-Preto para substituí-lo e eles começam a ensaiar. Renato percebe que a turma, antes restrita ao pessoal da Colina, não pára de crescer. Evoca a estrutura clássica dos contos de fada para descrever a sua visão de Brasília no final de 1982: "Era uma vez a gente; e depois mais gente, mais gente e mais gente e muito mais gente (e não era tanta gente assim; tem muito mais gente do que tem na verdade); era uma cidade." Depois de afirmar que seu grupo desceu da Colina "tal qual bandeirantes" (e atribuir

TUESDAY.

phone Fê (sound equipment) ✓
phone Bonfá (comic strip ✓
sound equipment
rehearsal)
phone Dado (expo VIII
rehearsal) → Dinho (fanzine)
phone André / Bernardo
Gutje
Felipe
Ameba, etc. } sound equipment. back in room? Weds 4:00 PM Galpão.
phone newspapers ✓
radio
tv → kids. schools?
type fanzine
do copies w/photos
type lyrics
do copies w/ lay-out complete
buy equipment (paint, etc.) ✓
get money.

WEDNESDAY

4:00 PM → Galpão (set-up sound)
8:30 PM → performance.

a comparação "horrível" a Dinho Ouro-Preto), define o propósito daquele grupo de jovens:

— Não vamos desistir; só queremos nos divertir. Tá tudo muito bem, tá tudo bom demais, mas realmente não iremos esquecer a música urbana. Se alguém algum dia quiser se lembrar de alguma coisa que se passou por aqui, é só viver a noite, viver o dia. Quem não se esquecer, verá. Somos todos, somos muitos.

Eles nem são tantos assim, mas em quantidade suficiente para o estabelecimento de hierarquias. Os que chegam depois são conhecidos como figurantes. Alguns deles são convidados a ir ao apartamento de Renato. Passam horas ouvindo-o falar sobre filosofia, drogas, Platão, Sócrates, história antiga. Depois a conversa muda de foco. É a vez de o dono do quarto perguntar o que eles sentem, como vêem o mundo, o que acham dos pais. Um dos visitantes, Eduardo de Moraes, percebe que Renato vai até o gravador e vira o lado da fita cassete. Acontece que eles não estavam ouvindo música. Uma das garotas, Adriane Michels, também vê o gravador ligado e pergunta:

— Por que você está gravando o que a gente fala, Renato?

Sem graça, ele responde o que já tinha revelado para outra menina, Ana Galbinski:

— É para poder contar um dia a história da nossa turma.

Passa por um constrangimento maior quando outra garota da turma conta que deseja fazer sexo com ele.

— Acho melhor você ir para casa, já é uma da manhã.

Vivamente interessada, ela insiste, com mais ênfase. Tenta um contato físico, ele se desvencilha e informa:

— Não, eu não faço essas coisas. Sou católico apostólico romano...

• • •

Ico Ouro-Preto participa da criação de novas músicas — "Ainda é cedo", "Grande inverno na Rússia" — mas fica poucas semanas com a Legião. A vaga de guitarrista está novamente em aberto. E pior: a banda tem compromissos pela frente, é preciso montar repertório para uma série de shows que seriam produzidos pelos próprios grupos. Renato surpreende a turma, então, ao convidar Dado Villa-Lobos. Ao saber da decisão, Dinho Ouro-Preto, o outro morador do apartamento da 213 Sul, tem a segunda grande decepção. A primeira tinha sido há alguns meses quando Bonfá mostrou, na parede do bar Papos e Panquecas, o nome "Legião Urbana" e revelou:

— É o nome da nova banda do Renato. Eu tô tocando com ele.

Na ocasião, Dinho tentou disfarçar a perplexidade. Gostava de Bonfá, mas ele não ia aos filmes, às exposições, não participava das discussões, não debatia idéias. Por que Renato o escolhera? Aquela pergunta ficou meses na cabeça. E antes de encontrar a resposta, eis que surge outra incômoda indagação. Por que, para o lugar de seu irmão, ele tinha convidado alguém que não sabia tocar? Se era assim, por que não ele? Por que Renato não o escolheu? De novo, a frustração. Dinho Ouro-Preto não se conforma. Decide que não dá para continuar fazendo apenas fanzines com o intuito de refletir sobre o papel da polícia ("No Brasil, polícia e povo são duas coisas à parte"), a situação do regime militar ("A ditadura ainda está aí, firme e forte") e a importância dos movimentos de protesto ("Não que seja algo que pré-estipule todos os passos, mas uma espécie de identificação das contestações em comum"). Dinho quer entrar numa banda.

Enquanto isso, Dado começa a ensaiar no quarto de Renato, que avisa:

— A gente tem um mês para montar um show.

— Ok, vamos nessa.

Ensaiam todas as tardes. Fazem músicas a toque de caixa. A primeira a ser finalizada é "Ainda é cedo", que Ico tinha iniciado e Dado concluiu. Renato escreve compulsivamente um punhado de novas letras. Consulta cadernos de anotações, recupera frases antigas, cria outras tantas. "Não vá embora/ Fique um pouco mais/ Ninguém sabe fazer o que você me faz..." ("Teorema"), "Nós somos tão modernos/ Só não somos sinceros/ Nos escondemos mais e mais/ É só questão de idade/ Passando dessa fase/ Tanto fez e tanto faz..." ("A dança"), "Sou brasileiro errado/ Andando em separado/ Contando os vencidos de todos os lados..." ("Petróleo do futuro"). "E a rotina crescia como planta/ E engolia a metade do caminho/ E a mudança levou tempo por ser tão veloz/ Enquanto estávamos a salvo..." ("Perdidos no espaço"). Renato gosta do resultado, gosta da companhia de Dado e Bonfá. Sobre o baterista, comenta com Léo Coimbra que ele é "suave, doce". Também se orgulha da formação intelectual do guitarrista, fluente em francês. "Ele lê Baudelaire no original". Os três se concentram nos ensaios. Quase não têm tempo de fazer outros programas, como conferir a exibição na Cultura Inglesa de um dos dramas mais recentes de Ingmar Bergman, que disse ter feito "um filme de horror" sobre a ascensão do nazismo: *O ovo da serpente.*

• • •

Sucesso nacional com mais de 800 mil cópias vendidas do último disco, Rita Lee e Roberto de Carvalho não cabem mais nos ginásios. Retornam após nove anos de exílio, provocado por "forças ocultas", segundo a cantora. Chegam à cidade com equipe de quarenta profissionais para show no estádio Pelezão pela Tour 83. Prometem repartir alegria e amor. Diante de trinta mil pessoas, começam com o hit "Saúde" e Rita cumprimenta a cidade:

— Que saudade! Viva Brasília! Feliz aniversário!

É sábado, 16 de abril de 1983. O clima de celebração roqueira no estádio de futebol batizado com o nome do maior jogador de futebol brasileiro, contudo, logo se anuvia. Um fã consegue subir no palco e é retirado com violência pelos seguranças, que continuam a agressão já distante dos holofotes. O público pressiona o alambrado que protege o palco e consegue derrubá-lo. Investe contra os seguranças, que revidam. Rita Lee pede calma, mas a situação está fora de controle. A polícia, que estava do lado de fora do estádio, é acionada e consegue afastar as pessoas. Rita vê fãs apanhando. Manda os policiais se afastarem. O comandante do destacamento se nega a retirar seus homens. O show é retomado com "Esse tal de rock and roll", mas logo os músicos têm que parar novamente: danificada na confusão, parte das caixas pifa e o som perde potência. Mesmo assim, a cantora prossegue. "Atlântida", "Doce vampiro", "Ovelha negra", "Mania de você" — esta última com a letra alterada para "A gente faz amor em cima da pia, no mar, no céu, na lua, na delegacia...". Ela tenta fazer piada com a situação, conversa para arrefecer os ânimos. O público, aos gritos, exige que Rita continue a cantar. A vigilância da polícia não consegue conter mais uma invasão de palco: um fã voa em direção à cantora e tenta beijá-la à força. O segurança o detém. Depois de uma seqüência de músicas dançantes, Rita Lee faz discurso antes de anunciar a próxima canção, "Vote em mim".

Como em Brasília gravam tudo, vou falar aqui em público. Finalmente depois de nove anos exilada da cidade, venho propor minha candidatura. Sou candidata a levar alegria ao povo, que já está de saco cheio de política. Para a censura, eu digo: não atrase a vida dos artistas. É proibido proibir. Vamos acabar com essa maxiesculhambação. Vote em mim, não vote no Delfim.

Com habilidade, Rita Lee conduz o show até o final: "Chega mais", "Banho de espuma", "Lança-perfume". Sai do palco sob aplausos. O pior passou perto. Mas histórias sobre o show se multiplicam, correm a cidade. E levam o *Jornal de Brasília* a entrevistar a cantora: afinal, o que ela achara de sua aventura na capital? Teria ficado traumatizada com o comportamento do público? À repórter Elisabeth Cardoso, garante que não:

— Na minha opinião, a extravasão do público foi uma reação de amor, foi tudo de acordo com a cidade, lindo e mágico.

Rita atribui o início dos conflitos a erros de posicionamento dos policiais e dos seguranças: "Isso gerou o explode-coração da moçada." E critica novamente a atuação da força oficial:

— A polícia entrou numa hora em que não deveria entrar. A gente terminou com muitos instrumentos quebrados por falta de um policiamento correto, que agisse sem violência e na hora certa. Não posso deixar de lamentar, mesmo que com essa afirmação me arrisque a enfrentar mais uma ameaça de exílio dos palcos de Brasília.

• • •

— *Uh-duh!!!*

Renato improvisa enquanto Dado luta para trocar duas cordas da guitarra. Bonfá dispara na bateria, o baixo pulsa e o vocalista pede para o público gritar, "com raiva e amor singelo, o canto tribal retardado" que serve de quebra-galho:

— *Uh-duh!!*

O problema, enfim, é solucionado. Renato agradece ("valeu, vocês são jóia!"), e lembra o episódio da detenção em Patos de Minas (MG) antes de anunciar a música que teria provocado a prisão no festival Rock no Parque:

— Agora a gente vai tocar uma música sobre a cidade.

Sob a batida marcial e com intervenção esparsa da guitarra, Renato canta:

Os PMs armados e as tropas de choque vomitam música urbana
Não há mentiras nem verdades aqui só há música urbana

A DANÇA

Não sei o que é direito
Só vejo preconceito
E a sua roupa nova
É só uma roupa nova
Você não tem idéias
P'rá acompanhar a moda
Tratando as meninas
Como se fossem lixo
Ou então espécie rara
Só a você pertence
Só então~espécie rara
Ou então~você não respeita
Que você não respeita
Ou então espécie rara
Ou então é só um objeto
Que é só um objeto
Prá usar e jogar fora
Depois de ter prazer.

Você com suas drogas
E a~sua rebeldia
E as suas teorias
E a sua solidão
Vive com seus excessos
Mas não tem mais dinheiro
Prá comprar outra fuga
Ou sair de casa então
Então é outra festa
É outra sexta-feira
Que se foda o futuro
Você tem a vida inteira
Você é tão esperto
Você está tão certo
Mas~você nunca dançou
Com ódio de verdade

Você é tão moderno
Se acha tão moderno
Mas é igual a seus pais
É só questão de idade
Passando dessa fase
Você vai ser um velho
a mais.

Você é tão esperto
E sempre está tão certo
Que você nunca vai errar
Mas a vida deixa marcas
Tenha cuidado
Se um dia você dançar
Nós somos tão~modernos
Só não somos sinceros
Nos escondemos mais e mais
É só questão de idade
Passando dessa fase
Tanto fez
E tanto faz

Contatos: Escreva o nome da sua banda favorita jur
com o seguinte endereço.
Brasília Radio Center, sala 2080,
W — 3 Norte, Brasília, DF, CEP: 70.000.

Manda todo mundo repetir:

Música urbana! Música urbana! Música urbana!

Avisa:

— Eu não vou parar enquanto vocês não estiverem todos cantando!

Provoca o público:

— Vocês têm medo? Vocês não fazem coisas perigosas? Vocês têm medo de cantar? Alguém aqui vê *Jornal Nacional*? Alguém aqui sabe qual é o preço do leite? Vocês têm medo? Eu não vou parar até vocês cantarem juntos. Não vou!

E se esgoela:

— *Música urbana! Música urbana!*

Finalmente, consegue o retorno da audiência. Mas ainda fica insatisfeito com os aplausos:

— Bater palma é fácil, eu quero ver todo mundo cantando junto.

"Música urbana 2" aparece no início da apresentação da Legião Urbana na Temporada de Rock Brasiliense. A série de shows, em dois finais de semana consecutivos no teatro da Associação Brasileira de Odontologia (ABO), conta ainda com três grupos. Plebe Rude, XXX (banda do ex-Blitx Gerusa e de Bernardo Mueller, ex-Vigaristas de Istambul, irmão de André) e a banda de Fê e Flávio Lemos — o Capital Inicial, que conta ainda com Loro Jones (guitarra) e Heloísa (vocal). O antigo baterista do Aborto, contudo, sofre acidente de motocicleta e não pode tocar. Frustrado, vai aos shows de cadeira de rodas. Fê é substituído por Boca, músico habituado com o jazz, pouco familiarizado com o tipo de sonoridade que a banda pretende. A insegurança da vocalista e o desencontro da bateria com os outros instrumentos esfriam o público.

Companheiros de ensaios da Plebe e Legião no Brasília Rádio Center, o XXX apresenta músicas como "Eu não agüento mais" ("Eu já não agüento mais/ Esta monotonia/ O tédio está tomando conta como uma epidemia/ Nada de interessante acontece comigo/ Nenhuma aventura, nenhum perigo..."), "Vêm aí os skinheads" ("Eles são carecas e usam umas botas que são tão pesadas que até derrubam portas") e "009" ("Minha língua é cobolóide/ Meu aspecto é humanóide/ Não sei como é que pode/ Mas me sinto um mongolóide/ Meu nome é 009/ Meus únicos amigos são os computadores/ As calculadoras são os meus únicos amores").

O público, porém, vibra mais com a performance da Plebe Rude. Com músicas como "Moda" ("Eu sempre tento seguir a moda/ Mas a moda corre mais do que eu/ A moda era não fazer moda/ Ou será que você esqueceu? Todo mundo fazendo sua roupa/ Sem haver preferência/ Todo mundo fazendo sua roupa/ Levando o Clodovil à falência"), "Em casa ele é um ditador" ("Toque de recolher à noite/ AI-5 na sala de jantar/ Lei marcial para sua mulher/ É fascismo familiar"), "48 Horas" ("Tantos lugares para ir/ Mas só dois dias que posso sair/ Quarenta e oito horas não chegam"), "Sexo e karatê" e "A dança do semáforo", a expectativa é correspondida: afiada pelos constantes ensaios e forte presença de palco que inclui duas backing-vocals (as plebetes), a Plebe arrebata.

Alguns integrantes da turma, porém, destacam as novas músicas da Legião. Um deles comenta:

— O Renato é fantástico, não? Como ele trabalha bem os contrastes! "Já estou cheio de me sentir vazio, meu corpo é quente, estou sentindo frio..."

Philippe Seabra, de imediato, retruca:

— Pô, a Plebe também é boa pra cacete!

Mais importante, porém, do que o desempenho comparativo das bandas é a própria realização do evento. Cenário, figurino, pôsteres, camisetas, bar, exposição de fotos, fanzines, material de divulgação, tudo tinha ficado por conta de algum integrante da turma — ou de alguém conhecido de algum deles. Dinho, por exemplo, cuidou da iluminação; Maria Coeli, amiga de Renato, fez os slides da Legião. Fê Lemos produziu todas as outras fotos. A impressão dos cartazes foi bancada por uma loja de roupas, patrocínio obtido por intermédio de Zé Renato Martins, que trabalhava na Ellus do Conjunto Nacional.

Renato colabora com a produção dos textos de divulgação. Faz questão de situar tempo e local do início de tudo: 1977, Colina, UnB. E nomeia o inimigo que deveria ser combatido naquela época. "Aparece então o que viria acabar com a pouca identidade que a cidade tinha: a música discoteca. Brasília deixa de ser Brasília e passa a ser o Rio de Janeiro, como o Brasil inteiro. Para quem gostava de rock, esse foi o fim."

Lembra que, em Brasília, "é bem mais fácil controlar a juventude oferecendo a válvula de escape ideal e não uma música que faça todos pensarem e questionarem as hipocrisias construtivas de uma sociedade falsa, à beira da autodestruição atômica. Música discoteca não fala desse feito." Cita sucessos radiofônicos de Roberto Carlos

e Simone para ironizar o descompasso dos ídolos populares com anseios e ruídos de uma nova geração: "A MPB parece estar mais preocupada com a cama e a mesa e com a sensação das cordilheiras. E o pessoal que gosta de fazer letras espertas não gosta de fazer rock no Brasil. O que fazer? Será que todos estão satisfeitos?"
Ele arrisca a resposta: "Rock é atitude, não é moda. É música da África, não é música africana. Tem no mundo inteiro. Por que não falar o que pensa, sem gramática correta, sem preocupações políticas, pelo menos enquanto você ainda tem tempo e energia?" Depois, apresenta as quatro atrações da temporada: Capital Inicial, "influenciados por uma multidão de fontes, de Talking Heads a The Cure, e alguns grupos obscuros que estão dando novo impulso à música funk"; Plebe Rude, "a música é rock, sem cabelos voando, sem gelo seco, sem clichês, música para dançar com os pés e com a cabeça"; XXX, "música rápida, elétrica, energética e dançante", e Legião, "fãs dos Paralamas do Sucesso, Kid Abelha & Os Abóboras Selvagens, de todas as bandas de rock de Brasília, de Pistols, Public Image, além dos Ramones e de mais 77 outras bandas".
Renato aproveita parte do texto no artigo "Roqueiros colonizados, mas atentos, conscientes", publicado no dia 22 de abril no *Jornal de Brasília*. Após uma longa introdução, "que se faz necessária para que se possa ter uma visão ainda que incompleta dos motivos pelos quais não tocamos samba, frevo, choro ou rumba", ele sentencia:

"Não é por falta de instrumentos, inspiração ou mesmo vontade de produzir música brasileira, mas apenas uma questão de falta de informação, só isso. Ou melhor, toda a informação que nos foi dirigida nos levou a assimilar um outro estilo, que consideramos tão nosso quanto um sambista carioca considera o seu samba."

Ressalta o fato de que a sua geração foi bombardeada, desde pequena, pelos meios de comunicação de massa com novidades e estilos que não os do próprio país. Foi ensinada a consumir o que vem de fora:

"Se hoje somos o que somos não é culpa nossa."

Ainda no artigo, Renato lembra que "tudo é questão de opção" e lembra que, "após 18 anos de cultura alienígena", os mais velhos tentaram dizer que o Brasil existe. "Tinha índio, Chico Buarque, maxixe, Geraldo Vandré, *Casa-grande & senzala* — isso sem falar no povo brasileiro e toda a política de suor, fome, carnaval e mordomias". Critica os intelectuais que, na mesa do bar, jogam na cara toda a complexidade e beleza da cultura nacional.

"Isto é uma insegurança de uma geração mais velha, frustrada, porque não teve permissão para abrir a boca. Nós já estamos aqui no Brasil e ninguém precisa ficar

"THANK YOU LORD FOR HAVING FOUND PEOPLE I CAN WORK WITH AND WHO HAVE THE SAME IDEAS I HAVE AND WHO WANT THE SAME ESSENCE I LOOK FOR."

Renato, 26th August 1982.

VRBANA LEGIO OMNIA VINCIT

esfregando na nossa cara que precisamos amar nosso país. Estamos atentos, muito atentos."

Como prova da atenção, lembra que eles adoram o grupo Liga Tripa e o objetivo inicial: "Fazer com que todos se tocassem de tudo, da situação geral, não aceitar de cara as ordens, as idéias e os esquemas."

"Fizemos isto de coração, e com o coração falamos de nossa cidade, do mundo jovem e de nossas emoções. A tudo isto somamos o nosso ritmo, para todos dançarem e se sentirem bem. Só queremos nos divertir e alegrar quem está nos ouvindo."

O esforço e esmero da turma na produção e divulgação rendem, pela primeira vez, não só a publicação de artigos mas a conquista de grandes espaços nos jornais locais — só ocupam menos espaço do que a programação do Congresso Internacional de Ufologia. Sob o título "Os punks também estão chegando", uma reportagem destaca o fato de Renato ser uma espécie de mentor espiritual dos rapazes e avisa aos leitores: eles estão mais para Clash do que para Rolling Stones. "Fomos ensinados a consumir o que vem de fora, e se hoje somos o que somos não é culpa nossa. Toda a nossa geração aprendeu a gostar de Beatles, Stones, filmes americanos e coca-cola. Além disso, quando a gente começou a curtir música brasileira, Caetano Veloso estava exilado em Londres e Gal Costa cantava em inglês", ressalta Renato.
A divulgação é bem-sucedida. O teatro da ABO enche quase todos os dias. A platéia, tão ou mais produzida do que os roqueiros. Muitos buscaram os figurinos no Mercado das Pulgas, brechó freqüentado por um público eclético: do ex-ministro Golbery do Couto e Silva, sempre à procura de livros raros, até roqueiros atraídos pelas dezenas de *bottons* com nomes de bandas e feitos de durepox, pregados em camiseta branca estendida do lado de fora da loja — espécie de estandarte punk.
Mas algo ainda incomoda Renato durante os shows da Legião: a apatia da platéia. O vocalista lembra os percalços para garantir a realização do evento: "Vocês não sabem o sacrifício que foi arrumar a luz, o som, o Ecad, censura, ordem dos músicos, sindicato... e ninguém abre a boca!"
Avisa que vai cantar "Teorema", uma música que permitirá à platéia permanecer sentada, balançando a cabeça, "que nem as velhinhas do Silvio Santos". Na seqüência, anuncia uma música de amor "muito profunda, que exige respeito e reverbe (*efeito de eco*) na mesa". O baixo, mais grave do que nunca e afinado com a bateria em andamento seco e cortante, conduz a melodia e ele começa: "Uma menina me ensinou quase tudo que eu sei/ Era quase escravidão, mas ela me tratava como um rei..."
Enfim, satisfeito com a receptividade, agradece:

— Vocês são jóia.

"Ainda é cedo", a "música de amor muito profunda e que exige respeito", já tinha sido apresentada em primeira mão para um antigo morador da Asa Sul que retornara a Brasília. Hermano Vianna, irmão de Herbert, guitarrista e vocalista dos Paralamas, reunia informações para escrever reportagem sobre a cena local, encomenda da revista carioca *Pipoca Moderna*. Ligado ao núcleo criador da publicação, que incluía a jornalista Ana Maria Bahiana, Hermano vivia comentando o fato de o punk ter criado raízes "na terra da burocracia e das utopias".

Em festa na embaixada de um país árabe, no Lago Sul, Hermano encontra-se com todos, menos Renato. Um dos integrantes da turma avisa, em tom misterioso:

— Olha, o Renato é um cara muito difícil, não sei se ele vai aparecer...

Mas o cara difícil surge, mais tarde, na festa. Deixa claro para Hermano o motivo da aparição.

— Não saio mais de casa, só vim porque sabia que você estaria aqui.

Começam a conversar. Reencontram-se no dia seguinte, quando as quatro bandas da cena — Legião, XXX, Capital e Plebe — fazem show para o jornalista na casa dos Lemos, no Lago Norte. No batismo de fogo, Renato avisa para Dado Villa-Lobos, que nem sequer tinha ensaiado "Ainda é cedo":

— Faz uns barulhinhos aí.

Dado obedece e toca nos harmônicos da guitarra. No fim, Renato entrega a letra a Hermano, com um aviso:

— Essa música ainda não tem nome.

O convidado já conhecia boa parte do repertório das bandas a partir de fitas levadas por Pedro Ribeiro, irmão de Bi, o baixista da banda de seu irmão. O enviado da *Pipoca Moderna* detém o olhar nos integrantes das bandas e nos amigos que assistem aos shows. Eles se vestem com estilo, de forma parecida. Hermano percebe o que não é possível enxergar nas fitas. Ali, diante dos seus olhos, há uma turma. Existe uma cena. Nota também que, apesar de algumas afinidades, como Talking Heads, o seu gosto musical particular era bem mais diversificado do que o daquele pessoal. Eles tinham se fechado no rock do pós-punk. Alguns só conversavam entre si em inglês e achavam isso o máximo; Hermano achava aquilo meio bobo.

No domingo, acompanha ensaio da Legião no Brasília Rádio Center e faz uma longa entrevista com o vocalista. Já no apartamento da 303 Sul, Renato mostra como serão

as capas dos discos de sua banda, até os desenhos dos encartes. Repassa também um organograma que tinha preparado com a história do rock brasiliense. Com convicção, traça os próximos passos da carreira.
O texto de Hermano Vianna, com o título de "Ai de ti, Brasília", é publicado em número da revista que traz o Kiss na capa. Começa com uma curiosidade: "Quem diria! Os primeiros punks brasileiros nasceram em Brasília, à sombra do poder, e eram quase todos filhos de figuras importantes do governo federal..." Avisa aos punks paulistas e cariocas que eles podem ficar com raiva, "mas não posso fazer nada se desde 1977 alguns brasilienses adotaram idéias, roupas e comportamentos punks". Conta que inquiriu os moradores da capital:

— Quem tem a verdade do punk?

E ouviu como resposta:

— Punk não é uniforme, cara, é revolta. E revolta não é privilégio do proletariado paulista ou do subúrbio carioca. Punk é uma revolta sem planos de guerra detalhados, sem líderes estrategistas.

E destaca a sua conclusão:

"Não é por um acaso que os brasilienses, anotem o que eu estou dizendo, fazem o rock mais ousado deste país."

Na reportagem, Hermano repassa de forma crítica as polêmicas envolvendo a nova capital desde a sua criação:

"Odiada por alguns, um sonho frustrado para outros, sua arquitetura continua a ser o símbolo máximo da ânsia modernista da alma brasileira (desde quando o Brasil tem alma?). Somos modernos e está acabado: vejam a capital que construímos."

Lembra que a característica principal da população brasiliense é a transitoriedade. "Poucas são as pessoas que vão morar lá para sempre [...]. Nada, exceto a mesquinharia da grande política nacional, tem continuidade em Brasília." Mas, adverte, a situação começa a mudar. Observa o surgimento de sotaque próprio, "mistura incrível de entonações paulistas, cariocas, goianas, gírias de todos os lugares do país". Destaca a atividade de um grupo de artistas que produz filmes, poesia, música e teatro sobre a cidade. Identifica um número surpreendente de grupos de rock já formados e sentencia:

"Curiosa e sorrateiramente, Brasília adquire o título de capital brasileira do rock'n'roll."

Hermano Vianna também conta a história do Aborto Elétrico, cita a letra de "Geração coca-cola". Enumera os grupos de rock mais interessantes da cidade: Capital Inicial, Legião Urbana, XXX e Plebe Rude. Sobre o líder da Legião, ele atesta:

"Renato, dono de uma voz poderosa, é o primeiro grande cantor do rock nacional. Também letrista de grande originalidade, seus temas e imagens são uma reação direta às metáforas estúpidas que dominaram a nossa música popular em todo o decorrer dos anos 70."

No final, Hermano lembra que o rock nacional atravessa momento de grande excitação. "Mas escutar o tão propagandeado som destes novos grupos é, com raríssimas e honrosas exceções, uma grande decepção. A música é velha, sem pique, uma sucessão interminável dos mais manjados clichês, dos mais repetidos chavões", critica, qualificando como um "alívio no meio de um clima estéril" o surgimento das bandas brasilienses.

"Brasília, famosa pelo tédio que acompanha seu cotidiano e pelas maquinações engenhosas do totalitarismo versão tupiniquim, produz uma música surpreendente. Guerrilha sonora no Planalto Central? Nada disso, Brasília ainda é o cenário ideal para a ficção científica: o cerrado contra-ataca."

• • •

A repercussão da Temporada de Rock Brasiliense, a reportagem de Hermano Vianna e a contratação dos Paralamas pela EMI-Odeon avivam o interesse pelo rock produzido na capital. Em julho de 1983, Legião Urbana e Capital Inicial tocam no Circo Voador, abrindo para Lobão e Ronaldos. Antes do show, porém, há muito trabalho e diversão pela frente. Juntam-se à turma dos Paralamas, conhecem o baterista da banda, João Barone. Saem para beber num pub da Zona Sul. Ao sair do Cochrane, após infindáveis rodadas de cerveja e uísque, um grande susto. Já na rua das Palmeiras, fumam um baseado e, de bobeira, resolvem sair correndo. Esbarram numa dupla de policiais que, por sorte, demonstra estar tão alcoolizada quanto eles e os liberam sem maiores problemas.

Renato percorre os jornais para divulgar a apresentação. Na redação de *O Globo*, encontra Ana Maria Bahiana e devora as impressões da jornalista sobre a turnê *Serious Moonlight*, de David Bowie, a que ela acabara de assistir. No *Jornal do Brasil*, é entrevistado por Jamari França, a quem considera "o rei do rock'n'roll". Na reportagem de

Jamari, Renato repassa fatos marcantes na trajetória — Rockonha, Aborto Elétrico — e afirma que a Legião enfrenta um desafio: a busca de uma linguagem e estilo que aproxime o experimental do pop sem cair no pasteurizado ou soluções fáceis.
Para o Capital Inicial, o desafio é de outra ordem. Dinho Ouro-Preto faz seu segundo show como vocalista da banda, o primeiro tinha sido um mês antes, na Concha Acústica da UnB. No repertório, canções novas misturadas com outras dos tempos do Aborto Elétrico. Entre elas, "Música urbana", criada na última vinda de Pretorius a Brasília e resgatada sob insistência do novo vocalista, que lembrava de tê-la escutado no ensaio. Dinho achou, porém, que a letra estava incompleta, precisava de uma segunda parte. De um orelhão no Conjunto Nacional, liga para Renato e faz a encomenda. Fica perplexo quando ouve os versos ditados de bate-pronto: "Tudo errado, mas tudo bem/ Tudo quase sempre como eu sempre quis/ Sai da minha frente que agora eu quero ver/ Não me importam os seus atos/ Eu não sou mais um desesperado/ Se eu ando por ruas quase escuras/ As ruas passam..." Mais uma música para o repertório do Capital. Dinho e Fê também começam a compor juntos. Um dos primeiros resultados da parceria é "Muito à toa": "Quanta coisa mudou que diferença de clima/ Cadê o prazer de estar com tudo em cima." Assim, com novas e velhas armas a tiracolo, as bandas de Brasília começam a descer do Planalto Central. Desembarcam nas duas maiores cidades brasileiras. Encontram aliados.
Fernanda Pacheco trabalha como programadora de shows do Napalm, casa noturna moderninha no centro de São Paulo: rua Marquês de Itu, próximo ao Minhocão. Lá os punks trabalham, mas não podem tocar para não afugentar a clientela, de perfil new wave. A programação alterna exibição de videoclipes na TV e shows ao vivo de bandas locais. Um dia, ela recebe a visita de André Villar, primo de Fê e Flávio Lemos.

— Eu queria entregar uma fita do pessoal de Brasília, para ver se dá para eles tocarem aqui.

Ela acha o rapaz meio maluquinho, mas recebe a fita com seis músicas, duas de cada banda: Legião, Plebe, Capital. Gosta mais da primeira, apesar de ser a gravação mais precária. Liga para o número do vocalista anotado no release recebido. Renato atende, agendam dois shows. Depois, em outro telefonema, Renato estica a conversa e descobre afinidades musicais com a produtora paulistana.

— Você gosta de Young Marble Giants? Eu achei que só eu conhecia e gostava...

Passam horas no telefone até Renato confessar que eles tinham pensado em dar um golpe no Napalm. Como Maria Juçá, do Circo Voador, havia convidado a banda para tocar no mesmo fim de semana no Rio de Janeiro, planejaram pegar o dinheiro da primeira apresentação e, ainda de madrugada, se mandar para a capital carioca.

— Mas aí eu fiquei com pena, achei que seria sacanagem com você.

Quando os brasilienses chegam para passar o som, caem de pára-quedas em uma briga do dono da casa, Ricardo Lobo, com as bandas locais. Os grupos paulistanos — Mercenárias, Titãs, Ultraje a Rigor, Rapazes de Vida Fácil, Azul 29, Voluntários da Pátria — querem que o Napalm pague para filmar e exibir os shows. O problema vira impasse e, em solidariedade aos colegas de guitarras, a Legião também não permite filmagem.
Tentam se enturmar, mas não seria tão fácil: ali estavam punks de verdade. Vestido com camisa social pichada com o nome do Capital Inicial, Dado Villa-Lobos vai até o boteco próximo ao Napalm. Ao vê-lo entrar, uns vinte caras se viram e o encaram sem muito jeito de novos amigos. Dado se aproxima de um deles e quebra o gelo, entregando convites para o show. Ele trabalha na bilheteria da casa. Seu nome é Clemente; tem uma banda, Inocentes.
Outros punks aparecem para conferir o primeiro show da Legião em São Paulo. Não há mais do que cinqüenta pessoas no Napalm. Renato vai ao microfone e anuncia:

— Boa noite, nós somos a Legião Urbana, de Brasília!

Os punks, desconfiados, ficam de costas para o palco. Entre uma música e outra, exigem:

— Filho de general! Toca mais forte, filho de general!

Filhos de bancários e diplomatas, os roqueiros brasilienses se surpreendem com os gritos. Um dos punks é Redson Pozzi, vocalista do Cólera. Assiste apenas à parte do show:

— Tá muito calor, vou ficar do lado de fora.

Antes de sair, porém, Redson nota que, para o pessoal de Brasília, o punk está muito mais ligado à atitude do que à sonoridade. Repara também no contraste da sonoridade rascante e simples do trio com a voz de barítono de um cantor que, ainda por cima, carrega de dramaticidade a própria performance. Um Cauby Peixoto enfronhado no meio de ruídos e coturnos.
O show chega ao fim sem surpresas, a não ser o início do romance de Dado e de Fernanda. A Legião ganha outro forte motivo para voltar para São Paulo. Retornam

para tocar na danceteria Rose Bom Bom, na Oscar Freire, endereço chique dos Jardins. Renato bebe muito antes de subir ao palco, apresenta-se em estado lastimável. Dado fica surpreso: nunca o tinha visto beber daquele jeito antes de tocar. Aos poucos, vão conhecendo os integrantes do cenário roqueiro paulistano: Edgar Scandurra, Guilherme Isnard, Nasi Valadão, Celso Pucci, Alex Antunes, Marcelo Rubens Paiva. Escritores, produtores, músicos, jornalistas, músicos-jornalistas. Dormem no apartamento de um, descolam pratos de bateria emprestados de outro. São acolhidos. Mas se intimidam com o ritmo frenético da cidade e com o modo de vida daquela turma. Os paulistanos moram sozinhos, bebem sem ninguém para regular, pagam as próprias contas, experimentam drogas pesadas, fazem sexo sem disfarces. Os brasilienses se sentem como irmãos mais novos daquele bando de jovens adultos. Adolescentes recém-chegados à metrópole.

• • •

Depois de reunir 15 mil pessoas em Brasília para assistir ao show *Extra*, no Ginásio de Esportes, Gilberto Gil conta como nasceu "Punk da periferia". "Os punks podem ser vistos como uma certa saliência no terreno social, uma protuberância na planície. Minha música é sobre o próprio exibicionismo contido na atitude punk [...]. Aquela coisa dos rebeldes sem causa, típico dos grandes centros urbanos, os filhos da poluição: por que é que essa gente se mostra tanto?" A palavra, que aparece na obra de Shakespeare e na boca de James Dean em *Juventude transviada*, escapa da esfera musical. Ganha as ruas, vira gíria, sinônimo de clima pesado, de radicalismo na atitude. A montagem local *Você tem uma caneta azul pra prova?*, peça de Fernando Villar que promete mostrar "a educação/repressão vista pelos filhos de 64", é elogiada pela crítica não só por revelar "uma fotografia da cabeça da juventude" mas por trazer à tona a "estética punk do planalto". A estética também chega às passarelas: o Mercado das Pulgas promove no Centro de Convenções um desfile de roupas e acessórios que vai de Chaplin a Sid Vicious, entremeado por performances de bandas locais. E também está nas livrarias, graças ao livro *O que é punk*, de Antônio Bivar, pela coleção *Primeiros Passos*, da editora Brasiliense. No livrinho, Clemente, dos Inocentes, horroriza os fãs da MPB ao traçar os objetivos do movimento punk brasileiro.

— Nós estamos aqui para revolucionar a música popular brasileira. Vamos pintar de negro a asa branca, atrasar o trem das onze, pisar sobre as flores de Geraldo Vandré e fazer da Amélia uma mulher qualquer.

Cinco anos depois do surgimento do Aborto Elétrico, a versão candanga do fenômeno intriga também os jornalistas. Na reportagem "Punks da capital: Movimento que começou no Lago só agride com música", a repórter Maria do Rosário Caetano vai atrás de Renato para tentar compreender a ramificação brasiliense do fenômeno. "Se Antônio Bivar é o teórico do punk paulista, Renatinho é o teórico do punk brasiliense", compara. Encontra-o no Setor de Rádio e Televisão Sul. "Aos 23 anos, ele se divide entre a atividade de agitador cultural, músico, jornalista e locutor de rádio FM, onde gasta seu inglês impecável", observa. Em tom didático, Renato afirma que o punk apareceu no Brasil por falta de opções de músicas para jovens. A repórter o interpela:

— Você não está simplificando as alternativas musicais do país?

— Não. O lance, antes da abertura política, era o jovem escolher a sua lavagem cerebral: a MPB ou a discotheque.

Renato lembra dos discos censurados — cita *Milagre dos peixes*, de Milton Nascimento — e da necessidade de Chico Buarque driblar as proibições camuflando mensagens, como em "Apesar de você".

— Nós, jovens, gostamos de ação, muita energia. O samba tem sua energia, mas fica restrito ao carnaval. E a MPB virou um tédio. Só o rock passou a nos interessar.

Quando questionado sobre a suposta agressividade de integrantes do movimento, Renato compara a própria turma a partir da disposição geográfica do Plano Piloto e das cidades do Distrito Federal:

— Somos o núcleo do movimento. Em torno de nós gravita a turma, nossos amigos mais próximos, que vai às nossas festas, dá força na organização dos shows. E há algum tempo vem surgindo o que chamamos satélites, e agora, a chegada da periferia, que é uma moçada que gravita em torno dos satélites. E nesta parte do movimento punk que estão se verificando atos de violência [...]. Eles estão pegando dos punks só o valor da imagem. Se percebessem nossas propostas, saberiam que somos a tribo mais dócil do mundo.

A repórter, então, quer saber se essa é uma visão individual ou "se todos os punks também pensam assim". A resposta do "teórico punk brasiliense" desconcerta:

— Para dizer a verdade, não me considero punk. Quem gosta de rótulo é remédio. O que nós queremos é desmascarar todas as mentiras.

A entrevista ocorre em estúdio da rádio Planalto FM, local do novo ofício de Renato: locutor. Tinha sido contratado por meio de teste. À procura de locutores com facilidade na pronúncia de nomes estrangeiros, a rádio colocou anúncio nos classificados. Apareceram quase 15 candidatos; Renato foi o terceiro a ser avaliado por uma comissão que incluía o diretor-executivo da emissora, Ari Cunha Filho, e Geraldinho Vieira, diretor de jornalismo, que já o conhecia do *Jornal da Feira*. Quando Renato começou a falar, Ari pediu para ele parar e avisou:

— É esse aí. Pode dispensar os outros.

A chave do sucesso para a contratação tinha sido a pronúncia de inglês, absolutamente perfeita, e a decisão de Renato de ignorar o roteiro e, em vez de anunciar "a próxima música", optar por "a próxima canção".

— "A próxima canção" é muito mais elegante do que "a próxima música". Pode começar a trabalhar hoje?

Renato apresenta, de segunda a sexta, ao meio-dia, o programa *Primeira Classe*, "para um merecido relax na hora do almoço, com todo o estilo e a classe dos maiores nomes do jazz". Entre os selecionados, Dave Brubeck, George Benson, Alberta Hunter, Count Basie e Sarah Vaughan. Após a primeira semana de trabalho, surpreende Ari Cunha Filho com uma proposta:

— Seu Ari, eu conheço muito sobre Beatles, queria gravar um programa para o senhor ouvir e, quem sabe, colocar no ar.

A proposta é aceita e, após escutar os cinco primeiros minutos, o diretor ordena:

— Vai ao ar já no próximo domingo.

Com apresentação e produção de Renato, o programa *With the Beatles* é veiculado às nove da manhã. Renato reforça as opções com itens raros do próprio acervo. O locutor roqueiro logo se enturma na rádio. Apesar de algumas manias, é querido por todos — inclusive pelos operadores, a quem orienta e ajuda, até financeiramente. Só perde a calma quando Ari, por conta do sucesso de "Punk da periferia" de Gilberto Gil, resolve chamá-lo de punk.

— Seu Ari, eu não sou punk, não!

Por conta dos compromissos com shows da Legião em São Paulo e no Rio, Renato começa a se ausentar do trabalho com freqüência cada vez maior. Até que, num sábado, após retornar de mais uma viagem, ele comunica ao diretor:

— Eu vim pedir demissão porque nós fomos contratados pela EMI-Odeon.

LEGIÃO

URBANA

O REGGAE

Música: Marcelo Bonfá
Letra: Renato Russo

Ainda me lembro aos três anos de idade
O meu primeiro contato com as grades
O meu primeiro dia na escola
Como eu senti vontade de ir embora
Fazia tudo que eles quisessem
Acreditava em tudo que eles me dissessem
Me pediram para ter paciência
Falhei.
Gritaram: – Cresça e apareça!
Cresci, apareci e não vi nada
Aprendi o que era certo com a pessoa (errada)
Assistia o jornal da TV
E aprendi a roubar prá vencer
Nada era como eu imaginava
Nem as pessoas que eu tanto amava
Mas e daí, se é mesmo assim
Vou ver se tiro o melhor p'rá mim

Me ajuda se eu quiser
Me faz o que eu pedir
Não faz o que eu fizer
Mas não me deixe aqui
Ninguém me perguntou se eu estava pronto
E eu fiquei completamente tonto
Procurando descobrir a verdade
No meio das mentiras da cidade
Tentava ver o que existia de errado
Quantas crianças Deus já tinha matado.

Beberam o meu sangue
Não me deixam viver
Pedem identidade prá depois vir bater
Têm o meu destino pronto
Não me deixam escolher
Vem falar de liberdade
Prá depois vir prender
Tiram todas as minhas armas
Como posso me defender?
Vocês venceram esta batalha...
Quanto à guerra, vamos ver.

Petróleo do Futuro

Villa-Lobos/Russo/Bonfá

Ah se eu soubesse lhe dizer
O que eu sonhei ontem à noite
Você ia querer
Me dizer
Tudo sobre o seu sonho também
E o que é que eu tenho a ver com isso?

Ah se eu soubesse lhe dizer
O que eu vi ontem à noite
Você ia querer ver
Mas não ia acreditar
E o que é que eu tenho a ver com isso?

Filósofos suicidas
Agricultores famintos
Desaparecendo
Embaixo dos arquivos

Ah se eu soubesse lhe dizer
Qual é a sua tribo também saberia
Qual é a minha
Mas você também não sabe
E o que é que eu tenho a ver com isso?

Ah se eu soubesse lhe dizer
O que fazer prá todo mundo ficar junto
Todo mundo já estava há muito tempo
E o que é que eu tenho a ver com isso?

Sou brasileiro errado
Vivendo em separado
Contando os vencidos
De ambos os lados.

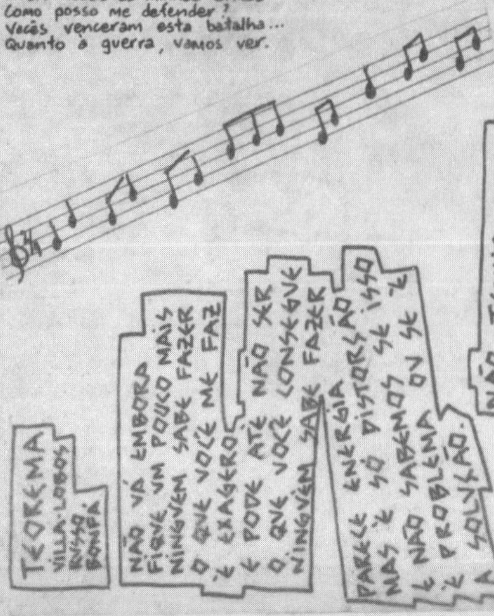

TEOREMA

Villa-Lobos
Russo
Bonfá

NÃO VÁ EMBORA
FIQUE UM POUCO MAIS
NINGUÉM SABE FAZER
O QUE VOCÊ ME FAZ
É EXAGERO
E PODE ATÉ NÃO SER
O QUE VOCÊ CONSEGUE
NINGUÉM SABE FAZER
PARECE ENERGIA
MAS É SÓ DISTORÇÃO
E NÃO SABEMOS SE ISSO
É PROBLEMA OU SE É
A SOLUÇÃO.

NÃO TENHA MEDO
NÃO PRESTE ATENÇÃO
NÃO DÊ CONSELHOS
NÃO PEÇA PERMISSÃO

É SÓ VOCÊ
QUEM DEVE DECIDIR
O QUE FAZER
PRÁ TENTAR SER FELIZ

PARECE UM TEOREMA
SEM TER DEMONSTRAÇÃO
E PARECE QUE SEMPRE
TERMINA, MAS
NÃO TEM FIM.

Mais letras no próximo: Tédio, Química, 1977, Perdidos no Espaço, Veraneio, Música Urbana & mais

Em qualquer e toda situação
Quero tudo prá cima
prá cima
prá cima

E você nunca vai saber.

continuação
continuidade

desejo
à busca de
à

desafio

programas
alternativas
opções

Chegar a
Conseguir
Ter controle da situação
de tudo

competição

é um desafio p/ você.

resultados.

alvos O que está em jogo
questão.

só penso nisso
só penso em você
você
você

Tudo

objetivo
capricho
escolha
missão
objeto

se resume nisso
é tudo.

pre caio nisso volta
vai de volta a isso
o

(12)

de dia
corro com meus medos
à noite
passeio com meus sonhos

Nicolas Behr

ED. ELDOR

CINCO

— Júnior, telefone pra você!

Carminha chama o filho, que pega o telefone. Ligação do Rio de Janeiro. Do outro lado da linha, o diretor-artístico da EMI, Jorge Davidson. Ele ouvira falar de Renato durante as gravações do primeiro disco dos Paralamas do Sucesso. Quando o trio tocou "Química", Davidson perguntou a Herbert:

— Essa música é tua também?

— Não, essa música é de um amigo meu de Brasília. Ele é tudo o que eu gostaria de ser.

Herbert e Bi falam mais sobre Renato, Legião, Plebe, Capital; a cena brasilense. Contam que "Ainda é cedo", música que os Paralamas tinham começado a tocar nos shows, também era de Renato. Idem "Veraneio vascaína". Incluem no disco "O que eu não disse", nascida de harmonia criada por Herbert, desenvolvida por Barone, letra esboçada por Renato e formatada pelo guitarrista. Bi Ribeiro, então, descola com Pedro uma fita com gravações caseiras de Renato cantando e tocando violão. Depois de escutar o cassete, Davidson liga para Brasília e convida Renato.

— Você não quer vir ao Rio?

Renato não demonstra surpresa com o convite. Comunica aos outros integrantes da banda e eles seguem para a capital carioca. Na sede da gravadora, em Botafogo, assinam contrato-padrão: um disco, com opcional de mais três. Antes, porém, gravariam três músicas com o produtor Marcelo Süssekind, guitarrista da banda de hard rock Herva Doce, e responsável pelo primeiro LP dos Paralamas. Eles já ficam no Rio em hotel bancado pela gravadora. Algumas horas depois do check-in, Renato liga para Davidson. Quer saber se o achocolatado do frigobar do quarto também é por conta da empresa.

A EMI atravessa momento de transição. Com a perda de nomes importantes da MPB, tem dificuldades para enfrentar a grande rival, Polygram. Tinha acertado na contratação da Blitz, mas precisa de mais nomes. Não dá para viver exclusivamente de Queen — a banda de Freddie Mercury responde por 10% do faturamento mundial da companhia — nem de Gonzaguinha, o grande campeão de vendas do momento. Quando encontra o filho de Luiz Gonzaga no pátio da gravadora, Davidson mostra algumas letras de seus novos contratados. Ao ler os versos de "Geração coca-cola", o autor de "Explode coração" demarca a diferença de enfoque das duas gerações:

— É direto isso aqui, não? Não tem mensagens cifradas.

Para a EMI, lançar bandas de rock é negócio incerto, mas potencialmente lucrativo: como a companhia possui estúdio e os artistas tocam os próprios instrumentos, não há gastos com a contratação de músicos. Renovação sem custos exorbitantes. A Legião grava uma nova demo. Agora a produção é de Rick Ferreira, guitarrista que tinha trabalhado com Raul Seixas, amigo de infância do diretor-artístico. Não funcionou. Renato se queixa a Davidson:

— Pô, tio, a gente fala de uma sonoridade e ele não entende. Ele não conhece nem U2.

Ferreira também reclama:

— Os caras não sabem tocar!

Tensão, frustração, impasse. A banda entende que a EMI deseja suavizar a sonoridade do grupo, com uso acentuado de violões, em modelo padronizado pela indústria fonográfica dos Estados Unidos. Na opinião de Dado, eles querem menos Talking Heads, mais Bob Seger. Bonfá se irrita:

— Meu negócio é banda inglesa, não gosto do som americano! Esses produtores têm idéias demais e aqui não cabe idéia nenhuma!

Decidem voltar para Brasília. O clima só não azeda de vez porque eles conhecem Mayrton Bahia, gerente de elenco da gravadora. Atravessam a noite conversando. Com a experiência de quem tinha trabalhado com artistas tão diversos quanto Elis

Regina, Djavan e 14 Bis, o tranqüilo niteroiense mapeia o caminho das pedras e dá dicas de como sobreviver com integridade dentro de uma grande gravadora. Um pouco menos inseguros, os integrantes da Legião voltam para a capital, à espera do chamado para a gravação do primeiro LP.

O tempo passa, o impasse continua. A vida segue. Dado planeja deixar o apartamento que divide com Dinho Ouro-Preto na 213 Sul e morar com Fernanda Pacheco, recém-chegada de São Paulo, na Asa Norte. Renato, cada vez mais frustrado, chega para a namorada do guitarrista e pede para ela cobrar uma definição da gravadora:

— Você quer ser nossa empresária? Então você vai ligar agora para a EMI e vai esculachar com eles! Manda chamar o Mayrton Bahia e avisa que a gente não vai gravar do jeito que eles estão querendo! Dá uma dura nele!

Na cidade, aproveitam o hiato para ir até as cidades-satélites. Já tinham percorrido algumas delas, em companhia do violeiro Beirão, e outros artistas locais. Agora vão a Taguatinga, tocam duas vezes no mesmo mês no Teatro Rolla Pedra. Dado, em São Paulo com Fernanda, fica de fora de uma das datas. Bonfá e Renato seguram a apresentação até o fim: baixo, bateria, voz, teclado. Assim a dupla mostra ao público de Taguatinga, pela primeira vez, "Soldados". O segundo show no Rolla Pedra ocorre três dias depois da maior frustração política da história recente do país: a rejeição de emenda constitucional que permitiria a todos os cidadãos brasileiros eleger o presidente da República. Por uma diferença de 22 votos, após cinco meses de campanha popular, o sonho das Diretas Já se dissolvia no Congresso Nacional.

O 25 de abril tinha sido um dos dias mais tensos da capital, novamente sob estado de emergência, como em outubro de 1983. O presidente João Baptista Figueiredo, ao decretar as medidas que suspenderam por sessenta dias a liberdade de reunião e associação, alega:

— Temos que preservar a ordem pública na área do Distrito Federal, ameaçada por perturbação.

Na prática, o objetivo é esfriar o clima e impedir a pressão popular em cima dos parlamentares. "Uma coisa nós temos que meter na cabeça: o Poder Legislativo não pode ser constrangido", afirma o porta-voz da Presidência, Carlos Átila. "Esta é uma medida que envergonha a nação. Usurpa o direito do povo de ir a Brasília, de se reunir pacificamente", critica o presidente do PMDB, Ulysses Guimarães. As entradas do Distrito Federal ganham barricadas. Ônibus que chegam de outros estados são detidos e revistados: Philippe Seabra, que regressa de trabalho escolar com outros alunos da Escola Americana, está em um deles. Militares armados entram no ônibus. Procuram manifestantes. Intimidam os passageiros.

Enquanto isso, no Plano Piloto, estudantes incitam os colegas a deixar as salas de aula e aderir às manifestações. Gritam pelos corredores dos colégios.

— Vamos para a Esplanada! Hoje é o dia das Diretas! Vamos para a Esplanada!

Ao constatar o progressivo esvaziamento, alguns colégios liberam os alunos. No Objetivo, eles saem de seis em seis, sob vigilância policial. Nas ruas, o choque. Bombas de gás dispersam manifestantes na W3, atingem os secundaristas que saem do Elefante Branco e de outras escolas. Policiais avançam nos carros com plásticos pró-diretas colados nos vidros. Os estudantes ocupam o gramado em frente ao Congresso e formam, com a aglomeração dos próprios corpos, a palavra "Diretas" enquanto gritam: "Um, dois, três, quatro, cinco mil. Queremos eleger o presidente do Brasil!" Dinho Ouro-Preto e Dado Villa-Lobos estão entre eles. Chegam no meio da tarde com parte da turma e se juntam ao protesto. Dinho percebe que a polícia cercou os manifestantes para intimidar quem ainda estava por chegar. A excitação se mistura com o medo.
A reação da polícia aos que chegam é imediata. E iniciada pessoalmente pelo oficial escalado pelo presidente Figueiredo para garantir a execução das medidas de emergência: General Newton Cruz, comandante militar do Planalto. Do gabinete no Ministério do Exército, Cruz escuta o barulho ensurdecedor do buzinaço pró-Diretas. Vai à janela. Vê dezenas de carros, fitas amarelas na antena e bandeiras do Brasil nas janelas, em direção ao Congresso. Desce e ordena a um sargento que atravesse um ônibus no meio da pista para impedir a passagem dos carros. Não há mais como avançar. O general, então, pega o seu bastão de comando — assemelhado a um chicote — e golpeia os capôs dos veículos. Transtornado, olhos de ódio, não pára de gritar:

— Vocês vieram me desmoralizar perante a minha tropa? Estou aqui! Estou aqui!

Carros chicoteados, os motoristas param de buzinar. O general manda, então, prender os manifestantes que usam camisetas amarelas. Ao ver a chegada de outra passeata, autoriza o uso de bombas de gás lacrimogêneo. Em meio a nuvem de gás, enxerga um grupo de estudantes de braços dados, que, mesmo com os olhos irritados, insistem em gritar:

— O povo unido jamais será vencido!

O general retruca e identifica os líderes da manifestação:

— Que povo unido que nada, vocês estão presos!

Manda os estudantes serem conduzidos até o QG do Exército. Mais tarde, ao cogitar um possível desgaste político para o presidente Figueiredo por conta de seus atos,

manda soltá-los. Seis dos carros golpeados pelo general ficam abandonados em frente ao Ministério do Exército. Um jovem fura o cerco, sobe na cúpula do Senado e lá, no alto, agita a bandeira do Brasil. Dinho e Dado vão embora ao anoitecer, ainda a tempo de ver o Congresso Nacional cercado por soldados e tanques. Dinho comenta:

— Será que vão deixar a gente sair daqui? Fodeu...

A noite chega. E, com ela, a violência oficial. A tropa de choque da PM invade o Centro Educacional Ave Branca (Ceab), em Taguatinga, à procura dos estudantes que incitaram colegas a abandonar as aulas. Retiram os alunos à força. Quem resiste é jogado no chão. Toma chutes e golpes de cassetete. Mulheres passam mal, são levadas para o hospital. Uma das estudantes reconhece um dos policiais. É o seu irmão. Ele grita:

— Corre porque senão você também apanha!

No Plano Piloto, patrulhinhas da Polícia Militar ziguezagueiam pelos eixos e quadras. Mantém a população sob vigilância durante a sessão no Congresso. Após o anúncio do resultado da votação da emenda Dante de Oliveira, o público que lota as galerias mergulha no silêncio. Ouve-se um grito: "A luta continua!" Depois, novamente o silêncio. Brasília, a cidade que amanheceu vestida de amarelo, vai dormir de luto.

• • •

Toda crise gera uma oportunidade. Ao saber da indefinição quanto ao produtor do disco de estréia da Legião, o jornalista carioca José Emilio Rondeau se oferece para o trabalho. Sua experiência era quase nula: tinha produzido o primeiro disco dos punks baianos Camisa de Vênus. Mas já conhecia a Legião por meio das fitas toscas, capinhas estilizadas, recebidas pela mulher, Ana Maria Bahiana, e de um amigo jornalista, Tom Leão. Ficara especialmente impactado com as letras, com a voz. Conhecia o tipo de música que eles faziam e intuía onde eles queriam chegar; tinha certeza que poderia ajudá-los a atingir o objetivo. A companhia escala um engenheiro de som experiente, Amaro Moço. Mayrton Bahia, mesmo envolvido com o terceiro disco da Blitz, assume a direção de produção. Banda e gravadora estão prontas para tentar outra vez. A Legião desembarca no Rio com um integrante a mais. Tem agora um baixista. Apelidos: Negrete, Billy. Nome: Renato.

Filho de sargento, o carioca Renato Rocha tinha chegado a Brasília no primeiro dia de 1970, aos 10 anos. Na infância, pegava a bicicleta e saía de sua quadra (306 Norte) desbravando os ermos da cidade. Cruzava córregos, deparava-se com animais silvestres: lobo-guará, araras, carcará, roedores. Aventuras menos perigosas do que as batalhas entre as quadras da Asa Norte. Para enfrentar a turma da 312, o pessoal da

306 se armava com correntes e pedaços de madeira, fazia zarabatanas com canudos de antena e agulhas recolhidas no lixo de clínica hospitalar. Tática de guerrilha. Negrete gostava de jogar vôlei, andar de skate, fazer capoeira, participar de torneios de queda-de-braço. Além de intensa atividade física, curtia música. Aos seis anos, já dominava o acordeom. Na adolescência, passou a curtir rock pesado: Canned Heat, Black Sabbath, Uriah Heep, Led Zeppelin. Um dia escutou:

— Você é negro, não gosta de escola, não toca samba, não joga bola? Vai ser lixeiro.

Negrete se insurgiu. Por que tinha que tocar música brasileira? Por que Brasília tinha que copiar o Rio de Janeiro? E por que os baixistas tinham que ficar em segundo plano? Ao menos para a terceira indagação, vislumbrou a resposta ao ver Stanley Clarke e Jaco Pastorius em ação. Passa a freqüentar a Colina, monta a banda Metamorfose, acompanha a trajetória do Aborto Elétrico. Não tem grande trabalho para virar punk: sempre usa a mesma calça, o mesmo par de tênis. Ao conhecê-lo, Renato pergunta o signo e o ascendente. Gosta das respostas, gosta de Negrete. E conta que estava temporariamente impossibilitado de tocar baixo. Tinha cortado o próprio pulso.

Frustrado pelo impasse com a EMI, Renato vive dias infelizes em Brasília. Aos amigos próximos, conta que tem sérios desentendimentos com os pais. Ao saber que a mãe proibiu Carmem Teresa de sair com as primas, resolve interceder:

— Mãe, deixa as meninas irem para a festa!

— Não, Júnior, elas não vão sair!

Furioso, ele corre para o quarto. Alguns minutos depois, Carminha ouve o grito:

— Mãe, vem aqui! Me ajuda!

Ao entrar no quarto do meio, Carminha vê o filho sangrar. O corte no pulso esquerdo faz o sangue esguichar no carpete. Mais assustado do que desesperado, Renato toma o cuidado de direcionar o sangramento para a lixeira de cortiça. A irmã e as primas também correm para ver. Geórgia tem um ataque de choro, se descontrola. A dona da casa não se abala. Está furiosa com a atitude do filho, considera o ato uma grande molecagem. Vai até o quarto e desperta o marido:

— Renato, acorda. Temos que ir para o hospital!

Tentam estancar o sangramento e seguem para o hospital mais próximo. O atendimento demora. A irmã e as primas se exasperam, à espera de notícias. Quando voltam, já é madrugada. Renato, suturas no pulso, está todo enfaixado; por pouco, o corte não atingiu os nervos da mão. Mas terá que ficar algumas semanas sem tocar e a Legião tem gravação à vista — daí o convite a Negrete. O baixista faz dois ensaios com Dado e Bonfá na casa da mãe do guitarrista, na Península dos Ministros. É aprovado. Ao desembarcar no Rio, apenas com quarenta centavos no bolso, percebe que esqueceu a mala no ônibus. Primeiro vacilo.

Acompanhadas por alguns amigos, como Pedro e Bi Ribeiro (que emprestara o baixo para Renato gravar "Ainda é cedo" na demo produzida por Marcelo Süssekind), as gravações não transcorrem em clima de total tranqüilidade. Logo de manhã, antes de chegar na EMI, Renato bebe doses de conhaque e, em tom de brincadeira, reclama:

— Estão botando cachaça no meu Dreher!

Ressabiado pelas interferências dos produtores anteriores, Marcelo Bonfá se desentende também com Rondeau. Durante a gravação de "Ainda é cedo", o baterista reclama do produtor, que se vira para o vocalista e avisa:

— Juninho, assim não dá!

Vai embora. Renato segue Rondeau, consegue convencê-lo a voltar. Depois, censura Bonfá com o olhar: sabia que a situação se complicaria de forma irreversível caso mais um produtor abandonasse o barco por conta de divergências com a banda. Não que isso incomode o baterista:

— A gente tem que fazer o som que a gente quer. Eu quero chutar o balde.

A experiência do técnico Amaro Moço ajuda a salvar o balde dos chutes de Bonfá. Tijucano, morador do Encantado, Moço tinha entrado na gravadora em 1978 como auxiliar de estúdio. Logo no segundo trabalho, pegou pela proa a gravação de um arranjo complicado do violonista Dori Caymmi, acompanhado por oito violinos, dois violões e dois violoncelos. Deu conta do desafio. Passou a ser escalado para outros trabalhos igualmente delicados: gravações de Nana Caymmi, Ângela Maria, César Camargo Mariano. Ao chegar para o disco da Legião, avisou de cara:

— O negócio é o seguinte: vocês já passaram por todos os técnicos da companhia, não vou ser mais um. Eu estou aqui para fazer o meu trabalho.

E assim o faz. Quando consegue a sonoridade desejada para a bateria, a banda comemora:

— Tio Amaro tirou o som da batera! Tio Amaro é o cara!

O que não impede o surgimento de novas reclamações por parte de Bonfá.

— Pô, não gostei do meu som!

— Então, você tem que tocar melhor!

Para facilitar o entendimento do técnico do tipo de som que persegue, Renato leva um disco da banda inglesa The Smiths para o estúdio. Mostra algumas faixas da dupla Morrissey/Marr para o técnico:

— Os timbres que eu gosto estão aqui.

Na gravação dos vocais, um desafio adicional: as bruscas variações dos tons graves para os agudos. Dificuldade inexistente, por exemplo, para os intérpretes de samba. O problema é solucionado com a instalação de dois microfones: um, colado à boca do vocalista, outro quase perto do teto.

Ao gravar "Geração coca-cola", Renato se supera. Canta com raiva os versos que escrevera há quase uma década, ainda no governo Geisel:

Somos os filhos da revolução
Somos burgueses sem religião
Somos o futuro da nação
Geração coca-cola!

O contracanto de "Geração" é registrado com o uso dos dois microfones. São apenas três takes captados pelos caríssimos microfones alemães valvulados. O resultado impressiona. O produtor José Emilio Rondeau dança, pula, canta junto. Tem sorriso imenso na face. Mesmo para quem não conhecia a banda nem seu vocalista, a gravação deixa transparecer um duplo acerto de contas: com o tempo, com a história.

Quase todas as músicas já estavam prontas antes de a Legião entrar em estúdio. A exceção é uma faixa que nasceu de madrugada. Entre um cochilo e outro, Bonfá percebe a inquietude de Renato. O cantor não pára de acionar o teclado até encontrar o que estava procurando. Grava, então, a base da música que batizaria com o título de "Por enquanto".

Para a gravação de "Será", Renato transmite orientação:

— Quero uma música que atinja todo mundo. Só vou ficar feliz se essa música tocar nas rádios AM.

Rondeau tem a mesma opinião. Acha que "Será" contém o segredo das grandes músicas pop: enxuta, precisa, contagiante, imediatamente assimilável, ainda acaba antes do momento previsível para o fim. Deixa o ouvinte querendo mais. Por isso, requer tratamento especial. Convence Renato a, ao menos nessa faixa, deixá-lo aplicar eco na voz — queria o efeito em toda as músicas, mas o vocalista tinha sido inflexível. Para imprimir tom épico, pede para o cantor lembrar das lições de piano e tocar glockenspiel, instrumento parecido com o xilofone, utilizado por Bruce Springsteen em "Born to Run". A letra começa com versos idênticos ao de "Say Hello, Wave Goodbye", gravada em 1981 pela dupla tecnopop inglesa Soft Cell: "Tire suas mãos de mim/ Que eu não pertenço a você..."* E o que parece ser apenas mais uma canção de desencontro amoroso, ou que também pode ser interpretado como reflexões sobre os efeitos da ditadura militar ("Nos perderemos entre monstros/ Da nossa própria criação/ Serão noites inteiras, talvez por medo da escuridão"), traz embutido nos primeiros versos um recado incisivo para a própria gravadora: "Não é me dominando assim/ Que você vai me entender". "Será" passa por quatro mixagens diferentes. Perde peso, ganha mais apelo. É a última faixa a ser mixada. Enfim, o disco está pronto.

Ao ouvir o LP, o produtor faz auto-crítica. Acredita que errou ao exagerar na percussão de "Por enquanto", em detrimento da harmonia dos teclados. Também acha que deveria ter insistido para a banda concluir uma música que tinha tudo para ser o primeiro single do álbum e eles nem sequer chegaram a finalizar. Mas tem certeza que o disco tem potência para marcar a história do rock brasileiro. Ana Maria Bahiana é convidada por Renato para escrever o release. Aceita. Estava em sintonia com o cantor desde os primeiros encontros para discutir o LP, no apartamento do casal, no Leblon. Tiveram longas conversas. Sobre rock, ou melhor, sobre Brian Wilson. Preferem papear sobre literatura, filosofia, misticismo, tarô, astrologia. Para Bahiana, Renato é um lírico puro. Mesmo o conhecendo cada vez melhor, ela guarda a primeira impressão: como o dono de uma voz poderosa, capaz de escrever letras tão afiadas, pessoalmente poderia parecer tão frágil?

• • •

Dado Villa-Lobos nunca tinha passado por tempos tão agitados quanto aqueles entre a sua entrada na Legião Urbana e o lançamento do primeiro disco. Com as constantes viagens a São Paulo e Rio, desiste de vez do curso de sociologia na UnB. Muda novamente de endereço; deixa o apartamento na 410 Norte e passa a ocupar a casa de seus pais no Lago Sul. No quarto de empregada, eles começam cedo, ensaiam o dia inteiro, tentam ampliar o repertório. Renato chega com a letra de "1977", canção escrita nos tempos de Brasília Rádio Center.

* No original: *Take your hands off me/ I don't belong to you, you see/ Take a look at my face for the last time/ I never knew you/ You never knew me* (*Non-stop Erotic Cabaret*, Soft Cell, 1981). (N. do A.)

DPF
DCDP
Fls. N.º 09
Rubrica

EMI

EMI-ODEON
Fonográfica, Industrial e Eletrônica Ltda.

Rua Mena Barreto, 151 — CEP 22.271
Caixa Postal 2752 — CEP 20.001
Rio de Janeiro — RJ — Brasil
Telefone: 286-1212
Endereço Telegráfico: Turntable
Telex: 2123678 — ODEO BR

SETENTA E SETE

Autores: DADO VILLA-LOBOS/RENATO RUSSO/MARCELO BONFÁ
Canta: LEGIÃO URBANA

TODOS OS DIAS QUANDO ACORDO DE MANHÃ
NÃO TENHO MAIS O TEMPO DO DIA QUE PASSOU
MAS TENHO MUITO TEMPO PARA ACABAR COM ESSA INDECISÃO
DE TER A SINCERIDADE EM PERIGO

TODOS OS DIAS TENTO CHEGAR EM ALGUM LUGAR
SÓ PRA DEPOIS DIZER QUE NÃO QUERO FICAR LÁ
NÃO É COINCIDÊNCIA ESSA MINHA INDIFERENÇA
É QUE ESTÁ ME FALTANDO UM MOTIVO

RESPONSABILIDADE
ME DEIXA SEM SABER
QUAL É A INTERFERÊNCIA
OU COMO DEVE SER

TODOS OS DIAS, QUANDO DEITO PRA DORMIR
FICO PENSANDO EM TODAS AS COISAS QUE EU NÃO FIZ
QUANDO PENSO NO FUTURO
É SEMPRE COM UMA LEVE PREOCUPAÇÃO
DE NÃO LEMBRAR QUAL FOI O AVISO

TODOS OS DIAS QUANDO EU TENTO ESQUECER
TODAS AS COISAS QUE EU NÃO QUERO MAIS FAZER
É SÓ INCONSEQUÊNCIA
O TEMPO CONTINUA COM OU SEM AÇÃO
E NÃO CONSIGO FICAR INDECISO

PONTOS DE REFERÊNCIA
PERDI MEU REFERENCIAL
E QUASE COMO SEMPRE
NÃO FOI PROPOSITAL

1977 - QUERO FICAR NA CIDADE OU NÃO
1977 - QUERO FICAR NESSA IDADE OU NÃO

Sob o título de "Setenta e sete", a música tinha sido submetida à censura e liberada em setembro de 1984. Avaliadas na mesma época, outras letras de Renato não têm a mesma sorte. "Baader-Meinhof Blues" é uma delas. "O autor prega a violência, inconformismo, descrença no próximo, individualismo e critica a Justiça, concluindo, com versos dúbios, seus sentimentos em estreita relação com o poder. Em face das mensagens negativas de pregação tendenciosa-anarquista, não toleráveis à veiculação irrestrita, sugerimos a não-liberação", recomenda Aldmeriza Cristina, uma das responsáveis pela avaliação.

"Baader-Meinhof" passa, então, pelo crivo de uma segunda turma de censores. "A presente letra musical fala da insensibilidade ante a violência, como característica comportamental do mundo moderno, em um meio social urbano de grandes centros, bem como fala da escassez do espírito de fraternidade nos dias de hoje, das falhas humanas refletidas na Justiça e do processo de alienação e massificação cultural, gerado pela televisão", analisa o censor Ivan Batista Machado, que tem o cuidado de sublinhar as partes da letra ("A violência é tão fascinante", "E essa justiça desafinada é tão humana e tão errada") que mais chamaram sua atenção. "Em relação ao título 'Baader-Meinhof', tem-se a dizer do ex-grupo alemão, de contestação, exterminado, que possuía características contrafascistas das estruturas ideológicas, políticas e econômicas do mundo moderno", prossegue. "Face ao tema explorado, embora não se depreenda nenhuma proposta de apologia ou indução a sectarismo político, o que entretanto nos leva a solicitar à digna chefia a respectiva gravação da letra musical em epígrafe, para procedermos na íntegra uma avaliação censória plena, justa e segura", conclui o técnico da Divisão de Censura de Diversões Públicas (DCDP), utilizando 46 palavras para dizer que recomenda a audição da música antes de liberá-la.

Baseado no mesmo princípio da necessidade de avaliação "plena, justa e segura", Batista Machado também solicita a gravação de "Tédio (com T bem grande pra você)". Ele observa: "Não obstante a presente letra musical abordar em sua narrativa sobre o grande tédio de se viver no ócio, sem dinheiro e ainda por cima em Brasília, observamos que o T bem grande aludido em seu título e letra musical refere-se ao vocábulo tédio."

"O reggae" também tem a radiodifusão vetada. Dos sete censores que examinaram a gravação, quatro recomendam a interdição. "O criminoso é mostrado como vítima do sistema social vigente [...]. É vítima do sistema policial, enfim, diz-se perdedor de uma batalha, mas que na realidade a guerra ainda não está decidida. Uma ameaça declarada", justifica um dos censores:

— O brado dos malfeitores unidos, cantados pelos criminosos poderá até servir de hino do marginal. Posto que é uma apologia do crime e ao criminoso indefesa vítima

EMI

EMI-ODEON
Fonográfica, Industrial e Eletrônica Ltda.

Rua Mena Barreto, 151 — CEP 22.271
Caixa Postal 2752 — CEP 20.001
Rio de Janeiro — RJ — Brasil
Telefone: 286-1212
Endereço Telegráfico: Turntable
Telex: 2123678 — ODEO BR

O REGGAE

Autores: RENATO RUSSO e MARCELO BONFÁ
Canta: LEGIÃO URBANA

AINDA ME LEMBRO AOS TRÊS ANOS DE IDADE
MEU PRIMEIRO CONTATO COM AS GRADES
O MEU PRIMEIRO DIA NA ESCOLA
COMO EU TIVE VONTADE DE IR EMBORA
FAZIA TUDO QUE ELES QUISESSEM
ACREDITAVA EM TUDO QUE ELES ME DISSESSEM
ME PEDIRAM PARA TER PACIÊNCIA
FALHEI, GRITARAM: "CRESÇA E APAREÇA!"

CRESCI E APARECI E NÃO VI NADA
APRENDI O QUE ERA CERTO COM A PESSOA ERRADA
ASSISTIA O JORNAL DA TV
E APRENDIA A ROUBAR PARA VENCER

VETADO

NADA ERA COMO EU IMAGINAVA
NEM AS PESSOAS QUE EU TANTO AMAVA
MAS, E DAÍ?, SE É MESMO ASSIM
VOU VER SE TIRO O MELHOR PRA MIM

ME AJUDA SE EU QUISER
ME FAZ O QUE EU PEDIR
ME FAZ O QUE EU QUISER
MAS NÃO ME DEIXE AQUI

NINGUÉM ME PERGUNTOU SE EU ESTAVA PRONTO
E EU FIQUEI COMPLETAMENTE TONTO
PROCURANDO DESCOBRIR A VERDADE
NO MEIO DAS MENTIRAS DA CIDADE
TENTAVA VER O QUE EXISTIA DE ERRADO
QUANTAS CRIANÇAS EU JÁ TINHA MATADO

(segue)

do mundo que o cerca. Todavia, sempre houve injustiças neste terreal mundo, perfeição somente é esperada no reino de paz e amor de Deus.

Os defensores da liberação contra-argumentam. Recomendam a liberação: "Embora contenha mensagem generalizada de crítica ao sistema social, o autor preocupa-se, sobretudo, em denunciar a falta de coerência na preparação do homem para sua realidade de vida, questionando os padrões de conduta impostos pela família, escola, meios de comunicação e autoridades em geral." A proibição permanece, o recurso apresentado pelo advogado da gravadora é indeferido.

O mesmo ocorre com "Dado viciado". Submetida à censura no mesmo processo de "Eu, você e o sofá" e "Caixinha de mistério", ambas de Odair José, a música que Renato escrevera para o primo descreve "a situação deprimente de um viciado em drogas, ao mesmo em que o agride através da condenação", opina um dos censores. "Não obstante expor a deprimência de todo um contexto de um viciado em drogas, é possível de suscitar interesse pelo uso e consumo de substâncias entorpecentes", alerta outro técnico da divisão da Polícia Federal. A música é vetada; "Eu, você e o sofá" e "Caixinha de mistério" são liberadas.

A tesoura da censura não poda apenas a Legião. "Se você sabia", do grupo paulistano Ultraje a Rigor, ganha o carimbo "Vetado" pelo fato de oferecer "conteúdo malicioso e emprego da expressão 'sacaneou' de significação grosseira". Outra composição de Roger Rocha Moreira, "Inútil", "fere a dignidade do povo brasileiro, tachando-o de inútil, seres completamente desnecessários", segundo os censores: "A mensagem principal transmite a idéia de que a inutilidade do brasileiro configura-se na falta do poder aquisitivo da massa", interpretam. E, para agravar, a primeira estrofe ("A gente não sabemos escolher presidente/ A gente não sabemos tomar conta da gente/ A gente não sabemos nem escovar os dente/ Tem gringo pensando que nós é indigente") transmite a idéia de que "devido à falta de autonomia do brasileiro, quem manda no Governo e no povo em geral é alguma potência estrangeira". Solange Hernandez, diretora da DCDP, acolhe os argumentos dos subordinados em relação a "Inútil": "A temática exterioriza mensagem contrária aos interesses nacionais." Decide pela não-liberação.

Após o indeferimento de dois recursos, "Inútil" só é liberada em audiência do Conselho Superior de Censura, quando os integrantes acompanham a opinião do relator Geraldo Sobral Rocha: "A motivação para o veto da censura é nitida e confessadamente política. Não há em qualquer estrofe ou verso, causa para o veto", lembra Sobral. Blitz, Léo Jaime, Cazuza... nenhum deles passa ileso pelo crivo da censura. A substituição de algumas palavras, contudo, pode ser o suficiente para alterar o veredito. Ao trocar a frase "Bete tão bonita, gostosa, era a tesão da escola" por "Bete tão bonita, cheirosa, era sempre a atenção da escola", o grupo baiano Camisa de Vênus consegue liberar a música "Bete morreu".

A banda paulista Titãs, por sua vez, já tinha sido advertida pela própria gravadora desde o primeiro disco sobre a dificuldade de obter a liberação para uma das composições, "Bichos escrotos". "Não vai passar", era o que eles diziam para o guitarrista Tony Bellotto. A mesma recomendação fez a banda arquivar "Charles Chacal", uma música de Sérgio Britto. "Fala de um assassino que tem prazer em matar as pessoas? Nem adianta mandar, não passa de jeito nenhum."

• • •

A expectativa pelo lançamento do primeiro disco aumenta. Renato liga para o Rio quase diariamente, quer saber detalhes sobre a prensagem do álbum. Quase tem um ataque ao saber que o som ficou sem peso, deformado. Mayrton Bahia, que tinha assumido o compromisso de fazer a sonoridade do grupo ser respeitada pela gravadora, manda refazer o corte do acetato e volta a garantir:

— Ninguém vai meter a mão para mudar nada.

O cantor tenta driblar a ansiedade retomando contato com os amigos. Ao responder carta de Ico Ouro-Preto, radicado na Europa, conta que passou quase dois meses fora da cidade gravando o primeiro disco da Legião. Trocam informações sobre astrologia, apesar da ressalva do missivista:

> Faz muito tempo já que não me concentro nesses assuntos esotéricos, por causa do conjunto e outros interesses.

Escreve também para Alex Antunes, jornalista e músico que tinha conhecido em São Paulo. Manda gravações do Bauhaus e faz gracejo: diz que suas bandas pós-punk prediletas são Matthew Locke (1621-1677) e George Gershwin (1898-1937).* Pede ao amigo para ter cuidado com as críticas ácidas, niilistas: "Se você se delongar demais em intelectualismos neofascistas sua credibilidade vai para o buraco." Ao final, deixa uma sugestão: "Seja positivo!"

Os freqüentes shows no Rio e em São Paulo, além da gravação do disco, rendem reconhecimento da imprensa local. Na reportagem "A utopia de Brasília para as massas", o jornalista Celso Araújo afirma que as bandas de rock são a mais feroz resposta ao vazio cultural da capital. Descreve o que viu ao acompanhar show dos brasilienses no Circo Voador:

---

* Respectivamente: Teórico musical, compositor inglês do período barroco, e compositor norte-americano, autor de standards como "Summertime". (N. do A.)

MINISTÉRIO DA JUSTIÇA
DEPARTAMENTO DE POLÍCIA FEDERAL
DIVISÃO DE CENSURA DE DIVERSÕES PÚBLICAS

PARECER Nº 1111 / 84

TÍTULO: "DADO VICIADO" - de Renato Russo

CLASSIFICAÇÃO ETÁRIA: NÃO LIBERAÇÃO

Prot. 002183/84-DCDP

Composição litero-musical que descreve a situação deprimente de um viciado em drogas, ao mesmo tempo em que o agride através da condenação. Tema e estrutura inadequados à divulgação. De acordo com os termos contidos no Art. 9º do Decreto 78.992/76, propomos NÃO LIBERAÇÃO.

Brasília, 28 de março de 1 984.

Edite K.N.Pereira
Mat. 2.415.783

— A Lapa perdeu um pouco de sua maquiagem nostálgica e os fantasmas chorões de outrora; os garotos gritam a plenos pulmões, são pequenos e endiabrados Maiakóvskis, empunhando guitarras como espadas de raio laser e versos incendiários.

Araújo entrevista os integrantes de Legião, Plebe, Capital. Descarta rusgas sérias entre as bandas: "Ao contrário do que andaram publicando por aí, eles se amam, se adoram." Dá voz aos músicos. De Philippe Seabra, registra declaração de autoconfiança:

— O único rock vivo do Brasil somos nós, cara! Os outros são uns vendidos.

De Renato, o jornalista pinça frase com referências históricas:

— É algo como a garotada da Vila Rica, os inconfidentes. Eles eram artistas e o que eles podiam fazer era escrever poemas. Na década de 20, isso ficou com os pintores. Agora é o videoclipe e o rock.

Entusiasmado, Araújo profetiza: "Nos quintais do Poder não haverá mais sossego. A zorra sonora, pacífica e vibrante dos rapazes servirá como antídoto às normas, à repressão e aos códigos de uma cidade controlada, de funcionários públicos e distâncias infinitas para o resto do país."
Sob o título "O auto-retrato antioficial", agrupa citações de letras: "Proteção", da Plebe Rude ("Tanques lá fora, exército de plantão apontados aqui para o interior [...]/ E tudo isso para sua proteção/ Para o governo poder se impor...", escrita por Philippe, a partir de sua experiência no dia da votação das Diretas), "Luzes da cidade" ("O peso da cidade me deixa sem ação/ Preso na cidade não há como fugir...") e "Psicopata", ambas do Capital Inicial. Da Legião, escolhe "Baader-Meinhof Blues". Celso Araújo encerra sua reportagem com uma certeza que evoca André Malraux:

— Pronto: Brasília, uma cidade sem história, mas antiga, devolveu ao país o suor de seus filhos. Pode vir a ser novamente a capital da esperança.

Na capital, o momento é de expansão. De bandas, da turma, das drogas. A UnB, em evento batizado de "Encontro New Rock", abre as portas para um punhado de grupos: Escola de Escândalo (novo nome do XXX, de Bernardo Mueller e Geraldo Ribeiro), Finis Africae, Detrito Federal, Mantenha Distância e Espaçonave Guerrilha. Os freqüentadores do Adega têm agora um ponto de encontro só para eles. O Radikaos, bar na 105 Norte, atesta: "Satisfação garantida ou seu dinheiro de vodka." Com dezenas de novos integrantes e divisões em subgrupos, a turma se multiplica.

L E G I Ã O

U R B A N A

DADO VILLA-LOBOS - Nasceu na Bélgica, 29 de Junho de 1965 mas é brasileiro. Viveu muito tempo em Paris, Belgrado, Montevidéu indo para Brasília em 1979. Cursou Sociologia na UnB por dois semestres mas desistiu por justa causa. Gosta de TV, esportes, cinema, lê Baudelaire no original e, meninas, ele é casado.

RENATO ROCHA - Nasceu no Rio, 1961, 27 de Maio. Gosta de música clássica, jazz e Dead Kennedies. Gosta também de ver cristãos morrendo na arena. Trocou estudos pelos esportes e pela música, mas não pretende fazer só isso. Diz que tem sorte e ao mesmo tempo não porque não nasceu aleijado mas sim no lado errado da América.

RENATO RUSSO - Rio, 27 Março 1960 mas é brasiliense. Formou-se em inglês (Cambridge,1979) e gosta de Fernando Pessoa e W. H. Auden. Já foi jornalista, teve um programa de jazz e outro sobre os Beatles (em Brasília) mas agora prefere trabalhar com o Legião. Acha que os sobreviventes dos Incas estão no Planalto Central fazendo rock'n'roll.

MARCELO BONFÁ - É o baterista do Legião. Nasceu dia 30 de Janeiro de 1965 talvez no planeta Marte (ou Saturno, não se sabe). É do signo de Aquário e, meninas, ele não é casado.

Produção: J O S É E M Í L I O R O N D E A U

Técnico: A M A R O M O Ç O

Carta-Branca: MAYRTON BAHIA Coordenação: JORGE DAVIDSON

Mentores: Paralamas do Sucesso (e M. Sussekind) (Leninha!)

Fotos da LEGIÃO: MAURÍCIO VALLADARES

Good Vibrations: ANA MARIA BAHIANA + Verinha, Tadeu, Geraldo, Alberto, Cristina, Teresa, Chica e todo mundo

EMI EMI-ODEON

No Gilbertinho, no Lago Sul, a diversão é ficar no estacionamento e tomar choque elétrico em poste. Entre quatro paredes, consomem muita cocaína. Recebem ácido por meio dos malotes do corpo diplomático. Trocam garrafas de uísque por tijolos de maconha. Um deles vai parar no hospital após beber loló. Outro sai à procura de cogumelos nas pistas do Eixão. Brasília fuma, Brasília cheira, Brasília se embriaga, Brasília alucina.

Renato acompanha alguns amigos nas incursões etílicas e alucinógenas, mas sai cada vez menos de casa. Liga para Alfredo Nunes, divulgador da EMI. Quer saber se o disco já chegara ao escritório da gravadora, no edifício Gilberto Salomão. Quando a resposta é, enfim, positiva, corre para o Setor Comercial Sul, a poucas dezenas de metros da primeira sede da Cultura Inglesa. Os outros integrantes da banda também escutam o álbum. Para Bonfá, o resultado final é muito comportado. Mas se conforma:

— Esse disco é o resultado de várias limitações e de várias ousadias.

Dado Villa-Lobos acha o LP "aceitável". Considera as guitarras "mais ou menos", com exceção de "Soldados", "Teorema" e "Baader-Meinhof Blues".

— No final das contas, é o que tem de ser.

Sou eu, o Monstro! Nem tive coragem de ligar mas é que tive
e ficar de plantão (telefone) p/ saber notícias sobre:

i/ entrevista Veja – pág. amarelas
ii/ entrevista Bizz – oito páginas (caderno central)
iii/ viagem Recife – detalhes; depois vamos p/ Belém

Carlos Alexandre ligou do Rio pedindo p/ ir também
e tive de telefonar p/ Management, etc. → LINHAS OCUPADAS
Preciso terminar texto p/ HV até amanhã e
decidir como aproveitar:

BIZZ → Melhor grupo
Melhor vocalista de novo!
+ 2ndo melhor disco
2ndo melhor clip

JORNAL DO BRASIL → Melhores músicas do ano

1 – "Índios"
2 – Tempo Perdido
3 – ALVORADA VORAZ – RPM
4 – Eduardo e Monica
5 – RPM DE NOVO NÃO SEI A MÚSICA.

3º melhor vocalista (em 85, 9º lugar)
2º melhor ~~disco~~ grupo:

RPM — 618 votos
LEGIÃO — 610 votos

(Algo assim; vocês viram?)

Queria falar da morte
e sua juventude me afagava.
Uma estabanada, alvíssima,
um palito. Entre dentes
não maldizia a distração
elétrica, beleza ossuda
al mare. Afogava-me.

Lá fora, Ana Cristina Cesar

REVOLU
ÇÃO
MAR

SEIS

Capa imaculadamente branca, foto preto-e-branco despojada, estética minimalista. Não fosse o índio atravessado por flecha em alto relevo e o nome da banda em português, a capa do primeiro disco da Legião Urbana poderia ser confundida com um lançamento da gravadora independente inglesa Factory. A recepção inicial ao disco é tão discreta quanto o invólucro. No primeiro mês, apenas 1.200 cópias vendidas. O Brasil está de olhos e ouvidos atentos para outras guitarras.

O *Rock in Rio*, realizado de 11 a 20 de janeiro de 1985, insere o país no circuito dos shows internacionais. Queen, Scorpions, Yes, B-52's, James Taylor se revezam no palco de 5,6 mil metros quadrados. Na parte nacional, Alceu Valença, Erasmo Carlos, Rita Lee, Gilberto Gil. Das bandas de rock surgidas nos anos 80, são escaladas Barão Vermelho, Paralamas e Kid Abelha. Marcelo Bonfá não se conforma:

— A gente merece tocar! Isso é marmelada!

A revolta vira farra quando o batcrista descola um lugar no ônibus dos Paralamas, e, em companhia de uma turma imensa, vai ao show de Nina Hagen.

A apresentação de Kid Abelha & Os Abóboras Selvagens é anunciada pelo ator Kadu Moliterno, da série "Armação Ilimitada", como "o primeiro show da democracia brasileira". Paula Toller entra no palco com a bandeira do Brasil. Tudo por conta da eleição presidencial. Ex-primeiro-ministro de Jango, o mineiro Tancredo Neves derrota, no Colégio Eleitoral de deputados e senadores, o candidato governista Paulo Maluf. O país entra em euforia. Tempos de esperança, como canta Lulu Santos no palco do festival: "Eu quero um novo começo de era, com gente fina, elegante e sincera com habilidade para votar em uma eleição." "Pro dia nascer feliz", do Barão Vermelho, ganha status de hino instantâneo da volta da democracia.

Os Paralamas do Sucesso tocam ainda de tarde. De cara, apresentam o hit do momento: "Óculos", do segundo LP, *O passo do Lui*. Em quarenta minutos, emendam

13 músicas. Entre elas, "Cinema mudo", "Vital e sua moto", "Patrulha noturna" e "Química". Antes de tocar "Inútil", do Ultraje a Rigor, Herbert discursa:

— Ontem foi escolhido o novo presidente do Brasil e a gente vai ver aquela careca na TV por algum tempo. Mas a gente espera que alguma coisa de bom seja feita. Já que a gente não sabemos escolher presidente, já que escolheram pela gente, a gente vai tocar uma música de um grupo de São Paulo genial.

Herbert Vianna, Bi Ribeiro e João Barone saem consagrados do Rock in Rio.
O festival é a centelha que faltava para o rock nacional pegar fogo. Uma nova geração aparece para dividir espaço com Blitz, Barão Vermelho e Kid Abelha. Em dois meses, dez LPs — em sua maioria, discos de estréia lançados por gravadoras como a CBS, a WEA e a EMI-Odeon — chegam ao mercado. "O fenômeno é o mesmo da jovem guarda. Vão aparecer muitos grupos e cantores, mas ficarão somente os bons", aposta André Midani, da Warner. Compara a onda "aos festivais de 1968, quando bastava uma música estar classificada para todo mundo querer contratar". Diretor de marketing e repertório da EMI-Odeon, Beto Boaventura também oferece explicação: "Talvez os artistas consagrados da música popular já tenham chegado ao seu auge, embora ache que vão ter sempre seu espaço. Mas o certo é que a garotada tá querendo uma coisa nova."
Em artigo no *Jornal do Brasil*, o próprio Renato comenta o fenômeno e o crescente incômodo provocado pelo monopólio das guitarras nas rádios: "Ao contrário do que muitos pensam, o jovem não está ouvindo mais rock por causa de um esperto golpe nas gravadoras, promoções de rádio ou empresários espertos. Sempre se ouviu rock. O que acontece é que agora temos mais acesso à informação. Estamos em 1985 e não existe mais o preconceito contra o rock cantado em português. É uma outra visão, uma sensibilidade mais aguçada, uma força crítica que vem do coração que faz com que novas bandas estejam aumentando o seu público dia-a-dia, excessos mercadológicos ou não."
As primeiras críticas ao disco da Legião entusiasmam a banda e a gravadora. Jamari França, do *Jornal do Brasil*, destaca o trabalho de guitarra, "um dos mais criativos do rock nacional", as letras "pessoais e políticas" e afirma que o álbum "dá novos direcionamentos ao Rock Brasil". Na *Folha de S.Paulo*, a avaliação do disco é dividida com a análise do álbum *Ao vivo no Mosh*, do obscuro Smack. Para o crítico José Augusto Lemos, há em *Legião Urbana* "sangue e soda cáustica em doses mais que suficientes para lavar o pop nativo de seu bom mocismo, seu laquê, seu bronzeado". E, após citar a "influência nítida de Joy Division", elege como ponto alto "a obra-prima 'Ainda é cedo', que psicografa um casal com tal lirismo anticomplacente que poderia ser cantada por Roberto Carlos e ainda lascar o coração". No *Jornal da Tarde*, Antônio

Carlos Miguel se refere às letras que conseguem "traçar um contundente perfil da juventude que cresceu sob a sombra do regime de 64", destaca a voz "empostada e forte, que difere de tudo que rola no nosso rock" e aposta:

— Radicais, coerentes, os rapazes do Legião Urbana abrem uma nova frente para o rock brasileiro, a das posturas política e existencial.

A essa altura, todas as festas brasilienses — nas superquadras, nas mansões do lago, nas chácaras da zona rural, nas cidades-satélites — incluem o disco da Legião na trilha sonora. Carmem Teresa sente orgulho e incômodo.

— É muito esquisito estar dançando e, de repente, entrar uma música com o seu irmão cantando.

Dentro de casa, a reação é de alegria pela realização do filho, mas também de apreensão. Carmem comenta com os pais:

— Será que vai dar certo? É tudo tão efêmero nesse tipo de música. Pode ser outro "Ursinho Blau-Blau"...

Embaixo do bloco B, o irmão de Carmem toca o interfone do 503. Paulo César de Lima, um dos filhos do dono do apartamento, é quem atende.

— Oi, Paulo! Aqui é o Renato, tudo bem? O pessoal tá aí?

— Tá, sim.

— Posso subir, então? Tenho uma coisa pra entregar pra vocês.

— Claro.

Renato sobe e presenteia a família de Luiz Gustavo, o primeiro amigo brasiliense, com o disco de estréia de sua banda.
O cantor circula pela noite da cidade. Já tinha bebido muito no Arabeske, bar próximo ao Beirute, quando resolve fazer discurso em local inusitado: em cima da mesa. Lá do alto, engata palavrório confuso sobre a situação do Brasil. O pessoal das outras mesas, irritado com a falação descontrolada, amassa guardanapos de papel e arremessa no ébrio alvo:

— Sai daí, maluco! Pára de encher o saco! Ú-ú-ú!

O jornalista Irlam Rocha Lima retira Renato de cima da mesa para evitar humilhações ainda maiores. Mete o cantor no carro e o deixa na 303 Sul. Irlam volta ao bar, ainda a tempo de encontrar alguns dos que tinham hostilizado o vocalista.

— Sabe o cara que vocês vaiaram e xingaram agora há pouco? É o cantor dessa banda nova que tá tocando no rádio o tempo todo! Vocês vaiaram o Renato Russo!

No Teatro da Escola-Parque, no coração da Asa Sul, a Legião faz o show oficial de lançamento do primeiro disco. Corre pela turma a informação que a banda vai se mudar em definitivo para o Rio de Janeiro. As músicas são apresentadas em clima de comoção. Há lágrimas nos rostos dos amigos e dos fãs.

Renato também divide o palco da Sala Funarte com a cantora paulistana Cida Moreyra. A sala está superlotada, é preciso abrir os portões. Dezenas de pessoas que não conseguem entrar, então, escutam do gramado em frente à Torre de TV os dois reinterpretando "Summertime", de Gershwin. São ovacionados. Irlam Rocha Lima escreve reportagem sobre o bem-sucedido encontro do roqueiro com a cantora. Renato gosta do que lê. Passa na redação do jornal e deixa uma sacola com dois presentes para o repórter: uma camisa da Company e o LP *Legião Urbana*, ainda sem masterização final.

Os ensaios para a primeira turnê nacional são realizados na casa dos pais de Dado. Inclusive durante o carnaval, quando o guitarrista tem como hóspede o escritor Marcelo Rubens Paiva. Em tempos de elaboração do segundo livro, Marcelo queria escapar do ziriguidum. Sugeriu à namorada, Fernanda Andrade, que conhecia as bandas brasilienses dos tempos de trabalho no Rose Bom Bom:

— Vamos para Brasília?

Lugar melhor para fugir da folia não poderia existir, pensou o escritor. Estava certo. Só não imaginava que seria acordado às oito da matina pelo início dos ensaios da Legião. Brinca com os músicos:

— Ainda é cedo, gente!

Ainda sonolento no café-da-manhã, nem responde direito quando Renato pede ajuda para finalizar uma canção. O cantor tem dificuldades para prosseguir a nova letra a partir dos versos iniciais de "Setenta e sete" ("Todos os dias quando acordo de manhã/ Não tenho mais o tempo que passou..."). Consulta pedaços de papel com anotações esparsas, à procura de inspiração para as partes restantes. E Dado, para desespero de Marcelo, passa o dia inteiro ensaiando a introdução da música, chamada "Tempo perdido".

O escritor e os integrantes da banda tinham se conhecido em 1983, em São Paulo. Marcelo acabara de lançar *Feliz ano velho*, livro deliberadamente escrito para dar voz a uma geração que buscava a contestação do regime militar pela cultura, não pela luta armada. E que assumia a influência da cultura pop norte-americana: filmes, música, quadrinhos, desenhos animados, até do Batman balofo do seriado de TV. Identificação total com o pensamento do líder da Legião. Nascia não só uma amizade mas também uma reciprocidade. Nos shows, integrantes da banda usavam camiseta *Feliz ano velho*; nas sessões de autógrafos, Marcelo pregava no peito um plástico da Legião Urbana.

Em agosto de 1985, 12 anos depois de chegar a Brasília ao entardecer com os pais, Renato volta a morar no Rio de Janeiro. Retorna à rua Maraú, na Ilha do Governador, onde passara boa parte da infância. Leva mais livros do que LPs. Faz reforma, cria ambiente isolado, onde instala grade, banheiro e cortinas — sempre fechadas. Ouve direto The Smiths — e, em alto volume, canta junto com Morrissey. Retoma o contato pessoal com a tia Socorrinho, a fã de Elvis Presley que sempre incentivou sua carreira — chegou a inscrever duas músicas do cantor no festival MPB 80, da Globo, mas nenhuma foi selecionada. Também volta a conviver com os avós e primos. Mas está em outro fuso horário: passa a noite fora, chega ao amanhecer, dorme a manhã inteira. Só é acordado pela avó, Leontine:

— Juninho, trouxe a sua vitamina de banana!

Instala teclado e gravador de quatro canais no seu canto. Para o primo Carlos Alexandre, toca "Por enquanto". Ao avô, mostra as letras de teor político. No elogio, José Oliveira aproveita para puxar a orelha do neto:

— Você não precisa beber para escrever essas letras maravilhosas.

O álcool não é o único vício. Fuma o tempo inteiro; deixa marcas de cigarro por toda a casa. Mas, por conta da Legião, passa pouco tempo na Ilha do Governador. A agenda de Fernanda Pacheco aponta seguidos compromissos para a banda que empresaria. Fazem televisão, vão aos programas de Chacrinha e Fausto Silva ("Perdidos na Noite"). Percorrem o circuito de danceterias no Rio e em São Paulo: Mamão com Açúcar, Metrópole, Mamute, Manhattan, Rádio Clube. O valor do cachê é dividido pela empresária e repassado aos integrantes em dinheiro vivo: quatro pilhas de notas em cima da cama do quarto do hotel.

As rádios, depois da execução de "Será", passam a tocar também "Ainda é cedo", "Geração coca-cola", "A dança". E, com isso, a vendagem ultrapassa as cinco mil cópias previstas inicialmente pela EMI-Odeon. A gravadora contrata também a Plebe Rude. Depois de se mudar para São Paulo, lançar compacto pela CBS e aguardar o sinal verde para a gravação de um disco, o Capital Inicial se acerta com a Polygram. Em Brasília, a coletânea independente *Rumores,* produzida pela loja local Sebo do Disco, reúne Escola de Escândalo, Finis Africae, Elite Sofisticada e Detrito Federal, que chamam atenção da crítica nacional. "(O disco) Confirma que é do Planalto Central que rolam os sons mais radicais do nosso rock. Retrato de um Brasil novo e revoltado, cosmopolita e contraditório", escreve Antônio Carlos Miguel no *Jornal da Tarde*.

Na capital paulistana, a Legião tem show marcado no clube Juventus. Na passagem de som, Renato reencontra o amigo Redson Pozzi, vocalista e guitarrista do Cólera. Câncer com ascendente em Áries e lua em Capricórnio, o punk paulista adora astrologia. Diverte-se quando Renato aborda um desconhecido e tenta adivinhar o signo:

— Você é de Peixes, né?

— Sou, sim. Como você sabe?

Além de astrologia, Redson tem outras afinidades com Renato. Compartilha, por exemplo, a indignação com a baixa qualidade das traduções brasileiras de livros e das legendas dos filmes. Renato quer saber como anda o Ataque Frontal, selo independente criado pelo cantor do Cólera. Estimula o amigo punk. Trocam idéias, aproveitam as raras possibilidades de encontro. Os paulistanos raramente apareciam em Brasília. Surgem mais na tela do que no palco. Exibido no Festival de Brasília do Cinema Brasileiro, vencido pelo estreante Murilo Salles com o drama *Nunca fomos tão felizes,* o curta-metragem *Punks* abre espaço para as falas de integrantes do Olho Seco, Ratos de Porão. Revela para a platéia brasiliense que muitos punks paulistanos trabalham como office boys, ganhando menos de um salário mínimo. "Punk é pobre", define um dos entrevistados. Não na capital.

Durante o show no Juventus, enquanto espera Dado afinar a guitarra, Renato decide tocar "uma música de violão", dedicada ao Cólera.

— Esta a gente nunca toca. Vai ser a primeira, e talvez a última vez que vou tocar essa música. Vamos ver se sai...

E começa a entoar "A canção do senhor da guerra":

Existe alguém esperando por você...

Renato esquece por duas vezes a letra, mas consegue chegar ao refrão:

O senhor da guerra não gosta de crianças/ O senhor da guerra não gosta de crianças...

Contente, agradece ao público:

— Saiu, obrigado!

• • •

Mais de vinte anos depois de se espantar com a imensidão da sala do apartamento funcional cedido ao seu pai e de fazer carrinhos de rolimã para descer as rampas das superquadras na Asa Sul, Sérgio Britto retorna a Brasília. O filho de Almino Affonso, ex-ministro de João Goulart, está na cidade para mais um show dos Titãs. Após a apresentação, Renato vai ao camarim da banda paulistana. Mesmo sem intimidade, eles já se conhecem dos tempos de danceterias e clubes paulistanos. Elogia a performance do grupo, puxa conversa com Britto:

— Quando você vai tocar teclado, você canta de olho fechado, como eu!

O guitarrista Tony Bellotto se surpreende com os elogios. Não achava que o vocalista da Legião iria curtir o som de sua banda, mistura anárquica de punk rock, brega, jovem guarda e outros estilos. Tinha visto Renato no palco pela primeira vez em São Paulo. Ficou muito impressionado não só com a performance, mas com a transfiguração. Ao cantar, aquele sujeito largado, nada atraente, parecia incorporar Elvis, Jim Morrison e Ian Curtis ao mesmo tempo. Conversou com ele depois do show. Notou a abissal diferença do tom de voz: grave no palco; aguda, quase infantil, fora dele. Ao contrário do líder do Barão Vermelho, Cazuza; conversando ou cantando, parecia sempre a mesma pessoa. Belloto percebeu também que, sob os holofotes, Renato tinha total controle da situação criada entre o artista e o público. Ao sair de cena, parecia inseguro, inquieto, insatisfeito.
Os Titãs já andavam trocando figurinhas sobre as bandas de Brasília. No intervalo de uma gravação do *Programa do Bolinha*, Paulo Miklos emprestou o walkman para Bellotto:

— Ouve isso aqui!

Tire suas mãos de mim/ Que eu não pertenço a você...

— Caralho! Isso é muito forte!

Não é me dominando assim/ Que você vai me entender...

Cássia Portugal aumenta o volume do rádio em seu apartamento na Asa Norte. Presta atenção na música, gosta do que ouve. Fica intrigada:

— Quem é esse cara com esse vozeirão lindo? Parece o Jerry Adriani...

O locutor informa:

— Essa foi "Será", com a Legião Urbana.

A música toca de novo, dessa vez durante reportagem de telejornal que anuncia show da banda na cidade. O marido chama a atenção de Cássia:

— Olha aí, eles estão tocando aquela música que você gosta.

Cássia olha para a TV e toma um susto. De imediato, reconhece o colega da faculdade. Tem sobressalto, o coração dispara. Senta e chora. Exclama para o marido:

— É o Renato, o meu amigo do Ceub! É um de nós!

Cássia, com os dois filhos pequenos, vai ao show e fica distante do palco montado no salão de festas de um clube. Pensa em ir falar com Renato no camarim, mas desiste no meio do caminho. Ao voltar para casa, se arrepende. Dorme mal, acorda agitada. Lembra dos tempos que dava carona para Renato do Ceub até a 303 Sul:

— Quantas vezes parei embaixo daquele bloco?

Pega a lista telefônica, encontra sem dificuldades o telefone dos Manfredini. Anota o número e liga:

— Eu queria falar com o Renato...

— Pai ou filho?

— O filho.

Depois de alguns instantes de silêncio, a confirmação:

— É ele.

Agora o silêncio se transfere para o outro da linha. Cássia hesita um pouco antes de se identificar.

— Oi, Renato. Aqui é a Cássia, uma antiga amiga sua do Ceub. Não sei se você lembra de mim...

Renato a interrompe:

— Vai à merda, Cássia! Como é que não vou lembrar? Cadê você, garota? Por que não foi no show ontem? O pessoal todo apareceu lá. Por que você não foi me ver?

Falam ao telefone por quase uma hora. Matam a saudade. Entre amenidades e brincadeiras, ela pergunta como está a vida de roqueiro.

— Não sei quanto tempo vai durar o sucesso, mas estou curtindo demais!

O sucesso pode ser medido também pela súbita necessidade de ocupar espaços maiores. Se, no início do ano, tinham tocado no teatro da Escola-Parque e na Sala Funarte, agora já encaravam o Ginásio Nilson Nelson, a maior arena da cidade. Num domingo, Legião, Plebe Rude e Ultraje a Rigor atraem 10 mil pessoas ao local. A apresentação da Legião vai transcorrendo sem problemas: "Ainda é cedo" é apresentada como "uma música para todas as meninas", "Perdidos no espaço", "uma música sobre ácido". Até que, durante "O reggae", Renato percebe uma briga generalizada em frente ao palco. Improvisa um pedido entre a primeira e a segunda estrofe da letra:

— Parem de brigar, parem de brigar, vamos todo mundo cantar...

Repete 11 vezes o apelo, sem resultado. A porrada continua. Perde a paciência. Esquece a melodia original e dá um grito:

— PAREM DE BRIGAR, SEUS BABACAS!!!

O grito sufoca a briga. Renato segue com "Conexão amazônica" ("nossa música antidrogas"). Depois anuncia "Soldados", "dedicada a todo mundo que nunca quis servir o Exército".

• • •

As Forças Armadas estão de luto. Em 9 de outubro de 1985, aos 79 anos, morre no Rio de Janeiro o general Emílio Garrastazu Médici, terceiro presidente do regime militar. Ao ser informado no retorno de viagem a Foz do Iguaçu, o presidente José Sarney decide ir ao velório, manda o Boeing presidencial desviar a rota para o aeroporto do Galeão. Conversa com alguns ministros, muda de idéia e anuncia a contra-ordem:

— Vamos seguir para Brasília.

Sarney decreta luto oficial de oito dias e autoriza a União a cobrir as despesas dos funerais do ex-presidente, com direito a honras de chefe de Estado. Não vai ao enterro; mantém a agenda, incluindo o lançamento de selo dos Correios em homenagem póstuma ao seu companheiro de chapa de Aliança Democrática, Tancredo Neves. Ao velório, no Clube Militar, comparecem os ex-presidentes Ernesto Geisel e João Baptista Figueiredo e muitos ex-ministros. Entre eles, o antigo chefe do Serviço Nacional de Informações (SNI), general Carlos Alberto Fontoura, que destaca o maior feito do chefe nos tempos de presidência da República: "Ele conseguiu uma grande vitória contra o comunismo internacional no Brasil". O historiador Hélio Silva estabelece contraponto e lembra que, com a morte do general, "apaga-se a principal testemunha do período mais cruel dos anos de ditadura".

— O sistema ordenava uma repressão violenta e encontrou em Médici um soldado fiel.

O caixão com o corpo do general é levado para o Cemitério São João Batista em carros blindados Urutu. O cortejo percorre as praias do Flamengo e Botafogo sem causar problemas no trânsito nem despertar comoção popular. Sob a salva de 21 tiros de canhão, o caixão desce ao jazigo. Poucos minutos antes de a sepultura ser lacrada, o repentista Gauchito homenageia o conterrâneo:

Adeus, Presidente Médici
Que fez coisa mais de mil
Que fez um novo Brasil
E da Esportiva fez sucesso
Abriu a Transamazônica
No sertão amazonense
Foi um grande rio-grandense
Que redobrou o progresso

Antes de iniciar mais um show da Legião Urbana no Circo Voador, no dia seguinte à morte de Médici, Renato faz pronunciamento aos fãs:

— Muitas vezes eu penso que só morre gente boa, gente que faz bem ao mundo. No entanto, a morte de um ditador me conforta, e, creio, conforta a todas as pessoas que sonham com um Brasil livre e bonito. Então, vamos fazer deste show a celebração da morte de mais um fascista.

Os jornais contam que o general Emílio Garrastazu Médici morreu após 18 meses de debilidade física progressiva. Quando chegou ao hospital pela última vez, apresentava febre, pneumonia aguda, sintomas de embolia pulmonar e crise de hipertensão arterial. Teve, então, insuficiência renal aguda, o que provocou a falência múltipla dos órgãos. Desde agosto de 1984, o ex-presidente sofria as conseqüências de um AVC — acidente vascular cerebral. Mergulhou na inconsciência. Não soube da derrota do candidato governista Paulo Maluf no Colégio Eleitoral, da agonia e morte de Tancredo Neves, da posse de José Sarney, da tumultuada instauração da Nova República. O derrame deixara graves seqüelas. O general ficou com um dos lados do corpo inteiramente paralisado, sem chance de recuperação. O lado direito.

• • •

Renato exulta de felicidade. A revista *Bizz,* a mais importante do país no segmento pop, divulga a lista dos melhores de 1985: Legião é eleita o melhor grupo de rock, melhor vocalista e disco do ano. Os críticos também citam o grupo em quase todas as listas individuais de melhores músicas. A banda recebe convite da Rede Globo. Participam do programa *Mixto Quente,* gravado em palco armado na Praia da Macumba, no Rio. "Não é playback, como no Chacrinha", avisa o jornalista Paulo Pestana, citando as três bandas de Brasília que estarão na tela da Globo: Escola de Escândalo, Plebe Rude ("outsiders que vêm da *high society,* rejeitados por escolha própria") e Legião Urbana, que tocará "Petróleo do futuro" e "Soldados". "O grupo já não pode mais ser considerado como brasiliense: já conquistou o Brasil todo através de um trabalho que pouco tem a ver com o rock brasileiro, este de idéias curtas e cabelos coloridos, com uma postura política bem definida e uma preocupação social que vai muito além das juvenilidades habituais dos roqueiros deste varonil Brasil", ironiza Pestana.

O fenômeno das guitarras no planalto continua a ser objeto de análise dos grandes jornais. Na reportagem "O rock candango invade o país", da *Folha de S.Paulo,* Márcia Álvaro lembra que o Distrito Federal, recorde de maior densidade de piscinas por metro quadrado, também supera outras unidades da federação em número de bandas de rock. "Mais de 250 conjuntos, dos quais pelo menos vinte têm repertório próprio, ensaiam regularmente e se apresentam em espaços na capital. Isso só seria possível em Brasília: estrutura urbanística de grandes espaços, superquadras e vida setorizada e a diversidade de culturas, regionais e de outros países", acredita a jornalista.

Renato, por sua vez, está de olho na produção dos colegas. Entusiasma-se com "Educação sentimental", do Kid Abelha. Comenta com Jorge Davidson:

— As pessoas ainda não perceberam, mas eles dizem as mesmas coisas que eu, só de uma maneira um pouquinho diferente.

Ao ver um pôster dos Paralamas na gravadora, deixa escapar, em tom maroto:

— Se eu fosse o vocalista, seria a maior banda do Brasil...

A Legião Urbana entra novamente em estúdio. Dessa vez, eles têm o respaldo da vendagem de 80 mil cópias do disco de estréia. Mudam de patamar. Ganham maior tempo de gravação e a dedicação exclusiva de Mayrton Bahia. Renato percebe que a gravadora quer mais da mesma fonte do primeiro disco. Recusa a fórmula:

— Não vamos fazer um segundo *Legião Urbana*. Não quero ser classificado como banda punk para o resto da vida. É hora de abrir o leque de opções.

A proposta inicial do líder da Legião é ambiciosa. Um disco duplo, *Mitologia e intuição*, com 24 faixas: muitas novas, outras dos tempos de Trovador Solitário, temas instrumentais, vinhetas, regravações. Inclui na lista "Daniel na cova dos leões", "Canção da independência", "Domingo na churrascaria", "Metrópole", "Planos do asfalto", "Mariane". Chega ao requinte de indicar a ordem das faixas, algumas ainda por serem finalizadas, e os out-takes: "Vento no litoral", "Eu sei", "Los incas", "Boomerang Blues". A gravadora rejeita a idéia, alega que vai encarecer o produto. Mesmo assim, eles gravam algumas canções não-aproveitadas no disco, como "Marcianos invadem a Terra" e uma versão para "Juízo final", de Élcio Soares e Nelson Cavaquinho, "o poeta dos cabelos cor de prata". Antes de gravar o vocal, Renato brinca no estúdio:

— Agora vocês vão ver que eu também canto samba...

As gravações são atribuladas. Bonfá, ainda longe da plena adaptação ao Rio, sente-se meio perdido. Não consegue tocar direito. Muitas músicas surgem dentro do estúdio; a linha de baixo de "Daniel da cova dos leões" é criada por Negrete durante as sessões. "'Índios'" (as aspas do título remetem a "'Heroes'", de Bowie) e "Andrea Doria" também surgem naquele momento, naquele lugar. Com a ajuda decisiva de Mayrton Bahia, exploram todos os efeitos disponíveis, tentam criar ambiências. Algumas letras são elaboradas ao extremo; para escrever "Acrilic on Canvas", tinha consultado a irmã e um amigo brasiliense, Marcelo Beré. Ambos conheciam técnicas de pintura. Quando leu a letra inteira para Beré, ele apontou uma incongruência:

— Porra, Renato! Não é assim, não se mistura acrílico. O solvente é água. É melhor você chamar de "Oil on Canvas".

— Eu vou chamar de "Acrilic on Canvas". Isso é licença poética: a minha tinta acrílica eu dissolvo como quiser.

Outras letras são finalizadas dentro do estúdio. Renato se exaspera, diz que não quer se repetir. Amaro Moço tenta acalmá-lo:

— Não esquenta, não, Renato. É como já cantou o Milton Nascimento: qual a palavra que nunca foi dita?

Com pequenas alterações, o verso de "Paula & Bebeto" lembrado por Moço é citado na letra de "Quase sem querer", que traz ainda uma frase ("És um dos deuses mais lindos...") de "Oração ao tempo",* de Caetano Veloso em 1979. Ao final das sessões, o técnico ganha um presente do cantor: a trilha sonora de *A cor púrpura*, drama adulto de Steven Spielberg, o diretor de *E.T.* e *Caçadores da arca perdida*.
Se o primeiro disco tem conteúdo majoritariamente político, o segundo vem envolto no lirismo. Antes, a explosão; agora, a introspecção. A capa é ainda mais clean do que a da estréia: nada de fotos ou grafismos. O que era branco ficou ocre. Renato continua a cantar a necessidade do enfrentamento — mas agora destaca os conflitos nascidos na esfera da intimidade. Sexo, amor, ciúme, amizade, desilusão. As letras mencionam as promessas desfeitas, os planos estilhaçados, as dores do crescimento, a juventude em estado febril. A delicadeza dos violões entrelaça a energia das guitarras. No encarte, um casal se abraça na praia; na música, um casal se encontra no parque. *Dois*.

* O verso inteiro de "Oração ao tempo", citado em "Quase sem querer": "Por seres tão inventivo e pareceres contínuo/ Tempo, tempo, tempo, tempo/ És um dos deuses mais lindos/ Tempo, tempo, tempo, tempo..." (do LP *Cinema transcendental*, Caetano Veloso, 1979). (N. do A.)

O primeiro single, "Tempo perdido", chega às rádios em junho de 1986, no dia de São João. É imediatamente comparado aos Smiths. Renato discorda, mas não se sente ofendido. "Digam o que quiserem, eles são ótimos e o Morrissey é incrível", aquiesce. "A gente sempre foi assim, desde os primeiros ensaios, quando não se ouvia falar em Smiths: bateria reta, baixo marcante e guitarra com acorde distorcido ou dedilhado em contraponto aos violões", completa Dado. Aumenta a expectativa pelo disco.

O Capital Inicial também aguarda com ansiedade o lançamento do primeiro LP, gravado em São Paulo no início do ano. "Música urbana", assinada por Renato, Fê, Flávio e André Pretorius, ganha alta rotação nas rádios. Quase uma década depois do encontro na Colina, o Aborto Elétrico alcança o Brasil. Pretorius não tem condições de acompanhar o sucesso da música que ajudou a escrever. A separação de Ginny e o vício em heroína (que traz a sensação de "orgasmo permanente", como descreve em carta para o amigo André Mueller) o afastam cada vez mais do país. Continua, contudo, sintonizado no rock. Na temporada norte-americana, em companhia de Alex de Seabra, assiste a shows de Adam & the Ants, Gang of Four, Comsat Angels, U2. Participa ativamente da cena hardcore da cidade. Descobre as possibilidades da bateria eletrônica. Arrisca novas composições, agrupa-as sob a alcunha de *Radio Leukemia*, envia a fita para André Mueller. Em cartas, relaciona as saudades do Brasil: estar com os amigos, comer Sonho de Valsa, assistir a *Os Trapalhões*. Vai para a Alemanha passar uma temporada com a avó, em derradeira tentativa de desintoxicação. Segue para Berlim, a mesma cidade de Christiane F.. Ginny, de três em três meses, liga para a Alemanha em busca de notícias. Numa das ligações, a avó de Pretorius não deixa a interlocutora falar. Ao identificar a voz da ex-mulher do neto, ela repete apenas uma frase:

— *Andre is dead. Andre is dead. Andre is dead.*

• • •

O "orgasmo permanente" de André Pretorius é incluído na letra de "Seu jogo", uma das faixas de *O concreto já rachou*. Produzido por Herbert Vianna, que participa da faixa "Minha renda", o mini-LP da Plebe Rude ganha críticas superlativas ("As canções são verdadeiras polaróides políticas", atesta José Emilio Rondeau, na *Bizz*) e show de lançamento na festa *Grana, Fama e Você*, que superlota a Danceteria Zoom, no Lago Sul: 2,5 mil pessoas. Renato assina o release. "Este primeiro trabalho do grupo irá surpreender a todos aqueles que ainda se recusam a ouvir e respeitar o que os jovens conscientes estão dizendo: a Plebe Rude consegue transmitir suas impressões sobre o que existe e acontece, de forma direta. As letras contêm observações

Legião Urbana
MITOLOGIA E INTUIÇÃO
The Studio Sessions Report.

i/COMPLETE BASIC TRACKS

Daniel Na Cova dos Leões △
Tempo Perdido △
Eduardo e Monica △
Andrea Doria △*
Quase Sem Querer △*
New Songe II ©
Metrópole ©
Fábrica ©
"Índios" ©
Música Urbana #2 △
Química △

ii/RECORDED OUTAKES

Mitologia e Intuição
"O Grande Inverno Na Rússia"
Canção da Independência △*
Faroeste Caboclo △
A Canção do Senhor da Guerra △
May Two ©
Mariane ©
Radiador Blues
Eu Sei △
Boomerang Blues △
Marcianos Invadem A Terra △
Central do Brasil ©

iii/ ROUGH TRACKS
NO RECORDED VERSION/SEE BELOW:

Songe One ©
Anuncio de Refrigerante ©
Azul ©
Rocker ©
Los Incas ©
* Planos do Asfalto idea ©
* Diamante de Vidro ©
Cavalleria Rusticana △

* MUSIC INCOMPLETE.

Key to Track Listing:
△ LYRICS COMPLETE
△* LYRICS COMPLETE, POSSIBLE MINOR CHANGES.
© WRITE NEW LYRICS.
(© IF SONG IS STRUCTURED)

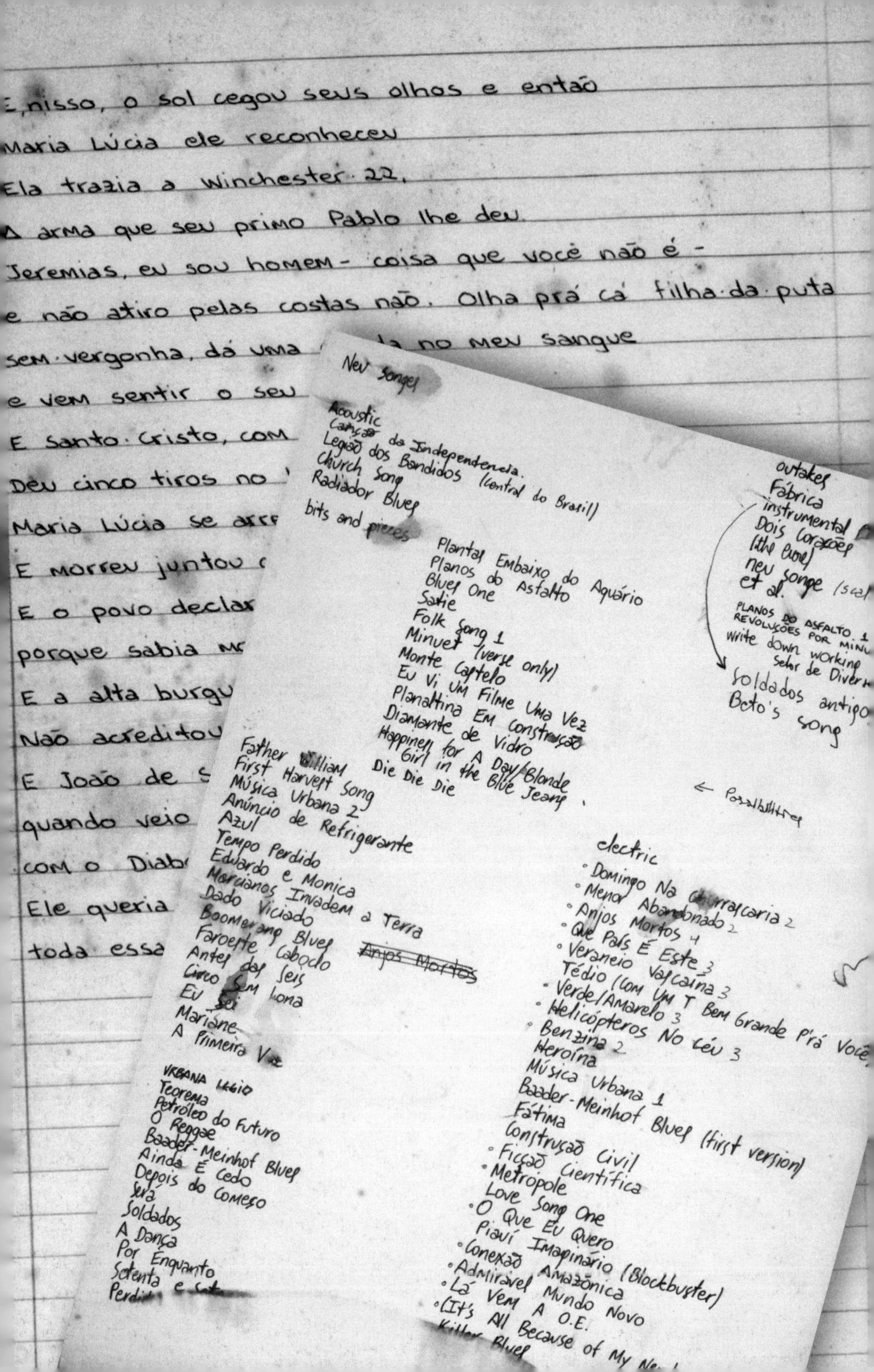

E, nisso, o sol cegou seus olhos e então
Maria Lúcia ele reconheceu
Ela trazia a Winchester 22,
A arma que seu primo Pablo lhe deu.
Jeremias, eu sou homem - coisa que você não é -
e não atiro pelas costas não. Olha prá cá filha-da-puta
sem-vergonha, dá uma [...]a no meu sangue
e vem sentir o seu
E Santo Cristo, com
Deu cinco tiros no
Maria Lúcia se arre
E morreu junto c
E o povo declar
porque sabia m
E a alta burgu
Não acreditou
E João de S
quando veio
com o Diab
Ele queria
toda essa

New Songs

Acoustic
Canção da Independencia.
Legião dos Bandidos (Central do Brasil)
Church Song
Radiador Blues
bits and pieces
Plantas Embaixo do Aquário
Planos do Asfalto
Blues One
Satie
Folk Song 1
Minuet (verse only)
Monte Castelo
Eu Vi Um Filme Uma Vez
Planaltina Em Construção
Diamante de Vidro
Happiness for A Day/Blonde
Girl in the Blue Jeans
Die Die Die
Father William
First Harvest Song
Música Urbana 2
Anúncio de Refrigerante
Azul
Tempo Perdido
Eduardo e Monica
Marcianos Invadem a Terra
Dado Viciado
Boomerang Blues
Faroeste Caboclo
~~Anjos Mortos~~
Antes das Seis
Circo Sem Lona
Eu Sei
Mariane
A Primeira Vez

URBANA LEGIO
Teorema
Petróleo do Futuro
O Reggae
Baader-Meinhof Blues
Ainda É Cedo
Depois do Começo
Será
Soldados
A Dança
Por Enquanto
Setenta e Sete
Perdidos

outakes
Fábrica
instrumental
Dois Corações
(the cure)
new songs (scal
et al.
PLANOS DO ASFALTO 1
REVOLUÇÕES POR MINU
Write down working
Setor de Divers
Soldados antigo
Beto's song

← Possibilities

electric
∘ Domingo Na Churrascaria 2
∘ Menor Abandonado 2
∘ Anjos Mortos 4
∘ Que País É Este 3
∘ Veraneio Vascaína 3
Tédio (Com Um T Bem Grande Prá Você)
∘ Verde/Amarelo 3
∘ Helicópteros No Céu 3
∘ Benzina 2
Heroína
Música Urbana 1
Baader-Meinhof Blues (first version)
Fátima
Construção Civil
∘ Ficção Científica
∘ Metrópole
Love Song One
∘ O Que Eu Quero
Piauí Imaginário (Blockbuster)
∘ Conexão Amazônica
∘ Admirável Mundo Novo
∘ Lá Vem A O.E.
∘ (It's All Because of My Ne...
Killer Blues

e detalhes que são verdadeiros achados: os erros ficam expostos, eles falam o que os outros têm medo de dizer", ressalta, antes de destacar dois versos de "Minha renda".

Você é músico, não revolucionário
Faça o que eu te digo que te faço milionário...

O rock brasiliense está nos cadernos culturais dos jornais, nas revistas especializadas, nos programas de TV, nas rádios, nas pistas das danceterias. O Brasil já os trata pelo primeiro nome: Capital, Plebe, Legião. Com intimidade, com cumplicidade. É cogitada até uma excursão conjunta dos três grupos (além do Detrito Federal) pela Europa, com shows em Bruxelas e Berlim.

Ao ler nos jornais sobre o sucesso das bandas da cidade onde passou parte da juventude, Ney Matogrosso não se surpreende. Pelo contrário: acha o movimento perfeitamente coerente com os descaminhos da capital e do país após o golpe militar de 1964. Acredita que, depois de vinte anos de ditadura, a única forma de expressão surgida no planalto teria que estar impregnada de contestação.

— Aborto Elétrico, Plebe Rude, Legião Urbana... esses nomes são fortes, são ótimos!

O ex-vocalista do Secos & Molhados acompanha de perto o rock nacional. Teve um relacionamento intenso com Cazuza, vocalista do Barão Vermelho. E tem participação decisiva na carreira da maior banda brasileira do momento, o RPM: Revoluções por Minuto. Assim como a Legião, o quarteto paulistano possui na formação um cantor nascido no Rio de Janeiro, que toca baixo e escreve as letras. Paulo Ricardo de Medeiros. PRM. Ex-SQS 209-E-101. Ex-morador de Brasília.

Baixinho, tímido, míope, Paulo Ricardo sofreu horrores ao aterrissar no Plano Piloto em 1974. Filho do engenheiro militar Waldeck Medeiros, saiu das praias de Florianópolis e caiu em superquadra inteiramente reservada aos oficiais do Exército. Observava os ônibus verde-oliva parados à espera dos militares, como se fosse transporte escolar. Passou dificuldades na adaptação na escola. Na quadra, observava mais motivos para o medo: brigas na quadra de esporte, postes quebrados, roubo de toca-fitas dos carros. Suas impressões iniciais são aterradoras. O primeiro corte é o mais profundo.

Descobre a música. Aos 12 anos, vê Rita Lee na turnê de *Fruto proibido*, no ginásio do Marista, colégio ao lado de sua escola, o Pio XII. Começa a mapear a cidade. Em busca de histórias em quadrinhos, pedala da Asa Sul até o aeroporto. Na fervilhante W3, compra o primeiro disco: *Help!*, dos Beatles. Descobre o rock progressivo. Passa as tardes lendo, desenhando, escutando seus novos discos: Uriah Heep, Slade, Genesis, Led Zeppelin. Fones no ouvido, cabeça cheia de planos. Quer ter uma banda de

DESTROY

rock. Surge uma chance. Com o amigo Ismael, filho de oficial da Marinha, monta o Prisma, que reúne no nome as iniciais dos dois fundadores.

O pai de Paulo Ricardo é transferido novamente e ele vai para São Paulo. No início de 1978, volta à capital para estudar violão clássico no curso de verão da Escola de Música de Brasília. Percebe que a cidade está diferente, vive uma ebulição pós-hippie. Quer entrar naquela atmosfera, entrar na dança. Cogita se mudar por conta própria. Tem tudo traçado na cabeça, até que conhece o tecladista Luiz Schiavon e eles começam a tocar. Permanece na capital paulista.

No inverno de 1986, o RPM está no topo. O segundo disco, *Rádio Pirata — ao vivo*, com o registro do show dirigido por Ney Matogrosso, já chega às lojas com 250 mil cópias vendidas. No repertório, os sucessos da estréia — "Louras geladas", "Revoluções por minuto", "Rádio Pirata" — e apenas duas músicas inéditas: a instrumental "Naja" e a política-apocalíptica "Alvorada voraz". As rádios não cansam de tocar a versão de "London, London", de Caetano, e a balada "A cruz e a espada". Impulsionada pela euforia econômica trazida pelo Plano Cruzado, a indústria fonográfica descobre ouro no filão do rock. Os Titãs dão uma guinada na carreira e lançam *Cabeça dinossauro*, álbum de espírito punk, com ataques às instituições: família, igreja, Estado. Em um mês e meio, os Paralamas vendem 300 mil cópias do terceiro disco, *Selvagem?,* que traz na capa a foto de Pedro Ribeiro, irmão de Bi, em um dos acampamentos da turma em Brasília. O disco do Capital Inicial, com fotografias da capa e do encarte assinadas por Ico Ouro-Preto, também vende bem de cara. Além de "Música urbana", há outras duas músicas dos tempos de Aborto: "Veraneio vascaína" e "Fátima".

A crítica reserva elogios ao segundo passo da Legião. Para Luis Antônio Giron, na revista Veja, "*Dois* é um LP maduro, que mostra como o grupo soube evoluir musicalmente e manter a consistência poética de suas canções". Já Apoenan Rodrigues, da *IstoÉ*, afirma que a Legião "acaba de cavar uma brecha decisiva entre os melhores grupos nacionais" graças às "aguçadas observações sobre as descrenças da vida, as injustiças sociais ou o gosto amargo de uma paixão que passou, registradas em sensíveis letras". Na crítica da *Folha de S.Paulo*, Heinar Maracy tece elogios e senões. Primeiro, afirma que a Legião é um grupo "sério, sóbrio e respeitável", mesmo tendo nascido na "capital dos políticos". Acha o disco "denso sem ser rebuscado, limpo, mas muito pessoal, impossível de se assimilar num gole só". Para Maracy, Renato teria abandonado a "coloquialidade brego-romântica e a retórica zangada que quase os transformou na Legião da Má Vontade por um discurso mais reflexivo e poético" e aponta como ponto baixo do disco a faixa "'Índios'", "poema que parece ter sido musicado à força".

Outros críticos tecem comentários sem ressalvas. "*Dois* é um verdadeiro manifesto de modernidade, sensibilidade e garra. Sem exagero. Estamos diante de uma obra-prima, um disco ainda mais perfeito que o primeiro LP, mas suficiente para a maturação completa do grupo", acredita Paulo Pestana, do *Correio Braziliense*. Para José Augusto Lemos, da revista *Bizz*, "a cada audição motivada pela incerteza do descrédito inicial, foram saltando aos ouvidos os detalhes, o espectro emotivo que alcança ternura e ódio, música em palavras que vêm das entranhas".

Para o lançamento de *Dois* no Rio, a banda marca dois fins de semana consecutivos na casa noturna Noites Cariocas, no alto do Morro da Urca. "Não queremos tocar 'Geração coca-cola'", avisa Renato no *Jornal do Brasil*. Ele também descarta parafernálias tecnológicas, grandes efeitos de luz e som. "Fico meio confuso com equipe grande e gostamos de cuidar da nossa privacidade, das nossas coisas individuais. O importante é que o público nos veja como quatro amigos que gostam de estar juntos. E que, por coisas do destino, tocam juntos", complementa em *O Globo*.

No caminho para o show, ainda na saída da Ilha do Governador, Renato vê um acidente automobilístico. Comenta com o primo Carlos Alexandre:

— É por isso que eu não dirijo...

Ônibus é o transporte que mais usa para se deslocar no Rio. Foi dentro de um deles que surgiu a inspiração para "Central do Brasil", tema instrumental de tom caipira que acentua a suavidade do segundo disco. A segunda semana no Morro da Urca atrai menos público; dá para ver o show com os cotovelos no palco, até esticar o pescoço e ler a set list presa no chão com fita crepe. Mas quem vai se emociona, mesmo os que acompanham a banda desde o início. Caso de Fê e Flávio Lemos, do Capital Inicial, embevecidos com uma das músicas novas, "Tempo perdido". Agora radicados em São Paulo, os irmãos Lemos pouco vêem Renato. Somente em ocasiões especiais: o cantor da Legião tinha sido um dos padrinhos de casamento de Fê, com a amiga Inês, no Rio Grande do Sul. E, para Flávio, em encontro em hotel na zona sul carioca, Renato cita um trecho de "Quase sem querer" ("Às vezes o que eu vejo quase ninguém vê/ E eu sei que você sabe quase sem querer/ Que eu vejo o mesmo que você") para exprimir o momento vivido pelas bandas. Cazuza e Paula Toller também aparecem no camarim. A Legião se enturma.

O ano vai chegando ao fim, mas há um importante compromisso a cumprir: gravar participação no programa *Chico & Caetano*. Exibido nas noites de sexta-feira na TV Globo, depois da novela *Selva de pedra*, o musical comandado pelos dois maiores nomes da MPB estreara em abril com Rita Lee, Maria Bethânia e Luiz Caldas. Caetano Veloso e Chico Buarque estavam afastados de apresentações regulares na TV; o autor de "A banda" não subia num palco havia onze anos. "A televisão se desinteressou um pouco pela música", acredita Caetano. "Uma pode viver muito bem sem a outra, mas também podem ter uma ótima convivência."

Logo na estréia, problemas com a censura. O diretor da Divisão de Censura da Polícia Federal, Coriolano Fagundes, veta o número em que Caetano, Chico, Rita Lee e Bethânia cantam "Merda". "Não se pode mandar a nação inteira à merda em cadeia nacional", justifica: "O uso da palavra merda oito vezes representa uma ofensa e uma grosseria." Nas edições subseqüentes, sem polêmica, Chico e Caetano recebem Astor Piazzolla, Tom Jobim, Paulinho da Viola, Jorge Ben, Paralamas, Cazuza, Beth Carvalho, Elza Soares. Em 15 de agosto, Paulo Ricardo causa frisson ao dividir os vocais com Caetano, de bigodinho, em "London, London" e ter os ombros publicamente elogiados pelo autor da música. O baiano Marcelo Nova, do Camisa de Vênus, recusa convite da produção. "Não vou participar de *Namoro na TV*", ironiza. A última edição, do dia 26 de dezembro, tem cinco convidados: o cubano Silvio Rodríguez, Gilberto Gil, Evandro Mesquita, João Donato e Legião Urbana. Renato entra todo de branco, camiseta da Plebe Rude no peito: "Vai entrar pro currículo, vai ser jóia", anuncia, antes de "Ainda é cedo". Enquanto ele faz sua dança característica, pulos suaves e mãos agitadas, Caetano comenta com a mulher, Paula Lavigne, o desempenho do convidado. O outro apresentador assiste calado, olhos atentos à performance do vocalista.
Em dezembro de 1986, Renato canta; Chico e Caetano observam.

• • •

A repórter Cynthia Rosa pede uma comparação do rock nacional com a Tropicália. Renato rechaça:

— Deus me livre! Não tem nada a ver, é exagero. Caetano é o máximo, a gente ainda está começando. Depois que eu tiver vinte discos gravados, aí se pode comparar...

Durante a entrevista com a Legião Urbana, publicada no dia 21 de dezembro no *Jornal de Brasília*, só quem fala é o vocalista. Dado, Bonfá e Negrete saem de fininho, vão encarar um sanduíche no Conjunto Nacional. Conta que aproveitará os últimos dias do ano para rever a família e os amigos e matar "a saudade da cidade mesmo, que eu gosto muito".
Lembra que, quando eles começaram, há quase dez anos, só sabiam, no máximo, três acordes. "Então toda música nova saía que nem 'Geração coca-cola'". Descarta gravar em inglês ("Minha língua é a língua portuguesa"), garante que o contrato com uma multinacional da indústria fonográfica não mudou o *modus operandi* da banda ("A gente não está no esquema. O esquema é que procura a gente") e critica o comportamento de uma parte da juventude brasiliense:

— Brasília fascista? Total! Eu conheço muito bem essa raça, conheço muito bem meu eleitorado. A gente já passou por certas coisas... esses boyzinhos com revólver... é um saco! Ficam esses parasitas vivendo dos outros, em cima da corrupção, não tem nada a ver.

A Legião tinha acabado de fazer três shows na cidade. A idéia inicial era voltar à cidade para uma série de concertos no Plano Piloto e pelas cidades-satélites, uma miniturnê pelos quatro cantos do Distrito Federal. Um ginásio em Ceilândia, a maior das cidades do DF, chegou a ser reservado, mas posteriormente descartado por problemas de infiltração no teto e drenagem. A idealizada turnê que percorreria os 5.801.937 quilômetros quadrados do Distrito Federal, contudo, acabou sendo reduzida aos 2,8 quilômetros que separam o Teatro Nacional do Ginásio de Esportes. Depois de delicada negociação com a Fundação Cultural, conseguiram o palco mais nobre da cidade para os dois primeiros shows: a Sala Villa-Lobos. O preço do ingresso também era apenas para nobres: Cz$ 200. Já na cidade, ele foi questionado sobre o valor durante entrevista a Adriana Moraes, na TV Brasília.

— Vocês cobraram esse valor porque é o preço do sucesso, Renato?

— Primeiro que eu nunca vou cobrar ingresso caro por causa do sucesso. Até porque não acho que é sucesso, é reconhecimento. E é um bom lugar, tem o custo da produção, e eu não acho caro. Quem não tiver como pagar, pode ir ao ginásio de esportes e pagar Cz$ 40.*

A conversa com a apresentadora, ex-aluna de Renato na Cultura Inglesa, acontece no Cine Brasília dois dias antes do show da Sala Villa Lobos. Tendo ao fundo os cartazes da Mostra Ingmar Bergman e de *Hannah e suas irmãs*, de Woody Allen, Renato repassa de forma didática o início da banda. Adriana pergunta sobre eventuais divergências internas:

— Vocês se dão bem?

— Super! A gente está superjunto o tempo todo, mas só os quatro sabem o que está acontecendo. É como se fôssemos primos.

---

* Em 2009, o preço do ingresso para o show da Sala Villa-Lobos equivaleria, aproximadamente, a R$265 e o do ginásio de esportes a R$53. (N. do E.)

Quando questionado sobre o método de criação da banda, Renato ressalta as etapas do processo ("ao contrário do que muita gente pensa, a música vem antes, só depois escrevo a letra") e define seu papel na Legião:

— Eu funciono como um catalisador.

Com o cigarro que mantém aceso na mão esquerda durante quase toda a entrevista, ele responde de forma provocativa à possibilidade de ter ficado ressentido com o tratamento dispensado pela cidade à Legião antes de a banda gravar o primeiro disco:

— Da Legião todo mundo gosta, mas quero ver quem dá apoio para as bandas que estão aqui agora, tipo Arte no Escuro e Escola de Escândalo...

Renato também comenta o assédio dos fãs durante as turnês: "É legal, só não gosto quando ligam para nosso hotel às nove da manhã e ficam muito surpresos porque a gente está dormindo." Em outra parte da conversa, já nos fundos do cinema, ele aparece deitado em banco de concreto, lânguido, com a barriga de fora.
Depois de revelar novamente o desejo de ser cineasta, revisita o tema da letra de "Conexão amazônica" e critica a acomodação das cabeças pensantes da cidade:

— Em vez de ficar no Beirute discutindo dogmatismo sintético-dramático na obra de Godard, faz que nem o Damata, passa o filme pra galera! Em vez de ficar discutindo Andy Warhol ou a linguagem do vídeo dentro da estética pós-modernista dos anos 80, porque você não pega a sua câmera? Faz que nem a Maria Coeli, vai filmar!

E cita ainda o diretor teatral Fernando Villar, Márcia Duarte e Luiz Mendonça, do EnDança, e Marcelo Beré, que tinha criado o grupo Udi Grudi, como exemplos de gente que faz arte na cidade.

— Eles dão ânimo e energia para outras pessoas. E é tão bom a gente fazer alguma coisa... a vida fica mais legal!

• • •

Descontraídos, Bonfá, Negrete e Dado conversam nas coxias da Sala Villa-Lobos pouco antes de pisar no palco. Renato está menos relaxado, anda em círculos. Vem a deixa da produção; é hora de entrar. Bonfá dá dois tapinhas nas costas do vocalista. Os quatro entram em cena. De camisa listrada e calça jeans, Renato segue até o microfone. Pisa novamente na maior sala do Teatro Nacional, mas dessa vez não ocupa uma das poltronas de veludo verde onde esteve tantas vezes ao lado do pai para assistir a orquestras internacionais executarem peças de Mozart, Beethoven, Chopin. Luzes no cantor. Com "Que país é este", começa o primeiro de uma série de três concertos para a juventude da capital do rock, dos protestos. Do rock de protesto.

Quinze dias antes dos três shows da Legião Urbana, Brasília tinha assistido a um espetáculo de tensão, fúria e fogo. Organizações sindicais convocaram manifestação para protestar contra o novo pacote econômico do governo Sarney. Conseguiram mobilizar estudantes, funcionários públicos, até donas-de-casa para se postar em frente ao Ministério da Fazenda. No final da tarde, os primeiros conflitos, quando os manifestantes são impelidos pela polícia a deixar a Esplanada. São empurrados, espancados pelas tropas da PM e do Exército. Recuam até a rodoviária. Erro estratégico das forças oficiais: não há policiamento no terminal rodoviário. Por uma hora e meia, os manifestantes queimam 27 viaturas policiais e cinco ônibus. Destroem cabines de despachantes, bancas de jornais, uma charutaria, uma lanchonete. Também saqueiam e incendeiam loja de supermercado. No início da noite do dia 27 de novembro de 1986, Brasília queima.

A Polícia Militar aparece e os autores do quebra-quebra abandonam a Rodoviária. Seguem em direção ao Conic. Arremessam vidros em lojas, incendeiam agência do Banco Safra. Danificam equipamentos de telex e de telegrafia dos Correios, depredam 11 prédios públicos. A ordem só começa a ser restaurada cinco horas depois do início da confusão. Trinta e quatro pessoas são presas. No início do tumulto, o presidente José Sarney e seus assessores diretos, além de autoridades do primeiro escalão do Governo do Distrito Federal, rezavam na Catedral, protegidos por tropas.

Era o Dia de Ação de Graças. Foi a Noite do Badernaço.

• • •

— Soube do horror em que eles transformaram Brasília há 15 dias. Eles tinham mais é que fazer um trabalho como o dos bombeiros e buscar preservar a paz, em vez de promover a violência.

No terceiro e último show de lançamento de *Dois* no Distrito Federal, Renato ataca o comportamento das autoridades políticas brasileiras. Também dispara farpas contra o preconceito racial ("O Brasil não é a TV Globo") e adverte os fãs.

— Vocês têm que usar a liberdade de que estão desfrutando agora. Quem foi jovem antes de nós, há uns dez anos, foi preso, torturado, e uns até sumiram.

Vinte mil pessoas superlotam o ginásio. "Os jornais observam que, desde a década de 70, quando shows como os do Secos & Molhados, Doces Bárbaros, Roberto Carlos e Milton Nascimento levaram multidões ao ginásio, não se via tanta gente naquele local". Há invasão de público em dois setores, pessoas juram ter visto uma menina cair da arquibancada e ser levada para o hospital. A Legião abre o show com "Que país é este". Depois, começa a apresentar as faixas de *Dois*. Antes do hit do momento, "Tempo perdido", o vocalista faz nova advertência aos fãs:

— Nunca se esqueçam, o futuro é nosso e não deles.

"Eduardo e Mônica" é cantada em coro. Outro grande sucesso do *Dois* é cobrado pela platéia. O vocalista se irrita:

— Se continuarem insistindo, não canto "'Índios'".

O público, entusiasmado, entoa o grito de guerra da banda baiana Camisa de Vênus:

— Bota pra foder! Bota pra foder! Bota pra foder!

De bate-pronto, Renato reage:

— Nós somos a Legião. Quando eu quero botar pra foder, é com uma pessoa muito especial, no meu quarto.

• • •

— Dado e o Reino Animal, Escola de Escândalo, SLU, Angra 2, Vigaristas de Istambul, Chaka Chaka na Butchaka, Diamante Cor-de-rosa, Metralhas, Kaos Konstrutivo, Blitx 64, Aborto Elétrico, Mantenha Distância, Peter Perfeito e Suas Linhas Arrojadas, Arte no Escuro, Gestapo, Elite Sofisticada, é claro, XXX, esqueci alguma?, Finis Africae, Capital Inicial, Plebe Rude!

A lista de bandas brasilienses que Renato relaciona durante show refere-se apenas àquelas que ele acompanhou de perto, no início dos anos 80. Na metade da década, já existem duzentos grupos de rock catalogados pela Fundação Cultural do Distrito Federal. A Funarte promove a terceira temporada destinada às bandas iniciantes. Volta e meia aparecem Paralamas, Engenheiros do Hawaii, Biquíni Cavadão, Kid

Abelha, Ira!, Titãs... Não há um fim de semana sem um show de rock na cidade. O monopólio das guitarras incomoda. O diretor da Fundação, Reynaldo Jardim, lança provocação:

— O que o jovem sabe fazer além do rock?

Organiza o Encontro da Juventude Candanga para mapear a produção da geração nascida e criada na capital, "além do protesto". Enquanto a explicação não chega, o fenômeno é esmiuçado em discussões teóricas, que incluem citação ao filósofo Marshall McLuhan: "O rock é a expressão da oralidade contemporânea." "Brasília é uma cidade que incita à subversão. E o rock é pura subversão, é a explosão da vontade de dizer não. Talvez até pelo seu traçado, a cidade massifica muito e as pessoas não encontram meios de dizer que estão vivas", arrisca o poeta Nicolas Behr. O jornalista Severino Francisco lembra que, inicialmente, muitos programadores de rádio se recusaram a tocar as músicas da Legião. Tinham medo que os ouvintes não compreendessem as letras. Cita "o estado de emergência existencial" dos novos grupos. "O que está em jogo é uma nova sensibilidade urbana", destaca o jornalista.

— Daqui para frente, o urbano no Brasil não pode ser lido mais apenas pelo PIB, pelo número de supermercados, pelo número de telejornais ou pela estatística de geladeiras vendidas. O urbano moderno brasileiro passa a ser também uma sensibilidade.

• • •

Em dezembro de 1986, Brasília já ocupa o terceiro lugar em casos de Aids no Brasil. Perde para Rio de Janeiro e São Paulo, divide a posição com o Rio Grande do Sul. A primeira ocorrência no Distrito Federal da Síndrome da Imuno-deficiência Adquirida tinha sido comunicada aos organismos governamentais de saúde em 24 de maio de 1985. A mais recente, em 21 de novembro, totalizou oito casos. No mundo, a doença é tratada como epidemia, especialmente após a morte do ator Rock Hudson. Místicos garantem: "É a peste da Era de Aquário". Em menos de cinco anos, a doença tornou-se a principal *causa mortis* dos homens nova-iorquinos na faixa dos 30 aos 39 anos. O médico e pesquisador inglês John Seale, da Royal School of Medicine de Londres, faz prognóstico sombrio: "O nível de destruição do vírus é avassalador. Estamos caminhando para uma catástrofe mundial." Não há perspectiva de cura.

• • •

A Legião Urbana começa a arrastar multidões pelo Brasil. Em ginásio lotado, no Recife, Renato brinca com a platéia logo no início de "O reggae". Simula a voz de um homem mais velho, uma autoridade qualquer, e improvisa discurso para o personagem:

— Vamos tomar as medidas necessárias para firmar a democracia brasileira. O que nós prometemos, estamos tentando cumprir. Estamos do lado de vocês em manter os valores reais, os valores firmes e corretos da tradição brasileira. Precisamos honrar a família brasileira. Aqueles escurinhos vão ser expulsos do prédio. Aquela mãe solteira que denigre a moral do nosso prédio será devidamente expulsa. Aquela família que tem aquele jovem maconheiro também será colocada no seu devido lugar. Isso sem falar naqueles comunistas. Piores do que eles, só o pessoal da Seicho-no-iê...

A multidão dá risada. Renato prossegue, faz referência à Assembléia Nacional Constituinte, instaurada em Brasília para preparar e aprovar a nova Carta Magna do país:

— Vocês sabem que, como diz a Constituição, inclusive que nós estamos escrevendo, todo crime é puro, até mesmo os crimes gratuitos, se o fim é limpar o que é sujo. Há muita coisa de sujo na sociedade brasileira, a começar por esses jovens que estão aqui quando deveriam estar em casa assistindo televisão em vez de estar aqui se drogando... Essas moças, essas meninas, de 13, 14 anos junto com esses machos suando, fedendo, meu deus do céu, onde vamos parar? É por isso então que vamos pedir o apoio de todas as famílias corretas e sinceras para exterminar todo o mal que se instalou como um câncer na sociedade brasileira.

Está especialmente bem-humorado diante do público pernambucano:

— Eu me amarro em fazer isso, sabia? Eles te ensinam a tocar igual, fazer Chacrinha, tocar bonitinho, mas é superlegal tocar pra vocês. Isso é superlegal, saca? Ninguém tem que fazer nada como eles mandam fazer, não. Tem que fazer como você quer. Então, vamos lá.

No meio de "Eduardo e Mônica", o estado de espírito do cantor muda bruscamente. Avista uma briga no meio do público. Transtornado, pára a música e começa a gritar:

— E o que é isso aí? É bem a merda de país em que a gente tá. Quer provar que é homem? Faz como os rapazes daqui que estão junto com a namorada. É foda, cara. Como eu vou lembrar da letra se tem aquele bando de gente ali? Acende a luz mesmo!

BRASAL

O câncer está entre vocês. O câncer está entre nós, os jovens. É por isso que o país não vai pra frente.

A platéia reage, gritando "Bota pra foder":

— Vocês gostam de botar pra foder, não é?

Perde o controle de vez:

— Aí começa essa babaquice! O país tá botando pra foder. Puta que pariu, o que é isso, é performance? E fiquem rindo porque vocês não sabem o que o Sul do Brasil pensa de vocês. Eu sei porque sou de Brasília! Não sou do Rio nem de São Paulo. E eu descobri o que o Rio e São Paulo pensam do resto do país. E é uma pena, uma pena. Porque vocês são bonitos, são lindos. Esse lugar aqui é muito legal. Assim como Brasília é legal, Belém é legal, Salvador é legal, Porto Alegre é legal, sabe? Mas aqui só dá Rede Globo e vocês só sabem copiar isso... Tipo assim, só é legal o que Rio e São Paulo dizem que é legal. Só por causa disso...

Inicia "A canção do senhor da guerra". No refrão, pára de tocar o violão e canta, à capela:

O senhor da guerra não gosta de crianças...

Volta a discursar:

— Será que a gente pode voltar agora? Para falar sobre violência, é tão fácil, não tem problema nenhum. Mas para falar do jeito como as pessoas se gostam, sempre tem interferência. É foda!

Retoma "Eduardo e Mônica". Depois, comenta a letra:

— Eles existem de verdade. Tem problemas, mas são as poucas pessoas que conheço que chegam perto de ser que nem eles. Se abraçaram e se beijaram e mandaram todo mundo à merda, porque o importante é você e quem você ama, sacou?

• • •

No auge da carreira, quase um milhão de cópias vendidas dos dois discos, Renato anuncia em abril de 1987 que deseja parar de fazer shows, gravar álbuns, tomar drogas.

— Preciso funcionar com os pés no chão.

O sucesso escapa ao seu controle, reconhece. Afirma para Isa Pessoa, em *O Globo*, que a Legião Urbana é uma banda que "trabalha com idéias, não com imagens". Recusa a massificação. "Se a gente deixar rolar, daqui a pouco tem camisetinha, broche, adesivo, tudo com a nossa cara." Sente-se pressionado pela gravadora a preparar logo mais um álbum. Decide se recolher, ficar mais tempo na Ilha do Governador, mais próximo à família.

— O público esqueceu Elvis Presley, quando ficou dois anos no Exército, sem tocar? Ou esqueceu Jerry Adriani? Rock é sintonia.

Já envolvido com a cocaína, Renato afirma que não deseja ficar usando drogas, "a ponto de perder o fio da meada".

— Tudo que é excesso não presta. Excesso de discos vendidos ou excesso de talento, que não é meu caso.

Ao *Jornal do Brasil*, queixa-se da fama adquirida em menos de três anos: "Quando você faz sucesso com uma banda de rock'n'roll, você tem que conviver justamente com as pessoas de quem queria fugir ao fundar uma banda de rock'n'roll." Constata uma "empatia trocada": o boyzinho que ia aos shows cantar "A dança" ("Tratando as meninas/ como se fossem lixo") voltava para casa e batia na namorada. Avisa que, mesmo se sair temporariamente de cena, não deseja perder o contato com os fãs, "que escrevem cartas lindas". Planeja criar uma linha direta de comunicação: o Correio da Legião.
Não leva a idéia adiante, mas é para eles que idealiza "um presente de Natal": um terceiro disco que, na verdade, poderia ter sido o primeiro. Ao perceber que as novas músicas ainda levariam muito tempo para emergir, Renato encontra na própria história o escape para o futuro. Escava o passado. Em duas semanas de outubro, os quatro gravam músicas da época do Aborto Elétrico, Trovador Solitário e do início da Legião Urbana. Repertório conhecido, se dão ao luxo de deixar as horas passarem dentro do estúdio; até jogam vôlei lá dentro. Com apenas duas músicas novas, "Angra dos Reis" e "Mais do mesmo", *Que país é este 1978/1987* chega às lojas no início de dezembro, no mesmo mês em que o Plano Piloto de Brasília é declarado Patrimônio Cultural da Humanidade pela Unesco. No encarte, Renato explica:

"São nove canções em versões originais de estúdio, que hoje soariam deslocadas, por tudo que já passamos juntos, de dois anos para cá. Não há mais inocência e vai-se

longe o tempo onde 'Que país é este' era um perigoso grito de rebeldia: hoje resta a lembrança nostálgica de um tempo que dificilmente vai voltar."

Discorre sobre cada uma das faixas. A respeito da faixa-título, afirma que não tinha sido gravada antes "porque sempre havia a esperança de que algo iria realmente mudar no país, tornando-se a música então realmente obsoleta. Isso não aconteceu, e ainda é possível se fazer a pergunta do título, sem erros". Critica ataques de pessoas que dizem ser o rock "uma imposição, uma ditadura, um sistema estético com a intenção de embotar a cabeça do jovem", pois, "ao ficar com aquele bate-estaca o dia inteiro na cabeça, você se esquece da realidade que o cerca, de coisas realmente importantes":

— Preste atenção à letra de "Que país é este". Não nos parece coisa de gente que se esqueceu da realidade que a cerca. Comparar o rock com a ditadura? Que país é este?

A reação ao disco não é unânime como a alcançada pelo *Dois*. Em *O Globo*, Tom Leão elogia: "Qual é o grupo que não gostaria de criar um disco assim, com os tesouros do repertório e com o objetivo maior de agradar seu público?" O mesmo caminho segue Arthur Dapieve, no *Jornal do Brasil*. Reconhece que *Que país é este* está abaixo da unidade conceitual de *Dois*, mas ressalta: "(O disco) espelha a trajetória do grupo, do social ao pessoal, sem perda da perspectiva política de ambas as dimensões." Já na *Folha de S.Paulo*, Mário César Carvalho faz críticas incisivas. Classifica o LP como "esquálido" e acusa a falta de "certa elaboração musical nas letras propositalmente simples e diretas". Detecta "sinais de crise" na Legião Urbana. Considera a letra de "Que país é este" "quase débil": "O resgate arqueológico que a banda tenta promover com o novo disco remete a uma certa inocência juvenil, uma época em que os grupos imaginavam que poderiam chacoalhar as estruturas viciadas no mundo pop com três acordes de guitarra, uma bateria primitiva e muito espontaneísmo nas letras."

Mesmo com a descrença de parte da crítica as vendas logo decolam. O LP chega ao primeiro lugar das paradas, com 240 mil cópias vendidas. Aos que classificam o disco como "antologia caça-níqueis", Renato rebate. "Isso é pra explicar de uma vez por todas que não gravamos músicas antigas só pra ganhar dinheiro. Tivemos cuidado com o produto, da capa ao papel. O público tem inteligência, ele escuta a Legião sem jabá", garante.

— Tenho pavor de me repetir. Não estou a fim de falar de enchentes, Aids, governo. Quero cantar canções de amor. Já desisti de fazer músicas para salvar o mundo. "Eduardo e Mônica" estão divorciados.

Uma música de nove minutos e 159 versos torna-se o mais improvável hit radiofônico da história da indústria fonográfica brasileira. Ao narrar a paixão e morte de João de Santo Cristo em "Faroeste caboclo", saga conhecida da turma da Colina desde o início da década, Renato move montanhas. As rádios que tocam no início da noite as canções mais pedidas pelos ouvintes são obrigadas a tomar decisão drástica: cortam três músicas para acomodar "Faroeste". Quando faltam dez minutos para as sete da noite, não adianta girar o dial. É impossível desviar de Santo Cristo, Maria Lúcia, Pablo, Jeremias, luzes de Natal, generais de dez estrelas, lote 14, Winchester 22, sangue, perdão. Renato Russo é a voz do Brasil.

Submetida à censura, "Faroeste" tinha sido inicialmente vetada para radiodifusão por apresentar "referências sobre drogas, violência gerada por conflitos entre traficantes e linguagem vulgar e grosseira", como apontou a técnica Edite Pereira, em novembro de 1987. Sua colega, Viviane Mendonça, foi mais condescendente: "Há várias referências a drogas que, no entanto, não são apologéticas. A mensagem final relativa a esse tema vem a ser positiva já que durante um certo tempo, ele, apaixonado, reabilita-se vindo a morrer num duelo com o adversário", opina, sugerindo a liberação "com veiculação restrita".

Apesar de proibida para radiodifusão, a saga de João de Santo Cristo consegue a proeza de se autoliberar. Os pedidos insistentes dos ouvintes fazem a música chegar às rádios com supressões em trechos por conta de palavrões ("cu-na-mão") e expressões populares ("comia todas as menininhas da cidade"), devidamente sublinhados pelos técnicos da Censura. Logo o épico passa a tocar integralmente em várias emissoras pelo país. Alertada pela Superintendência Regional do Rio Grande do Norte, a divisão da Polícia Federal envia telegrama à EMI e comunica que a gravadora tinha sido multada por infringir a proibição estabelecida.

A música tem poder de transformação. Ex-colega de Renato da Cultura Inglesa, Humberto Adami ouve "Faroeste caboclo" no interior da Bahia, para onde tinha se mudado por conta do trabalho no Banco do Brasil. Sente incomum alegria ao reconhecer na letra os lugares onde ele cresceu, as histórias que ouvira falar quando era apenas mais um jovem do Distrito Federal: o advogado Adami reencontra o adolescente Piolho. Ao escutar "Faroeste" tocando nas rádios, Aldo Justo se entusiasma. "Isso é um repente rock'n'roll!" O integrante do Liga Tripa acredita que, naquela música da Legião Urbana, Renato tinha conseguido colorir o rock com tintas brasileiras. O autor concorda: conta a jornalistas que deve a estrutura da música tanto a "Hurricane", de Bob Dylan, quanto a "Domingo no parque", de Gilberto Gil.

Um dia na gravadora, Renato vê o 14 Bis em estúdio. Não resiste e entra para acompanhar a gravação. Quer conhecer pessoalmente Flávio Venturini, o autor de "Nascente". Escuta um tema instrumental, levado apenas com vocalizações. Aproxima-se e cita a primeira banda do cantor e compositor mineiro.

— Eu curto seu trabalho desde os tempos de O Terço!

Escreve, então, em parceria com o cantor, a letra de "Mais uma vez". Nos primeiros versos, o início de "Juízo final": "O sol há de brilhar mais uma vez" é convertida para "Mas é claro que o sol vai brilhar amanhã mais uma vez, eu sei..." Em ambas, prevalece a certeza dos autores que, apesar de "gente que machuca os outros", o bem vencerá o mal. "Quero ter olhos para ver/ a maldade desaparecer", pede Nelson Cavaquinho. "Quem acredita sempre alcança", atestam Manfredini e Venturini. A música é finalizada a tempo de ser incluída no sétimo álbum do 14 Bis. Torna-se o maior sucesso radiofônico do disco.
Dinho está na casa de Dado Villa-Lobos. O Capital Inicial acaba de lançar o segundo LP, *Independência*. Renato aparece por lá e provoca: "Eu quero ver como vai este disco, agora que vocês não têm mais o melhor letrista." Refere-se ao fato de as faixas de maior destaque do primeiro LP, "Fátima", "Música urbana" e "Veraneio vascaína", serem ainda dos tempos do Aborto Elétrico. Dinho engole em seco. As rádios começam a tocar a faixa-título do álbum. O grupo recebe convite irrecusável. Fazer a abertura da primeira turnê de Sting pelo Brasil, inclusive em Brasília. Vinte anos depois de conhecer o Police em festa na casa de Fê Lemos, Dinho dividiria a noite com o ex-vocalista da banda inglesa. No palco montado em cima do gramado do estádio Mané Garrincha, Dinho Ouro-Preto encara público um tanto indiferente. Tenta conquistar a adesão da platéia, majoritariamente à espera de Sting.

— Eu quero ver essas mãos! Essa vai mais ou menos assim, ó...

A Legião Urbana recusa convite para tocar no Hollywood Rock, festival que mistura atrações nacionais e estrangeiras no mesmo palco. Os organizadores oferecem uma noite exclusiva para a banda, mas a proposta é rechaçada por Renato.

— Para isso, tem o Capital Inicial.

As rádios não param de tocar "Independência", o novo sucesso de Loro, Dinho, Fê, Flávio e Bozo Barretti, o tecladista paulistano que tinha se juntado ao grupo e reforçado a tendência pop da banda:

Procuramos independência, acreditamos na distância entre nós...

• • •

Após quase dois anos sem tocar no Rio de Janeiro, a Legião Urbana encerra o segundo festival Alternativa Nativa — Lobão e a dobradinha Léo Jaime/Kid Abelha tinham tocado nas noites anteriores. No ginásio do Maracanãzinho, o quarteto começa com "Que país é este" e termina com "Teorema". No bis, "Angra dos Reis" e, novamente, "Que país é este". Ao longo do show, o inesperado de sempre: citações (Clash, Stones, Bryan Ferry), comentários pontuais sobre fatos da atualidade ("Todo mundo tem direito de amar quem quiser e não morrer esfaqueado por um surfista calhorda", brada, em referência ao assassinato do teatrólogo Luiz Antônio Martinez Corrêa), frases provocativas ("Eu quero dinheiro", durante "Química") e declarações impositivas:

— Exija eleição! É só com a gente votando que a gente pode mudar alguma coisa!

Na platéia, Fernando Gabeira, do Partido Verde (PV), e integrantes do RPM, Barão Vermelho, Ultraje a Rigor e Plebe Rude. Gabeira se impressiona com o carisma do cantor. Nota que as letras refletem o envolvimento e desencanto da classe média com a democracia. Ao conhecer Renato pessoalmente, se surpreende: acha que ele é "completamente diferente" do que tinha visto em cima do palco.

No *Jornal do Brasil*, sob o título "Legião exorciza a nação", Arthur Dapieve chama atenção para o comportamento do vocalista ("no modo como incorporou os demônios da nação, se atirando ao chão, rastejando convulsionado"), do público ("a platéia repassa os sucessos em êxtase religioso"), qualifica o show como "excepcional" e constata: "E, após os recentes shows de Titãs e Paralamas, é hora da encastelada MPB pôr a viola no saco e os ridículos preconceitos de lado e reconhecer que a voz deste país (?) é hoje um aborto elétrico."

O jornalista cita faixa estendida na arquibancada: "Que Sarney é este?" A mensagem do fã da Legião mostra que a popularidade do presidente da República despenca entre a juventude. O desgaste do fracasso de mais um plano econômico e a conseqüente volta dos altos índices de inflação fazem Sir Ney, como é alcunhado por Millôr Fernandes, amargar a impopularidade. A turma do jornal carioca *O Planeta Diário* não perdoa e elege como alvo preferencial o presidente não-eleito pelo voto popular. "Depois da China, Sarney irá à merda; vai construir a Grande Muralha Norte-Sul", "Sarney vende Roseana para casal israelense", "Sarney se queixa à defesa do consumidor: deputados comprados vieram com defeito", este último referência à denúncia de compra de votos no Congresso para ampliação do mandato presidencial de cinco para seis anos: "Patriotas se fodem de verde e amarelo — deputado mais vendido receberá disco de ouro no Chacrinha." O power trio Cláudio Paiva-Hubert-Reinaldo brinca também com a fama de intelectual do vocalista da Legião, ao atribuir ao cantor uma das estatuetas do fictício Grande Prêmio Planeta de Música Popular Brasileira:

— O vencedor na categoria Melhor Letrista foi o roqueiro Renato Russo que, mesmo depois de lobotomia, continua sendo considerado o maior cérebro do rock-Brasil.

O cerebral Renato, que no show do Maracanãzinho tinha ironizado o bordão do presidente ao se virar para o público e falar "Brasileiros e Brasileiras", não cabe mais nas páginas roqueiras. Vai parar na capa do prestigioso suplemento *Idéias*, do *Jornal do Brasil:* "O Legionário da Ética." Conta ao repórter Luiz Carlos Mansur que adora Fernando Pessoa e William Burroughs, lembra da fase em que lia muito Thomas Mann. Mas externa a preocupação de evitar o pedantismo: "Eu não fico em casa trancado lendo Mann, não é só isso", ressalva. Gosta da edição, agradece ao jornalista pela oportunidade de falar sobre literatura. Na mesma época, em outra entrevista, é instado a fazer radiografia da situação atual do país. Acha que as críticas não podem recair apenas nas costas do atual ocupante do Palácio do Planalto.

— Não adianta ficar xingando o Sarney. Na verdade, os culpados pela situação do país somos nós! Por exemplo: como a nova geração vai ter respeito pela mais velha, se essa a ataca e está cheia de preconceitos?

A crítica tem endereço certo: o poeta Ferreira Gullar. Renato tomou conhecimento que, instado a opinar sobre a geração dos anos 80, o autor de "Poema sujo" teria declarado que os jovens faziam parte de "uma geração sem caráter". Inconformado, se refere seguidas vezes à opinião de Gullar. Em entrevista a Renato Lemos Dalto, do jornal catarinense *O Estado*, contra-ataca:

— O movimento das esquerdas dos anos 60 não deu em nada. Agora tem que tentar um novo caminho, sem ter nenhuma saída: o povo está sem educação, sem alimentação, e a estrutura política está totalmente sem base ética. Não tem modelo, não tem referencial, nem mentores que indiquem o caminho. Porque as gerações anteriores, além de totalmente desiludidas, jogam toda essa desilusão nos próprios jovens. Um cara como Ferreira Gullar dizer que a geração de roqueiros é uma geração sem caráter é de perder a confiança. O Baden Powell também falou isso. E eram pessoas que eu respeitava. Então, em quem é possível confiar? Em Caetano Veloso, mas ele está fora disso.

É festa na casa da atriz Regina Casé. Inicialmente pouco à vontade entre os muitos convidados, o vocalista da Legião parece intimidado. Começa a beber sem parar; esbarra em móveis, quase quebra objetos. Até que vê Ney Matogrosso e Caetano juntos. Chega perto de ambos. Arrasta-os até um dos quartos. Fecha a porta e encara os dois cantores. Ambos não têm a menor idéia do que está por vir. Renato, então, começa a cantar clássicos do repertório de Elton John. "Rocket Man", "Goodbye Yellow Brick Road", "Candle in the Wind"... emenda um hit atrás do outro. Espera ser acompanhado, algum tipo de reciprocidade. Não é correspondido. Constrangido, Renato balbucia desculpas e abre a porta. Antes que o cantor mude de idéia, Ney e Caetano deixam o quarto. Renato está novamente só.

A Legião Urbana faz duas apresentações no Ginásio do Ibirapuera, em São Paulo, com ingressos esgotados. Nas entrevistas de divulgação dos shows, Renato simplifica as razões do sucesso: "Apenas me esforço um pouco e, neste país, ninguém se esforça pra nada." Também critica o estado das coisas na música popular brasileira. "Que MPB é essa em que não se ouvem chorinhos nas rádios, Paulinho da Viola não tem gravadora e Luiz Melodia fica um tempão sem gravar?"

Ladeado por dois telões de sete metros, comanda o espetáculo. Na primeira noite, Renato, durante "Geração coca-cola", incentiva os fãs a destruir os displays da Pepsi, patrocinadora da excursão. Justifica: "É multinacional!" No segundo show uma garrafa de cerveja é arremessada e por pouco não atinge a cabeça de Bonfá. Interrupção de trinta minutos. Recomeço apenas após a intervenção da Polícia Militar. E com as luzes do ginásio acesas. O próximo compromisso é em Brasília.

1º Dez. sexta dia da Aids? Cólera (o soldado Mauro)
Não sou um dinossauro qualquer.
Minha geração gosta de filmes e conversas
Já fizemos um fanzine
Dia de doenças e também o dia em que
Uma cápsula-de-tempo ao contrário
Cnn falou das crianças no Brasil
Vi um documentário sobre child-stars *
Apagaram a parte do Danny Bonaducce
panetone?
Robertos Carlos lançou seu disco novo
△ Tchaikowsky / ouvindo Wagner
Zé Emílio e Ana Maria em sua visita ao Brasil
(eles fugiram do Brasil)
festa (dinheiro, falta de) trabalho?
* Mythos
especialmente * old television
Angela Cartwright virou uma gata.
Meu amigo Tom Leão ligou. (Freaks)
a loja nova de
Dado Villa-Lobos
Renato Russo é o nosso dinossauro de plantão. NÃO, NÃO É, DIZ A PEQUENA NICOLA. FELIZ NATAL!

Eu não sou
mais criança.
Já tenho 12 anos.

é isso aí.
de repente
eu tenho
é 12 anos
falou.

Pois eu já
tenho 49
(e ainda estou
co...

We must rehearse.
Security for Rockit.
My leg hurts

[...]. E mergulhando a cabeça no travesseiro levava consigo a imagem do que viera construindo e que sentia escapar dos dedos. Tentava agarrar, como os olhos cegados pela pressão, os pedaços de sua ordem que desmoronava, mas compreendeu o inevitável. Inerte, corpo morto, prostração. Dormia.

Réquiem para um solitário, Samuel Rawet

SETE

Tempo e espaço. Duas dimensões que, de repente, se fundem. Dez anos após o primeiro encontro, Lady Cynthia Muldoon e Inspector Hound estão nas nuvens. Denise Hamú e Renato Manfredini Júnior, os intérpretes de dois dos personagens de Tom Stoppard na montagem dos alunos da Cultura Inglesa no Teatro Galpãozinho, pegam o mesmo vôo para Brasília. Ainda no Rio, ao reconhecer a amiga, Renato troca de lugar e senta ao lado dela. Barba cerrada e sacola de couro, conta o motivo da viagem: apresentação única da Legião Urbana no estádio Mané Garrincha. Repete para Denise o que dissera à mãe, antes de embarcar:

— Estou superfeliz. Esse vai ser o show da minha vida!

A expectativa na cidade também é imensa. Os jornais anunciam um show de rock com dez toneladas de som, "o maior acontecimento musical do ano na Capital Federal". Uma rede de sapatarias vende ingressos inclusive em Goiânia: Cz$ 300 (arquibancada), Cz$ 500 (gramado e geral) e Cz$ 1 mil (cadeira). Ao contrário do show de Sting, quando o palco ficou perto de uma das traves, dessa vez o tablado de 28 metros será armado no lado oposto das arquibancadas e cadeiras. A secretaria de segurança do governo local alardeia a montagem de um "grande esquema de segurança". Terminado o espetáculo, haverá ônibus direto da rodoviária para todas as cidades-satélites do Distrito Federal.

No *Jornal de Brasília*, sob o título "Os caminhos para um show feliz", o repórter Militão Ricardo, ex-integrante da Banda 69 lembra que mais de setecentas pessoas, entre serviços de segurança e assistência médica de emergência, trabalharão na noite. "Não há motivos para preocupações maiores com a segurança", garante a reportagem. "Se todos forem ao estádio pensando apenas em se divertir e assistir ao show em grupo, respeitando o próximo e evitando a violência, será um dos maiores e mais belos acontecimentos da história de Brasília", ressalva Militão, antes da advertência final: "Está nas mãos de cada um esta responsabilidade. Boa festa."

No mesmo jornal, a previsão do horóscopo para o signo de Áries aponta um dia de "sensibilidade muito forte" e instrui: "Mostre toda a sua personalidade ao encaminhar problemas de pessoas que dependam de você em termos afetivos e pessoais." O quadro astrológico revela "mudanças em sentimentos, convivência e vontade, todas altamente favoráveis ao nativo", segundo o astrólogo Max Klim. Já no *Correio Braziliense*, Geraldo Seabra prevê que, de manhã, o nativo de Áries "vai se sentir um pouco tenso". As coisas mudarão, porém, ao longo do dia: "De tarde e de noite o clima vai ser de alegria."

Não há outras atrações capazes de desviar as atenções da Legião: só a participação de Flávio Venturini e Toninho Horta na festa *Atlântico Sul, Zona da Paz*. Nem os cinemas oferecem programação especialmente atraente. No Cine Brasília, o cult *Betty Blue* divide a tela com as atrações da Mostra de Cinema Suíço. No circuito comercial, *Uma noite de aventuras*, *A hora do pesadelo III*, *Presente de grego*, *Adeus, meninos*, *Peggy Sue*. Renato, seu passado o espera.

A banda recebe tratamento vip. A gravadora manda dois diretores para assistir aos seus contratados, empresta para Bonfá um Passat. O baterista faz questão de levar os pais. Está tranqüilo: para ele, gravar o terceiro disco tinha sido tão relaxante quanto uma massagem depois da sauna. Renato ocupa suíte do chique Saint Paul, no Setor Hoteleiro Sul. Na noite anterior, janta com a irmã e um dos produtores do show, Fernando Artigas, em outro sofisticado endereço da cidade, o Piantella, no início da Asa Sul. Mais do que um dos responsáveis diretos pela produção, Artigas conhece bem o cantor. Acompanha Renato desde os tempos de Aborto Elétrico. É da turma. Foi com ele que o vocalista tinha discutido, no réveillon, a idéia de promover um show grandioso da Legião Urbana em Brasília. Artigas cogita novamente o Nilson Nelson, mas lembra que o ginásio superlotou no lançamento de *Dois*, em dezembro de 1986.

— Eu quero muito fazer, mas no ginásio não dá, é muito pequeno.

— Então, vamos para o estádio.

Pede que a Agora Eles, produtora de Artigas e dos irmãos Rodrigo e Marcelo Amaral, preparem uma megaestrutura, compatível com a utilizada pelas bandas norte-americanas mais populares do momento.

— Quero que você embrulhe o estádio para presente, que nem Bon Jovi. Esse vai ser o show da minha vida.

Para entregar o presente embrulhado conforme a encomenda, a produtora brasiliense enfrenta inicialmente a resistência de Rafael Borges, empresário da Legião desde 1987, que preferia trabalhar com empresas de maior porte, como a WTR. A própria

banda pede para Borges priorizar "o pessoal de Brasília". O desejo dos "legionários", como o empresário chama os integrantes do grupo, é atendido.
Durante a passagem de som, o empresário faz rápida vistoria e considera a estrutura "um pouco vulnerável". Rafael Borges também acha o palco, a 2,10m de altura, muito baixo. Artigas alega que o pedido partira do próprio Renato, que não queria ficar distante do público. Ao final do teste da aparelhagem, o vocalista chega perto do amigo-e-empresário e observa:

— Realmente, (o estádio) parece Bon Jovi. Mas tenho medo que possa virar "Gimme Shelter".*

Escrita por Jagger & Richards em 1967, a música dos Stones traz logo no início um aviso sombrio: "Uma tempestade se aproxima e ameaça a minha própria vida". No céu, porém, não há nuvens carregadas — pelo contrário; o dia é quente e de baixa umidade, perspectiva zero de chuva. À noite, a temperatura cai. Bem antes de a banda sair do hotel com nome de santo em direção ao estádio com nome de craque, o clima esquenta.
Ônibus que circulam próximos ao local do show têm os vidros quebrados. Os estilhaços se espalham no asfalto. Na bilheteria e nas entradas, as filas se embolam, viram conglomerados; não há como enxergar o início nem o fim. A revista dos seguranças é feita de forma desordenada, causando mais confusão. Empurra-empurra, deixa-disso, sai-daqui, você-sabe-com-quem-tá-falando, ah-é-vamos-ver. Os portões abrem, os fãs correm para o gramado. O tumulto os segue.
Dentro do estádio, a tensão se multiplica. Muitos que compraram o ingresso mais barato, para arquibancada, pulam no fosso para tentar chegar ao gramado. Policiais usam cães para impedir a invasão; um pastor alemão parte para cima de uma menina. Para manter a ordem, a polícia joga os cavalos em cima das pessoas. Gritos, correria, clarões. Desorientados e enfurecidos, os cães avançam nos fãs. Mais correria, mais gritos, alguns desmaios. No placar luminoso, alheio à confusão, piscam as mensagens "Governo Sarney — Tudo pelo Social" e "Legião — Orgulho de Brasília", ambas preparadas pelo administrador do estádio, o maranhense Hezir Espíndola, conterrâneo do presidente da República. Antes de voltar para o seu lugar, a tribuna de honra, Hezir quer levar as filhas para fazer uma foto com a banda. Não há mais tempo nem clima para tietagem. Entre uma confusão e outra, o coro "É Legião, é Legião, olé, olé, olé!" ganha o acréscimo raivoso:

— Toca logo aí, porra!

* Música dos Rolling Stones que batiza o documentário sobre o fatídico show de Altamont (Califórnia), em 1969, no qual um fã foi assassinado diante do grupo pelos Hell's Angels, então contratados para fazer a segurança. (N. do A.)

Integrantes do Partido Comunista do Brasil (PC do B) circulam pelo gramado com faixa pregando a saída de José Sarney e do governador do Distrito Federal, José Aparecido de Oliveira. Não conseguem caminhar mais de cinqüenta metros: um oficial da Polícia Militar rasga o protesto. No horário marcado para o início da apresentação, ainda há muita gente do lado de fora — a produção manda abrir os portões. Milhares correm para cima dos milhares que já estão lá dentro. "Tá na hora, tá na hora, tá na hora". Os produtores comunicam à banda que eles terão de permanecer por mais tempo no camarim. Renato se inquieta. O público se irrita. O espetáculo vai começar.

• • •

— Boa noite, Brasília...

Boa noitêêêê!!

— Tudo em cima?

Sim!!!

— A gente vai se divertir?

Va-mos!!!

— Leeeeegaaalll!!

Dado, Negrete e Bonfá tocam os primeiros acordes de "Que país é este". É o suficiente para a platéia quicar no andamento marcado pela bateria. Renato inverte o original e já começa pelo refrão, como já havia feito algumas vezes ao longo dos shows da nova turnê:

Ô, ô, ô, que país é esse, que país é esse, que país é esse?
Nas favelas, no Senado...

Começa a contar, então, a primeira fábula da noite.

— Então, nós estamos no céu...

Narra a história de três anjinhos designados por Deus para proteger três países diferentes. Um fica sabendo que vai para o México, o segundo vai para a Tchecoslováquia. O terceiro anjinho, depois de receber um cartão com o seu destino, se encolhe num canto, chorando. Ao ser perguntado sobre o país para o qual seria enviado, grita, desesperado: "Pro Brasil, não! Pro Brasil, não!"

Que país é esse? Que país é esse?

Renato emenda o refrão com a terceira estrofe:

Terceiro mundo se for, piada no exterior...

A platéia delira.

Em vez de voltar aos primeiros versos, ele cita o refrão de "Desordem", letra escrita por Sérgio Britto para o mais recente disco dos Titãs, *Jesus não tem dentes no país dos banguelas*. Lança uma pergunta para as 50 mil pessoas:

Quem quer manter a ordem? Quem quer criar desordem?

Repete as duas perguntas, antes de improvisar:

Deitado eternamente em berço esplêndido... só que o berço esplêndido é feito de plástico barato!

Pergunta novamente, por quatro vezes:

Que país é esse?

A platéia responde, em clima de catarse:

É a porra do Brasil!

Fim da primeira música. Renato pega o violão para tocar outra antiga, dos tempos de Trovador Solitário. "Eu sei" é dedicada a "todas as meninas que ficam no telefone de tarde e a mãe reclama". Antes, Renato imita duas vozes femininas para simular o diálogo entre uma adolescente apaixonada e a mãe repressora:

— Você tá pensando que isso aqui é a Telebrasília? Larga o telefone!

— Mas eu só estou falando com o Robertinho...

As fãs, envoltas na cumplicidade, gritam os versos. Fazem o contraponto agudo para o tom grave de Renato. Lágrimas na platéia.

Não quero lembrar que eu erro também...

A terceira música, "Quase sem querer", é dedicada "ao pessoal da 308 Norte, onde quer que vocês estejam..." Um dos hits radiofônicos do álbum *Dois* ganha coro, predominantemente feminino.

Tenho andado distraído, impaciente e indeciso...

É o momento ternurinha do show. A tensão inicial parece ter se dissipado, apesar dos inevitáveis empurrões e pisoteios entre os que ocuparam o gramado.
Mas, então...

— Quem é que usa drogas aqui?

Eeeeuuu! Uhhhh!

— Esse show está sendo filmado pela Polícia Federal e quem levantou o dedo vai daaaançar!

Iiiihhh....

— Capital brasileira do consumo de drogas, hein...

A platéia reage com aplausos cúmplices e gritos ao reconhecer a introdução de "Conexão amazônica". Recomeça o pula-pula, no ritmo da bateria sincopada.

Os tambores da selva já começaram a rufar, a cocaína não vai chegar...yeah, yeah, yeah!

No meio da música, ele conta outra historinha em tom de fábula perversa, dessa vez inspirada em fatos reais:

— Aqui em Brasília, eu conheço uma galera que era conhecida como Clube da Criança Junkie...

Eeeeeê!

— Eles começaram cedo. Com 13 anos, estavam cheirando coooolaaa...

Eeeeê!

— Com 14, continuavam a cheirar cola. E cheiravam benzina também, limpa-tipo e loló...

Eeeeê!

— Com 15, descobriram a maconha...

EÊÊÊÊÊÊÊÊÊ!!!

— Com 16, começaram a beber pesado. Com 17, cheiraram a primeira fileira...

Eeeeeeê!!!

— Com 18, tomaram Á-CI-DO!!!

Eeeeeeê!!!

— Com 19, metade deles teve o primeiro colapso nervoso...

Ihhhhhh!!

— Um morreu. Dois pararam. Três passaram no vestibular e se casaram.

Ahhhhhh!!!

— Mas teve um que não morreu. Ele ficou assim, ó!!

Renato imita, de forma grotesca, um portador de deficiência mental.

— Uh, uh, uh! Ele não pôde vir ao show...

Um homem sobe no palco e agarra Renato. Maior e mais forte, não tem dificuldades para dar uma gravata no pescoço do cantor, que tenta se desvencilhar com golpes de microfone. Aturdidos, Bonfá e Dado param. Negrete continua a tocar. O som grave do contrabaixo é a única trilha dos instantes de perplexidade.
Assistindo ao show bem próxima ao palco, a amiga Léo Coimbra vê a cena e grita:

— Meu Deus, ele vai matar o Renato!

Carmem Teresa também se desespera com o ataque. Conhece muito bem o seu irmão. "Ele vai entrar em pânico, ele vai entrar em pânico..." Os seguranças correm para o palco e conseguem retirar o invasor. Ainda assustado, Renato tenta se recompor. Faz blague, conecta o incidente com a história que acabara de contar:

— Fica assim, ó!!!

Instantes depois, menos perplexo e mais enfurecido, ele comenta, em tom blasé:

— Eu disse que essa era uma cidade estranha... Ahnnn... Ahnnn...

Toma emprestado o refrão mais famoso da história do rock para desabafar, ainda dentro do ritmo marcial de "Conexão amazônica":

I CAN'T GET NO SATISFACTION!!!

Bonfá acelera a bateria e Dado recomeça a tocar. Renato continua a evocar Jagger & Richards:

No, no, no, hey, hey, hey, that's what I say!
I can't get no satisfaction, but I tried, and I tried....

Volta à letra de "Conexão amazônica". A interjeição do refrão é reproduzida com contundência:

Yeah, Yeah, Yeah! E você quer ficar maluco sem dinheiro e acha que está tudo bem...

Renato observa detidamente o público. Com ironia, comenta:

— É legal, tá todo mundo se matando aqui na frente, ó!

Recorre, agora, aos Beatles:

It's been a hard day's night, and I've been working like a dog...

E murmura:

Feel alright, feel alright, feel alright... Existirmos, a que será que se destina?

Começa a declamar a letra de "Cajuína",* de Caetano Veloso, Renato diminui o volume da voz. A bateria, então, desacelera e "Conexão amazônica", com quase 11 minutos de duração, chega ao final. Na seqüência, Renato anuncia "O reggae", "uma música sobre a escola". Demonstra que não esqueceu a agressão:

— Aquele carinha que subiu no palco devia ter algum problema no colégio...

Acompanhado por palmas ritmadas e as interjeições típicas do ritmo jamaicano, Renato faz o público repetir:

— Ô, ê, ô!

"O reggae" parece trazer a paz novamente ao Mané Garrincha.

Vocês venceram essa batalha
quanto à guerra, vamos ver....

Depois, sem papo, ele anuncia outra faixa do primeiro disco, "A dança":

Você com suas drogas, as suas teorias, a sua rebeldia e a sua solidão [...]
Mas você nunca dançou com ódio de verdade...

Agora, o ritmo é pós-punk. Depois, vem a sinuosa "Daniel na cova dos leões", cantada em uníssono e seguida por "Ainda é cedo", em andamento acelerado. O cantor mantém a interpretação em tom contrito até se soltar no refrão:

— *E eu dizia, ainda é cedo, cedo, cedo! Oh....*

Dado capricha na execução dos "barulhinhos" criados por Ico Ouro-Preto, em sua breve passagem pela Legião. Mas Renato já não ouve: está de olho na confusão bem em frente ao palco. Dá alguns passos à frente e dispara contra um segurança:

— Pára, agora! Solta ele! Solta ele! Tu leva o microfone na cabeça, não tem que dar porrada, não! Que história é essa de mão na cara?!

---

* Música que Caetano Veloso escreveu em 1979, após a visita em Teresina ao pai de Torquato Neto, poeta piauense que tinha cometido suicídio em 1972, e é lembrado no verso "do menino infeliz não se nos ilumina". (N. do A.)

E emenda:

— Ê cidade babaca...

Parte do público grita:

É Legião! É Legião!

Renato continua, vociferando diretamente para o segurança:

— Mão na cara é sacanagem! Numa boa, numa boa, mão na cara é sacanagem! É por isso que a gente só volta aqui de ano e meio em ano e meio. Não dá para se divertir, porra!

A banda continua tocando. Renato tenta se concentrar no teclado. Ainda furioso, arrasta a mão com violência por cima de todas as teclas. Começa a cantar "Gimme Shelter":

Oh, a storm is threatening my very life today,
If I don't get some shelter, oh yeah I'm gonna fade away.
War, children, is just a shot away...

Emenda com outro clássico do rock, "Stairway to Heaven", do Led Zeppelin:

There's a lady who's sure all that glitter is gold
And she's buying a stairway to heaven [...]
Oh, it makes me wonder...

Pula mais uma década e chega aos anos 80. Recorre ao apelo soturno de Andrew Eldricht, vocalista da banda inglesa The Sisters of Mercy:

I hear your calling, Marian, across the water, across the wave,
Can you hear me calling you to, save me, save me from the grave.
Marian, there's a weight above me, and the pressure is all too strong,
Marian, I think I'm drowning, this sea is killing me...

E volta para os versos finais de "Ainda é cedo", agora acrescidos de outro refrão beatle:

She loves you, yeah, yeah, yeah...

Bombinhas de São João são arremessadas no palco e estouram perto da banda. Renato não perdoa e agora invoca os seguranças para ameaçar:

— Da próxima vez, a gente vai acender as luzes e vai embora. Aqui tem segurança o suficiente para dar porrada em todo mundo, entendeu? Numa boa, falou? Numa boa...

Em tom professoral, anuncia a punição ao público pelo mau comportamento:

— Só por causa disso, a gente vai pular as próximas três músicas!

Gritos de "Nãooo", "Ahhh!". Parte da platéia xinga. Renato retruca:

— Vocês então que falem para quem está tacando coisa para dar uma geral. Se o cara está ao seu lado, dá esporro! Quem foi o babaca que tacou? Quem tá do lado, viu! Então, dá esporro!

E desembesta a falar:

— Qual é, não vai atingir a maioridade, não? Vai ficar sempre nessa merda? É, a gente já está com a vida feita, está numa boa. A gente trabalhou e conseguiu. Mas ficar tacando bombinha em Legião Urbana, meu irmão? Isso é estar muito sozinho.

Inconformado, continua:

— Eu sei qual é a desse cara, entendeu? Os amigos dele riem nas costas dele. Ele fica tocando punhetinha em casa, sozinho em casa, porque não consegue mulher. Aí vem tacar coisa em show, que pobreza, sacou! Vocês sacaram, não sacaram?

Renato pega o violão e afina o instrumento. Gritos na platéia, totalmente em convulsão.

Stop!

Renato, então, começa os acordes de "Faroeste caboclo". A platéia acompanha com palmas e canta em coro.

Não tinha medo o tal de João Santo Cristo era o que todos diziam quando ele se perdeu...

O autor da saga faz pequenas mudanças no ritmo da própria música. A platéia percebe e o aplaude, antes do fim, ainda na penúltima estação do martírio de João Santo Cristo:

Jeremias, eu sou homem, coisa que você não é
E não atiro pelas costas não...

A banda corre atrás. Dado dispara um solo, Bonfá e Negrete aceleram, Renato ataca o violão. O final, depois de quase 11 minutos, é catártico.

Renato anuncia a próxima música, sem entusiasmo:

— Tempo perdido.

A interpretação é correta, porém fria.

Sempre em frente, não temos tempo a perder
Temos todo o tempo do mundo

A platéia se esgoela no brado final:

Somos tão jovens...

Renato, porém, está bem distante do tom de celebração do início do show. Faz o último discurso da noite:

— Agora a gente vai tocar uma música, que é muito importante pra gente. Que diz muita coisa sobre as coisas que a gente acredita. É sobre as coisas que estão acontecendo hoje em dia. E que de repente a gente pára e vê que tem certas coisas que não adianta fazer absolutamente nada. Se o barco está afundando, vamos afundar todos juntos. Eu sinto muito.

E anuncia "Será":

— Essa é para todos nós.

Brigar pra quê, se é sem querer, quem é que vai nos proteger?
Será que vamos ter que responder pelos erros a mais
Eu e você...

Cinqüenta e oito minutos depois do início do show, Renato, Dado, Negrete e Bonfá deixam o palco. Sem boa-noite nem bis, a Legião Urbana sai de cena.
O público, incrédulo, espera a banda voltar. Aguarda cinco, dez, vinte minutos. As luzes se acendem. O jornalista Irlam Rocha Lima se posiciona na saída do camarim para tentar uma palavra dos integrantes da banda. Só encontra o empresário, Rafael

Borges. O repórter pergunta se o grupo não se precipitou ao deixar o palco após tocar por menos de uma hora:

— Que nada, show de rock é assim mesmo. Os Pistols faziam exatamente isso na Inglaterra: tocavam por vinte minutos e ninguém protestava. Isso é que é punk rock!

Ao se dar conta que a noite acabou, o público converte indignação em destruição. Garrafas e sapatos voam e despencam no palco. Os mais irados arrancam as cercas metálicas que protegem o tablado reservado aos músicos, e avançam nos equipamentos. Com golpes de cassetete, a polícia os dispersa. Outros botam fogo nas lonas usadas para proteger o gramado. A fumaça sobe. Os seguranças tiram as camisas de identificação e se dispersam. No chão, abandonadas, dezenas de bandanas com o nome Legião.

Do lado de fora, o distúrbio recomeça, com apedrejamento de ônibus. Pedaços de vidro, cortes profundos, sangue no asfalto. A emergência dos hospitais próximos fica repleta: quatrocentos atendimentos médicos, quase duzentas pessoas feridas, a maioria com suspeita de fratura ou sangramentos provocados por objetos cortantes. Na delegacia da Asa Norte, o movimento também não pára de aumentar ao longo da madrugada: já são 58 presos, sem contar a apreensão de 150 tubos de loló e um revólver calibre .22. O delegado Antônio Antenor Siqueira desabafa:

— Essa delegacia virou um inferno.

• • •

O vaivém é intenso no lobby do hotel Saint Paul, onde estão os músicos e convidados da EMI-Odeon. Renato chega e sobe direto para a suíte do hotel. Consome cocaína, fica ainda mais agitado. Conversa com jornalistas de outros estados, repassa fatos e lendas candangas para tentar explicar o que acabara de ocorrer.

— Essa cidade deixa as pessoas malucas! Aconteceram coisas terríveis aqui em Brasília, só que ninguém sabe. Muita gente morreu durante a construção. Mas, para ocultar os cadáveres, os candangos eram misturados com concreto.

Bate, então, nas paredes do quarto do hotel:

— Deve haver candango morto aqui!

Com os amigos, lembra do tarô que consultara poucas horas antes de seguir para o Mané Garrincha.

— Eu sabia! Vocês viram qual foi a carta que saiu? Era a Torre...

Tem dificuldade para repousar. Deita, mas descarta o escuro. Pede para as amigas Ana Paula e Cynthia deixarem as luzes acesas. Elas ensaiam uma brincadeira com a involuntária citação à letra de "Tempo perdido", mas logo desistem. Algumas horas depois, ele decide voltar para a sua quadra. Como Renato Manfredini e Carminha estão temporariamente morando no Rio de Janeiro, acha que lá encontrará maior tranqüilidade, ao lado da irmã e das amigas. Engano.

O telefone do apartamento 202 dispara. Ligações anônimas: xingamentos, promessas de porrada, ameaças de morte. Assustada, Carmem Teresa pede ao porteiro que redobre a atenção e não deixe ninguém subir sem tocar o interfone. Renato desliza na banheira, tenta relaxar. Ao sair do banho, segue para o quarto dos pais. Dorme, mas não descansa.

"Legião, não voltem mais." Com o dia claro, é possível ver a pichação no muro do posto de gasolina em frente ao bloco da família Manfredini. Renato se enfurece, desabafa com a amiga Léo:

— Eu nunca mais volto aqui! Eu nunca mais volto aqui!

Já no início da manhã, a notícia dos tumultos chega às redações de jornais e televisões. De plantão na sucursal de *O Globo*, Letícia Borges liga para o apartamento da 303 Sul. Só é atendida depois que se identifica também como uma ex-colega de colégio. Quer ouvir a versão de Renato.

— Leticinha, do Marista? Claro que eu lembro! Pois é! Você me conhece, acha que eu faria isso que estão dizendo?

E estão dizendo, mesmo. Poucas horas depois do último acorde de "Será", a informação de um novo badernaço na capital percorre o Brasil. Fala-se em quebra-quebra, brigas do cantor com o público, até mortes dentro do estádio. O julgamento dos envolvidos no episódio está em pleno andamento; pela reação da audiência, não será difícil prever o veredito.

Em show na Discoteca Zoom, o vocalista do Engenheiros do Hawaii, Humberto Gessinger, faz brincadeira irônica com o episódio e ganha aplausos. O disc-jóquei Elyvio Blower toma vaia e é xingado quando toca "Faroeste caboclo" na matinê; ninguém quer saber de João de Santo Cristo na pista de dança.

Pela primeira vez na história da cidade, o rock salta das páginas do noticiário cultural para as manchetes dos jornais. "Legião Urbana foge e show vira badernaço", é o título da capa do *Correio Braziliense* da segunda-feira. O secretário de Redação do jornal, Renato Riella, assina artigo indignado na primeira página: "O princípio de

tudo foi a ganância. Os organizadores do show e a própria banda quiseram ganhar num dia o que poderiam faturar em quatro dias de espetáculo num lugar ideal. Resultado: expuseram a juventude de Brasília a um frio de 12 graus e proporcionaram um minibadernaço aos primeiros minutos de domingo." No mesmo dia, o tom da primeira edição do *DF TV*, da Rede Globo, é unidimensional: críticas pesadas ao comportamento do grupo, reforçadas por imagens do tumulto. A edição noturna do telejornal ganha nuances graças à entrevista realizada à tarde com Renato pelo amigo Geraldinho Vieira, que agora trabalha na emissora.

A onda de revolta se espraia e chega ao meio de comunicação diretamente responsável pelo sucesso da Legião Urbana: o rádio. As emissoras locais decidem banir a banda de suas programações. Dizem ter recebido muitas ligações de ouvintes exigindo o boicote; alguns deles queriam obter o endereço da família Manfredini para tomar satisfações pessoalmente com o cantor. "Ordens superiores" de uma rádio, de Taguatinga, determinam a exclusão de "Faroeste caboclo" da programação por um mês. Na frente de uma emissora do Plano Piloto, fãs se reúnem para queimar os LPs do grupo. A charge do jornal mostra um disc-jóquei, ao receber a ordem "Não toque as músicas do Legião Urbana", jogando o disco da banda no lixo. Na mesma página, um conselho para os nativos de Áries:

"Não alimente ilusões a respeito de seus assuntos profissionais."

Nos bares, nas escolas, nas repartições e nas ruas, em todos os lugares não se fala em outra coisa. Os fãs se dividem, em clima de Fla-Flu.

— Eles fizeram sucesso lá fora e, quando retornam, fazem um papelão desses!

— A atitude da banda foi ótima: tem pessoas que deveriam estar no zoológico...

— É preciso que Renato Russo admita que seu comportamento foi autoritário, elitista, megalomaníaco e fascista!

— Ninguém agüenta tanto vandalismo: eu, se fosse eles, não voltaria nunca mais.

— Eles nasceram aqui, cresceram aqui como grupo e agora o Renato vem dizer que a gente não tá com nada, que a gente não tem nada a ver?

Até os colunistas sociais palpitam sobre o ocorrido: na seção Ti-ti-ti, do *Jornal de Brasília*, a socialite Consuelo Badra classifica o show como "um desastre, um show de brutalidade que começou pelos próprios artistas". "Os músicos do Legião Urbana moraram aqui, não estão com essa bola toda, precisam aprender a respeitar seus semelhantes", critica, antes de deixar a sua sugestão: "Mudem de nome, rapazes!" A tormenta no planalto não passa, pelo contrário; chega ao Rio de Janeiro acrescida de componente oficial. "Brasília processa Legião", informa *O Globo*, três dias depois do show. A reportagem conta que o Departamento de Educação Física, Esportes e Recreação do Distrito Federal (Defer) planeja entrar na Justiça para recuperar o prejuízo milionário. E abre espaço para comentário de outros roqueiros. Herbert Vianna analisa:

— O Renato Russo é o guru de uma geração. Não à toa, durante as mais recentes manifestações de estudantes, as músicas da banda eram as mais cantadas. Sem dúvida, é a banda mais poderosa que há. Eles vão direto ao anseio da multidão. É um fenômeno e me admira que não tenham percebido isso antes.

Na mesma reportagem, o jornalista César Motta entrevista Renato. O cantor afirma ter atrasado a entrada no palco a pedido da produção e que tinha conhecimento do clima de tensão, com as depredações de ônibus ainda na Rodoviária. Mesmo assim, garante ter subido ao palco "de ótimo humor":

— A violência, esta loucura toda, as pessoas trazem de casa. Só posso concluir isso.

Em outras palavras, repete o teor da declaração a Celso Araújo, do *Correio Braziliense*. A entrevista ocorre no apartamento da 303 Sul, onde o repórter o encontra "deitado e embrulhado como alguém que saiu de uma guerra fria":

— Eu não vou fazer milagres e mudar a insatisfação geral das pessoas com um show.

Renato conta também que entrou no palco "totalmente feliz" mas logo detectou "uma massa cinzenta hostil". Segurou até onde poderia segurar, garante. Lembra dos momentos de pânico, quando um desconhecido subiu ao palco e, "com bafo de loló", se atracou com ele:

— Cheguei a sentir a morte próxima de mim.

A entrevista é ilustrada com fotografia do muro pichado em frente ao bloco. Não chega a ocupar a página inteira do jornal. Divide espaço com assuntos de cinema, como a publicação da lista da Cinemateca Brasileira dos trinta melhores filmes brasileiros de todos os tempos (vencida por *Limite*, de Mário Peixoto), e de literatura, sobre um romance recém-lançado, *A glória do pária*, no qual o escritor francês Dominique Fernandez narra a história de um casal de homossexuais que é assombrado pela chegada invisível da Aids: o quarentão Bernard e Marc, 25 anos, "um filho de 1968" contaminado pelo vírus.

A procura aos culpados pelos incidentes continua. Os pais de Marcelo Bonfá, decepcionados, comentam com o baterista.

— Meu filho, a culpa foi de vocês, não?

Dado Villa-Lobos, por sua vez, prefere ficar quieto. Tinha voltado no primeiro vôo. Fala com Renato rapidamente pelo telefone, depois se recolhe em seu apartamento no Rio de Janeiro. Constata, com misto de ironia e pesar:

— As coisas mudaram. Finalmente, somos uma grande banda de rock...

• • •

Enfurnado no apartamento dos pais, Renato quer voltar para casa. Os amigos, então, montam estratagema para levá-lo com segurança para o aeroporto. Para evitar surpresas desagradáveis, resolvem sair do bloco pela entrada da garagem. Convocado para auxiliar na operação, o judoca Murilão Azevedo desce para se certificar de que está tudo bem. Tem uma surpresa: há uma garota escondida embaixo do carro. Queria um autógrafo. É dispensada. Renato, então, pode sair do apartamento. Toma o elevador e entra no carro. Ana Paula dirige. Murilão, Cynthia e Carmem também estão no carro, que sobe a rampa, pega à esquerda, depois entra à direita e desliza até o eixo. Até o aeroporto, são menos de 15 minutos. Ao chegar, Murilão o acompanha até a entrada da sala vip. O cantor permanece por lá até o embarque. Voa de volta para o Rio de Janeiro. Está salvo.

Brasília procura os culpados. Ao divulgar o inventário do caos, o Governo do Distrito Federal amplia a ofensiva contra a banda. "Foi a maior depredação da história do estádio e um desrespeito à comunidade brasiliense", brada Hezir Espíndola. Não pára por aí. Nota assinada pelo secretário de Comunicação Social, Osvaldo Peralva, informa que os "lamentáveis incidentes" seriam "objeto de minucioso relatório" a ser divulgado pelo governador José Aparecido, por meio da Secretaria de Segurança Pública. De antemão, porém, já é possível revelar o nome dos culpados: "Seus protagonistas, como está evidente no levantamento já concluído, foram os participantes do show Legião Urbana (sic) e parte do público excitado, que com eles se desentendeu." O comunicado enaltece as ações dos oficiais fardados: "Os policiais, muitos deles alcançados pela onda de violência que se desencadeou, conseguiram evitar conseqüências mais graves, com a ação do esquema preventivo montado contra eventual desordem." A nota destaca ainda que as polícias Civil e Militar foram mobilizadas "para a manutenção da ordem e tiveram a prudência de não intervir num ambiente de exaltação generalizada".

A versão oficial é rechaçada nas seções de cartas dos jornais. "Hipocrisia tem que ter limite. Colocar toda a culpa do ocorrido no artista que comeu muita mediocridade no cerrado

SOM

antes de conquistar um lugar ao sol é indigência mental", opina o fã Wilson Tadeu, morador do Cruzeiro Velho. Ele lembra de incidente parecido ocorrido em Goiânia. "Caetano Veloso mandou todo o público para aquele lugar, por motivos semelhantes aos de Renato Russo. Mas nem por isso Caetano deixou de ser quem ele é. Quanto ao público, continua lá...", ironiza. "Que país é este que coloca nas ruas uma polícia despreparada, violenta e incontrolável? A prepotência e violência policiais já são lugar-comum e aquilo que se teme, no Brasil, é a opressão enfurecida de nossos 'protetores'", questiona o estudante Sidarta Ribeiro, ao relatar que a namorada foi parar no hospital antes mesmo do primeiro acorde: sofreu corte profundo na cabeça após ser arrastada por um cavalo da polícia.

Alheios às contestações, os órgãos oficiais removem as guitarras na base da canetada. Por meio da Instrução Normativa 001/88, baseada no inciso II do artigo 22 do decreto nº 1.243/1973, fica proibida a locação de qualquer uma das instalações do Centro Esportivo Presidente Médici (estádio e ginásios) para "show de rock". "Afixe-se e cumpra-se." O show de Moraes Moreira, marcado para o mesmo dia da divulgação da proibição, é mantido pelo fato de "apesar de ter um público predominantemente jovem, o artista misturar o rock com a música popular brasileira".

Uma semana depois, Brasília está mais calma. Grande movimentação apenas na Câmara dos Deputados, onde se realiza o congresso de fundação de um partido político formado a partir de dissidência do PMDB. Autodefinido como de tendência centro-esquerda, tem como símbolo um animal: o tucano. Falta, porém, escolher o nome. Os participantes do congresso terão que escolher entre duas opções: Partido Democrático Popular (PDP) ou Partido da Social Democracia Brasileira (PSDB).

A música volta a agitar os palcos. Depois de chamar atenção no Bom Demais e outros bares da Asa Norte, a cantora Cássia Eller se apresenta pela primeira vez no sofisticado restaurante Entrecóte, no Lago Sul. Canta Beatles, MPB, blues. Arrebata a platéia que, aos berros, exige bis. Ainda no Centro Comercial Gilberto Salomão, a Zoom anuncia show da banda Reflexu's, de Salvador, sucesso com a música "Madagascar". O jornalista Irlam Rocha Lima observa: "A discoteca, que já esteve lotada quando recebeu Eva e Chiclete com Banana, certamente não conseguirá absorver o público. Todos da cidade já estão entrando no clima baiano."

A cidade também recebe Tom Jobim, quase trinta anos depois da primeira visita do compositor de "Brasília, sinfonia da alvorada". Por conta da composição que assinou com Vinicius de Moraes, Jobim é homenageado pelo governador José Aparecido com a medalha Mérito do Alvorada. Não sabe dizer, porém, se Brasília cumpriu as expectativas criadas durante a construção. Logo após a cerimônia, Jobim desmente a notícia de que estaria se mudando em definitivo para os Estados Unidos, por estar em profundo desgosto com o país.

— As pessoas gostam de destruir. Eu não vejo o Brasil tão mal assim. O país atravessa uma fase negativa, mas as coisas devem ser positivas, pois para frente é que se anda. Olha, isto aqui é Brasil também...

E exibe o seu mais recente LP, *Passarim*. Ainda na cerimônia, são homenageados o ator Joel Barcellos, o arquiteto Oscar Niemeyer e o cineasta Vladimir Carvalho. O documentarista, também professor da UnB, tem novo projeto em andamento. Pegou para si uma idéia que sugerira aos alunos e eles não levaram adiante: fazer um filme sobre o movimento roqueiro da cidade. Queria entender como, após temporada no exterior, os filhos de diplomatas e professores universitários tinham abraçado as guitarras e formado bandas de rock. O contato não era difícil; conhecia bem os pais de alguns deles, seus colegas no campus. Já tinha registrado um show da Plebe Rude e o casamento do vocalista Philippe Seabra no Santuário Dom Bosco ("em vez de calça rasgada, smoking risca-de-giz"), a apresentação do Capital Inicial na abertura para Sting, seguida do café-da-manhã dos irmãos Fê e Flávio Lemos na casa dos pais, no Lago Norte. Toda vez que surge uma oportunidade, Vladimir tenta aproveitá-la. Foi assim que documentou parte do show da Legião Urbana no Mané Garrincha. E foi assim também que, meses antes, tinha entrevistado Renato na UnB.

— Como pintou, então, a música de protesto no rock de Brasília?

— No rock de Brasília? Não considero que a gente faz música de protesto.

— No início não foi?

— Não era protesto. Não era rebelde. Era, simplesmente. A gente fazia músicas sobre as coisas que aconteciam. A gente estava fazendo o que a gente sentia, entende? Como a nossa base era aqui, na Colina da UnB, a gente via uma certa hipocrisia porque era na época da reabertura, da redemocratização, e continuavam as tropas de choque aqui e tudo. Então a gente falava das coisas da gente, do que a gente sentia, mas a gente não tem só música política, tem uma coisa, sabe, como era a vida da gente: as festas, as de meninas...

— É verdade que vocês não se anunciam mais como banda de Brasília?

— Legião sempre vai ser banda de Brasília. Quem fala isso são outras bandas. Legião é Brasília. De Brasília. A música que está tocando nas rádios, que está em primeiro lugar, fala de Planaltina, Taguatinga, fala de tudo. "Que país é este" tem o prisma de Brasília.

— Você vai continuar fazendo rock para sempre?

— Não!

— Que vai fazer, então?

— Se eu soubesse escrever o futuro... Eu não sei. Eu não sei.

FORÇA

SEMPRE

Renato
Russo

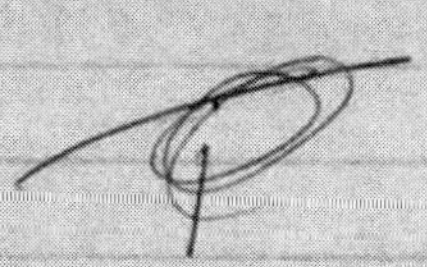

Renato
Russo

Jesus forgive me.
(For being so presumptious).

Não se esqueça!
Mantenha os pés no chão.
Você vai conseguir — é tudo coisa da sua imaginação. Você pode trabalhar e se esforçar para que tudo dê certo. Pare de se preocupar tanto! Está tudo bem! Escreva letras positivas. Não comece a encontrar razões para se preocupar. Você é uma pessoa COMUM (você só pensa nisso tudo porque deve estar se achando MUITO IMPORTANTE.) ESQUEÇA! Você não veio aqui para se dar ao direito de se achar o máximo. Tente esquecer o lado ruim das coisas. Pare de uma vez com TUDO que você sabe que lhe faz mal. Tenha coragem e força e acredite: VOCÊ VAI CONSEGUIR. Em vez de pensar nos outros pense antes nas pessoas que te amam de VERDADE! Sua família e seus amigos.

EPÍLOGO

Meses depois do último show em Brasília, Renato é cercado por alguns fãs. Bem-humorado, aponta para um deles e comenta:

— Nossa, ele é a cara do Sérgio Britto!

Ouve um grito:

— Gênio!

— Não! Eu não sou gênio! Eu não sou gênio. Eu não sou gênio.

— Eu acho!

— Não, por favor! Isso, não! Eu fico trancado em casa por causa disso! Eu tenho muita sorte e já trabalhei muito. Mas gênio, não! Eu tenho jogo de cintura.

— Sob um certo ponto de vista, você é gênio...

— Não, eu sei me virar, sabe? Eu sou rato no chinês. Na hora certa, eu sei fazer a coisinha certa.

— Eu sou galo.

— É?! O negócio é mais você saber se virar. Tem horas que dá certo, tem horas que não dá. A gente sofre muito para fazer as coisas. Quando pega o resultado final, parece que é fácil, mas é resultado de muito trabalho.

— Às vezes não dá certo!

— Ih, eu que o diga! Esse novo disco, cara! A gente tá suando, suando mesmo... Gênio não precisa fazer força. Mozart era gênio. Obrigado pelo toque sobre o cigarro. Eu sei, eu preciso parar. Mas eu sou muito nervoso. Tá bom, rápido... Uma foto e eu vou embora!

• • •

Soothe the young man's sweating forehead
Touch the naked stem held hidden there...

Tradutor de Shakespeare e outros clássicos ingleses, Millôr Fernandes recebe uma encomenda profissional: traduzir uma letra do vocalista da Legião Urbana. Aceita o trabalho não só pelo dinheiro; gosta da música e do comportamento do autor do poema. Ao ler pela primeira vez os versos de "Feedback Song for a Dying Friend", fica intrigado:

— Como é que um cara que escreve tão bem em inglês me pede para botar esses versos em português?

Encara o desafio. Percebe alguns jogos de palavras, como no duplo significado de "feedback" (além da acepção original, "retorno", a palavra também designa o efeito de microfonia em shows). Recusa a palavra "moribundo" como sinônimo de "dying friend". Faz opção por "à morte", para sair do tom doentio e ir para o metafísico:

— Afinal, todos estamos à morte.

Conversa por telefone com o autor. Durante a ligação, Renato faz um comentário no idioma original do poema. Millôr acha que o inglês do cantor é melhor do que o dele. Lê a tradução, acompanhada atentamente e sem objeções pelo vocalista.

Minhas mãos buscam se impor
Todo conhecimento do jorro viril do meu senhor
O gosto perfumado que retém minha língua
É engano instalado e não desfeito...

Ao escutar esse trecho, Renato deixa escapar um sorriso e comenta:

— Meu Deus, eu escrevi isso?

"Canção retorno para um amigo à morte", tradução para "Feedback Song for a Dying Friend", é impressa no encarte prateado de *As quatro estações*, o novo disco da Legião Urbana, agora oficialmente um trio: Negrete, depois de seguidas faltas aos ensaios e gravações, é dispensado. Está fora da banda. Na capa, as fotos de Renato, Dado e Bonfá.

• • •

"*As quatro estações*, na verdade, foi uma resposta ao *Que país é este*, que foi uma turnê de shows muito violentos, problemas em Brasília. Aí resolvemos mudar e falar de outras coisas. Na verdade, falei as mesmas coisas que sempre falava, mas usando outras imagens. É que as pessoas não prestam atenção, mas "Pais e filhos" é uma música sobre suicídio (...). Já para o *V* decidimos fazer um disco completamente lento. Pelo que estava acontecendo com nossa vida, com o Collor, etc, a gente não estava conseguindo fazer música pra cima."

"Tenho dificuldade para escrever as letras novas porque não tenho mais contato com jovens hoje em dia. Até bem pouco tempo, até *As quatro estações* ou o *V*, eu ainda tinha um certo vislumbre, mas as pessoas mais jovens que conheço já estão com 22, 23 anos. Não convivo com ninguém que tenha 14 anos. Desde o aparecimento do videogame, da internet, dos computadores... esse é um outro mundo."

"A gente sempre falou de uma experiência nossa, de uma classe média urbana, mesmo. Essa concepção que aparece nas letras sempre é ligada no rito de passagem da adolescência para o mundo adulto."

"Quando você está no segundo grau já consegue perceber que o mundo é completamente diferente. Que existe a hipocrisia, o mais forte, que as pessoas usam umas às outras, que você tem que ser esperto, inteligente, tem que saber se virar."

"Metade do que acho legal de escrever letra de música e de escrever para a Legião é inventar o meu pequeno universo."

Quinze anos de carreira, setenta canções gravadas, mais de vinte parceiros e duas bandas no currículo (Kid Abelha & Os Abóboras Selvagens, Heróis da Resistência), o carioca Carlos Leoni Rodrigues Siqueira queria fazer um livro nos moldes de *Dentro do Rock*, do norte-americano Bill Flanagan: o jornalista da *Musician* conversara longamente com nomes como Bob Dylan, Paul Simon e Lou Reed para revelar o processo criativo de cada um deles.
Leoni decidiu seguir o mesmo caminho. Listou os entrevistados: Roberto Frejat, Marina Lima, Lobão, Nando Reis, Adriana Calcanhotto, Samuel Rosa. Começou com Herbert Vianna, planejou deixar Renato Russo por último. Achava que tinha

de se preparar melhor, pela pouca intimidade com a obra do cantor, especialmente com os últimos álbuns: *As quatro estações* (1989), *V* (1991) e *O descobrimento do Brasil* (1994). E também não se considerava um amigo próximo do entrevistado; encontraram-se algumas vezes no meio da década de 80, quando Leoni ainda usava camiseta do Joy Division. Depois, perderam o contato.

Renato marca a entrevista para o estúdio Discovery, no Jardim Botânico, onde prepara o segundo disco solo — o primeiro, *The Stonewall Celebration Concert*, chegara às lojas em 1993. Leoni faz o dever de casa antes do encontro. Atenta para um elemento intrigante. Ao ouvir os discos recentes da Legião, percebe que o grupo já não escreve mais tantas canções no formato pop tradicional: parte A, parte B, refrão, como eram "Será" e "Que país é este". Mesmo assim, sem um refrão para entoar, o público repete letras quilométricas como as de "Há tempos" e "Perfeição". Para o compositor-e-entrevistador, trata-se de caso único em sua geração.

Leoni chega ao estúdio no qual Renato grava canções em italiano com o tecladista Carlos Trilha, entre elas "La solitudine" (A solidão), do repertório da cantora Laura Pausini.

La solitudine fra noi, questo silenzio dentro me,
e l'inquietudine di viver la vita senza te...

Escuta do cantor um comentário espirituoso sobre a incerteza de êxito comercial do novo trabalho:

— Daqui a dez anos, vão comentar: "Onde andará Renato Russo, que tinha uma carreira tão sólida até o lançamento de seu segundo disco solo?"

Conversam durante três horas. Quando chega a hora de relacionar os compositores prediletos, Renato cita Dylan, Brian Eno, Brian Wilson, Neil Young, Scott Walker, Leonard Cohen, Bowie, Morrissey e Marr. "E, claro, Lennon e McCartney: são *hors-concours*." Lembra de um nome surgido nos anos 90, que tinha se matado havia alguns meses.

— Kurt Cobain era maravilhoso. Letra e música.

Entre os brasileiros, relaciona Caetano, Chico ("tem coisas excepcionais"), Beto Guedes ("o problema é que ele tem aquela voz..."), Lô Borges, Milton Nascimento. Afirma que se identifica muito com os mineiros, não consegue explicar o porquê. Cita "Fórmula do amor", do próprio Leoni e Léo Jaime, entre as músicas em português que gostaria de regravar. No final, Renato demonstra insatisfação:

— Só isso? Eu queria falar mais... deixa eu ver suas perguntas.

Arranca das mãos de Leoni o roteiro que o entrevistador tinha preparado.

— Essa eu respondi? Tem certeza? Acho que não, hein? Vou responder de novo!

Leoni aciona novamente o gravador, pega outra fita. Volta para casa. Demora quase uma semana para editar a íntegra da conversa: são mais de setenta páginas de transcrições. No dia do aniversário de Renato, liga para cumprimentá-lo.

— Estava mesmo pra te ligar! Nos meus compositores preferidos eu citei o Elton John?

— Não...

— Então coloca o Elton John. Eu tinha falado Sting; você tira ele, diz que ele é um bolha e coloca o Elton John, o Paul Simon e o Lou Reed.

Letra, música e outras conversas chega às livrarias em 1995. Renato vai ao lançamento, combina de falar com maior freqüência com o autor. Trocam ligações. O vocalista da Legião, satisfeito com o resultado, mas um pouco frustrado pela discreta repercussão do livro, recomenda maior empenho na divulgação. Em outro momento, Leoni telefona, mas Renato mal consegue falar. Não pára de tossir, encerra a conversa. Recuperado, deixa um recado na secretária eletrônica: pede desculpas pelo acesso de tosse e fala para ele ligar quando puder. Em viagem, Leoni não pega o recado no mesmo dia nem retorna de imediato. Deixa para depois.

• • •

As idas a Brasília se tornam esparsas. Vai visitar o filho, Giuliano, nascido em 1989 e que, com um ano de idade, deixou o Rio e foi morar com os avós no Distrito Federal. Na cidade, não sai muito do apartamento da Asa Sul, a não ser para reencontrar os amigos próximos — acompanha Léo Coimbra em tarefa cotidiana e vai buscar os filhos da amiga no final da tarde no Mauricio Salles de Mello, colégio na Asa Norte. É reconhecido por algumas crianças na entrada da escola, dá autógrafos. A noite chega e eles caminham até a quadra de Léo. Um momento de paz. Não por muito tempo.

Em uma das noites na capital, vai parar na porta do Gate's, pub no início da Asa Sul. Mesmo bêbado, Renato exige entrar. Mesmo bêbado, Renato exige cantar.

— Alguém me dá um microfone, agora!

A apresentação do grupo de jazz é interrompida.

— Toca um blues aí que eu vou cantar!

Os músicos obedecem, mas o resultado é constrangedor. Renato ganha vaias. Furioso, xinga a platéia, que devolve e exige a sua saída. Ele tropeça e, sob apupos e risadas, sai do palco engatinhando. No jornal do dia seguinte, a descrição do vexame sob o título "A última do Russo". Em Brasília, agora, ele é sempre notícia.
Ainda na cidade, passa o réveillon em uma mansão no Lago Sul. Quando chega na festa, procura se enturmar, mas ninguém dá atenção. Boa parte dos convidados já está embriagada, acelerada ou entorpecida. Pede para um deles:

— Me arruma alguma coisa?

— Não te conheço, rapaz.

— Como não me conhece? Eu sou o Renato Russo.

— Ahn?

— Renato Russo, quer ver minha carteira? Olha aqui!

Estende a carteira de identidade de Renato Manfredini Júnior.

— E daí? Comigo você não vai conseguir nada.

Esnobado, Renato se afasta.

Em outra ocasião, contudo, a virada de ano tinha sido amena e amorosa. Foi quando, três décadas depois, a família Manfredini decidiu voltar a Nova York, agora em maior número. De manhã, enquanto Renato dorme no Mayfair Hotel e Giuliano fica sob os cuidados de uma babá, os pais e a irmã passeiam por Manhattan. Depois do almoço, todos se encontram para ir aos museus — no Metropolitan, o cantor não resiste e compra um aparelho de chá com os personagens de *Alice no país das maravilhas* — e assistir aos musicais em cartaz na Broadway. Em um deles, Carmem Teresa flagra o irmão com os olhos fixos no palco e cantando os versos de *Embraceable You,* escritos por Ira Gershwin em 1928:

Embrace me, my sweet embraceable you
Embrace me, you irreplaceable you
Just one look at you my heart grew tipsy in me
You and you alone bring out the gypsy in me

A expressão no rosto de Júnior é de encantamento. Faz frio lá fora, mas não há neve. Faltam poucos dias para a chegada de 1995.

• • •

Fila de velhinhos desmaiando para receber o dinheiro da aposentadoria, crianças armadas fumando crack, inundações, chacina de sem-terra no Pará. Renato não gosta do que vê nos telejornais. O país o deprime. Dentro de seu apartamento, mantém as cortinas fechadas e o ar-condicionado ligado o tempo inteiro. Escuta rock progressivo e música erudita. Arrisca o confronto com o passado. Vai ao show de Emerson, Lake & Palmer no Canecão. Bêbado, apanha dos seguranças. Assume a própria fragilidade e define a dependência como "uma doença crônica, primária, progressiva e fatal". "Eu não sou sem-vergonha, louco, nem depressivo, nem melancólico. Sou dependente químico", afirma à repórter Maria Helena Passos, em entrevista à revista *Marie Claire,* acrescentando: "Por trás de todo dependente está sempre um perfil psicológico sensível e inteligente."

Na matéria, intitulada "Roqueiro brasileiro", Renato repassa o seu histórico: além de álcool, admitia o vício em tranqüilizantes e heroína — esta última, utilizada em companhia de sua última grande paixão, o norte-americano Robert Scott Hickmon. Conta que conheceu Scott, "lixeiro, mochila nas costas, bonito, atitude de coitadinho", em Nova York e logo se apaixonou. Ele queria parar de beber, Scott tentava largar as anfetaminas. Renato convenceu-o a se mudar para o Rio: foram morar juntos na Nascimento e Silva, Scott até pintou as paredes do apartamento. O cantor o apresentou aos amigos e o levou como seu acompanhante à entrega do Prêmio Sharp. Estava radiante.

Logo, porém, a união desmoronou: loiro, porte atlético, o americano passou a se relacionar com mulheres porque, segundo Renato, "achou que podia passar por heterossexual" no Brasil. Fizeram terapia, mas não adiantou. Scott voltou para os EUA. E, quando não abria a porta para os diversos garotos de programa que contratava para farras de até três noites, "decadência gay absoluta" em suas próprias palavras, Renato ia dormir sozinho.

Não queria mais sair de casa. Tinha sido particularmente difícil atender ao convite da Plebe Rude, agora reduzida ao duo Philippe Seabra e André Mueller, para participar do disco *Mais raiva do que medo* e gravar com eles a primeira música da banda, escrita em 1981: "Pressão social". Chega para a gravação acompanhado por jovens desconhecidos, que hostiliza e humilha. Dentro do estúdio, grita frases desconexas. Canta "Lithium", do Nirvana:

I'm so happy cause today I've found my friends
They're in my head
I'm so ugly but that's okay 'cause so are you...

Renato repassa a letra de "Pressão social". Implica com a frase "Que a minha vitória é a derrota de alguém" e, de forma enfática, contesta:

— Mas a minha vitória não é a derrota de alguém!

O impasse só é resolvido depois de alguma conversa e muita paciência.
Surge, então, um novo convite. Paulo Ricardo, em carreira solo, o chama para dividir os vocais na recriação de um dos maiores sucessos do RPM.

— Renato, vou regravar "A cruz e a espada" com outro arranjo. Adoraria ter você cantando comigo.

Renato topa, gosta especialmente da balada. Mas impõe uma condição a Paulo Ricardo:

— Só se você me pegar aqui em casa.

Condição aceita, Paulo Ricardo vai buscá-lo. Camisa florida, bermuda, sandália, Renato espera embaixo do prédio da rua Nascimento e Silva. Vão direto para o estúdio. Renato grava alguns *takes* antes de se dar por satisfeito.

Havia um tempo em que eu vivia um sentimento quase infantil
Havia um medo e a timidez todo um lado que você nunca viu...

Depois, escuta a versão do ex-RPM para "Tempo perdido".

— Adorei! Quer apostar comigo que vai ser primeiro lugar nas rádios?

No caminho para Ipanema, já de madrugada, os dois cantam enquanto percorrem as ruas da zona sul do Rio. Dentro do carro, gritam os versos de "Dancing with the Moonlit Knight", faixa do álbum *Selling England by the Pound* (1973), do Genesis.

Can you tell me where my country lies
Citizens of Hope & Glory, time goes by — it's the time of your life...

Alta noite carioca, os dois fãs de rock progressivo dançam com o cavaleiro enluarado.

• • •

Renato não quer saber de aparições públicas. Tanto em Brasília quanto no Rio, correm boatos de que ele está com Aids. Confirma o diagnóstico apenas para os amigos muito próximos. De madrugada, tem ataques de choro e pânico em conversas pelo telefone. Diz que tem dificuldades para respirar. Emagrece. Toma Prozac para tentar superar a depressão, agravada após a separação de Scott. Fica ainda mais tempo dentro do apartamento em Ipanema. Desenvolve idéias para um novo disco da Legião, aposta em conteúdo "romanticamente político". Faz versões diferentes para música de título previamente definido, "Setor de Diversões Sul". Em uma delas, imagina dois de seus personagens, Eduardo e Mônica, salvando um terceiro: Renato Russo, "um drogado". Rascunha a letra:

Nesta cidade não tem nada pra fazer
Só beber num bar ou coisa pior (do que beber)
Eu fico aqui com as putas, as bichas e os travestis
Onde posso me esconder
Onde posso me esquecer
Onde ninguém me faz perguntas
E ninguém sabe (quer saber) quem eu sou

Tropeço pela escada
Vomito, caio pelo chão
Ficar amigo dos mendigos
(Tudo parece) Isso pra mim é diversão
Felicidade é uma garrafa na mão

Setor de Diversões Sul

Mas aí uma grande amiga
Aparece no meu bar
Tô jogado na calçada
Ela veio me explicar
Eu e o Eduardo
Ligamos pra você
Disseram que você saiu zoado

Setor de Diversões Sul

Ei me vê mais uma dose de gin
Que acho que aquela menina tá olhando p'rá mim
Eu devo estar fedendo que nem um gambá
Mas só paro de beber quando meu dinheiro acabar

Nesta cidade não tem nada para fazer
Só beber [num bar] ou coisa bem pior (que beber)
Eu fico aqui com as putas [as bichas] e os travestis
Onde posso me esconder
Onde posso me esquecer
Onde ninguém me faz perguntas
E ninguém sabe quem eu sou [quer saber]
Tropeço pela escada
[Vomito] Caio pelo chão
Fico [ficar todo mijado] amigo dos mendigos
Isso prá mim é diversão
Tudo parece
Felicidade é uma garrafa na mão

Setor de Diversões Sul Nuuma

Mas aí uma grande amiga
Aparece no meu bar
Tô jogado na calçada
Ela veio me explicar
Eu e o Eduardo
Ligamos prá você
Disseram que você saiu zoado
E eu pude entender
Eu disse Monica me deixa aqui
Não tenho outro lugar prá ir Me sinto tão sozinho
→ E ela disse você está construindo seu fim
Em breve você vai ter se destruído
→ Não há felicidade aqui
Entre putas e travestis
Este é um mundo muito triste

Você me diz que quer tentar ser feliz
Mas felicidade não se encontra assim
Não existe felicidade numa garrafa de gim

Eu vim te procurar
Eu já sabia que você estava aqui
Durante muito tempo eu estive mal também
Conheço bem esse lugar

Mas o Eduardo tá lá no carro
A gente veio te buscar
Você é ~~um~~ o nosso meu maior amigo
Não vou deixar não vou deixar
Você se acabar assim
Olha prá mim me dá um abraço
Te levo prá casa
E te dou este cartão
Você precisa prometer
Que vai até esse endereço é no auditório da Sta Casa
Lá eles vão ajudar você
E eu chorei um choro besta de bêbado
Não conseguia nem andar
E quando ~~eu~~ entramos no carro
Eduardo e Monica começaram a cantar

N. S. do Cerrado.

Leo

E eu pude entender
Eu disse: Mônica me deixa aqui
Não tenho outro lugar pra ir me sinto tão sozinho
E ela disse: você está construindo seu fim
Em breve você vai ter se destruído
Não há felicidade aqui
Entre putas e travestis
Esse é um mundo muito triste

Planeja utilizar um poema de Nicolas Behr cantado pelo Liga Tripa, como a música incidental da nova canção: "Nossa Senhora do Cerrado/ Protetora dos pedestres/ Que atravessam o Eixão/ Às seis horas da tarde..." Entra em estúdio, grava a voz-guia, mas a composição não é finalizada.* Ficam as anotações, fragmentos de lembranças dos tempos de intensa vivência das quadras, blocos, números e asas.

Fui da 113 até a 202
Não tinha nada lá
Desci até a L2
Inc. N. Sra do Cerrado
About Liga Tripa, boredom
Nosferatu, benzina, sex
Para ver o Liga Tripa passar
Find Nichola's stuff

Ao lado, anota: "Lago Norte, admirável mundo novo." E recupera o título de um longo texto que escrevera no início dos anos 80, "L'Hospital", para batizar a parte que reflete sobre Brasília:

Não vai dar em nada
Minha cidade
Minha ferida aberta
O que quero encontrar
Em breve,
breve, breve

As referências à cidade no novo disco, porém, ficam resumidas a "Dezesseis", em que volta a um de seus temas prediletos, a inconseqüência juvenil, por meio da história trágica do adolescente João Roberto, "o rei dos pegas na Asa Sul".

---

* Finalizada por Dado Villa-Lobos e Marcelo Bonfá, com participação de Bi Ribeiro no baixo, "Travessia do Eixão" foi lançada em 1997. É a última faixa de *Uma outra estação*, último disco da Legião Urbana. (N. do A.)

Dezesseis (1958/1974)

João Roberto era o maioral, o nosso Johnny era um cara legal
Ele tinha um opala metálico azul
Era o rei dos pegas na Asa Sul e de todo lugar
Quando ele pegava no violão
Conquistava as meninas e quem mais quisesse ver
Sabia tudo do Led, Janis Joplin, Beatles e Rolling Stones
Mas de uns tempos prá cá alguma coisa aconteceu
Johnny andava ~~estava~~ meio quieto demais e mas quase ninguém percebeu - ah...
Johnny estava com sorriso estranho
Quando ele disse ~~naquele~~ naquele fim-de-semana ~~ele sugeriu~~
Prá Todo mundo ir com as máquinas prá em vez do Lago Norte UnB
A cidade inteira se movimentou
Já estava todo mundo lá só que Johnny falou
Vocês não querem Eu quero emoções mais fortes ~~e vocês~~
Vamos todo mundo prá ~~estrada da morte~~ curva do diabo e vocês?
E os motores ligados saíram ~~na estrada~~
Prá ~~curva do diabo~~ estrada da morte em à mil Sobradinho
Johnny foi o primeiro, e ~~ele acelerou~~ se mandou
~~Parecia uma festa~~ ~~Ia se~~
~~Ia ser o melhor~~ pega que já existiu
Só que Johnny não engatou a primeira
Ele acelerou 120, 160, 180, 190
Só deu prá ouvir foi aquela explosão
E os ~~op~~ pedaços do opala azul de
Johnny pelo chão
Na curva do diabo vinha um caminhão
Será que Johnny não viu, qual foi a
razão?

'Mais Uma Vez'

SINOPSE:

A estória de um jovem e suas férias no Rio, Janeiro/Fevereiro - 78 e sua descoberta de que está passando para uma outra fase em sua vida. (Yerch).

ROTEIRO - (esquema):

1. Despedida.
2. Fica em Brasília com o pai durante dez dias.
3. Viagem para o Rio
4. Chegada
5. As primas, os amigos
6. Re-encontro com amigo principal.
7. As primas vão embora.
8. Até o Carnaval.
9. Carnaval.
10. Até o jogo c/mesa Ouija.
11. O jogo do copo
12. A despedida
13. Em Brasília
14. Re-encontro com amigos diversos
15. Escrevendo o roteiro do futuro filme (?) imagina tudo mais uma vez.

OBSERVAÇÕES:

O personagem, ao ser apresentado, é visto pelo espectador não só pelos olhos do próprio personagem mas também pelos out[ros] personagens para quebrar uma possível monotonia.

Tentar definir o personagem completamente mas em poucas seqüências, já que existem personagens demais, (i.e., cada um deve participar de uma seqüência forte ou marcante para que haja completa identificação ou, ao menos, total diferen[-]ciação deste daquele personagem por parte do espectador) Como em 'Nashville' de Altman.

Até os pássaros e as nuvens
estavam rindo de mim.

"A juventude é um período tão difícil que é um alívio quando termina", conta para a jornalista Teresa Albuquerque, do *Correio Braziliense,* em junho de 1996, em entrevista marcada por conta dos dez anos de lançamento do *Dois.* Teresa é recebida pelo cantor em seu apartamento, decorado de forma sóbria e tradicional, com móveis de madeira nobre, em estilo vitoriano: um lar mais para Emily Brontë do que para Johnny Rotten. A repórter nota que o dono da casa está muito magro; o cabelo, mais ralo e irregular, acentua a mudança na aparência. A conversa demora a engrenar. Renato dá respostas curtas e evasivas sobre o segundo álbum da Legião: "Foi o disco que realmente nos colocou no mapa, mas eu não lembro da época, eu usava muita droga." Recusa-se também a assumir o papel de liderança de sua geração: "Eu não encabecei nada."
Aos poucos, o clima se distende e o entrevistado revela estar "no meio de uma depressão clínica", acentuada pela exaustão trazida pelo fim das gravações de mais um disco da Legião e por diversos fatos ocorridos nos últimos meses no Brasil. Cita, indistintamente, as enchentes no Rio, a morte trágica dos Mamonas Assassinas, a briga pública de medalhões da MPB — Caetano, Gil, Paulinho da Viola, por conta dos valores diferentes de cachês para shows no réveillon do Rio ("tirou a mágica da amizade que eu acreditava existir entre aquelas pessoas, foi uma grande decepção"). Sobre o país, a repórter tenta uma resposta direta:

— Do que você não gosta, Renato?

— De nada... de nada. Só dos meus amigos, da minha família e de onde há amor e perdão. Eu acho que nós estamos nos destruindo. É uma pena: a gente realmente achava que iria mudar o mundo.

Afirma que ele e os demais integrantes da Legião, após o primeiro disco, não tiveram tempo de crescer: "Saímos de Brasília direto para o sucesso." Sobre o começo da carreira, deixa escapar mágoa em relação aos antigos companheiros do Aborto Elétrico: "Eu estava sendo usado. Não reconheceram meu talento nem minha força de vontade: eu detesto ser rejeitado." Transporta as mágoas para o tempo presente e sentencia, dessa vez sem identificar o alvo:

— Faço o que tenho que fazer, mas não vou ser chicoteado como um cavalo morto. Não admito que invadam a minha vida, digam o que eu sinto, o que eu sou e o que eu devo fazer.

Revela também que o álbum da Legião que acabara de gravar será "extremamente melancólico, não é a dança da garrafinha". Quer falar sobre ética, amor e perdão.

— Continuamos tentando ser sinceros.

— Mas por que tentando, Renato?

— Porque é muito difícil.

Descarta uma turnê para lançamento do próximo disco. "Não consegui um jeito de ser profissional e cantar toda noite", reconhece. Os planos para o futuro se resumem a uma pausa para o corpo:

— Descansar. Pelo tempo que for necessário.

Pouco mais de uma hora depois, compromisso perto do fim, oferece "um chazinho, um cafezinho" à jornalista e comenta:

— Tentei dar uma ótima entrevista...

A noite chega e, sob chuva, a repórter deixa o apartamento.

• • •

Em julho de 1996, mais de dez milhões de cópias vendidas dos sete discos da Legião Urbana e dois álbuns solo,* Renato Russo é o mais bem-sucedido artista da história do rock brasileiro. Ainda se recuperando da pressão de escrever as letras para mais um disco da Legião, Júnior conversa com a irmã pelo telefone. Revela que não assiste mais ao *Jornal Nacional*: "Não quero mais ver, fico muito deprimido. Agora tem um escândalo do PC Farias... me explica essa história, Carmem Teresa!" A irmã percebe o abatimento do outro lado da linha e prefere estimular possibilidades de futuro:

— Júnior, se a Legião não está te dando mais o mesmo prazer, por que você não vai fazer outra coisa?

— Mas tem os meninos da banda...

— Você pode ir parando aos poucos. Você poderia voltar a ser professor, mas não só de inglês. De filosofia, de história da arte...

— É mesmo, Carmem Teresa. Eu gostava muito de dar aula...

---

* *Legião Urbana* (1985), *Dois* (1986), *Que país é este 1978/1987* (1987), *As quatro estações* (1989), *V* (1991), *Música p/ acampamentos* (1992), *O descobrimento do Brasil* (1993), *The Stonewall Celebration Concert* (1994) e *Equilíbrio distante* (1995). (N. do A.)

Também conversam sobre o mais antigo sonho de Renato: fazer cinema. Ele se anima e elabora uma relação dos filmes que tem na cabeça. São mais de vinte idéias, entre elas algumas histórias de amor que tinha contado para a irmã quando os dois eram crianças, como a paixão de Apolo e Daphne, "dois jovens lindos, numa floresta européia medieval". Também cogita adaptações de clássicos da literatura brasileira — *Encontro marcado*, *Triste fim de Policarpo Quaresma*, *Capitães de areia.* Pensa ainda em levar às telas duas de suas canções mais conhecidas: *Faroeste caboclo* e *Eduardo e Mônica.* Ou contar a história da banda: *Legião's Movie.* Quer ser diretor. Três anos antes, tinha vivido uma breve e intensa experiência como ator.

Em 1993, Helena Lemos resolveu rodar no Rio de Janeiro o curta-metragem *Feeling Gravity's Pull* (Sentindo a força da gravidade) como trabalho de conclusão de curso na Escola de Cinema de Londres. Falado em inglês e baseado em uma cena real presenciada por Helena e seu namorado, Mark Parsons, o filme mostra as diferentes reações de um casal que presencia o afogamento de um desconhecido na praia. Os protagonistas são a brasileira Tetê Tillett, amiga de Helena e de Herbert Vianna, e um jovem alemão, Olin Roenpage. Para o terceiro papel, a irmã de Fê e Flávio tem uma idéia, mas fica receosa em levá-la adiante. Conversa com o diretor de fotografia, o mexicano Ricardo Padilla, colega da escola em Londres:

— Eu conheço um cara que fala inglês maravilhosamente bem, e é um bom ator. É um amigo meu, o Renato.

— Por que você não o convida, então?

— Ah, porque ele agora é superfamoso, não sei se vai topar...

— Mas tenta, mesmo assim.

Helena liga para a casa de Renato, mas ninguém atende. Na secretária eletrônica, um trecho de "Bron-Yr-Aur", do Led Zeppelin. Helena sorri, lembra dos tempos de *Rock é rock mesmo,* no Teatro da Escola-Parque. Pega o seu disco e, como se devolvesse os sinais de fumaça, deixa recado ao som da mesma faixa do disco *Physical Graffiti.* Algumas horas depois, o telefone toca:

— Oi, Helena! Você me ligou?

Helena faz o convite e combina de ir ao apartamento dele, em Ipanema, deixar o roteiro. Assim é feito. Após uma pequena visita guiada para Renato mostrar seus objetos favoritos da decoração, ela conta, em linhas gerais, a idéia do filme: Marina e Colin, um jovem casal, testemunham um afogamento na praia. O corpo fica estirado na

areia, coberto apenas por uma canga e cercado por folhas de palmeira. O cadáver não provoca nos demais banhistas nada além de indiferença. O casal, porém, fica perturbado com a visão e, à noite, sonha com o episódio.
Renato ouve a descrição e promete uma resposta. Pouco tempo depois, liga para Helena:

— Olha, eu li o roteiro e fiquei impressionado com o personagem.

— Você quer fazer, então?

— Eu quero fazer, sim, Helena. Eu preciso fazer.

Participação acertada, eles combinam os detalhes. Como o papel é pequeno, Renato não precisaria ficar mais do que algumas horas à disposição na praia de Copacabana. Por volta de meia-noite, ele chega ao set em companhia da amiga Ana Paula Camarinha. Não teve dificuldades para localizar a equipe: é noite de lua cheia. Já na areia, perto do mar, repassa o texto com Helena. Tem as falas praticamente na ponta da língua. Helena percebe que, para enfatizar as frases do personagem, Renato acrescenta pausas dramáticas não previstas na cena escrita por Mark Parsons. Mais: com variações na modulação e na entonação da voz, impregna as palavras de inesperada melodia:

— *I was way out there... and it was sunny... and lots of people were watching me, and they had to cover their eyes because of the sun...*

Renato tira a camisa e os óculos para duas cenas. Na primeira, ele aparece em pé, ao lado do protagonista, Colin, também em trajes de banho. Na seqüência, está sentado na areia, em frente a uma fogueira.
Depois de alguns *takes*, a diretora, satisfeita, dá por encerrada a filmagem. Despede-se de Renato, que volta para casa com Ana Paula. Helena retorna a Londres para finalização do curta. Mostra *Feeling Gravity's Pull* aos professores e é aprovada. Tetê, a protagonista, tem a idéia de exibir o filme durante uma festa na boate Dr. Smith, em Botafogo.
Acompanhado de um grupo de amigos, entre eles a atriz Betty Faria, Renato chega à festa. Está bastante agitado. Já de madrugada, a música mecânica é interrompida e Tetê anuncia o início da projeção. Luzes apagadas, olho na tela.

• • •

Na praia, o casal vê um homem ser puxado pela correnteza. Pouco depois, o cadáver aparece na areia. Sete pessoas e dois cachorros se aproximam, observam o corpo rapidamente e se afastam.

A mulher, Marina, comenta com o namorado, Colin:

— Se ele tivesse amigos aqui, eles estariam chorando agora e nós ficaríamos tristes. Talvez ele nem tivesse morrido. Os amigos teriam ficado de olho nele, teriam feito algo. Nós ficamos só olhando.

Nuvens pesadas encobrem a praia.
Agora é noite, e Marina sonha. Está de volta à praia, em frente ao cadáver, em meio a uma roda de violão. O cantor, interpretado pelo compositor carioca Alvin L., um dos parceiros de Renato na balada "Belos e malditos" (gravada pelo Capital Inicial em 1989), começa a tocar a música de abertura do filme *O fantasma do paraíso*, dirigido por Brian de Palma em 1974. E, em ritmo de luau, Marina acompanha Alvin na trágica saga de Eddie, jovem popstar que decide se matar para se tornar reconhecido, vender mais discos ("uma morte bem divulgada faria seu disco póstumo atingir o topo da parada") e, desta forma, bancar a cirurgia que salvaria a vida de sua irmã, Mary Louise:

When a young singer dies to our shock and surprise
In a plane crash or flashy sports car
He becomes quite well known
And the kindness he's shown has made more than one post mortem star [...]
We'll remember you forever Eddie
Thru' the sacrifice you made we can't believe the price you paid
For love
(Para nossa perplexidade e surpresa
Quando um cantor jovem morre em um acidente de avião ou em carro esportivo
Ele se torna bem famoso [...]
E a bondade que ele demonstrou é maior do que a de outra estrela finada
Lembraremos de você para sempre, Eddie
Não podemos acreditar no preço que você pagou por conta do sacrifício que você fez
Por amor)

Assustada, Marina acorda. Olha para o lado e vê que o namorado continua a dormir.
Colin sonha.
É noite em Copacabana. Ele caminha na praia e chega perto do mar. Nuvens encobrem a lua. Um homem desconhecido aparece, na penumbra, em primeiro plano; ao fundo, as luzes dos postes da Avenida Atlântica.
Renato, o desconhecido, dá um sorriso amistoso, algo desconcertado, para o jovem estrangeiro de traços finos, cabelos lisos caindo sobre a testa. Colin acende um cigarro.

Renato puxa conversa, com olhar maroto, mantendo o sorriso no canto do rosto.

— *It's nice to have the beach all to ourselves, isn't it?*
(É bom ter a praia só para nós, não é?)

— *Kind of creepy, though, lonely... What with that guy drowning and all.*
(Mas é um pouco assustador, solitário, ainda mais com aquele cara que se afogou e tudo o mais.)

Renato encara Colin e continua a conversa:

— *It's strange that you should mention that.*
I just woke up; I was dreaming...
(Estranho você mencionar isso; eu acabei de acordar, estava sonhando...)

Cerra os olhos, ergue os braços e aponta para o oceano:

— *I was way out there and it was sunny...*
And lots of people were watching me...
And they had to cover their eyes because of the sun...
And I had sea foam all over my lungs.
(Eu estava lá longe, e fazia sol. E tinha um monte de gente me olhando, e eles tinham que cobrir os olhos por causa do sol e meus pulmões estavam cheios de espuma do mar.)

— *And I was like a feather, and I was being drawn by the tide under the current ...*
(Eu parecia uma pena, sendo puxado para baixo pela correnteza...)

Balança a cabeça seguidas vezes. Inclina a mão direita para baixo, em movimento suave e contínuo, simulando a trajetória que uma pessoa faz quando se afoga.

— *And they just stood there, and no one really cared... They were just watching me.*
(E eles ficaram lá, parados, ninguém estava nem aí... Só ficaram me olhando.)

Agora, Renato aparece sentado na areia, em frente à fogueira. Pesaroso, constata:

— *I was out there, floating and stuff, and even the birds, even the clouds were making fun of me.*
(Eu estava lá longe, flutuando. Até os pássaros, até as nuvens estavam rindo de mim.)

Cabisbaixo, Renato faz uma longa pausa. Deixa a areia escorrer de uma mão para outra. Ergue a cabeça e encara a câmera para proferir as últimas frases de seu personagem, o Homem Afogado:

— *They knew I'd never go back... and now I'm a dream. And I don't feel like a dream.* (Eles sabiam que eu nunca voltaria... E agora eu sou um sonho. E eu não me sinto como um sonho.)

Renato submerge.

• • •

A notícia da morte do vocalista da Legião Urbana, aos 36 anos, no Rio de Janeiro, por complicações decorrentes do vírus da Aids, percorre o Brasil nas primeiras horas de 11 de outubro de 1996. Chega ao parque de diversões montado no município baiano de Euclides da Cunha, a 314 quilômetros de Salvador. Um dos funcionários do parque, Luís Araújo, 22 anos, não acredita no que acaba de ouvir. Folheia as dezenas de reportagens que guarda sobre a Legião. Sai do alojamento e vai até um dos brinquedos, o trem fantasma. Abre a porta e entra na atração do pequeno parque; tira uma fita cassete do bolso e a coloca no aparelho de som. Aperta o *play*.

No volume máximo, a voz de Renato reverbera no escuro. Abafa o estampido do tiro disparado por Luís na própria cabeça. Na carta de despedida encontrada pelo irmão mais novo, o fã afirma que sua vida "não tem mais sentido" após a morte do ídolo. E se dirige ao cantor para justificar o gesto: "Estou me suicidando para encontrar com você num lugar mais feliz."

Na hora do almoço, na capital do país, a reportagem sobre a morte de Renato é acompanhada por centenas de olhos vidrados nas televisões de uma loja de eletrodomésticos do Conjunto Nacional. A notícia chama mais atenção do que as informações sobre o novo pacote de medidas do governo para tentar conter os gastos da administração federal e reduzir o déficit público.

A sexta-feira vai chegando ao fim no Distrito Federal. Aumentam as possibilidades de novas chuvas para aplacar de vez a longa estiagem: a umidade relativa do ar alcança 80% e os gramados começam a se tingir novamente de verde. A polícia tem trabalho: um posto de gasolina é assaltado duas vezes em Ceilândia, um laboratório de refino de cocaína é desativado em Samambaia. Há muito o que fazer para quem quer se divertir no Plano Piloto. Nas telas, John Travolta estrela a ficção *Fenômeno*, a Aliança Francesa promove uma mostra de Claude Chabrol com entrada franca, a Cultura Inglesa exibe *Meu homem*, o Cine Brasília tem como atrações os dramas europeus *Idade perigosa* ("aventuras e angústias da juventude nos anos 70") e *Entre*

o inferno e o profundo mar azul. Começa a venda de ingressos para a apresentação de Ney Matogrosso em luxuosa casa de espetáculos recém-inaugurada por Caetano Veloso. As rádios anunciam shows de Asa de Águia e Beto Guedes, o Beirute se agita com uma falsa denúncia de bomba, 25 mil estudantes se inscrevem para tentar 1.837 vagas no primeiro vestibular de 1997 da UnB.
A cidade segue.

• • •

Brasília, abril de 1997

O clima é de tensão na capital da República. Depois de dois meses de caminhada, a maior marcha da história do Movimento dos Sem-Terra acaba de chegar à entrada da cidade. A travessia no Eixão é saudada com buzinas, papel picado e aplausos. Em poucas horas, o trânsito vira um caos. A situação deixa as autoridades em alerta máximo. De um lado, milhares de manifestantes uniformizados; do outro, dois mil policiais militares, que os aguardam na Esplanada dos Ministérios. Qualquer provocação pode gerar conflito de conseqüências imprevisíveis.
No meio do mar de camisetas brancas e bonés vermelhos, distribuídos no acampamento antes da parte final da caminhada, um grupo de jovens se desgarra. Enquanto o protesto avança em direção ao Palácio do Planalto, eles seguem na direção contrária. Voltam à Rodoviária. Mochilas nas costas, sobem pela escada rolante e chegam à plataforma superior da estação. Pedem informações, descobrem a direção desejada. Ansiosos, aceleram o passo. O barulho dos carros de som e dos gritos de ordem dos militantes se perde nos espaços vazios. Os jovens percorrem o Setor de Diversões Sul. Cruzam o Setor Comercial, desviam dos carros, passam em frente ao Hospital de Base. O centro da cidade ficou para trás. Estão entre o céu e o asfalto.
Chegam à rua das Farmácias, a antiga rua do Distrital. Placas verdes, cheias de números, siglas, setas. Ficam desnorteados. Demoram para perceber que estão no rumo certo. Mais alguns minutos e o grupo, entre eles um casal de namorados, entra em um dos conjuntos de edifícios residenciais que Lucio Costa, ao traçar o Plano Piloto da nova capital da República, chamou de superquadra. Agora, falta pouco. Para quem saiu do interior de São Paulo, os prédios brasilienses parecem todos iguais. Difícil de identificar, fácil de confundir. Mas não será uma confusão momentânea que demoverá os namorados de concretizar o verdadeiro motivo da tão sonhada viagem a Brasília,

há tempos idealizada pelo casal, desde que começaram a trocar discos e namorar. Por isso, enquanto os outros amigos arriam as mochilas e descansam, a primeira coisa que os dois jovens fazem ao chegar embaixo do bloco B é procurar o porteiro para perguntar:

— Foi aqui que morou o Renato Russo?

NOTA DO AUTOR

— Oi, aqui é o Renato. Você me ligou?

Demorou alguns instantes para eu reconhecer a voz do outro lado da linha.
Era setembro de 1993. Meu editor, Paulo Pestana, tinha me incumbido de fazer uma entrevista com Renato Russo sobre a finalização das gravações de *O descobrimento do Brasil*, sexto álbum da Legião Urbana: "Perfeição" acabara de chegar às rádios. Desconhecedor dos hábitos noturnos do cantor, telefonei de manhã para o apartamento da rua Nascimento e Silva, em Ipanema; do outro lado da linha, na secretária eletrônica, um trecho de "Over the Rainbow", da trilha de *O Mágico de Oz*. Deixei recado com Judy Garland, mas sem grande expectativa de retorno. Renato não me conhecia pessoalmente; as entrevistas oficiais para divulgação do disco, marcadas pela gravadora, ainda demorariam algumas semanas. Fui apurar outras pautas e estava por conta delas quando o telefone tocou, no meio da tarde, na redação, eclipsado pelo barulho das máquinas de escrever e dos aparelhos de fax. O vocalista da Legião teve que repetir:

— Oi, aqui é o Renato. Você me ligou?

Depois de reconhecer o interlocutor, que só se identificou pelo primeiro nome, expliquei o motivo do telefonema: uma entrevista a ser publicada na edição de domingo do caderno de cultura do *Correio Braziliense*. Ele demonstrou entusiasmo:

— Vamos lá! Qual é a primeira pergunta?

Com alguma dificuldade, ativei o "jacaré" (pré-cambriano dispositivo que permite gravar ligações telefônicas) e iniciei a entrevista. Por mais de duas horas, enquanto devorava uma pizza de mussarela com massa integral, Renato não só antecipou detalhes do novo disco ("as letras são meio bregas, falam de amor e da situação do país, e tem muitas músicas para as crianças entenderem: não é Leonard Cohen, está mais para Beatles"), como não se furtou a comentar sua desgastada relação com a capital depois do show de 1988, no Mané Garrincha: "Adoro Brasília, mas ao mesmo tempo que me sinto bem aí, me sinto vulnerável também. E sou um homem de palavra. Não esqueço que, na minha quadra, picharam: 'Legião, não voltem mais.' Você acha que não tem gente só esperando a gente voltar para fazer tudo aquilo de novo?"

Na entrevista, falou também do filho, Giuliano Manfredini, e da família: "Tenho um filho maravilhoso, que mora com meus pais aí em Brasília, tenho uma família gloriosa, bem de filme europeu, que me deu uma educação maravilhosa..." Com franqueza, expôs vícios ("sou alcoólatra, não posso beber"), desejos ("tenho o sonho de montar um centro cultural para jovens carentes porque a coisa mais importante, depois de saúde e alimentação, é informação") e desilusões ("na vida afetiva é que tá complicado, eu queria ter alguém..."), antes de fazer a ressalva:

— Mas ainda sou muito jovem, tenho 33 anos: uma jornada espiritual leva a vida inteira.

Houve outras duas longas entrevistas por telefone nesse período e um rápido encontro pessoal em Valinhos (SP), onde acompanhei o primeiro show da última turnê da banda, para lançamento de *O descobrimento do Brasil*.

O desejo de escrever um livro sobre o início da trajetória de Renato Russo não começou, entretanto, após esses contatos e tarefas profissionais. As conversas só consolidaram a impressão nascida em 1985, a caminho do colégio, ao escutar uma fita-cassete com as primeiras músicas da Legião Urbana. Como aquele cara que, fora do palco, tinha aspecto frágil e voz infantil, conseguia arrastar multidões ao escrever letras que sintetizavam angústias e sentimentos de uma geração, a minha geração? E por que, no auge do sucesso, ele não tinha conseguido realizar o sonho adolescente de voltar à sua cidade para comandar até o fim o maior show individual de uma banda de rock da história do país? Onde ele errou? Onde Brasília errou? Que juventude é essa? Que Brasil é esse? Foi com essas perguntas na cabeça que saí, desnorteado, do estádio Mané Garrincha, poucos dias antes de fazer vestibular para comunicação social na UnB. Então, muito antes da entrevista ao repórter iniciante em 1993, e das diversas reportagens, críticas, edições especiais e artigos sobre o tema publicados ao longo de quase vinte anos de profissão, *Renato Russo — o filho da revolução* é fruto da perplexidade de um jovem, despertada na fria e seca madrugada brasiliense de junho de 1988 — e que insiste em me acompanhar desde então.

BIBLIOGRAFIA

LIVROS

ALEXANDRE, Ricardo. *Dias de luta*. São Paulo: DBA Artes Gráficas, 2002.

ALZER, Luiz André e CLAUDINO, Mariana. *Almanaque anos 80*. Rio de Janeiro: Ediouro, 2004.

ASSAD, Simone (coord.). *Renato Russo de A a Z — As idéias do líder da Legião Urbana*. Campo Grande: Letra Livre, 2000.

BANGS, Lester. *Reações psicóticas*. São Paulo: Conrad, 2005.

BAHIANA, Ana Maria. *Almanaque anos 70*. Rio de Janeiro: Ediouro, 2006.

_________. *Nada será como antes: MPB Anos 70 — 30 Anos depois*. Ed. Revista. Rio de Janeiro: Senac Rio, 2006.

BOJUNGA, Cláudio. *JK O artista do impossível*. Rio de Janeiro: Objetiva, 2001.

CASTELLO BRANCO, Carlos. *Os militares no poder. Coleção Brasil — Século 20*. Rio de Janeiro: Nova Fronteira, 1977.

COUTO, Ronaldo Costa. *Brasília Kubitschek de Oliveira*. Rio de Janeiro: Record, 2006.

D'ARAUJO, Maria Celina e CASTRO, Celso (org). *Ernesto Geisel*. Rio de Janeiro: Fundação Getúlio Vargas, 5a edição, 1998.

DAPIEVE, Arthur. *Brock: O rock brasileiro dos anos 80*. Rio de Janeiro: 34, 1995.

_________. *Renato Russo: O trovador solitário*. Rio de Janeiro: Ediouro, 2006.

DIMERY, Robert. *1001 Discos para ouvir antes de morrer*. Rio de Janeiro: Sextante, 2007.

FRANÇA, Jamari. *Os Paralamas do Sucesso: Vamo batê lata*. São Paulo: 34, 2003.

FREYRE, Gilberto. *Brasis, Brasil e Brasília*. Rio de Janeiro: Record, 1968.

GASPARI, Elio. *A ditadura encurralada*. São Paulo: Companhia das Letras, 2004.

_________. *A ditadura envergonhada*. São Paulo: Companhia das Letras, 2002.

_________. *A ditadura escancarada*. São Paulo: Companhia das Letras, 2002.

GASPARI, Elio, BUARQUE DE HOLLANDA, Heloísa e VENTURA, Zuenir. *Cultura em trânsito: da repressão à abertura*. Rio de Janeiro: Aeroplano, 2000.

GURGEL, Antonio de Pádua. *A rebelião dos estudantes (Brasília, 1968)*. Brasília: Revan, 2a edição, 2004.
JOBIM, Helena. *Antonio Carlos Jobim — Um homem iluminado*. Rio de Janeiro: Nova Fronteira, 1996.
LETRA LIVRE. *Conversações com Renato Russo*. Campo Grande: 1996.
MARCELO, Carlos. *Nicolas Behr — Eu engoli brasília*. Coleção Brasilienses, Volume 1. Brasília: ed.do autor, 2004.
MARCHETTI, Paulo. *O diário da turma 1976-1986: A história do rock de Brasília*. São Paulo: Conrad, 2001.
MORAES, Marcelo Leite de. *RPM: Revelações por minuto*. São Paulo: Companhia Editora Nacional, 2007.
MORAES, Vinicius. *Samba falado. Brasília: o nascimento de uma cidade ou como se faz um poema sinfônico*. Rio de Janeiro: Azougue, 2007.
PARSONS, Tony. *Disparos do front da cultura pop*. São Paulo: Barracuda, 2005.
PINA, Lea Araújo. *Meu pai, Bernardo Sayão*. Goiânia: Imprensa Universitária/Universidade Federal de Goiás, 1964.
RESENDE, Otto Lara. *O príncipe e o sabiá e outros perfis*. Organização de Ana Miranda. São Paulo: Companhia das Letras/Instituto Moreira Salles, 1994.
REYNOLDS, Simon. *Rip it up and start again: postpunk 1978-1984*. London: Faber and Faber, 2005.
RIBEIRO, Darcy. *Encontros: a arte da entrevista*. Rio de Janeiro: Azougue, 2007.
RUSSELL, Bertrand. *Tem futuro o homem?* Rio de Janeiro: Civilização Brasileira, 1962.
SALMERON, Roberto. *A universidade interrompida Brasília 1964-1965*. Brasília: UnB, 1999.
SCHWARZ, Roberto. *O pai de família e outros estudos*. São Paulo: Companhia das Letras, 2008.
SEVERIANO, Jairo e MELLO, Zuza Homem. *A canção no tempo: 85 anos de músicas brasileiras* Vol.2: 1958-1985. São Paulo: 34, 1998.
SIQUEIRA JÚNIOR, Carlos Leoni Rodrigues Siqueira. *Letra, música e outras conversas*. Rio de Janeiro: Gryphus, 1995.
SÜSSEKIND, Flora. *Literatura e vida literária: polêmica, diários & retratos*. 2a ed. revista. Belo Horizonte: UFMG, 2004.
TEIXEIRA, Hermes Aquino. *No tempo da GEB (1956-1960): Trabalho e violência na construção de Brasília*. Brasília: Thesaurus, 1996.
VELOSO, Caetano. *Verdade tropical*. São Paulo: Companhia das Letras, 1997.
VENTURA, Zuenir. *1968: O ano que não terminou*. Rio de Janeiro: Nova Fronteira, 1988.

PERIÓDICOS

Acervo dos jornais *Correio Braziliense, O Estado de S. Paulo, Folha de S. Paulo, O Globo, Jornal de Brasília, Jornal da Tarde, Jornal do Brasil* e *Zero Hora.* Revistas *Bizz, Istoé, Nossa Brasília, Somtrês e Veja.*

DVDS

Aborto Elétrico – Capital Inicial. MTV Especial. Direção do documentário: Lígia Ramos. Sony & BMG, 2006.

Renato Russo – Entrevistas. Idealização e produção de Marcelo Fróes. DeckDisc, 2006.

• • •

Este livro foi elaborado a partir de entrevistas realizadas entre 1999 e 2008 com Adriane Michels, Aldo Justo*, Alessandra Fortuna, Alex de Seabra, Alfredo Nunes, Alisson Costa, Amaro Moço, Ana Cristina Bailey, Ana Flávia de Lima, Ana Galbinski, Ana Maria Bahiana, Ana Paula Camarinha, André Mueller, André Villar, Ari Cunha Filho*, Bi Ribeiro, Briquet Lemos, Byron de Quevedo, Carlos Alberto Xaulim, Carlos Alexandre Fortuna**, Carmem Teresa Manfredini, Cássia Portugal, Cid Botelho, Cynthia Paiva, Clara Monteiro, Cláudia Valença de Lima**, Cleber Lettieri, Cléia Souza Lima, Cristiano Menezes, Dado Villa-Lobos, Daise Costa, Denise Hamú, Dinho Ouro-Preto, Edith Jacques, Eduardo de Moraes, Elder Rocha, Evandro Mesquita*, Fê Lemos, Fernanda Villa-Lobos, Fernando Artigas, Fernando "Bola" Brito, Fernando Gabeira*, Flávio Lemos, Francelino Pereira*, Geraldinho Vieira, Geraldo Azevedo*, Geraldo "Gerusa" Ribeiro, Geraldo Moraes*, Helena Lemos, Herbert Vianna, Hermano Vianna, Hermínio Sotero Neto, Hezir Espíndola*, Humberto Adami Santos Júnior, Ico Ouro-Preto, Irlam Rocha Lima, Inês Laurent, J. Pingo, Jimi Figueiredo, Jocimar Nastari, John Trzciak, Jorge Davidson, José Damata, José Emilio Rondeau, José Roberto Serra, Julie Coimbra, Kadu Lambach, Leander Motta, Léo Coimbra, Leoni, Letícia Borges, Luiz Carlos Mansur, Luiz Gustavo Valença de Lima, Luiz Manfredini, Manuela de Almeida Vasconcellos, Marcelo Beré, Marcelo Bonfá, Marcelo Rubens Paiva, Márcio Cotrim*, Marcos Jacob Gentil, Marcos Martins, Marcos Sílvio, Margrit Guimarães, Maria Coeli, Maria do Carmo Manfredini, Maria Inês Serra, Marília Stábile, Marli Pacheco, Millôr Fernandes, Ney Matogrosso, Nicolas Behr, Nicolas Potent, Noélia Ribeiro, Nonato Veras*, Orestes Sales, Paulo César Furtado, Paulo César de Lima, Paulo Pestana, Paulo Ricardo, Pedro Ribeiro, Philippe Seabra, Raul Duarte, Redson Pozzi, Renato Manfredini (*in memoriam*), Renato "Negrete" Rocha, Renato Vasconcellos, Rênio Quintas, Samir Suaiden, Sandra Mello, Sarah Walker, Sérgio Britto, Sérgio Duboc*, Sérgio Seiffert, Tarcísio de Pádua, Tony Bellotto, Virginie Rio Branco, Vivian Guimarães, Vladimir Carvalho* e Zé Renato Martins.

TODAS AS ENTREVISTAS CONDUZIDAS PELO AUTOR, EXCETO:
* Klecius Henrique/ ** Tiago Faria

Os documentos da Divisão de Censura de Diversões Publicas, citados no livro e reproduzidos nos capítulos 3, 5 e 6, foram localizados e consultados na Coordenação Regional do Arquivo Nacional no Distrito Federal (Coreg).

DEGRAVAÇÕES
Paola Reis

AGRADECIMENTOS

À família Manfredini: Renato (*in memoriam*), Carminha, Carmem Teresa e Giuliano, pela paciência e generosidade nas entrevistas e consultas ao longo de quase uma década. E também pela demonstração de confiança ao permitir a reprodução de itens do acervo particular do filho e irmão, guardados na rua Nascimento e Silva.

A Carlos "Gutje" Woortmann, Daniel Schutze, Ivaldo Cavalcante, Luis Humberto, Luiz Acioli, Mila Petrillo, Ricardo Junqueira, Ronaldo de Oliveira e outros fotógrafos, pelas imagens preciosas, bem como aos entrevistados que cederam fotografias do arquivo pessoal para o livro;

A Álvaro Alberto Sampaio (Iate Clube), Arnaldo Alves (SAA/UnB), Eliana Moreira, José Fortes, Kaká Prates, Léo Sebastião David, Márcia Acioli, Mário Sérgio de Sá, Militão Ricardo, Olívio Ferreira, Rafael Baldo (Cespe/UnB), Rafael Borges, Ricardo Pugialli (*Beatlemania*), Ricardo Stefanelli e Patrícia Oliveira (*Zero Hora*), José Luiz Teixeira de Oliveira (delegacia circunscricional de Euclides da Cunha-BA), Carlos Gomide e Paulo Ramalho (Arquivo Nacional – Distrito Federal), pelas informações adicionais, contatos, pesquisas e checagens.

Aos integrantes da Legião Urbana, Capital Inicial, Plebe Rude, Blitx 64, Paralamas do Sucesso, RPM, Finis Africae, Titãs, Blitz, Cólera, outras bandas de Brasília e do Brasil. Aos colegas e amigos das diversas turmas brasilienses de Renato: da 303 Sul, do Colégio Marista, da Cultura Inglesa, do Ceub, da Colina, da Asa Norte, do *Jornal da Feira*, da Rádio Planalto, em São Paulo e no Rio de Janeiro.

À música de Antonio Carlos Jobim, Art Blakey Quartet, Baden Powell, Band of Horses, Bill Evans, Brad Mehldau, The Clientele, Daft Punk, Duruti Column, Fleet Foxes, Galaxie 500, Gang of Four, Genesis, Gomez, Gil Evans Orchestra, Gorky's Zygotic Mynci, Hamilton de Holanda, Iron & Wine, João Donato, João Gilberto, Jimmy Smith, Lambchop, LCD Soundsystem, Looper, Mark Kozelek, Medeski Martin & Wood, Migala, Midlake, Miles Davis, Milton Nascimento, Moacir Santos, My Morning Jacket, Nelson Freire, Neil Young, Oscar Peterson, Paulo Moura, Quinteto da Paraíba, Red House Painters, Roberto Corrêa, Speaker Bite Me,

Stereolab, The Style Council, Sun Kil Moon, Television, Tindersticks, The Wedding Present, Wilco, Yo-Yo Ma, Zimbo Trio e outros que tornaram as madrugadas menos solitárias durante a confecção dos sete capítulos do livro. E a Marina, pelo café, igualmente estimulante.

A Abelardo Mendes Júnior, pelas soluções engenhosas para coleta e armazenamento de imagens e outros arquivos.

A Anderson Schneider, pela parceria na série "A história do rock de Brasília" (*Showbizz*, janeiro-março de 2000) e no projeto do livro fotográfico *Cantos de concreto* (2001), ambos definidores da gênese de *Renato Russo – O filho da revolução*.

A Tiago Faria e Klecius Henrique, pelo trabalho impecável de pesquisa, checagem e entrevistas adicionais. Devo também a Tiago a pesquisa que resultou na audição de mais de duas dezenas de shows do Aborto Elétrico, Renato Russo e Legião Urbana – inclusive o do Mané Garrincha, integralmente reproduzido no penúltimo capítulo do livro.

A Ana Dubeux e Josemar Gimenez, pelas demonstrações de entusiasmo ao tomar conhecimento do projeto e apoio para conclusão do mesmo. Ainda no *Correio Braziliense*, agradeço ao trabalho da turma do Centro de Documentação, em especial ao Chico Sousa Lima Filho, Caio César, Mauro Roberto, Maria e Valquíria.

A Arthur Dapieve, pela acolhida fraterna e pelo glorioso texto da orelha. Também pelas generosas palavras de apresentação, agradeço a Milton Hatoum, ex-estudante do Ciem, que viveu em Brasília em fase crucial da cidade, descrita no primeiro capítulo.

A Paulo Roberto Pires, pela porta aberta e confiança desabrida, a Felipe Schuery, Juliana Romeiro, Cristiane Marinho e todos da Ediouro/Agir.

Aos amigos brasilienses Graça Ramos, Ligia Cademartori, Ricardo B. Labastier e Sérgio de Sá, pelo rigor e afeto na constante troca de idéias e impressões. Ainda pelas leituras e esclarecimentos do contexto histórico e musical, agradeço ao mestre Luis Humberto e aos amigos Cláudio Ferreira, Nicolas Behr, Paulo Pestana e Teresa Albuquerque.

O destino não permitiu que os originais passassem pelos olhos vivazes de outro grande amigo, Natal Eustáquio (1964-2008), a quem este livro também é dedicado.

Aos meus filhos, Juca, Lilica e Bebel, deixo registrada a compreensão pelos diversos momentos de sacrifício do nosso tempo em prol do desenvolvimento e conclusão deste projeto.

Por último, uma certeza: sem o permanente e amoroso estímulo de Tarcila, *Renato Russo – O filho da revolução* simplesmente não existiria. Por isso, este livro também pertence a ela.

ÍNDICE DE IMAGENS

Todos os esforços foram feitos para identificar corretamente a origem das imagens deste livro. Caso tenha havido alguma violação involuntária, pede-se às partes interessadas que entrem em contato com a editora.

CAPA: Manuscritos e foto de família (Acervo família Renato Russo); show na Sala Villa-Lobos - Renato com violão e Renato com a mão no rosto (Mila Petrillo/Correio Braziliense/DA Press); Congresso Nacional (Luiz Marques/Correio Braziliense/DA Press); cartaz "Temporada de Rock" (Marcus Ottoni/Correio Braziliense/DA Press); saída do show Mané Garrincha (Ivaldo Cavalcante); show Mané Garrincha (Ronaldo de Oliveira/Correio Braziliense/DA Press); Esplanada (Ricardo Junqueira)

PÁGINAS 2, 3 E 4: Acervo família Renato Russo

PÁGINA 5: Asa Sul, Brasília, anos 1970 (Luis Humberto); show da Legião Urbana em Lagoa Formosa, 1983 (Luiz Acioli)

PÁGINA 6: Asa Sul, Brasília, anos 1970 (Luis Humberto)

PÁGINA 10: Ronaldo de Oliveira/Correio Braziliense/DA Press

PÁGINAS 12 E 13: Acervo família Renato Russo

PÁGINAS 14 E 15: Anexo do Congresso Nacional, início dos anos 1970 (Luis Humberto)

PÁGINA 18: Acervo família Renato Russo

PÁGINA 42: Renato (primeira fila, terceiro da direita para a esquerda) em dia de acampamento em Nova York, 1968; os irmãos Manfredini brincam em chafariz no Flushing Meadows Park, Queens, Nova York, 1968; Júnior e Carmem Teresa no apartamento dos Manfredini no Queens, Nova York, 1968 (Acervo família Renato Russo)

PÁGINA 51: Entrada da SQS 303 nos anos 1970: à direita, o bloco B, onde morava a família Manfredini desde 1973 (Marcos de Oliveira/Correio Braziliense/DA Press)

PÁGINAS 58, 62, 76 E 77: Acervo família Renato Russo

PÁGINAS 108 E 109: Estudantes fazem Vestibular da Universidade de Brasília, 1978 (Tadashi Nakagomi/Correio Braziliense/DA Press)

PÁGINAS 112 E 113: Reportagens publicadas em jornais locais, 1977-1982 (Reprodução/Ricardo B. Labastier)

PÁGINA 118: Intervalo no ensaio do grupo de teatro da Cultura Inglesa, 1977: Humberto "Piolho" Adami, Sandra Mello, Renato Manfredini Júnior, Cláudio Motta, Marília Lobão, o diretor Iain Bruce (sentado) e a professora Isabel Magalhães (Acervo Elder Rocha Lima); capa do libreto da peça *The Real Inspector Hound*, de Tom Stoppard, encenada por Renato e outros alunos da Cultura Inglesa em março de 1978 (Acervo família Renato Russo); *An Inspector Calls,* segunda montagem dos alunos da Cultura Inglesa: Denise Hamú, Patrícia Cahill, Renato Manfredini Júnior e Cláudio Motta (Acervo Denise Hamú)

PÁGINAS 124 E 125: Pichação em entrequadra comercial da Asa Sul, 1980 (J. Franca/Correio Braziliense/DA Press)

PÁGINA 134: André Mueller, André Pretorius, Alex de Seabra, Helena Lemos, Flávio Lemos, Fê Lemos, Dinho Ouro-Preto, Ico Ouro-Preto, Philippe Seabra (Acervo pessoal/Reprodução livro Escola Americana de Brasília/Acervo Vivian Guimarães)

PÁGINA 137: Acervo família Renato Russo

PÁGINA 138: Redação para o curso de Comunicação Social do Ceub (Acervo família Renato Russo); Renato em festa com os colegas do curso (Acervo Byron de Quevedo)

PÁGINA 140: Discos de Renato; logotipo criado por Renato para o Aborto Elétrico; capa criada por Renato para o single "Hey menina/Love Song one" do Aborto Elétrico (Acervo família Renato Russo)

PÁGINAS 144 E 155: Acervo família Renato Russo

PÁGINA 163: Dado Villa-Lobos na Estação Rodoferroviária (Daniel Schutze); Dinho Ouro-Preto no Setor Bancário Norte (Gutje Woortmann)
PÁGINA 167: "A arte está solta" (Lourdes Calvo/Correio Braziliense/DA Press); cartazes de protesto contra a presença de Henry Kissinger na UnB, 1981 (Adauto Cruz/Correio Braziliense/DA Press); pichação em ponto de ônibus no Plano Piloto, 1980 (André Dusek/Correio Braziliense/DA Press)

PÁGINA 172: Letras do Aborto Elétrico (Acervo família Renato Russo); Fê Lemos no primeiro show do Aborto Elétrico, Centro Comercial Gilberto Salomão, Lago Sul, janeiro de 1980 (Acervo Fê Lemos); Flávio Lemos, Ico Ouro-Preto, Fê Lemos, Renato Russo em foto para divulgação da peça *O último rango*, 1981 (Maria Zilda Smeele)

PÁGINA 178: Acervo família Renato Russo

PÁGINA 186: Reprodução Arquivo Nacional

PÁGINAS 188, 189 E 191: Show do Aborto Elétrico na Super Quadra Sul 208, 1981 (Luiz Acioli)

PÁGINA 196: Letra inédita de "Anjos mortos" (Acervo família Renato Russo); André Pretorius na Escola Americana de Brasília (Reprodução livro Escola Americana de Brasília)

PÁGINA 204: Acervo família Renato Russo

PÁGINA 205: Bernardo Mueller, Marta Brenner, Dinho Ouro-Preto, Chris Brenner, Pedro Hyena e Geraldo Ribeiro preparam cartazes e faixas de shows no corredor do Brasília Rádio Center (Gutje Woortmann)

PÁGINA 209: Renato Russo, o Trovador Solitário, em show no Lago Norte (Acervo André Mueller)

PÁGINAS 216, 217, 226, 227 E 231: Acervo família Renato Russo

PÁGINA 235: Gutje, André X, Jander Bilaphra e Philippe Seabra: Plebe Rude (Helena Woortmann/Acervo Philippe Seabra); Dinho Ouro-Preto, Fê Lemos, Loro Jones e Flávio Lemos: Capital Inicial (Acervo Fê Lemos)

PÁGINA 238: Dado Villa-Lobos e Renato em show da Legião Urbana em Lagoa Formosa (Luiz Acioli); André Mueller em sua casa no Lago Norte (Acervo André Mueller)

PÁGINAS 242 E 244: Acervo família Renato Russo

PÁGINAS 249, 253 E 264: Acervo família Renato Russo

PÁGINA 265: UnB: Primeiro show de Dinho Ouro-Preto no Capital Inicial, 1983 (Acervo Dinho Ouro-Preto)

PÁGINA 269: Gutje Woortmann

PÁGINA 275: Luiz Marques/Correio Braziliense/DA Press e Elza Fiuza/Correio Braziliense/DA Press

PÁGINAS 276 E 277: Daniel Schutze

PÁGINAS 283, 285 E 288: Reprodução Arquivo Nacional

PÁGINA 291: Acervo família Renato Russo

PÁGINAS 294 E 295: Badernaço na rodoviária (Givaldo Barbosa/Correio Braziliense/DA Press)

PÁGINA 305: Show na Sala Villa-Lobos (Mila Petrillo/Correio Braziliense/DA Press)

PÁGINAS 306 A 311: Sessão de fotos para a capa do disco *Que país e este* (Ricardo Junqueira)

PÁGINA 312: Entrevista a Adriana Moraes (Abelardo Mendes Júnior/Reprodução)

PÁGINAS 319 E 320: Acervo família Renato Russo

PÁGINA 321: Com os amigos Léo Coimbra e Geraldinho Vieira (Acervo Geraldinho Vieira)

PÁGINA 323: Ivaldo Cavalcante

PÁGINA 330: Ricardo Junqueira e Ivaldo Cavalcante

PÁGINA 334: Badernaço na rodoviária (Julio Alcantara/Correio Braziliense/DA Press e Mila Petrillo/Correio Braziliense/DA Press)

PÁGINA 337: Show na Sala Villa-Lobos (Mila Petrillo/Correio Braziliense/DA Press)

PÁGINA 347: Ivaldo Cavalcante

PÁGINAS 356 E 364: Show no Mané Garrincha (Ronaldo de Oliveira/Correio Braziliense/DA Press e Ivaldo Cavalcante)

PÁGINA 368: Saída do show no Mané Garrincha (Ivaldo Cavalcante)

PÁGINA 371: Acervo família Renato Russo

PÁGINAS 372 E 373: Janela do quarto de Renato Manfredini Júnior, Asa Sul, 2000 (Anderson Schneider)

PÁGINAS 374, 384, 385, 387 E 388: Acervo família Renato Russo

PÁGINA 389: "Feeling gravity's pull" (Abelardo Mendes Júnior/Reprodução)

PÁGINA 399: Super Quadra Sul 303, bloco B, 2005 (Carlos Marcelo)

PÁGINA 416: Daniel Schutze